# Beobachten – Entscheiden – Gestalten

Symposion zum Ausscheiden von Dieter Grimm
aus dem Bundesverfassungsgericht

Schriften zum Öffentlichen Recht

Band 827

# Beobachten – Entscheiden – Gestalten

Symposion zum Ausscheiden von Dieter Grimm
aus dem Bundesverfassungsgericht

Herausgegeben von

Marion Albers, Manfred Heine
und Georg Seyfarth

Duncker & Humblot · Berlin

Die Deutsche Bibliothek – CIP-Einheitsaufnahme

**Beobachten – Entscheiden – Gestalten** : Symposion zum Ausscheiden von Dieter Grimm aus dem Bundesverfassungsgericht. Hrsg.: Marion Albers ... – Berlin : Duncker und Humblot, 2000
(Schriften zum öffentlichen Recht ; Bd. 827)
ISBN 3-428-09896-X


Fotoprint: Werner Hildebrand, Berlin
Printed in Germany

ISSN 0582-0200
ISBN 3-428-09896-X

Gedruckt auf alterungsbeständigem (säurefreiem) Papier
entsprechend ISO 9706 ♾

# Vorwort

Am 16. Dezember 1999 ist die Amtszeit von Professor Dr. Dieter Grimm als Richter des Bundesverfassungsgerichts zu Ende gegangen. Während seiner Richtertätigkeit war Prof. Dr. Grimm zutiefst davon überzeugt, daß die Rechtsprechung des Bundesverfassungsgerichts von Reflexion und Diskussion lebt. Die Wahrnehmung der gesellschaftlichen Realität, die Auseinandersetzung mit anderen Auffassungen innerhalb und außerhalb des Gerichts und die sich daran anschließende Überprüfung der eigenen Position waren ihm besonders wichtig. Für die wissenschaftlichen Mitarbeiterinnen und Mitarbeiter, die ihn während seiner zwölfjährigen Richtertätigkeit unterstützt haben, lag es deshalb nahe, sein Ausscheiden aus dem Bundesverfassungsgericht durch ein Wochenende gemeinsamen Nachdenkens und Feierns zu würdigen.

Das Symposion, das auf den Kreis der Mitarbeiterinnen und Mitarbeiter beschränkt war, fand am zweiten Adventwochenende letzten Jahres in Karlsruhe statt. In diesem Band sind die Beiträge versammelt, die als Grundlage der Diskussion gedient haben. Thematisch kreisen die Aufsätze zum einen um die Gebiete, welche die Dezernatszuständigkeit von Prof. Dr. Grimm geprägt haben (Meinungs- und Rundfunkfreiheit, das allgemeine Persönlichkeitsrecht, Versammlungsrecht, Wirtschafts- und Wettbewerbsrecht), zum anderen um Probleme und Entwicklungen, die ihn auch während seiner Zeit als Richter des Bundesverfassungsgerichts bewegt haben: Fragen im Zusammenhang mit der Wiedervereinigung, der Verfassungsreform und der europäischen Rechtsentwicklung.

Die Aufsätze konnten in dieser Form nur veröffentlicht werden, weil Herr Professor Dr. Norbert Simon bereit war, den Band in sein Verlagsprogramm aufzunehmen. Für seine großzügige und selbstverständliche Bereitschaft hierzu sind wir ihm zu großem Dank verpflichtet. Nicht minder herzlich wollen wir Frau Gabriele Kaiser danken. Sie hat nicht nur Prof. Dr. Grimm elf Jahre lang als Sekretärin im Bundesverfassungsgericht zur Seite gestanden, sondern in vielerlei Hinsicht „das Dezernat geschaukelt"! Nicht zuletzt hat sie die in diesem Band versammelten Manuskripte vortrefflich betreut und für die Veröffentlichung zusammengestellt.

Die Herausgeber — Karlsruhe, im Mai 2000

# Inhaltsverzeichnis

# Zum Informationsanspruch der Medien gegenüber den Gerichten

Von *Michael Knoblich*, Karlsruhe

Die tatsächlichen Bedingungen der Pressearbeit bei den Instanzgerichten haben sich in den letzten Jahren deutlich verändert. Auf dem Weg zur Informationsgesellschaft hat sich die Konkurrenz der Medienunternehmen merklich verschärft. Die Zunahme lokaler Presse-, Hörfunk- und Fernsehunternehmen führt zu einer verstärkten Nachfrage nach interessanten Verfahren und Entscheidungen auch bei den Gerichten vor Ort. Hinzu kommt das von der Justiz erkannte Bedürfnis, die Öffentlichkeit aktiv über die Arbeit der Gerichte zu unterrichten. Sowohl bei dieser aktiven wie auch bei der passiven Medienarbeit stellt sich für die Pressestelle des Gerichtes das Problem, wieweit die amtlichen Informationen über Gerichtsverfahren gehen sollen und dürfen.

Die folgende Abhandlung geht der Frage nach, welche Gesichtspunkte hierzu bei der Medienarbeit eines Gerichts zu beachten sind. Im Vordergrund der Überlegungen steht dabei die Praxis eines Pressesprechers bei den ordentlichen Gerichten.

## A. Rechtlicher Rahmen der Medienarbeit bei Gerichten

### I. Verfassungsrechtliche Grundlagen

Die Bedeutung der Presse- und Rundfunkfreiheit nach Art. 5 Abs.1 Satz 2 GG für die Beschaffung und Veröffentlichung von Informationen über Gerichtsverfahren sieht das Bundesverfassungsgericht in den Grundzügen als geklärt an[1]. Der Schutz der Pressefreiheit reicht von der Beschaffung der Information bis zur Verbreitung der Nachricht und der Meinung. Dabei schließt die Pressefreiheit das Recht der im Pressewesen tätigen Personen ein, sich über

[1] BVerfG, NJW 1996, S. 310.

Vorgänge in einer öffentlichen Gerichtsverhandlung zu informieren und darüber zu berichten[2]. Gleiches gilt für die Rundfunkfreiheit[3].

Die meisten zu diesem Themenkreis ergangenen Gerichtsentscheidungen betreffen Beschränkungen für Medienmitarbeiter bei der Berichterstattung über die mündliche Hauptverhandlung. Die darin genannten Abwägungskriterien lassen sich vielfach aber verallgemeinernd auf die gesamte Medienarbeit der Gerichte übertragen.

Ob sich unmittelbar aus Art. 5 Abs. 1 GG ein Informationsanspruch der Presse- und Rundfunkunternehmen gegenüber dem Staat herleiten läßt, hängt davon ab, ob man die Grundrechte als reine Abwehrrechte, als Teilhaberechte des Einzelnen gegen den Staat oder als originäre Leistungsansprüche versteht[4]. Das Bundesverfassungsgericht hat dies in einem Kammerbeschluß zum presserechtlichen Auskunftsanspruch gegenüber einer öffentlichrechtlichen Rundfunkanstalt ausdrücklich offen gelassen[5]. Auch für den hier behandelten Informationsanspruch der Medien gegenüber den Gerichten kann diese Frage offen bleiben, weil in fast allen Bundesländern einfachgesetzliche Regelungen (siehe unten II.) bestehen, durch die zugunsten der Presse und des Rundfunks ein umfassender Anspruch auf Information gegen den Staat gewährleistet ist.

In einem neueren Urteil hat das Bundesverwaltungsgericht[6] eine Rechtspflicht der Gerichtsverwaltung zur Publikation veröffenlichungswürdiger Gerichts*entscheidungen* aus dem Rechtsstaatsgebot, dem Demokratiegebot und dem Grundsatz der Gewaltenteilung hergeleitet. Im Hinblick auf diese Verfassungslage wurde einer etwaigen speziellen gesetzlichen Regelung nur klarstellende Bedeutung beigemessen. Die so begründete Publikationspflicht wurde zwar vor allem mit der Bedeutung der Kenntnis gerichtlicher Entscheidungen auch im Hinblick auf die Rechtsfortbildung begründet. Das Interesse der Öffentlichkeit wird sich auch in erster Linie auf den Ausgang des Gerichtsverfahrens, also meist das Urteil richten. Mit ähnlicher Begründung ließe sich auch der Weg bis zur Entscheidung, also die Einleitung und der Ablauf des gesamten Verfahrens als „publikationspflichtig" ansehen.

---

[2] BVerfGE 50, 234 (238) = NJW 1979, S. 1400.

[3] BVerfGE 91, 125 (134) = NJW 1995, S. 185.

[4] Vgl. *Grimm*, Die Zukunft der Verfassung, S. 228 ff.

[5] BVerfG, NJW 1989, S. 382.

[6] BVerwGE 104, 105.

## II. Der Auskunftsanspruch nach § 4 LPG

Für Presseunternehmen ergibt sich deren Informationsrecht aus § 4 Landespressegesetz (LPG)[7]. Danach sind die Behörden verpflichtet, den Vertretern der Presse die der Erfüllung ihrer öffentlichen Aufgabe dienenden Auskünfte zu erteilen. Zu den Behörden zählen hier trotz der sonst betonten Unterschiede nach einhelliger Auffassung auch Gerichte[8]. Diese Auslegung ist gerechtfertigt, weil der presserechtliche Informationsanspruch nicht in den Bereich unmittelbarer richterlicher Entscheidungsfindung hineinwirkt, sondern Maßnahmen der Gerichtsverwaltung erfordert. Diese von den Gerichtspräsidenten und den Verwaltungsabteilungen wahrgenommenen Aufgaben sind zweifelsfrei exekutive Tätigkeiten.

Für die öffentlichrechtlichen Rundfunkanstalten gilt nach § 25 LPG die Regelung in § 4 LPG entsprechend. Für private Rundfunkveranstalter enthält § 57 Landesmediengesetz, eine dem § 4 LPG nachgebildete Regelung.

Der damit für alle Medienunternehmen grundsätzlich gewährleistete Informationsanspruch wird durch die in § 4 Abs. 2 LPG aufgeführten Verweigerungsgründe beschränkt. Nach § 4 Abs. 2 Nr. 1 LPG können Auskünfte verweigert werden, soweit hierdurch die sachgemäße Durchführung eines schwebenden Verfahrens vereitelt, erschwert, verzögert oder gefährdet werden könnte. Eine solche Fallgestaltung wird jedoch bei Anfragen zu Gerichtsverfahren kaum vorliegen.

Wesentlich bedeutsamer für die gerichtliche Medienarbeit ist hingegen § 4 Abs. 2 Nr. 3 LPG. Dieser erlaubt eine Auskunftsverweigerung, „soweit ein überwiegendes öffentliches oder schutzwürdiges privates Interesse verletzt würde". Damit ist der für die Medienarbeit bei Gericht meist entscheidende Vorgang der Abwägung widerstreitender Interessen angesprochen. Zwar unterscheidet § 4 Abs. 2 Nr. 3 LPG zwischen „überwiegendem öffentlichen Interesse" und „schutzwürdigem privaten Interesse". Dies besagt aber nicht, daß ohne eine Abwägung bereits jedes private Interesse einer Auskunftserteilung entgegenstünde. Um beurteilen zu können, ob ein privates Interesse „schutzwürdig" ist, bedarf es einer Bezugsgröße, also eines anderen Rechtsgutes, an dem die Schutzbedürftigkeit zu messen ist. Dies führt zur Abwägung zwischen dem In-

---

[7] Im folgenden wird die Gesetzeslage in Baden-Württemberg wiedergegeben. Die Pressegesetze der meisten anderen Bundesländer enthalten nahezu identische Regelungen, vgl. dazu *Löffler*, Presserecht, 4.Aufl. 1997, § 4 LPG.

[8] *Löffler* (Fn 7), § 4 LPG Rn 56; *Soehring*, Presserecht, 2. Aufl. 1995, Rn 4.18; *Schröer-Schallenberg*, Informationsansprüche der Presse gegenüber Behörden, S.63 ff; *Groß*, Zum presserechtlichen Informationsanspruch, DÖV 1997, S. 133 (142).

formationsinteresse der Medien und den dadurch möglicherweise beeinträchtigten Belangen privater Beteiligter[9].

## III. Verfahrensbestimmungen

Daneben enthalten die Verfahrensvorschriften Regelungen, die den Medien die Möglichkeit zur Information über Gerichtsverfahren eröffnen. Hier ist an erster Stelle der Grundsatz der Öffentlichkeit der Verhandlung nach § 169 Satz 1 GVG zu nennen, der zu den Prinzipien demokratischer Rechtspflege zählt. Damit soll verhindert werden, daß der Eindruck entstehen könnte, in der Justiz würden hinter verschlossener Tür sachfremde Entscheidungen getroffen werden. Auch wenn in der Praxis in den wenigsten Verfahren die Öffentlichkeit tatsächlich anwesend ist, liegt die besondere Funktion dieses Verfahrensprinzips in der Symbolbildung richtiger und gerechter Entscheidungen[10]. Der Öffentlichkeitsgrundsatz ist allerdings nicht wegen der Medien eingeführt und begründet für diese keine Sonderrechte.

Schließlich sehen die verschiedenen Verfahrensordnungen teilweise Informationsrechte für unbeteiligte Dritte vor, die auch für die Medienarbeit Bedeutung erlangen können. So kann nach § 299 Abs. 2 ZPO im Zivilverfahren der Vorstand des Gerichts dritten Personen Einsicht in die Akten gestatten, wenn ein rechtliches Interesse glaubhaft gemacht wird. Ist ein solches rechtliches Interesse gegeben, so kann auf diesem Wege auch die Übersendung von - gegebenenfalls anonymisierten - Urteilen durchgesetzt werden[11].

# B. Erfordernis der Abwägung

In den meisten Fällen lassen sich Anfragen von Medienvertretern beantworten, ohne daß sich die Frage stellt, ob die begehrte Auskunft verweigert werden sollte. Oft betreffen solche Anfragen den Ausgang eines Strafverfahrens und es ist selbstverständlich, daß ein in öffentlicher Verhandlung verkündeter Urteilsspruch an interessierte Pressevertreter weitergegeben werden kann. Derartige Anfragen beruhen in der Regel auf einer zuvor an die Lokalpresse und Lokalsender versandten Übersicht[12] über die laufenden Strafverhandlun-

---

[9] Vgl. *Löffler* (Fn 7), § 4 LPG Rn 111; *Soehring* (Fn 8), Rn 4.24.

[10] *Luhmann*, Legitimation durch Verfahren, 1969, S.124.

[11] OLG München, OLGZ 1984, S. 477.

[12] Diese Unterrichtung der Öffentlichkeit übernimmt oftmals die jeweilige Staatsanwaltschaft.

gen. Immer seltener entsenden dann Zeitungen oder lokale Hörfunksender zur Berichterstattung einen Reporter in die Hauptverhandlung. Statt dessen erfolgt am Terminstag in der Regel eine telefonische Anfrage beim Pressesprecher des Gerichts, was denn in diesem oder jenem Verfahren „herausgekommen" sei und ob sich der Vorwurf der Anklage bestätigt habe. Als Auskunft genügt dann die Mitteilung, daß der Angeklagte wegen eines näher bezeichneten Straftatbestandes zu einer bestimmten Strafe verurteilt worden sei. Das Interesse des Anrufers ist in der Regel weniger auf Einzelheiten der Tatbegehung oder der Verhandlung gerichtet, sondern in erster Linie auf möglichst zeitnahe Unterrichtung (Aktualität).

Rechtliche Probleme ergeben sich jedoch, wenn Anfragen zu Verfahren erfolgen, in denen noch keine Hauptverhandlung stattgefunden hat. In Strafprozessen richten sich die Anfragen an das Gericht, sobald dort von der Staatsanwaltschaft Anklage erhoben wurde. Es kann dann bis zur Eröffnung des Hauptverfahrens oder bis zur Hauptverhandlung noch Monate dauern. Auch zu Zivilprozessen erfolgen oftmals Anfragen lange bevor die mündliche Verhandlung stattgefunden hat. Dies kann z. B. darauf beruhen, daß der Kläger von sich aus die Medien von der Klageerhebung unterrichtet hat und diese vom Gericht nun nähere Informationen zum Streitgegenstand und dem Fortgang des Verfahrens erwarten. In solchen Fällen stellt sich dann die Frage, wieviel an Information von Seiten des Gerichts weitergegeben werden kann, ohne daß ein schutzwürdiges privates Interesse (§ 4 Abs. 2 Nr. 3 LPG) verletzt wird. In der Regel erfordert diese Entscheidung eine Abwägung zwischen dem Informationsinteresse der Allgemeinheit und den Schutzbedürfnissen der Verfahrensbeteiligten, etwa des Angeklagten oder einer Zivilprozeßpartei.

Ähnliche Probleme stellen sich bei der sogenannten aktiven Medienarbeit der Gerichte. Damit sind die Fälle gemeint, in denen das Gericht von sich aus ohne Anfrage über bestimmte anhängige Verfahren berichtet oder hierzu Einzelheiten, z. B. ein ergangenes Urteil, den Medien mitteilt. Ist es etwa zulässig, daß der Pressesprecher eines Gerichts von sich aus auf einen Zivilprozeß hinweist, in dem gegen eine bestimmte Bank der Vorwurf erhoben wird, sie habe kurz vor einer Konkurseröffnung in anfechtbarer Weise Vermögenswerte erlangt? Sollte das Gericht ungefragt die Öffentlichkeit davon unterrichten, daß einem Arzt einer bestimmten Klinik ein Kunstfehler vorgeworfen wird? Auch in derartigen Fällen ist meist abzuwägen zwischen dem vom Gericht mit der Unterrichtung der Öffentlichkeit verfolgten Interesse und dem Schutz der Verfahrensbeteiligten.

# C. Abwägungskriterien

## I. Informationsinteresse der Medien

Daß die Auskunft des Gerichts zu einem bei ihm anhängigen Verfahren objektiv und wahrheitsgetreu erfolgt, sollte sich von selbst verstehen. Darüber hinaus sind die Medien bei einer Anfrage an möglichst umfassender Information, etwa zu Einzelheiten eines Verfahrens, interessiert. Für die Berichterstattung erwarten sie zumindest eine Antwort auf die sechs „journalistischen W's" (Wer-wo-was-wann-wie-warum?). Ansonsten wird das Informationsinteresse der Medien meist durch die Besonderheiten des jeweiligen Verfahrens bestimmt.

Für die Bewertung des Informationsinteresses wird man auf die Kriterien zurückgreifen können, die in der Rechtsprechung des Bundesverfassungsgerichts für die Abwägung zwischen den Kommunikationsgrundrechten in Artikel 5 GG und den damit kollidierenden Grundrechten entwickelt wurden. Danach kann bei der Abwägung etwa berücksichtigt werden, ob die Presse im konkreten Fall eine Angelegenheit von öffentlichem Interesse ernsthaft und sachbezogen erörtert, damit den Informationsanspruch des Publikums erfüllt und zur Bildung der öffentlichen Meinung beiträgt oder ob sie lediglich das Bedürfnis nach oberflächlicher Unterhaltung befriedigt[13]. Wo es um die Berichterstattung über eine die Öffentlichkeit wesentlich berührende Frage geht, kommt der Pressefreiheit besondere Bedeutung zu[14]. Insgesamt hat sich die Bewertung des Informationsinteresses der Medien an der in § 3 LPG beschriebenen öffentlichen Aufgabe der Presse zu orientieren. Danach erfüllt die Presse eine öffentliche Aufgabe, wenn sie in Angelegenheiten von öffentlichem Interesse Nachrichten beschafft und verbreitet, Stellung nimmt, Kritik übt oder auf andere Weise an der Meinungsbildung mitwirkt.

Ein Maßstab für den Auskunftsanspruch nach § 4 LPG ist sicher auch darin zu finden, ob und in welchem Umfang die Medien auf die erwartete Auskunft angewiesen sind. Wo sie sich die entsprechenden Informationen auch auf anderem Wege beschaffen können, ist die Auskunftspflicht der Gerichtsverwaltung für die journalistische Arbeit weniger bedeutsam. Insoweit gewinnen der bereits angesprochene Öffentlichkeitsgrundsatz nach § 169 GVG und die unterschiedliche Ausgestaltung der Gerichtsverfahren Bedeutung. Der Unmittelbarkeitsgrundsatz im Strafverfahren und die dort vorgeschriebene mündliche Urteilsbegründung gewährleisten, daß dort die Teilnahme an der Hauptverhandlung den Journalisten meist die nötigen unmittelbaren Informationen ver-

---

[13] BVerfGE 34, 269 (285) ; 71, 206 (220).

[14] BVerfGE 66, 116 (137); 91, 125 (138).

schafft. Deshalb sind die Medien für die Berichterstattung über Strafverfahren weniger auf den Auskunftsanspruch nach § 4 LPG angewiesen.

Anders verhält es sich im Hinblick auf die Berichterstattung über Zivilprozesse. Zwar findet auch dort grundsätzlich eine öffentliche mündliche Verhandlung statt, der Sach- und Streitstand wird aber zumeist auf der Grundlage vorbereitender Schriftsätze erörtert. Für einen mit dem Akteninhalt nicht vertrauten Zuhörer ist dadurch der zu entscheidende Sachverhalt oftmals kaum zu verstehen. Auch die für die Berichterstattung vor allem interessanten Urteile werden in den seltensten Fällen mündlich begründet; zumeist wird am Ende der Sitzung und in Abwesenheit von Parteien oder Öffentlichkeit nur die Formel durch Bezugnahme verkündet und später den Parteien das vollständig abgefaßte Urteil zugestellt. Ohne entsprechende Informationen durch die Gerichtsverwaltung wäre in solchen Fällen eine journalistische Berichterstattung über das Verfahren kaum möglich.

Daneben muß die Auskunftserteilung durch das Gericht auch dem journalistischen Anspruch nach größtmöglicher Aktualität entsprechen. Die Medien erwarten zu Recht, daß sie Auskünfte erhalten und damit ihrerseits berichten können, sobald eine gerichtliche Entscheidung ergangen ist. In Zivilprozessen kann dies dazu führen, daß die Medien am Tage der Urteilsverkündung über den Ausgang des Verfahrens unterrichtet werden, obwohl das schriftlich abgefaßte Urteil zu diesem Zeitpunkt noch nicht den Parteien bzw. den Prozeßbevollmächtigten zugestellt ist. Dies hat zwar in der Praxis gelegentlich die unangenehme Konsequenz, daß die Parteien zuerst aus der Presse den Ausgang ihres Rechtsstreits erfahren. Ausgeglichen wird dies aber durch die für die Parteien bzw. Bevollmächtigten stets gegebene Möglichkeit, selbst zur Urteilsverkündung zu erscheinen und dabei durch unmittelbare Akteneinsicht auch die Entscheidungsgründe des Urteils zu erfahren. Auf diesem Wege kann auch vermieden werden, daß Journalisten etwa aufgrund einer Pressemitteilung des Gerichts die Rechtsanwälte um Stellungnahmen bitten, noch bevor diese selbst die für die Entscheidung maßgeblichen Gründe erfahren haben.

Den gesetzlichen Bestimmungen lassen sich keine konkreten Vorgaben dazu entnehmen, in welcher Form eine Auskunft durch das Gericht erfolgen sollte. Hierüber entscheidet das Gericht nach pflichtgemäßem Ermessen. Meist wird eine Anfrage mündlich, oftmals telefonisch zu beantworten sein. Soweit eine Vielzahl von Anfragen zu erwarten steht, bietet sich eine Auskunft im Wege einer schriftlichen Pressemitteilung an. Darüber hinaus sollte die Medienarbeit der Gerichte aber auch den unterschiedlichen Möglichkeiten der Berichterstattung Rechnung tragen. Das Bundesverfassungsgericht hat den Schutzbereich der Rundfunkfreiheit auch auf die dem Medium eigentümlichen Formen der Berichterstattung und die Verwendung der dazu erforderlichen technischen Vorkehrungen erstreckt[15]. In geeigneten Fällen sollte deshalb auch die Bereitschaft bestehen, den für den Hörfunk bedeutsamen „O-Ton" oder für die Fernsehberichterstattung Filmaufnahmen aus dem Gerichtsgebäude zu ermöglichen.

## II. Schutzwürdige private Interessen

### *1. Allgemeine private Interessen*

Als schutzwürdiges privates Interesse, das einer Auskunftserteilung durch das Gericht entgegenstehen könnte, kommt in erster Linie das allgemeine Persönlichkeitsrecht der Verfahrensbeteiligten in Betracht. Dabei hängt die Intensität einer etwaigen Grundrechtsbeeinträchtigung vor allem vom Gegenstand des jeweiligen Gerichtsverfahrens und der dazu erteilten Auskunft ab. So macht es etwa einen Unterschied, ob man gegenüber den Medien als Angeklagter in einem Strafverfahren oder als Partei in einem Zivilprozeß genannt wird. Auskünfte, welche das Recht des Betroffenen auf Achtung der Intimsphäre betreffen, können in keinem Fall erteilt werden.

Als weiteres Rechtsgut, das die Verweigerung einer Auskunft über ein Gerichtsverfahren rechtfertigen könnte, ist das Recht am eingerichteten und ausgeübten Gewerbebetrieb zu nennen. Dieses Recht umfaßt die Gesamtheit des wirtschaftlichen Wertes eines Betriebes. Insoweit kann ein betriebsbezogener Eingriff auch durch geschäftsschädigende Angaben erfolgen[16].

Als Maßstab für die Schutzwürdigkeit privater Belange wird genannt, es sei entscheidend, ob die Medien ihrerseits die Nachricht über die erhaltene Information veröffentlichen dürfen. Diese Ansicht begegnet jedoch Bedenken. Zum einen muß die Verantwortung für Art und Umfang einer veröffentlichten Information die jeweilige Stelle tragen, welche die Information weitergibt. So dürfen die Behörden oder Gerichte nicht statt der Medien entscheiden, was an Information für eine Berichterstattung „angemessen" ist. Ebensowenig dürfen sich die Medien ihrer eigenen Verantwortung dadurch entledigen, daß sie diese Information durch das Gericht erhalten haben.

### *2. Insbesondere: Namensnennung zu Gerichtsverfahren*

Eine bedeutsame Rolle bei der Pressearbeit des Gerichts spielt die Frage, ob bei der Auskunft über ein Verfahren der Name des oder der Beteiligten genannt werden soll. Die rechtliche Relevanz ergibt sich daraus, daß bei Auskünften

[15] BVerfGE 91, 125 (134 f.) = NJW 1995, S. 185.

[16] OLG Stuttgart, NJW 1990, S. 2690 (2694) - Birkel.

ohne Namensnennung in der Regel eine Verletzung schutzwürdiger privater Interessen ausscheidet. Wenn über ein Verfahren ohne Nennung von Namen berichtet wird und wenn auch die sonstigen Umstände keine Individualisierung erlauben, so kommt grundsätzlich eine Verletzung von Persönlichkeitsrechten nicht in Betracht. In einem solchen Fall werden auch keine personenbezogenen Daten im Sinne der Datenschutzgesetze weitergegeben.

### a) Namensnennung bei Strafverfahren

Für den im Hinblick auf den Schutz der allgemeinen Persönlichkeitsrechtes besonders bedeutsamen Bereich des Strafverfahrens tragen die Richtlinien für das Strafverfahren diesem Gesichtspunkt Rechnung. Darin heißt es ausdrücklich, daß eine unnötige Bloßstellung des Beschuldigten oder anderer Beteiligter zu vermeiden sei und daß dem allgemeinen Informationsinteresse der Öffentlichkeit „in der Regel ohne Namensnennung" entsprochen werden könne. Dies gilt in erster Linie für das staatsanwaltschaftliche Ermittlungsverfahren, bei dem besondere Zurückhaltung schon deshalb geboten ist, weil in diesem Stadium das Vorliegen eines hinreichenden Tatverdachtes erst geprüft werden soll. Deshalb gehen Rechtsprechung und Schrifttum überwiegend davon aus, daß in diesem Verfahrensstadium eine Veröffentlichung mit namentlicher Identifizierung nur ausnahmsweise zu rechtfertigen sei.[17]

Hiervon unterscheidet sich die Situation bei der Auskunftserteilung im gerichtlichen Verfahren nur graduell. Zwar sind zu diesem Zeitpunkt die Ermittlungen der Staatsanwaltschaft schon abgeschlossen und haben einen hinreichenden Tatverdacht ergeben. Gleichwohl ist bis zu einer strafgerichtlichen Verurteilung die Unschuldsvermutung zu beachten und die Gefahr einer Vorverurteilung zu vermeiden. Diese Gefahr erscheint besonders groß, wenn durch das Gericht der Name eines Angeklagten in die Öffentlichkeit gebracht wird. Aus diesem Grunde verbietet sich auch die gelegentlich geübte Praxis, daß das Gericht den örtlichen Presse- oder Rundfunkunternehmen fortlaufend die Tagesordnungen der Strafverhandlungen übersendet. Diese Tagesordnungen enthalten grundsätzlich neben dem Terminsort sowie Datum und Uhrzeit der Hauptverhandlung und der Bezeichnung des Straftatbestandes auch den Namen des Angeklagten. Der mit der wahllosen Versendung von Tagesordnungen verbundene Eingriff in das Persönlichkeitsrecht läßt sich nicht schon damit rechtfertigen, daß der Name des Angeklagten ja auch in der späteren Hauptverhandlung zur Sprache kommt und damit öffentlich bekannt wird. Schon die Weitergabe des Namens an Dritte, für welche grundsätzlich kein Informationsbedürfnis besteht, beeinträchtigt das Persönlichkeitsrecht des Angeklagten.

---

[17] BGH, NJW 1994, S. 1950 (1952).

Selbst wenn als Abschluß des Strafverfahrens eine strafgerichtliche Verurteilung erfolgt ist, sollte eine gerichtliche Auskunft hierzu grundsätzlich ohne Namensnennung erfolgen. Nach rechtskräftiger Beendigung ist zwar nicht mehr die Unschuldsvermutung zu beachten, aber den Anspruch auf Schutz des Persönlichkeitsrechtes hat auch der verurteilte Straftäter nicht verloren. Es kann auch nicht grundsätzlich davon ausgegangen werden, daß jetzt das Informationsbedürfnis der Medien regelmäßig die Belange des Persönlichkeitsrechtes überwiegen würde. In den meisten Fällen kann dem Informationsbedürfnis der Öffentlichkeit an einem Strafurteil auch dann genügt werden, wenn ohne Mitteilung des (vollständigen) Namens berichtet wird. Demgegenüber kann eine Namensnennung aber dann gerechtfertigt sein, wenn es um Straftaten von besonderer Bedeutung, etwa bei schwerster Kriminalität geht oder wenn die Tat besonderes Aufsehen erregt hat, etwa bei Personen, die im Zusammenhang mit allgemein interessierenden Vorgängen in die Rolle einer „Person der Zeitgeschichte" gelangt sind[18].

### b) Namensnennung bei Zivilverfahren

Eher noch vielschichtiger sind die Gesichtspunkte, die für eine Namensnennung zur Berichterstattung über einen Zivilprozeß zu beachten sind. Auch dort gilt der Grundsatz, daß der Gegenstand des jeweiligen Verfahrens sich meist informativ auch ohne die Angabe von Namen oder sonstigen Identifikationsmerkmalen der Parteien darstellen läßt. Deshalb sollte auch hier eine Auskunft grundsätzlich ohne Namensnennung erfolgen.

Wenn ein Auskunftsersuchen sich gerade auf den Namen der Beteiligten richtet, so wird eher der Name des Klägers als der des Beklagten bekannt zu geben sein. Denn der Kläger hat mit der Klageerhebung staatliche Instanzen angerufen und damit von sich aus den rein privaten Bereich verlassen. Es kommt hinzu, daß der Kläger sich, wie die Klageerhebung zeigt, zunächst im Recht fühlt und damit auch die Bekanntgabe seines Namens im Zusammenhang mit diesem Gerichtsverfahren weniger als Beeinträchtigung seines Persönlichkeitsrechtes ansehen wird. Keinerlei Probleme bedeutet die Namensnennung bei Beteiligten, die von sich aus die Öffentlichkeit gesucht haben. Dies gilt etwa, wenn der Kläger selbst die Medien von seiner Klageeinreichung unterrichtet hat.

Im übrigen hängt die Namensnennung bei der Auskunftserteilung auch hier vor allem von dem damit verbundenen Informationswert für die Allgemeinheit ab. So ist es für die Öffentlichkeit eher uninteressant, ob eine bestimme Werbemaßnahme gerichtlich als wettbewerbswidrig untersagt worden ist. Zur Nach-

---

[18] BGH (Fn 17), S. 1952.

richt wird eine solche Meldung erst dann, wenn die Beklagte eine bundesweit operierende Ladenkette ist und deshalb von dieser Wertung eine Vielzahl von Verbrauchern betroffen wird. Insgesamt ist die Mitteilung von Namen der Beteiligten immer dann gerechtfertigt, wenn gerade hierauf auch das Interesse der Öffentlichkeit gerichtet ist. In diesem Fall können sich auch die Parteien eines Zivilprozesses nicht auf eine Verletzung schutzwürdiger privater Interessen berufen.

## D. Aktive Medienarbeit der Gerichte

Die bisherigen Überlegungen betreffen den Auskunftsanspruch der Medien, insbesondere den nach § 4 LPG. Die Erteilung einer solchen Auskunft setzt begrifflich eine Anfrage (bei § 4 Abs. 1 LPG von Vertretern der Presse) voraus. Daneben gibt es auch die Situation, wo das Gericht von sich aus die Medien unterrichten möchte. Diese „aktive" Medienarbeit kann durchaus praktischen Bedürfnissen entsprechen. Wenn etwa für ein bestimmtes Verfahren eine Vielzahl von Anfragen der Medienvertreter zu erwarten ist, bietet es sich schon aus Gründen der Arbeitserleichterung an, mit einer allgemein versandten Pressemitteilung den Einzelanfragen zuvor zu kommen. Anlaß für aktive Medienarbeit kann aber auch der Wunsch sein, die Allgemeinheit weitergehend über die Arbeit der Gerichte zu informieren. Eine entsprechende Informationspolitik dient der mittelbaren Gerichtsöffentlichkeit und fördert damit wie der Öffentlichkeitsgrundsatz in § 169 GVG auch die Transparenz und Akzeptanz gerichtlicher Entscheidungen.

Durch eine aktive Unterrichtung der Medien können die Gerichte daneben Einfluß auf das Bild der Justiz in der Öffentlichkeit nehmen. Hierbei geht es nicht um eine „Werbung" für ihre Produkte im herkömmlichen Sinn. Oftmals wird durch die Gerichtsberichterstattung der Medien ein unzutreffendes Bild der Arbeit in der Justiz gezeichnet. So ist zum Beispiel in der Öffentlichkeit weitgehend unbekannt, daß bei den ordentlichen Gerichten weitaus mehr Zivilverfahren als Strafprozesse verhandelt werden. Diese Unkenntnis beruht darauf, daß die Medien vor allem über die als interessant empfundenen Strafverfahren berichten, während sich Gegenstand und Ablauf eines Zivilverfahrens oftmals schwerer vermitteln lassen. Andererseits sind aber die im Zivilverfahren behandelten Rechtsfragen für den Bürger oftmals weitaus relevanter und bedürfen nur einer entsprechenden journalistischen Aufbereitung. Hier kann eine aktive Medienarbeit der Gerichte ansetzen, indem etwa in einer allgemein verständlich verfaßten Pressemitteilung auf bestimmte Verfahren oder Entscheidungen hingewiesen wird.

Daß der Staat und seine Gerichte grundsätzlich zur Unterrichtung der Öffentlichkeit über ihre Arbeit berechtigt sind, unterliegt keinem Zweifel. Gesetzliche Regelungen für diesen Bereich gerichtlicher Medienarbeit gibt es allerdings kaum. § 4 Abs. 4 LPG setzt jedoch eine aktive Medienarbeit voraus, indem er regelt, daß Verleger einer Zeitung oder Zeitschrift verlangen können, daß ihnen „amtliche Bekanntmachungen" nicht erst später als den Mitbewerbern zugeleitet werden. Es kann danach grundsätzlich davon ausgegangen werden, daß eine aktive Medienarbeit der Gerichte zulässig ist. Hierbei sind selbstverständlich das staatliche Neutralitätsgebot und der Gleichheitsgrundsatz zu beachten.

Rechtliche Probleme können sich allerdings dort ergeben, wo von Seiten des Gerichts personenbezogene Daten weitergegeben werden. Im übrigen ist auch hier die oben behandelte Abwägung zwischen dem Informationsinteresse der Allgemeinheit und den schutzbedürftigen Belangen der Betroffenen, insbesondere der Verfahrensbeteiligten vorzunehmen. Wo diese Abwägung Zweifel offen läßt, sollte eher auf eine Unterrichtung der Medien verzichtet werden und es deren „Findigkeit" überlassen bleiben, ob sie von sich aus entsprechende Auskünfte verlangen. Denn ansonsten könnte der für die Rechtspflege wesentlich bedeutsamere Gesichtspunkt der Neutralität der Gerichte Schaden nehmen.

Die praktische Umsetzung aktiver Medienarbeit bei Gericht stößt allerdings seltener an rechtliche Grenzen als auf Vorbehalte, die gegenüber einem verstärkten Medieninteresse bei Richtern und Rechtsanwälten bestehen. Dort scheint die Auffassung verbreitet, daß zivilrechtliche Auseinandersetzungen eher dem privaten Lebensbereich zuzuordnen seien und deshalb grundsätzlich nicht an die Medien weiterzugeben seien. Diese Ansicht wird auch durch die Befürchtung verstärkt, daß ein zu großes Interesse der Öffentlichkeit den Ablauf des Verfahrens eher hindern und beispielsweise die Bereitschaft der Parteien zu einem Vergleichsabschluß einschränken könnte.

Beides sind gewichtige Bedenken, welche die Zurückhaltung gegenüber einer verstärkten mittelbaren Gerichtsöffentlichkeit verständlich machen. Andererseits sollten auch die Vorteile einer verbesserten Medienpräsenz der Gerichte nicht übersehen werden. Durch verstärkte Transparenz gerichtlicher Verfahren und Entscheidungen lassen sich verbreitete Vorbehalte gegenüber der Justiz abbauen. Die aktuelle politische und verfassungsrechtliche Diskussion um die Abschaffung des Verbots in § 169 Satz 2 GVG von Ton- und Filmaufnahmen während der Verhandlung wird von den Medien vor allem mit dem Argument geführt, es müsse ihnen eine dem jeweiligen Medium entsprechende Berichterstattung ermöglicht werden. Diesem Anliegen kann teilweise aber auch dadurch entsprochen werden, daß außerhalb der Hauptverhandlung die medienspezifischen Möglichkeiten unterstützt werden, indem etwa Hörfunk- und Fernsehinterviews ermöglicht werden. Verbesserungen in diesem Bereich wären zumindest ein Argument dafür, das für die Funktion der Rechtspflege bedeutsame Verbot von Ton- und Filmaufnahmen während der Verhandlung zu erhalten.

# 50 Jahre Grundgesetz - 5 Jahre reformiertes Grundgesetz

## Bewährung und Zukunftsfähigkeit der deutschen Verfassung am Beispiel der Themen „Europa" und „Föderalismus"

Von *Rüdiger Rubel*, Berlin/Gießen

## A.

In kaum einem Beitrag aus Anlaß des 50. Geburtstages des Grundgesetzes fehlt der Satz: „Das Grundgesetz hat sich bewährt". Doch das heutige Grundgesetz ist mit demjenigen des Jahres 1949 nicht mehr identisch. Es hat fast ebenso viele Änderungen erfahren, wie es Jahre aufzuweisen hat; von diesen Änderungen waren fast die Hälfte seiner Artikel - zum Teil mehrfach - betroffen. Hat sich das Grundgesetz trotz oder wegen dieser Änderungen bewährt?

Die einzelnen Grundgesetzänderungen sind nur selten einer isolierten Prüfung daraufhin unterzogen worden, ob gerade sie sich bewährt haben. Besonders gilt dies für die durch die deutsche Einigung ausgelöste Grundgesetzreform, mit der die Empfehlungen der Gemeinsamen Verfassungskommission von Bundestag und Bundesrat[1] (weitgehend) umgesetzt wurden[2]. Diese Reform ging auf Art. 5 des Einigungsvertrages zurück, der - gleichsam als Kompensation für die „lautlos" nach Art. 23 GG a.F. erfolgte Erweiterung des Geltungsbereichs des Grundgesetzes auf das Gebiet der früheren DDR - den gesetzgebenden Körperschaften des vereinten Deutschlands empfahl, sich innerhalb von zwei Jahren mit den im Zusammenhang mit der deutschen Einigung aufgeworfenen Fragen zur Änderung oder Ergänzung des Grundgesetzes zu befassen.

Auch wenn viele Reformerwartungen enttäuscht wurden, erweist sich das Ergebnis der keineswegs auf einigungsbedingte Fragen beschränkten Erörterungen in der Gemeinsamen Verfassungskommission immerhin als thematisch breiteste und - mit Ausnahme der Notstandsverfassung - umfangreichste

---

[1] Vgl. Bericht der Gemeinsamen Verfassungskommission, BRDrucks 12/6000.

[2] Die Umsetzung erfolgte durch das 42. Gesetz zur Änderung des Grundgesetzes vom 27. Oktober 1994 (BGBl I S. 3146) und zum Teil bereits vorab, das heißt vor Abschluß der Erörterungen der Gemeinsamen Verfassungskommission, durch das 38. Gesetz zur Änderung des Grundgesetzes vom 27. Dezember 1992 (BGBl I S. 2086).

Grundgesetz-Änderung: Sie erbrachte substantielles zum Thema Europa (insbesondere Art. 23 GG), einiges zum Thema Föderalismus (vor allem Änderungen der Art. 72, 74 und 75 GG) und punktuelles im übrigen (Staatsziel Umweltschutz, tatsächliche Gleichberechtigung von Frauen und Männern und Verbot der Benachteiligung Behinderter)[3].

Die Diskussion darüber, ob damals eine historische Chance verpaßt wurde, das Grundgesetz zukunftsfähig zu gestalten[4], oder ob das Grundgesetz noch einmal mit einem „blauen Auge" davongekommen ist[5], wurde hinlänglich geführt. Sie soll hier nicht vertieft werden. Nach fünf Jahren kann aber heute eine erste Bilanz der Folgen dieser Reform gezogen werden: Sind die seinerzeit mit den Änderungen verknüpften Erwartungen in der Praxis eingetreten? Und welche Erkenntnisse lassen sich für die im Jubiläumsjahr des Grundgesetzes diskutierte Frage nach der Zukunftsfähigkeit der deutschen Verfassung hieraus gewinnen?

Die Bilanz soll auf diejenigen Ergebnisse der Verfassungsreform beschränkt werden, denen aus damaliger wie aus heutiger Sicht die größte Bedeutung zukommt, zumal sie auch in einem inhaltlichen Zusammenhang zueinander stehen. Sie betreffen die Themen, die auch in der derzeitigen Diskussion über die Zukunft des Grundgesetzes eine zentrale Rolle einnehmen: Europa (B.) und Föderalismus (C.).

## B.

Das Thema Europa beherrschte unerwartet die Anfangsphase der Erörterungen der Gemeinsamen Verfassungskommission. Der Grund lag in der im Vertrag von Maastricht festgelegten Ratifizierungsfrist. Das Erfordernis der Zustimmung des Bundesrates zum Ratifizierungsgesetz, insbesondere die mit der verfassungsändernden Mehrheit des Art. 79 Abs. 2 GG zu beschließenden vertragsbedingten Änderungen von Art. 28 Abs. 1 GG (kommunales Wahlrecht für EU-Ausländer) und Art. 88 GG (Übertragung von Aufgaben und Befugnissen der Bundesbank auf die Europäische Zentralbank), gaben den Ländern ein Druckmittel gegenüber dem Bund in die Hand, ihre seit langem geforderte Mitwirkung an der Übertragung von Hoheitsrechten auf die europäische Ebene

---

[3] Zu Einzelheiten *Rubel*, Das neue Grundgesetz, JA 1992, S. 265 ff.; JA 1993, S. 12 ff. und S. 296 ff.; vgl. auch *Batt*, Die Grundgesetzreform nach der deutschen Einheit, 1996.

[4] So etwa *Vogel*, Die Reform des Grundgesetzes nach der deutschen Einheit, DVBl 1994, S. 497 ff.

[5] *Isensee*, Mit blauem Auge davongekommen - das Grundgesetz, NJW 1993, S. 2583 ff.

sowie an der europäischen Willensbildung durchzusetzen und im Grundgesetz (Art. 23 Abs. 2 bis 7 GG) zu verankern, um einer weiteren Auszehrung originärer Länderkompetenzen durch deren - vom Bund veranlaßten - Abgabe an die europäische Ebene entgegenzuwirken[6]. Es ist die besondere Leistung der Gemeinsamen Verfassungskommission, diese Forderungen der Länder und entsprechende Mitwirkungsforderungen des Bundestages zum Anlaß genommen zu haben, den europäischen Integrationsprozeß von der zu Recht als hierfür unzureichend empfundenen Vorschrift des Art. 24 GG[7] abzukoppeln und mit Art. 23 Abs. 1 GG erstmals eine europaspezifische, aus Staatszielbestimmung, Struktursicherungsklausel und Verfahrensregelungen bestehende Integrationsnorm zu schaffen.

Damals wie heute erfährt vor allem die textliche Gestaltung des Art. 23 GG Widerspruch[8]. Manchen erscheint die Norm geradezu als Sündenfall des Verfassungsrechts[9]. Richtig ist, daß im Grundrechtsbereich ein neuer verfassungsrechtlicher Regelungstypus aufgetaucht ist, der sich von den Formulierungen der „historischen" Grundrechtsartikel deutlich abhebt (vgl. Art. 16 a, Art. 13 Abs. 3 bis 6; Art. 14 war zeitweise ein ähnliches Schicksal zugedacht[10]).

Doch wie sieht die idealtypische Verfassungsnorm aus? Soll sie - entsprechend einer gern zitierten[11], fast schon zum Mythos gewordenen Formulierung - „knapp und dunkel" sein oder eher „knapp, präzise, justitiabel"[12]? Zumindest die Forderung, daß Verfassungsrecht durch Verzicht auf extreme Detailregelungen vom einfachen Recht unterscheidbar sein muß, wird breite Zustimmung erhalten können. Danach erscheint die Kritik an den genannten Grundrechtsneuregelungen und ihren „überqualifizierten" Gesetzesvorbehalten durchaus berechtigt; Art. 23 GG ist davon aber nicht betroffen: Eine sehr viel knappere Regelung als Art. 23 Abs. 1 GG ist - gerade im Vergleich mit Art. 20 Abs. 1, 24, 28 Abs. 1 und 79 GG - kaum denkbar. Aber auch den Verfahrensvorschriften des Art. 23 Abs. 2 bis 7 GG fehlt nicht die „Verfassungswürdigkeit". Immerhin geht es hier um die innerstaatliche Regelung der Mitwirkung

---

[6] Zur Entstehungsgeschichte von Art. 23 GG vgl. insbesondere *Fischer*, Die Europäische Union im Grundgesetz: Der neue Artikel 23 GG, ZParl 1993, S. 32 ff.

[7] Vgl. etwa *Scholz*, Grundgesetz und europäische Einigung, NJW 1992, S. 2593 (2593 f.).

[8] Vgl. *Rojahn*, in: von Münch/Kunig (Hrsg.), Grundgesetz-Kommentar, Band 2, 3. Aufl. 1995, Art. 23 Rn 79 m.w.N.

[9] *Scholz/Meyer-Teschendorf*, „Politisiertes" Verfassungsrecht und „Depolitisierung" durch Verfassungsrecht, DÖV 1998, S. 10 (15 f.).

[10] Zu den Plänen im Zusammenhang mit der Bekämpfung der organisierten Kriminalität vgl. *Meyer*, Gewinnabschöpfung durch Besteuerung, ZRP 1997, S. 13 (14).

[11] Vgl. etwa *Hans Meyer*, Warum brauchen wir und wie kommen wir zu einer modernen Verfassung? KritV 1996, S. 145.

[12] *Papier*, zitiert nach Focus 21/1999, S. 81.

auf einer supranationalen Ebene, die etwa die Hälfte der nationalen Rechtsordnung bestimmt. Dem Vergleich mit den weder einfachen noch verständlichen Regelungen der Art. 76 bis 78 GG halten diese Vorschriften ohne weiteres stand. Gerade für staatsorganisationsrechtliche Verfahrensregelungen darf im Interesse der Verfahrenssicherheit die Regelungsdichte nicht zu gering angesetzt werden. Die Entscheidung des Bundesverfassungsgerichts zur europäischen Fernsehrichtlinie[13] macht zudem deutlich, daß mit Art. 23 Abs. 2 bis 7 GG keineswegs einfachrechtliche Regelungsgegenstände Aufnahme ins Grundgesetz gefunden haben. Wie Art. 50 Abs. 1 GG keine hinreichende Regelung der Beteiligung des Bundesrates am Gesetzgebungsverfahren enthält, so wäre auch Art. 23 Abs. 2 GG, auf den sich die Gemeinsame Verfassungskommission sogar ursprünglich beschränken wollte[14], allein nicht ausreichend; es ist zumindest sinnvoll, daß die Verfassung Kriterien dafür enthält, den von ihr selbst herbeigeführten Mitwirkungskonflikt zwischen Bundestag, Bundesrat und Bundesregierung zu lösen.

Die während der Diskussion in der Gemeinsamen Verfassungskommission vor allem seitens der Bundesregierung geäußerte Hauptkritik an Art. 23 GG ging dahin, die Vorschrift gefährde aufgrund der Anbindung der Bundesregierung an staatsinterne Willensbildungsprozesse die Handlungsfähigkeit Deutschlands im Rahmen der Europäischen Union. Auch dieser Kritikpunkt betrifft in erster Linie die Verfahrensregelungen der Absätze 2 bis 7. Es dürfte die bemerkenswerteste Erfahrung mit dem reformierten Grundgesetz darstellen, daß gerade aus der Sicht der damaligen Kritiker Art. 23 GG heute als praktikable und problemangemessene Vorschrift angesehen wird[15]. Insbesondere ist festzuhalten, daß weder die „Föderalisierung" noch die „Parlamentarisierung" des Mitwirkungsverfahrens zu einer Schwächung der Verhandlungsposition Deutschlands in der Europäischen Union geführt hat. Zum Teil wird sogar der entgegengesetzte Effekt beschrieben[16]. Konflikte in Mitwirkungsverfahren scheinen auf Einzelfälle beschränkt zu sein. Dabei ist allerdings die Tendenz der Bundesregierung zu einer restriktiven Interpretation der Begriffe „Angelegenheit der Europäischen Union" (Abs. 2) und „Rechtsakte der Europäischen Union" (Abs. 3) erkennbar. Hierzu dürfte im Hinblick auf die mit der Vorschrift verbundene Intention, die innerstaatliche Gewichtsverteilung zwischen Bundesregierung, Bundestag und Bundesrat trotz europäischer Integration zu bewahren[17], keine Veranlassung bestehen. Die unterschiedliche Wortwahl in

---

[13] BVerfGE 92, 203 ff.

[14] Bericht der Gemeinsamen Verfassungskommission (Fn 1), S. 22.

[15] *Schnapauff*, Der neue Europaartikel in der staatlichen Praxis, ZG 1997, S. 188 ff.; *Hoffmann/Meyer-Teschendorf*, Der „Europa-Artikel" 23 GG in der staatlichen Praxis, ZG 1997, S. 81 ff.

[16] *Schnapauff* (Fn 15), S. 192.

[17] Vgl. Bericht der Gemeinsamen Verfassungskommission (Fn 1), S. 20 f.

Absatz 2 und Absatz 3 macht darüber hinaus deutlich, daß das Informationsrecht von Bundestag und Bundesrat nach Absatz 3 weiter gefaßt ist als deren Mitwirkungsrecht im Zusammenhang mit europäischen Rechtssetzungsakten, die Information von der Bundesregierung also nicht mit der Begründung versagt werden kann, es handele sich nicht um eine Rechtssetzungsangelegenheit. Eine verbindliche Definitionsmacht über den Umfang des Informationsrechts von Bundestag und Bundesrat kann die Bundesregierung nicht beanspruchen. Ihr bleibt neben der zweifellos nicht geringen Informationslast die - berechtigte - Hoffnung, daß Bundestag wie Bundesländer ihr Engagement angesichts der auf sie einstürzenden Informationsfülle[18] notgedrungen auf die für sie wirklich wesentlichen Angelegenheiten beschränken müssen.

Art. 23 GG verschafft den Ländern keine neuen originären Kompetenzen. Die Vorschrift ist bestenfalls geeignet, den Abfluß originärer Landeskompetenzen auf die europäische Ebene einzudämmen. Im übrigen verstärkt sie die auf nationaler Ebene schon lange sichtbare Tendenz zum Beteiligungsföderalismus[19]. Das mag man kritisieren[20]. Auf europäischer Ebene ist aber eine Alternative hierzu nicht erkennbar. Eine Tendenzwende zu mehr „Kompetenzföderalismus" erscheint dort - auch unter der Geltung des Subsidiaritätsprinzips (Art. 5 EGV) - nicht nur wenig realistisch; sie wäre mit Mitteln des nationalen Verfassungsrechts ohnehin nicht erreichbar. Die Entscheidung für den europäischen Beteiligungsföderalismus ist dagegen in ihrer auf den Bundesrat als maßgebliches Mitwirkungsorgan der Länder bezogenen Konstruktion eine systemgerechte Lösung, die durch die im Maastricht-Vertrag geschaffene unmittelbare Mitwirkungsmöglichkeit der Länder auf europäischer Ebene im Rahmen des Ausschusses der Regionen (Art. 263 ff. EGV) und in Form der nach Art. 203 EGV möglichen Vertretung der Bundesrepublik Deutschland im Rat durch einen Landesminister sinnvoll ergänzt wird. Die jüngst geäußerten Bedenken, die Heterogenität der im Ausschuß der Regionen vertretenen Körperschaften schwäche notwendigerweise verfassungsmäßig organisierte Regionen wie die Länder und verringere den Anreiz einer wirklichen Regionalisierung in Europa[21], wird man nicht teilen können. Vielmehr ist es den Ländern nur aufgrund ihrer mittelbaren und unmittelbaren Mitwirkung auf europäischer

---

[18] Dazu *Hoffmann/Meyer-Teschendorf* (Fn 16), S. 83.

[19] *Dästner*, Zur Aufgabenverteilung zwischen Bundesrat, Länderregierungen und Landesparlamenten in Angelegenheiten der Europäischen Union, NWVBl 1994, S. 1; zum Begriff *Böckenförde*, Sozialer Bundesstaat und parlamentarische Demokratie, in: Politik als gelebte Verfassung, Festschrift für F. Schäfer, 1980, S. 188 f.; *Ossenbühl*, Föderalismus und Regionalismus in Europa, in: ders. (Hrsg.), Föderalismus und Regionalismus in Europa, 1990, S. 117 und 148.

[20] So etwa *Volkmann*, Bundesstaat in der Krise? DÖV 1998, S. 613 (618).

[21] *Leonardy*, Deutscher Föderalismus jenseits 2000: reformiert oder deformiert, ZParl 1999, S. 135 (158 f.).

Ebene möglich, einer dem deutschen Föderalismus abträglichen Entwicklung des europäischen Regionalismus - etwa der eigenständigen, nationale Vorgaben nicht beachtenden Definition und Festlegung von (auch grenzüberschreitenden) Regionen aus rein europäischem Blickwinkel - frühzeitig entgegenzuwirken.

Die Regelung des Art. 23 Abs. 1 GG hat nach ihrer ersten Bewährungsprobe im Maastricht-Urteil des Bundesverfassungsgerichts[22] in der gerichtlichen Praxis bisher nur am Rande eine Rolle gespielt. Hervorzuheben ist der Fall eines Veranstalters eines mehrsprachigen, europaweit verbreiteten Fernsehnachrichtenprogramms („Euronews"), der sich gegen die Kanalbelegungssatzung für die bayerischen Kabelanlagen unter anderem mit der Begründung wandte, sein Programm müsse im Hinblick auf das Fördergebot des Art. 23 Abs. 1 GG vorrangig berücksichtigt werden. Der Verwaltungsgerichtshof München[23] ist dieser Argumentation nicht gefolgt. So klar das Ergebnis erscheint, so schwer fällt die Begründung. Warum greift Art. 23 Abs. 1 Satz 1 GG nicht? In einem vergleichbaren Fall war das Verwaltungsgericht Neustadt/Weinstraße[24] der Ansicht, diese Vorschrift müsse sich den in Art. 5 Abs. 1 Satz 2 GG enthaltenen Geboten der Vielfaltssicherung und Ausgewogenheit „unterordnen". Der dogmatische Anknüpfungspunkt hierfür bleibt aber unklar, zumal Art. 23 Abs. 1 Satz 1 GG nicht als Gegensatz zu Art. 5 Abs. 1 Satz 2 GG, sondern als Element der auf dieser Grundlage zu treffenden Entscheidung verstanden werden kann. In einem redaktionellen Leitsatz zur Entscheidung des Verwaltungsgerichtshofs München[25] heißt es, aus Art. 23 GG folge kein „Anspruch" auf bevorzugte Berücksichtigung von europäischen und europaweit tätigen Medienunternehmen. Soweit damit eine subjektivrechtliche Seite des Art. 23 Abs. 1 Satz 1 GG verneint werden soll, führt dies nicht weiter, weil ein subjektiver Anspruch des Klägers auf fehlerfreien Gebrauch des Auswahlermessens ohnehin bestand und in diesem Rahmen auch objektivrechtliche Vorgaben beachtet werden müssen. Der Verwaltungsgerichtshof München hat in seiner Entscheidung tatsächlich auch nicht hierauf, sondern darauf abgestellt, daß sich Art. 23 Abs. 1 Satz 1 GG eine Verpflichtung, europäische oder europaweit agierende Fernsehprogramme vorrangig bei Engpässen in der Kanalbelegung zu berücksichtigen, nicht entnehmen lasse. Diese fallbezogene Dezision wird man allerdings nicht mit der Begründung rechtfertigen können, Art. 23 Abs. 1 Satz 1 GG richte sich als Staatszielbestimmung nur an den Gesetzgeber[26]. Ihr kommt ebenso Bedeutung bei der Gesetzesausführung durch die Verwaltung zu[27]. Insoweit wird man

[22] BVerfGE 89, 155 ff.; vgl. auch BVerfGE 79, 350 ff.

[23] NJW 1997, S. 1385 ff.

[24] ZUM-RD 1997, S. 577 ff.

[25] NJW 1997, S. 1389 Leitsatz 5.

[26] Dagegen bereits Bericht der Gemeinsamen Verfassungskommission (Fn 1), S. 20.

[27] Vgl. auch *Jarass/Pieroth*, Grundgesetz, 4. Aufl. 1997, Art. 23 Rn 15.

zwar keine Pflichten der Verwaltung begründen können, die nicht bereits europarechtlich verbindlich geregelt sind. Das steht aber der Berücksichtigung europabezogener Gesichtspunkte im Rahmen von Ermessensentscheidungen oder Entscheidungen mit Beurteilungsspielraum nicht entgegen. Auch hier läßt sich jedoch nur fordern, daß europäische Gesichtspunkte überhaupt Berücksichtigung finden, nicht hingegen, daß ihnen ein größeres Gewicht zukommt als anderen im Rahmen des Normzwecks zu beachtenden Kriterien. Es geht daher zu weit, von einem „Fördergebot"[28] des Art. 23 Abs. 1 Satz 1 GG zu reden.

Art. 23 Abs. 1 GG könnte sich auch im Streit zwischen Europäischem Gerichtshof und Bundesverfassungsgericht um das „Letztentscheidungsrecht" bewähren. Gegenüber dem vom Europäischen Gerichtshof[29] postulierten Vorrang des Gemeinschaftsrechts vor nationalem Recht - auch nationalem Verfassungsrecht - beansprucht das Bundesverfassungsgericht zwei Ausnahmen: Es prüft, ob der unverzichtbare Grundrechtsstandard gewahrt ist und ob sich europäische Rechtsakte innerhalb der durch die Übertragung von Hoheitsrechten festgelegten Kompetenzgrenze halten[30].

*Hirsch* hält diesen Ansatz des Bundesverfassungsgerichts schon aus Sicht des Grundgesetzes für unzutreffend[31]: Der Gesetzgeber habe über Art. 23 und 24 GG nicht allein materielle Hoheitsrechte an die Europäische Union übertragen, sondern auch einem europäischen Gemeinschaftsgericht das Letztentscheidungsrecht in Grundrechts- und Kompetenzfragen eingeräumt. Das trifft zu, kann aber nur in den von Art. 23 Abs. 1 GG selbst für Hoheitsübertragungen gezogenen inhaltlichen Grenzen gelten, das heißt unter Beachtung von Art. 79 Abs. 3 GG. Mit der Bezugnahme auf diese Vorschrift wollte die Gemeinsame Verfassungskommission eine absolute und - im Gegensatz zu der für Art. 24 Abs. 1 GG geltenden „Grenzformel" („Einbruch in die die Verfassung konstituierenden Strukturen")[32] - klar abgrenzbare „Tabuzone" schaffen. Konsequenterweise muß dem Bundesverfassungsgericht insoweit ein Letztentscheidungsrecht zugestanden werden. Auch *Hirsch* bestreitet dies nicht, sieht aber hierin keine hinreichende Grundlage für die Rechtsprechung des Bundesverfassungsgerichts[33]. Demgegenüber meinen *Zuck/Lenz*[34], auf der Grundlage

---

[28] So aber VGH München, NJW 1997, S. 1385 (1387).

[29] Grundlegend EuGH, NJW 1964, S. 2371 (Costa ./. ENEL).

[30] BVerfGE 89, 155 (174 f. und 178 bezüglich Grundrechtsschutz, 188 und 210 zur Kompetenzordnung).

[31] *Hirsch*, Europäischer Gerichtshof und Bundesverfassungsgericht - Kooperation oder Konfrontation? NJW 1996, S. 2457 (2463).

[32] BVerfGE 37, 271 (279 f.) und BVerfGE 73, 339 (375 f.).

[33] So wohl auch *Selmayr/Prowald*, Abschied von den „Solange"-Vorbehalten, DVBl 1999, S. 269 ff.

der Grenzziehung durch Art. 79 Abs. 3 GG sei es sogar gerechtfertigt, daß das Bundesverfassungsgericht einzelfallbezogen den unabdingbaren Grundrechtsstandard und die Einhaltung der Kompensationsgrenzen prüfe. Richtigerweise wird man differenzieren müssen: Nach Art. 79 Abs. 3 in Verbindung mit Art. 20 Abs. 1 GG (Rechtsstaatsprinzip)[35] ist ein genereller, von der konkreten Beurteilung des Einzelfalls abgelöster Maßstab geboten: Ist ein im Hinblick auf Grundrechte und Kompetenzprüfung unabdingbarer Rechtsschutzstandard durch den Europäischen Gerichtshof gewahrt? Art. 79 Abs. 3 in Verbindung mit Art. 1 GG verlangt dagegen eine einzelfallbezogene Betrachtung, die aber nicht schon bei jeder Grundrechtsverletzung durchschlagend ist. Auf dieser Grundlage läßt sich allerdings das Postulat des Bundesverfassungsgerichts, bei jeder Kompetenzüberschreitung einzugreifen, nicht halten. Eine Angleichung der Maßstäbe für den Grundrechtsschutz und für die Prüfung „ausbrechender Rechtsakte" müßte die notwendige Folge sein.

Ohne Art. 23 GG wäre das Grundgesetz nicht auf der Höhe der Zeit. Aber reicht die Vorschrift aus, die Zukunftsfähigkeit des Grundgesetzes in supranationaler Hinsicht zu gewährleisten? Die „Globalisierung" hat die europäischen Grenzen längst überwunden. Die mit ihr verbundenen Gefahren für die zukünftige Aufgabenbewältigung der Nationalstaaten werden anläßlich des Verfassungsjubiläums und des Jahrhundertwechsels zunehmend beschworen[36]. Doch welche Antworten kann nationales Verfassungsrecht hierfür geben? In materiellrechtlicher Hinsicht liegen die Antworten des Grundgesetzes, insbesondere in Form der Grundrechte, bereits vor. Mit ihrem Schutz gegenüber supranationalen Einflüssen ist das Grundgesetz überfordert. Es kann daher nur darum gehen, Mindeststandards und grundlegende Handlungsaufträge für die internationale Zusammenarbeit festzulegen, die die Vertreter der Bundesrepublik Deutschland binden. Hierfür kann der Prozeß der Differenzierung, der für die europäische Integration von Art. 24 zu Art. 23 GG geführt hat, Vorbild sein. Als ein erster inhaltlicher Teilbereich, der einer solchen differenzierten Regelung zugänglich wäre, bietet sich - nicht nur aus aktuellem Anlaß - der Komplex „Bundeswehreinsätze im Ausland/Friedensstaatlichkeit" an, der bereits Gegenstand von Erörterungen der Gemeinsamen Verfassungskommission gewesen ist[37].

---

[34] *Zuck/Lenz*, Verfassungsrechtlicher Rechtsschutz gegen Europa, NJW 1997, S. 1193 (1195 f.).

[35] Diese Vorschriften mögen zwar nicht das Gebot möglichst umfassenden Gerichtsschutzes enthalten (BVerfGE 30, 1 <25>); zumindest wird man aber einen Minimalschutz grundlegender Rechte als geboten ansehen müssen (vgl. auch BVerfGE 94, 49 <104>).

[36] Vgl. etwa *Hoffmann-Riem*, Das Grundgesetz - zukunftsfähig?, DVBl 1999, S. 657 (659 f.).

[37] Bericht der Gemeinsamen Verfassungskommission (Fn 1), S. 101 ff.

## C.

Das Thema „Föderalismus" war in der Gemeinsamen Verfassungskommission das zentrale Anliegen der Länder. Seit 1949 hatten sie Gesetzgebungskompetenzen an den Bund verloren[38]: Der Bund hat extensiv von seinen Befugnissen im Bereich der konkurrierenden und Rahmenkompetenz Gebrauch gemacht und die Länder von fast allen der in Art. 74 und 75 GG genannten Regelungsmaterien ausgeschlossen. Darüber hinaus sind dem Bund im Wege der Verfassungsänderung Kompetenzbereiche zu Lasten der Länder übertragen worden. Die politischen Gestaltungsmöglichkeiten der Länder haben hierdurch stark gelitten. Nicht zu Unrecht sahen die Länder in dieser Entwicklung eine Gefahr für den Föderalismus und für ihre Eigenstaatlichkeit. Die Lösung bestand für sie in einer „Reföderalisierung", die den weiteren Auszehrungsprozeß stoppt und den Ländern wieder substantielle Gesetzgebungskompetenzen verschafft[39]. Die Gemeinsame Verfassungskommission ist dieser Forderung im Ansatz gefolgt: Die Voraussetzungen für die Inanspruchnahme der konkurrierenden und der Rahmenkompetenz durch den Bund wurden präzisiert und verengt (Art. 72 Abs. 2 und 75 Abs. 2 GG). Darüber hinaus wurden einzelne Materien, für die bisher eine konkurrierende bzw. Rahmenkompetenz des Bundes bestand, in die ausschließliche Kompetenz der Länder überführt („Staatsangehörigkeit in den Ländern", „Recht der Erschließungsbeiträge", „Allgemeine Rechtsverhältnisse des Films") bzw. in die Rahmenkompetenz „herabgestuft" („Schutz deutschen Kulturgutes gegen Abwanderung in das Ausland").

Dieses Ergebnis erfüllte die Erwartungen der Länder bei weitem nicht. Doch nach der Ratifizierung des Vertrages von Maastricht fehlte ihnen in dieser Phase der Verfassungsreformdiskussion das Druckmittel gegenüber dem Bund. Bei genauerer Betrachtung mag man sogar zweifeln, ob bei den Kompetenzkatalogen überhaupt von einer positiven Veränderung zugunsten der Länder die Rede sein kann: Im Gegenzug erhielt der Bund nämlich die konkurrierende Zuständigkeit für so bedeutsame Materien wie Staatshaftung (Art. 74 Abs. 1 Nr. 25 GG) und künstliche Befruchtung beim Menschen, Gentechnologie und Organtransplantation (Art. 74 Abs. 1 Nr. 26 GG).

Ging von den Änderungen eine nennenswerte Reföderalisierungswirkung aus? Die praktische Bedeutung der neuen „Erforderlichkeitsklausel" in Art. 72 Abs. 2 GG ist nicht allzu hoch, weil der Bund von seinen konkurrierenden Ge-

---

[38] Zur Entwicklung der föderativen Ordnung in der Bundesrepublik Deutschland vgl. etwa *Schneider*, Die bundesstaatliche Ordnung im vereinigten Deutschland, NJW 1991, S. 2448 ff.

[39] Vgl. insbesondere die „Eckpunkte" der Ministerpräsidenten vom 5. Juli 1990, abgedr. in ZParl 1990, S. 461 ff., sowie die Empfehlungen der Kommission Verfassungsreform des Bundesrates, BRDrucks 360/92, Rn 53 ff.

setzgebungszuständigkeiten bereits extensiven Gebrauch gemacht hat: Ist die Flasche schon fast leer, nutzt es wenig, den Flaschenhals zu verengen. Immerhin eröffnet sich im Hinblick auf die neuen Kompetenztitel in Art. 73 Abs. 1 Nr. 25 und 26 GG ein nicht unbedeutender Anwendungsbereich für Art. 72 Abs. 2 GG. Wichtig wird sein, ob das Bundesverfassungsgericht das Signal aufnimmt, das ihm mit der Neufassung von Art. 72 Abs. 2 GG gesandt wurde[40]: Das Gericht sollte veranlaßt werden, von seiner zurückhaltenden Rechtsprechung abzurücken, wonach die Inanspruchnahme der konkurrierenden Gesetzgebungskompetenz im politischen Ermessen des Bundesgesetzgebers steht und nur auf Ermessensmißbrauch und -überschreitung überprüft werden kann[41]. Dieses Signal der Gemeinsamen Verfassungskommission kommt im reformierten Grundgesetz durchaus zum Ausdruck: mehr noch als in Art. 72 Abs. 2 GG (Gleichwertigkeit statt Einheitlichkeit der Lebensverhältnisse, Erforderlichkeit statt Bedürfnis) durch die neu etablierte, auf die Prüfung der Voraussetzungen des Art. 72 Abs. 2 GG beschränkte Verfahrensart des Art. 93 Abs. 1 Nr. 2 a GG. Man mag kritisieren, daß sich die Intention der Gemeinsamen Verfassungskommission textlich nicht hinreichend in Form einer Verbesserung der Justitiabilität der Maßstäbe für die Inanspruchnahme der konkurrierenden Gesetzgebungskompetenz durch den Bund niederschlägt[42]; da das Bundesverfassungsgericht seine bisherige Rechtsprechung aber ersichtlich in erster Linie nicht normtheoretisch, sondern staatstheoretisch begründet hat[43], liegt darin kein Hinderungsgrund für die intendierte Erhöhung der Kontrolldichte. Im übrigen bietet das Kriterium der Erforderlichkeit in Art. 72 Abs. 2 GG einen hinreichenden dogmatischen Anknüpfungspunkt zur Umsetzung des Signals der Gemeinsamen Verfassungskommission: Es gestattet eine wenn nicht dreistufige[44], so doch zumindest zweistufige Prüfung[45] der Verhältnismäßigkeit der Inanspruchnahme der Bundeskompetenz. Daß das Bundesverfassungsgericht den Verhältnismäßigkeitsgrundsatz im Bund-Länder-Verhältnis grundsätzlich für unanwendbar hält[46], steht wegen der besonderen Anordnung seiner Geltung durch Art. 72 Abs. 2 GG nicht entgegen. Die ausdrückliche Regelung in Art. 5 EGV zeigt im übrigen, daß der Verhältnismäßigkeitsgrundsatz für die

[40] Vgl. Bericht der Gemeinsamen Verfassungskommission (Fn 1), S. 33.

[41] StRspr seit BVerfGE 2, 213 (224 f.).

[42] So etwa *Kunig*, in: von Münch/Kunig (Hrsg.), Grundgesetz-Kommentar, Band 3, 3. Aufl. 1996, Art. 72 Rn 36.

[43] Vgl. zu dieser Unterscheidung *Koch*, Unbestimmte Rechtsbegriffe und Ermessensermächtigungen im Verwaltungsrecht, 1979, S. 10 f.

[44] *Callies*, Die Justitiabilität des Art. 72 Abs. 2 GG vor dem Hintergrund von kooperativem und kompetivem Föderalismus, DÖV 1997, S. 889 (896).

[45] *Schmehl*, Die erneuerte Erforderlichkeitsklausel in Art. 72 Abs. 2 GG, DÖV 1996, S. 724 (726).

[46] Vgl. BVerfGE 81, 310 (338) m.w.N.

Abgrenzung von Kompetenzbereichen nicht „wesensmäßig" unanwendbar ist. Die Vorschrift könnte auch im Hinblick auf den von der Kommission ausgearbeiteten Prüfkatalog Vorbild für eine entsprechende Handhabung von Art. 72 Abs. 2 GG sein[47].

Das Bundesverfassungsgericht hatte noch keine Gelegenheit, den neuen Prüfungsmaßstab des Art. 72 Abs. 2 GG anzuwenden. Die Rolle des Gerichts für den Erhalt der Länderkompetenzen sollte ohnehin nicht überschätzt werden. Der von den Ländern beklagte Prozeß der Auszehrung ihrer Gesetzgebungskompetenzen vollzog sich in der Vergangenheit nicht ohne ihr Zutun. Selbst nach Änderung des Art. 72 Abs. 2 GG haben sie an der Ausweitung der konkurrierenden Gesetzgebung des Bundes mitgewirkt oder hierzu sogar die Initiative ergriffen[48], wenn es politisch opportun erschien. Deswegen ist es fraglich, ob die von den Ländern im Rahmen der Verfassungsreform präferierte „politische Lösung" für Art. 72 Abs. 2 GG, wonach der Bund, wenn er von einer konkurrierenden Gesetzgebungsbefugnis Gebrauch machen will, der Zustimmung des Bundesrates bedarf[49], tatsächlich einen besseren Schutz als die jetzt geltende Regelung gegen den weiteren Abfluß von Landesgesetzgebungsbefugnissen an den Bund geboten hätte. Bedeutsamer könnte demgegenüber das neue Antragsrecht der Landtage in Normenkontrollverfahren nach Art. 92 Abs. 1 Nr. 2 a GG sein, das es erstmals den eigentlich Betroffenen des beschriebenen Auszehrungsprozesses ermöglicht, das Bundesverfassungsgericht zum Schutz ihrer Gesetzgebungskompetenzen anzurufen. Daß bislang noch kein Landtag hiervon Gebrauch gemacht hat, könnte allerdings darauf hindeuten, daß die Bereitschaft der Landtage, sich mit einem Normenkontrollantrag gegebenenfalls gegen die eigene, am Zustandekommen des Bundesgesetzes beteiligte Landesregierung zu stellen, nicht allzu hoch anzusetzen ist.

Daß von der Neufassung des Art. 75 GG kein wesentlicher Beitrag zu einer „Reföderalisierung" ausgegangen ist, kann nicht verwundern. Wegen des Widerstandes der Bundesseite in der Gemeinsamen Verfassungskommission konnten die Länder ihr Ziel eines den Gestaltungsspielraum der Länder(parlamente) erweiternden Verbotes detaillierter und unmittelbar geltender Rahmenvorschriften[50] nur für den „Regelfall" durchsetzen. Das Regel-Ausnahme-Modell bietet aber keinen praktikablen Maßstab für die Einzelfallbeurteilung. Eine Tendenzwende in der Rahmengesetzgebung ist deswegen nicht erkennbar. Auch hier tragen die Länder vielmehr selbst zum Mißerfolg ihres Reföderali-

---

[47] Näher *Zuleeg*, in: von der Groeben/Thiesing/Ehlermann, Kommentar zum EU/EG-Vertrag, 5. Aufl., Art. 3 b Rn 20 m.w.N.

[48] Vgl. etwa die hessische Initiative zur Einbringung eines Altenpflegesetzes, BRDrucks 142/93 und (erneut) BRDrucks 48/99.

[49] Kommission Verfassungsreform (Fn 39), Rn 56.

[50] Kommission Verfassungsreform (Fn 39), Rn 60 ff.

sierungszieles bei, indem sie „Ausnahmefälle" nicht beanstanden oder selbst initiieren[51], wenn es politisch opportun erscheint.

Besonders enttäuschend ist die „Reförderalisierungsbilanz" bei den Rückübertragungsvorschriften. Das gilt vor allem für die neuen ausschließlichen Länderkompetenzen, von denen die Länder sofort und ohne weitere Voraussetzungen hätten Gebrauch machen können (vgl. Art. 125 a Abs. 1 Satz 2 GG). Weder zur „Staatsangehörigkeit der Länder" noch zum „Recht der Erschließungsbeiträge" noch im Bereich „Film" sind Landesgesetze ergangen. Hieran wird deutlich, daß der Bund letztlich nur „unschädliche" Materien an die Länder abgegeben hat. Es zeigt sich aber auch, daß es den Ländern bei diesen Kompetenzen eher „ums Prinzip" gegangen ist als darum, wirkliche Gestaltungsspielräume zu erhalten und wahrzunehmen. Auch der kleine Terraingewinn durch Art. 80 Abs. 4 GG, der die Länder berechtigt, im Falle einer Bundesermächtigung zum Erlaß einer Landesrechtsverordnung die Regelung durch ein Landesgesetz zu treffen, wurde bisher nicht genutzt[52]. Dieser Befund läßt daran zweifeln, ob die verbreitete These von den Landtagen als den ohnmächtigen Opfern des von den Landesregierungen mitgetragenen föderalen Auszehrungsprozesses wirklich zutreffend ist.

Die Neufassung der Voraussetzungen für die Inanspruchnahme der konkurrierenden und Rahmengesetzgebung in Art. 72 Abs. 2 und Art. 75 Abs. 1 und 2 GG hat in Wahrnehmung der von Art. 125 a Abs. 2 GG eröffneten Möglichkeit immerhin zur Einbringung einer Gesetzesinitiative im Bundesrat durch drei Bundesländer geführt[53]. Sie zielt auf die Einfügung von punktuellen Öffnungsklauseln zugunsten der Länder in einigen bundesgesetzlich geregelten Materien wie dem Krankenhausfinanzierungsgesetz, dem Baugesetzbuch, dem Bundessozialhilfsgesetz, dem Versammlungsgesetz, der Hinterlegungs- und Grundbuchordnung, dem Handelsgesetzbuch und dem Haftpflichtgesetz. Diese Initiative geht auf das Beratungsergebnis einer von den Ministerpräsidenten eingesetzten Arbeitsgruppe zurück. Es ist bezeichnend, daß Vorschläge zur Einbeziehung weiterer Materien schon unter den Ländern keine Mehrheit fanden, vielfach mit der Begründung, bundeseinheitliche Regelungen und Standards dürften nicht in Frage gestellt werden. Nicht einmal über den in der Initiative enthaltenen bescheidenen Katalog bestand Konsens zwischen den Ländern. Die ohnehin geringen Gestaltungsspielräume, die die Verfassungsreform den Ländern eröffnet hat, wurden hiermit bei weitem nicht ausgeschöpft. Es

---

[51] Vgl. etwa die Anrufung des Vermittlungsausschusses durch den Bundesrat mit dem Ziel des Verbotes von Studiengebühren im Hochschulrahmengesetz: BTDrucks 13/10094.

[52] Näher *Wagner/Brocker*, Das „verordnungsvertretende Gesetz" nach Art. 80 Abs. 4 GG, NVwZ 1997, S. 759.

[53] BRDrucks 77/98.

steht im übrigen zu erwarten, daß die Initiative, sollte sich der Bundesrat endlich zur Einbringung entschließen, im Bundestag auf nachhaltigen Widerstand stoßen wird.

Erwähnenswert ist eine weitere Gesetzesinitiative des Bundesrates, die sogar schon den Weg in den Bundestag gefunden hat. Es handelt sich um den Entwurf eines Zuständigkeitslockerungsgesetzes, das bundesgesetzliche Zuständigkeitsregelungen in zahlreichen Gesetzen in der Weise lockern will, daß die Landesregierungen - insbesondere im Interesse der Verwaltungsreform in den Ländern - abweichende Zuständigkeiten bestimmen können[54]. Auch dieses Vorhaben wird den Ländern jedoch keine nennenswerten Gestaltungsspielräume eröffnen können, zumal die Bundesregierung sich gegenüber etwa der Hälfte der Vorschläge bereits ablehnend geäußert hat[55]. Selbst diesen vorsichtigen Versuch haben die Länder weder geschlossen noch mit besonderem Nachdruck unterstützt. Daß es auch hier vor allem „ums Prinzip" geht, zeigt die Einbringungsrede des hessischen Ministerpräsidenten im Bundesrat, der den Kritikern in den eigenen Länderreihen beschwichtigend entgegengehalten hat, daß die Öffnung der Gesetzgebung für den Landesgesetzgeber nicht automatisch bedeute, daß er auch tatsächlich davon Gebrauch mache[56].

Insgesamt kann man feststellen, daß es den Ländern nicht gelungen ist, die ohnehin nur mageren Erfolge der Verfassungsreform einfachgesetzlich umzusetzen. Die föderalen Sonntagsreden stehen in krassem Widerspruch zur praktischen Politik. Die Ursache liegt nicht im Unvermögen der Landespolitiker; sie ist vielmehr struktureller Art. So sehr das vertikal gewaltenteilende Modell des Föderalismus in der Theorie einleuchtet, so anachronistisch erscheint es, sich im konkreten Fall trotz Europäisierung und Globalisierung für länderbezogene Gesetzgebungskompetenzen, Gesetze und Regelungsmaßstäbe einzusetzen. Die Länder werden als bürgernahe und zusätzliche Möglichkeiten demokratischer Willensbildung eröffnende Institutionen geschätzt, ihre Regelungsprodukte jedoch von der Wirtschaft als „Flickenteppiche", von den Eltern schulpflichtiger Kinder als „mobilitätshemmend" und vom Kulturbetrieb als „provinziell" kritisiert.

Dieser Befund läßt daran zweifeln, ob es nur fehlende Rahmenbedingungen gewesen sind, die einer erfolgreichen Reföderalisierung entgegengestanden haben[57]. Eine Neugliederung der Länder mag überfällig sein; daß an ihrem Ende ausschließlich starke und von der Bevölkerung akzeptierte Länder mit gleicher

[54] BTDrucks 13/10156; erneute Einbringung: BTDrucks 14/640.

[55] BTDrucks 14/640, S. 14 ff.

[56] Verhandlungen des Bundesrates, 721. Sitzung am 6. Februar 1998, Tagesordnungspunkt 24, Anlage 12.

[57] Vgl. zuletzt *Leonardy* (Fn 21) S. 135 ff.

Leistungsfähigkeit stehen werden, ist angesichts des deutschen Ost-West- sowie Nord-Süd-Gefälles eine gewagte Behauptung. Selbst wenn sie zuträfe, ist nicht erkennbar, warum die Akzeptanz länderbezogener Regelungen hierdurch steigen sollte. Dasselbe gilt für die Reform der Finanzverfassung, die die Gemeinsame Verfassungskommission aus ihren Erörterungen ausgeklammert hatte[58]. Finanzielle Eigenverantwortlichkeit aufgrund selbstbestimmter Steuerquellen kann in Zeiten öffentlicher Sparzwänge und nicht mehr beliebig steigerbarer Abgabenbelastungen die Bereitschaft zur Übernahme neuer Aufgaben kaum erhöhen. Im übrigen wäre sie selbst Teil des rechtlichen „Flickenteppichs", dessen noch so bescheidene Ausweitung gerade die Wirtschaftsverbände trotz aller Rufe nach Wettbewerbs- und Konkurrenzföderalismus im Rahmen der Verfassungsreform vehement bekämpft haben.

Mit oder ohne Neugliederung und Verfassungsreform: Ein erneuter Versuch der Reföderalisierung wird das in der Gemeinsamen Verfassungskommission erreichte Ergebnis kaum verbessern können[59]. Diese Erkenntnis zwingt nicht dazu, solche Versuche zukünftig von vornherein zu unterlassen. Sie mahnt aber zur Vorsicht in der derzeitigen Debatte um die Zukunft des Föderalismus, die nicht allein „jubiläumsbedingt" geführt wird, sondern durch die „Blockadepolitik" des SPD-dominierten Bundesrates gegenüber der CDU/CSU-geführten Bundesregierung in der letzten Legislaturperiode ausgelöst wurde. Sieht man in solchen „Blockaden" den Beweis für ein Mißverhältnis zwischen Einfluß und Verantwortung und mithin für einen korrekturbedürftigen Auswuchs des Beteiligungsföderalismus, so liegt es nahe, die Verantwortungsbereiche von Bund und Ländern wieder deutlicher voneinander zu trennen, indem der Einfluß der Länder durch den Bundesrat - insbesondere in Form der Zustimmungsgesetze - beschränkt und ihre originären (Gesetzgebungs-)Kompetenzen wieder verstärkt werden[60]. Diese Forderung, die mit dem Reföderalisierungsziel der Verfassungsreform durchaus kompatibel erscheint, wird zunehmend erhoben[61]. Ihre Realisierung muß aber, da eine Wiederbelebung der Länderkompetenzen nicht in Sicht ist, im Ergebnis zwangsläufig zu einer Reduzierung des Ländereinflusses führen. Der Beteiligungsföderlismus mag nur die zweitbeste Form des Föderalismus sein, sein Abbau ohne wirksame Kompensation kann den Niedergang des Föderalismus insgesamt aber nicht stoppen, sondern wird ihn vielmehr noch verstärken. In jedem Fall kann ein Verlust des Zustimmungserfordernisses des Bundesrates im Rahmen der Bundesgesetzgebung nur dort in Be-

---

[58] Vgl. dazu Bericht der Gemeinsamen Verfassungskommission (Fn 1), S. 114 f.

[59] Diese These wird demnächst anhand der Ergebnisse einer Bund-Länder-Kommission zum Thema „Modernisierung der bundesstaatlichen Ordnung" überprüft werden können.

[60] Dazu *Grimm*, Blockade kann nötig sein, in: DIE ZEIT, 10. Oktober 1997.

[61] Zuletzt *Limbach*, zitiert nach Handelsblatt vom 2. Juni 1999, S. 4.

tracht kommen, wo keine spezifischen Länderinteressen wie z.B. Verwaltungszuständigkeit, Verwaltungsverfahren (insbesondere Art. 84 Abs. 1 und Art. 85 Abs. 1 GG) oder Finanzierung (Art. 104 Abs. 3 Satz 3 GG) betroffen sind. „Unverdient" und deswegen disponibel erscheint es hingegen, daß ein Gesetz nach der Rechtsprechung des Bundesverfassungsgerichts[62] insgesamt und nicht nur insoweit der Zustimmung des Bundesrates bedarf, als zustimmungsauslösende Regelungen darin enthalten sind. Für diese Rechtsprechung spricht zwar, daß sie Aufspaltungen eines einheitlichen Gesetzes in Zustimmungs- und Einspruchsgesetz vermeidet. Andererseits sah sich das Bundesverfassungsgericht selbst veranlaßt, seine These von der „Einheit des Gesetzes" für die Änderung ursprünglich zustimmungsbedürftiger Gesetze wieder einzuschränken, was zu erheblichen Abgrenzungsproblemen führte[63]. Eine verfassungsrechtliche Korrektur dieser Rechtsprechung könnte jedenfalls zu einer Reduzierung der zustimmungsbedingten Konfliktfälle zwischen Bundestag und Bundesrat führen, ohne daß hierdurch spezifische Länderinteressen beeinträchtigt würden.

Hat der Föderalismus ohne echte Reföderalisierungsaussichten überhaupt noch eine Zukunft? Um zu einer positiven Antwort zu kommen, wird man sich von der Sichtweise lösen müssen, daß allein Gesetzgebungskompetenzen politische Gestaltungsspielräume schaffen. Für den Bund trifft dieser Blickwinkel mangels nennenswerter Ausführungskompetenzen zu: Auf politische Herausforderungen kann er im wesentlichen nur mit gesetzgeberischen Aktivitäten reagieren. Die Situation in den Ländern ist jedoch eine wesentlich andere. Die Länder verfügen über eine Fülle von Exekutivbefugnissen. Sie eröffnen ihnen durchaus eigene Gestaltungsspielräume, über die die „verwaltungsarmen" Ebenen Bund und Europa nicht verfügen und auf die sich die Länder deswegen besinnen sollten. Die Vorstellung, es gehe insoweit nur um „stupiden Normvollzug", trifft nicht zu. Gerade im Planungsbereich haben sich die behördlichen Spielräume aufgrund zahlreicher Gesetzesänderungen im materiellrechtlichen und verfahrensrechtlichen Bereich[64] und der dadurch reduzierten verwaltungsgerichtlichen Kontrolldichte[65] deutlich erhöht. Die Kritik an der auf die strenge Herrschaft des Bestimmtheitsgebotes und der Wesentlichkeitstheorie zurückgeführte Verrechtlichung[66] könnte in manchen Bereichen eine Tendenzwende

---

[62] Grundlegend zur These vom Gesetz als gesetzgebungstechnische Einheit BVerfGE 8, 274 (294 f.).

[63] BVerfGE 37, 363 (381 f.).

[64] Zustimmend *Ronellenfitsch*, Rechtsfolgen fehlerhafter Planung, NVwZ 1999, S. 583. Kritisch *Storort*, Fachplanung und Wirtschaftsstandort Deutschland: Rechtsfolgen fehlerhafter Planung, NVwZ 1998, S. 797 ff. sowie *Berkemann*, Verwaltungsprozeßrecht auf „neuen Wegen", DVBl 1998, S. 446 ff.

[65] Vgl. zuletzt *Wahl/Dreier*, Entwicklung des Fachplanungsrechts, NVwZ 1999, S. 606 ff.

[66] *Hoffmann-Riem* (Fn 36), S. 665 f.

hinsichtlich der Regelungsdichte bewirken, die der Verwaltung weitere Freiräume schafft. Nicht übersehen werden darf, daß den Ländern grundsätzlich die Regelungskompetenz für die Landesverwaltung einschließlich der kommunalen Ebene zukommt; nicht zuletzt hierdurch unterscheiden sie sich von bloßen Verwaltungsbezirken. Trotz aller Bemühungen um eine Verwaltungsreform drängt sich nicht der Eindruck auf, daß im Bereich der Landesverwaltung, aber etwa auch für die Ballungsgebiete bereits optimale und zukunftsfähige Organisationslösungen gefunden und umgesetzt worden wären. Die damit eröffneten Gestaltungsspielräume dürften Einflüssen und Begehrlichkeiten des Bundes oder der europäischen Ebene in deutlich geringerem Umfang ausgesetzt sein als die Handlungsspielräume, die den Ländern aufgrund verbliebener oder gegebenenfalls neu hinzugewonnener Gesetzgebungskompetenzen zustehen. Die Gesetzgebungskompetenzen der Länder werden - nicht anders als diejenigen des Bundes - zunehmend in den Sog europäischer Kompetenzansprüche geraten, ansonsten zumindest europäische Vorgaben zu beachten haben oder gar nur ihrer Umsetzung dienen. So gesehen könnten sich die Länder gerade aufgrund ihrer Verwaltungszuständigkeiten als „europafester" und insoweit zukunftsfähiger erweisen als der Bund.

# Was darf man wissen? „Novel food"-Kennzeichnung und die Meinungsbildungsfreiheit des mündigen Marktbürgers

Von *Helge Rossen*, Bielefeld

## A. Gegenstand

„Man ist, was man ißt." Natürlich ist der Kalauer abgegriffen. Ihm gelingt aber in dem, was er bezeichnet, eine selten erreichte Verbindung von Kürze und Genauigkeit. Der Unterschied eines einzigen Buchstabens markiert die über den Stoffwechsel vermittelte Abhängigkeit des Menschen von seiner Nahrung und seine Prägung durch diese Nahrung. Darüber hinaus verweist derselbe Unterschied auf ein aktives Moment in der Selbsthervorbringung des Menschen. Es soll da ein „Sein" entstehen, das sich selbst im weiteren Fortgang seines je besonderen Stoffwechsels mit der Natur immer wieder neu erschaffen muß. Insoweit wird dieses Sein nicht vorgestellt als zwanghaft auf seine Nahrung angewiesen, an ihr sich bewußtlos ausformend. Es hat, auch das hält der sich am Buchstabentausch entzündende Sprachwitz offen, dieses Sein jedenfalls die Möglichkeit, seine Nahrung auszuwählen. Der Kalauer beharrt auf den Chancen, die in der Wahl liegen. Er verweist darauf, daß der Mensch prüfen soll, was er zu sich nimmt, um auch auf diesem Weg eine Persönlichkeit auszubilden, die Verantwortung übernehmen kann. Wählen setzt freilich Wissen voraus. Und so reicht der Kalauer schließlich noch in die Dimension hinein, in der die nicht-stofflichen Voraussetzungen menschlicher Selbsthervorbringung zu suchen sind. Er mahnt die Bedeutung ausreichender Information an und hebt damit zugleich die Notwendigkeit entsprechender Informationsmöglichkeiten hervor. Daß man ist, was man ißt, betrifft die Persönlichkeit und ihre immateriellen Gelingensbedingungen ebenso wie das Substrat dieser Persönlichkeit, den Körper und dessen materielle Entstehensvoraussetzungen.

Dann freilich entstehen den Verbrauchern am europäischen Lebensmittelmarkt Probleme. Zu wissen, was man ißt, ist schwierig geworden. Man sieht den industriell hergestellten Lebensmitteln weder an, was sie enthalten, noch kann man auf das Wissen um herkömmliche Produktionsverfahren zurückgreifen. Es bedarf der gezielten und fachkundigen Aufklärung. Jeder Versuch in dieser Richtung stößt aber auf Probleme. Die Bedeutung von Informationen im Lebensmittelbereich und die Zugänglichkeit solcher Informationen scheinen sich mittlerweile umgekehrt proportional zueinander zu verhalten. Für den hochkonzentrierten, hochgradig vermachteten und mit den politischen Systemen Europas (vor allem über die gemeinsame Agrarpolitik) verflochtenen Lebensmittelmarkt der Europäischen Gemeinschaft ist die großindustrielle Lebensmittelproduktion von überragender Bedeutung. Im Rahmen dieser Lebensmittelproduktion und -vermarktung stellt das Informationsverlangen der Verbraucher tendenziell einen Störfaktor dar. Das Verlangen nach größerer Transparenz löst eher Besorgnis aus und stößt auf Abwehrreflexe. Nach einer beeindruckenden und sich ständig verlängernden Reihe von Lebensmittelskandalen ist das ohne weiteres nachvollziehbar. Die verbreitete Sorge, daß mehr Wissen regelmäßig auch mehr Ekel oder gar Angst bedeutet, muß inzwischen als wohlbegründet angesehen werden. Die (Un-)Zugänglichkeit von Informationen wird so zu einer wichtigen Voraussetzung strategisch ausgerichteter Informationspolitiken. Ihnen liegen ökonomische und mit diesen verflochtene politische Interessen daran zugrunde, den Lebensmittelmarkt gegen „übertriebene", „irrationale Ängste fördernde", „wettbewerbsverzerrende" oder schlicht „unnötige" Information abzudichten.[1] Gegenüber solchen Bestrebungen kann der Markt als das klassische Medium der Selbststeuerung kaum ausreichende Gegenkräfte freisetzen. Die Komplexität und Veränderlichkeit der informationserheblichen Sachverhalte, die Machtverteilung an den Anbietermärkten im Lebensmittelbereich, aber auch der legitime rechtliche Schutz, der von den potentiellen Informationsquellen gegenüber Informationsverlangen geltend gemacht werden kann, haben vielmehr informationelle Ausgangslagen am Lebensmittelmarkt zur Folge, die in hohem Maß ungleichgewichtig erscheinen. Diese Beobachtung führt auch heute noch zu der klassischen Konsequenz, daß die Sicherung der informationellen Rahmenbedingungen des Marktes eine marktexterne, und das heißt in erster Linie: eine staatliche Regulierung bedingt.

Eine solche Regulierung findet auf nationalstaatlicher Ebene im Rahmen des deutschen Lebensmittelrechts bereits seit längerem statt.[2] Sie ist aber auch in

---

[1] Die insoweit jedenfalls bislang typische Haltung der EG-Kommission (Vermeidung von „Hysterie" und „Stigmatisierung" als Hauptmotive) wird erkennbar in Dok KOM (93) 631 endg.–COD 426, S. 3 Nr. 3 sowie bei *Büscher*, „Novel Food": Aufklären statt beschwichtigen, EG-Magazin 11/1990, S. 8; lebhafte Besorgnis wegen einer möglichen Manipulation des Verbrauchers gegen Neue Lebensmittel durch „übertriebene" Kennzeichnung ferner etwa *Feldmann*, „Gentechnikfrei" – erlaubte Lebensmittelwerbung?, ZLR 1997, S. 493 (494, 501, 506); *Schroeter*, Anwendungsprobleme der Novel Food-Verordnung, ZLR 1997, S. 373. Treffend hierzu die Bemerkung von G. *Palast*, Unterdrückte Wahrheiten, Frankfurter Rundschau Nr. 148 v. 30. Juni 1999, S. 8: „Die Öffentlichkeit fürchtet in der Regel, daß Gentechnologie Frankenstein-Produkte produziert. Aber die viel größere Gefahr, die von der Gentechnologie ausgeht, ist ihre massive Verbreiterung der Zensurbasis, denn die ist für den Erfolg dieser Industrie von entscheidender Bedeutung."

[2] Vgl. hierzu jetzt den Überblick bei *Grube*, C., Verbraucherschutz durch Lebensmittelkennzeichnung? 1997, Abschn. B I. (S. 7 ff.) m.w.N.

hohem Maße relevant für die Entwicklung eines gemeinsamen europäischen Marktes. Auch auf der Ebene des europäischen Rechts sind daher in verstärktem Umfang Regulierungsbemühungen zu beobachten. Derartige supranationale Regulierungsvorgaben im Integrationsbereich begründen dann die Frage nach der Kompatibilität und der Abstimmung mit den nationalen Rechtsordnungen. Derzeit stellt sich diese Frage im Hinblick auf die Kennzeichnung gentechnisch hergestellter oder modifizierter Lebensmittel mit besonderer Dringlichkeit. Am Fall derartiger „neuer Lebensmittel" treten ferner einige Grundprobleme besonders deutlich hervor, die sich letztlich jeder lebensmittelrechtlichen Kennzeichnungsregelung stellen. Hinzu kommt schließlich, daß gerade diese „neuen Lebensmittel" bekanntlich höchst kontrovers beurteilt werden. Zum Teil erwartet man von ihnen die Lösung einer Vielzahl von Produktions-, Vermarktungs-, und Versorgungsproblemen, zum Teil wird der Einsatz der Gentechnologie in der großindustriellen Lebensmittelproduktion aber auch als eine nicht mehr kalkulierbare und deshalb nach Möglichkeit verschlossen zu haltende Quelle gleichfalls unabsehbarer Gefahren angesehen. Im folgenden soll deshalb der Versuch unternommen werden, Zielrichtung und Reichweite der gemeinschaftsrechtlichen Kennzeichnungsregelung aus der Novel Food-Verordnung von 1997 nachzuzeichnen. Im Anschluß hieran können die normativen Maßgaben des deutschen Verfassungsrechts und des europäischen Primär- sowie Sekundärrechts zusammengestellt werden, anhand deren die Kennzeichnungsregelung der Novel Food-Verordnung zu messen ist. Es wird sich dabei zeigen, daß die europäische Rechtsetzung den verfassungsrechtlichen Vorgaben nicht in vollem Umfang genügen kann. Abschließend soll daher nach den Konsequenzen dieser Divergenz gefragt werden.

## B. Das Kennzeichnungsrecht nach der Novel Food-Verordnung

### I. Entstehungsprozeß, wesentliche Entwicklungsstufen

Die rechtliche Grundlage aller besonderen Kennzeichnungspflichten im Novel Food-Bereich ergibt sich aus der Verordnung (EG) Nr. 258/97 des Europäischen Parlaments und des Rates über neuartige Lebensmittel und neuartige Lebensmittelzutaten (sog. Novel Food-Verordnung vom 27. Januar 1997).[3] Der

---

[3] ABl. 1997, Nr. L 043 v. 14/02/1997, S. 0001 = EuZW 1997, S. 498 ff. = *Streinz* (Hrsg.), Lebensmittelrechts-Handbuch, Loseblatt, III C Rn 259a. Eine deutsche Verordnung zur Durchführung der Verordnung (EG) Nr. 258/97, die Neuartige Lebensmittel und Lebensmittelzutaten-Verordnung (NLV) v. 27. Mai 1998, BGBl 1998 I, 1125 f., statuiert in Anknüpfung an die gemeinschaftsrechtlichen Vorgaben erneut die Kennzeichnungspflicht und belegt Verstöße gegen diese Pflicht mit straf- und ordnungsrechtlichen Sanktionen. Nach § 3 III NLV sind nur die „für das Inverkehrbringen Verantwortlichen" Normadressaten der Kennzeichnungspflicht, also nur die Hersteller und

Entstehungsprozeß dieser Verordnung war langwierig und mühsam. Er nahm seinen Ausgang im Weißbuch der Kommission zur Vollendung des Binnenmarktes 1985.[4] Dort wurde eine „neue Strategie" zur normativen Grundlegung und zum weiteren Ausbau eines gemeinschaftlichen europäischen Lebensmittelrechts vorgestellt. Sie zielte auf eine möglichst effektive, also ebenso reibungsarme wie schutzzieloptimierende Verbindung der Verfahren einer gegenseitigen Anerkennung der je besonderen nationalen Rechtslagen einerseits und einer supranationalen Harmonisierung andererseits. Zu den Gegenständen, die nach Auffassung der Kommission nicht dem lockeren Integrationsmechanismus der wechselseitigen Anerkennung (ex-Art. 100b EG-V), sondern der Form der gemeinschaftsrechtlichen Harmonisierung unterstellt werden sollten, wurden erstmals auch „Verfahren der Biotechnologie" gezählt. Bezeichnet werden sollten damit vor allem gentechnologisch ausgerichtete Verfahren der Lebensmittelproduktion und -bearbeitung.[5] Den Gesichtspunkten des Gesundheitsschutzes, der Minimierung von Gesundheitsrisiken und des Ausschlusses von Gesundheitsschäden kam dabei eine durchaus tragende Bedeutung zu; hierin wurde durchgängig die maßgebliche, wenn nicht sogar einzige Beurteilungs- und Bewertungsgrundlage für die Rechtsetzung im Novel Food-Bereich gefunden.

Das Maß der europäischen Übereinstimmung im Lebensmittelrecht schien sich allerdings darin auch schon erschöpft zu haben. Die Schwierigkeiten, auf

Erstimporteure, nicht aber die Händler oder Weiterverarbeiter. Dies bedeutet eine Durchbrechung des im deutschen Lebensmittelrecht sonst geltenden Grundsatzes der „Kettenverantwortung", demzufolge von der Herstellung bis zur letzten Weitergabe an den Endverbraucher jeder für eine ordnungsgemäße Beschaffenheit und Kennzeichnung des Lebensmittels verantwortlich ist. Es erscheint nicht ausgeschlossen, daß der deutsche Verordnungsgeber dieses Ergebnis übersehen hat; in der Diskussion der NLV wird ein Verzicht auf die einengende Regelung des § 3 III NLV de lege ferenda für notwendig gehalten; vgl. *Dannecker*, Sorgfaltspflichten im Hinblick auf das Inverkehrbringen und die Kennzeichnung neuartiger Lebensmittel und neuartiger Lebensmittelzutaten nach der Novel Food-Verordnung und der Neuartige-Lebensmittel-und-Lebensmittel-Zutaten-Verordnung, ZLR 1998, S. 425, B.III.10. ff., V., VI.3., C.II., III.5. ff.

[4] Dok. KOM (85) 310: Vollendung des Binnenmarktes. Weißbuch der Kommission an den Europäischen Rat v. 14. Juni 1985.

[5] Die „klassische" Biotechnologie beruht seit ca. 5000 Jahren auf der Auswahl von lebenden Organismen mit nützlichen Eigenschaften; Artgrenzen werden allenfalls durch Kreuzung verwandter Arten, also in einem gewissermaßen „natürlichen", vor allem sehr langfristigen Weg überschritten. Die Gentechnologie als „moderne Biotechnologie" befaßt sich demgegenüber mit der gezielten Veränderung von Erbanlagen und der Neukombination von Genen über Artgrenzen hinweg. Der Verwendung des Begriffes „Biotechnologie" auch für gentechnologische Verfahren liegt die Beobachtung zugrunde, daß der Begriff der Biotechnologie eher positive, jedenfalls längst nicht so negative Assoziationen wie der Begriff der Gentechnologie auszulösen scheint. Zu Verständnis und strategischer Verwendung der Begriffe vgl. *Katalyse Institut*, Gentechnik in Lebensmitteln, 1999, S. 48 ff.; ferner auch *Rifkin*, Das biotechnische Zeitalter, 1998, S. 40 ff., 69.

die der Harmonisierungsprozeß von Beginn an stieß, waren erheblich. Erst die elfte Fassung eines Vorschlags für eine Verordnung des Rates über neuartige Lebensmittel und neuartige Lebensmittelzutaten konnte von der Kommission nach jahrelangen Vorarbeiten in den weiteren Rechtsetzungsprozeß eingebracht werden.[6] Im nachfolgenden Gesetzgebungsverfahren wurde dieser Vorschlag von unterschiedlichen Seiten einer durchweg massiven Kritik unterzogen. Dabei entwickelte sich die Kennzeichnungsregelung des Verordnungsentwurfs schnell zu einem Fokus, in dem der Entwurf der Kommission unter wettbewerbsrechtlichen, gesundheits- und verbraucherschutzrechtlichen sowie auch im weiteren Sinn rechtspolitischen Gesichtspunkten angegriffen wurde.[7] Die Grundlinien der Kritik traten dabei deutlich zutage; wie sich im nachhinein zeigte, sollten sie das gesamte weitere Rechtsetzungsverfahren durchziehen. Auf der einen Seite und wohl auch überwiegend wurde die Kennzeichnungsregelung aus der Perspektive der betroffenen Hersteller und Vertreiber als kaum verständlich, als ökonomisch unpraktikabel, wettbewerbsverzerrend und „standortschädlich" angegriffen. Auf der anderen Seite machten vor allem die Verbraucherschutzverbände geltend, daß die geplante Kennzeichnungsregelung viel zu kurz greife, in der Bestimmung der kennzeichnungspflichtigen Sachverhalte und Stoffe zu zaghaft, in den Ausnahmetatbeständen zu großzügig und im übrigen vielfach zu ungenau bleibe. An der Kennzeichnungsregelung wurde letztlich der Versuch des Nachweises unternommen, daß der Verordnungsent-

---

[6] ABl. 1992 Nr. C 190, S. 3.

[7] Gegen die Kennzeichnung besonders weitgehend *Stähle*, Novel Food – Stand der europäischen Diskussion um die Einführung von Zulassungsverfahren für neuartige Lebensmittel und Lebensmittelzutaten, ZfL 1992, S. 458. Gegenüber der vorgeschlagenen Kennzeichnungspflicht ablehnend ferner *Pfleger*, „Novel Food-Verordnung". Zur Kennzeichnung gentechnisch hergestellter oder veränderter Lebensmittel, ZLR 1993, S. 367 ff.; *Katzek*, Anforderungen an die Kennzeichnung gentechnisch hergestellter oder modifizierter Lebensmittel, EFLR 1993, S. 205 ff. Kritik auch bei *Büscher*, Was sind „Novel Food"? – Zum Anwendungsbereich der „Novel Food"-Verordnung, in: Streinz (Hrsg.), Novel Food, Rechtliche und wirtschaftliche Aspekte neuer biotechnologischer Verfahren bei der Lebensmittelherstellung, 2. Aufl. 1995, S. 21 (26). Auf eine möglichst weitgehende, die Regelungen des Verordnungsentwurfs tendenziell überschreitende Kennzeichnungspflicht drängten demgegenüber vor allem die Verbraucherschutzverbände, vgl. Deutsche Gesellschaft für Ernährung, DGE-Info Dezember 1993, S. 5. In derselben Richtung auch die Warnung des Europäischen Verbraucherschutzverbandes BEUC an die Botschafter der Europäischen Union, „den Verbrauchern Informationen vorzuenthalten, auf die sie einen berechtigten Anspruch" hätten, s. FAZ v. 6. 6. 1995, S. 13 und v. 8. 6. 1995, S. 16, ferner schon BEUC, Amended Proposal for a European Parliament and Council Directive on novel food and novel food ingrediants, BEUC/27/94 v. 25. 1. 1994, S. 1. In der literarischen Diskussion wird eine möglichst weitgehende Kennzeichnungspflicht gefordert etwa von *Oberender/Herzberg/Kienle*, in: Streinz (Hrsg.), a.a.O., S. 43 (55 f., 65); *Tappeser*, ebd., S. 75 (83); *Leible*, Kennzeichnung gentechnisch hergestellter Lebensmittel, EuZW 1992, S. 599 (602).

wurf insgesamt wirtschaftspolitisch schädlich, andererseits aber auch unter dem Gesichtspunkt des Verbraucherschutzes unzureichend sei.[8]

Diese Kritik seitens der Fachverbände, der sich das Europäische Parlament, aber auch zahlreiche Mitgliedstaaten der EG anschlossen, zeigte Wirkung. Erst Mitte 1995 konnte ein „political agreement" zu einem Verordnungsvorschlag fixiert werden, der dann vom Rat am 23. Oktober 1995 als „Gemeinsamer Standpunkt" angenommen wurde.[9] Gegen eine Minderheitenposition, der auch Deutschland beigetreten war, sah der Verordnungsentwurf eine Unterrichtung der Verbraucher nur vor, wenn neue Lebensmittel und Lebensmittelzutaten sich „signifikant" von bereits vorhandenen Lebensmitteln und Zutaten aus herkömmlicher Herstellung unterschieden, also einer wesentlichen Veränderung unterzogen worden waren. Eine nähere Bestimmung des offensichtlich zentralen Maßstabes der signifikanten Abweichung enthielt der Verordnungsentwurf nicht. Es stand aber von Anfang an fest, daß bei der Anwendung dieses Maßstabes eine Vielzahl von Stoffen und Produkten aus dem Anwendungsbereich der geplanten Verordnung herausfallen würde. In der Kritik dieser und anderer Ausnahmeregelungen wurde ferner zu Recht darauf hingewiesen, daß sich der wissenschaftlich und ökonomisch mit Abstand erfolgreichste Zweig der gentechnologisch ausgerichteten Lebensmittelproduktion gerade solchen Erzeugnissen widme und daß diesen zudem in dem modernen Lebensmittelangebot eine große und, insbesondere im wachsenden Feld der Halbfertig- und Fertigmahlzeiten, ständig weiter zunehmende Bedeutung zukomme.[10]

Das Europäische Parlament sah sich im Hinblick auf die Lücken und Defizite des Verordnungsentwurfs außerstande, dem Gemeinsamen Standpunkt beizutreten. Auf der Grundlage einer Beschlußempfehlung des Ausschusses für Umweltfragen, Volksgesundheit und Verbraucherschutz[11] forderte es den Rat durch Beschluß vom 12. März 1996[12] auf, Änderungen an dem Gemeinsamen Standpunkt vorzunehmen. Die Änderungswünsche zielten zwar auf eine gewisse Ausweitung des Anwendungsbereichs der Novel Food-Verordnung und ins-

---

[8] Vgl. zusammenfassend *Streinz/Leible*, Novel Foods, EFLR 1992, S. 99 (105 ff.); *Leible*, „Novel Foods" – Rechtliche und wirtschaftliche Aspekte der Verwendung neuer biotechnologischer Verfahren in der Lebensmittelherstellung, AgrarR 1993, Heft 10; *Pfleger*, Symposium „Novel Foods" vom 22./23. April 1993 in Bayreuth, ZLR 1993, S. 330 ff.; *Grube* (Fn 2), S. 224 (238 ff.).

[9] Gemeinsamer Standpunkt (EG) Nr. 25/95, Abl. 1995, Nr. C 320, S. 1; zur Entwicklung s. *Grube* (Fn 2), S. 224 ff.

[10] Die Kritik hatte dabei von Anfang an vor allem gentechnisch hergestellte Zusatzstoffe, Aromen und Extraktionslösungsmittel im Auge, vgl. Verbraucherzentrale Baden-Würtemberg, GENiale Lebensmittel?, Stuttgart 1994, S. 29 f.; *Simon*, Die Regelung gentechnisch hergestellter Lebensmittel in der „Novel Food"-Verordnung und im Gentechnikgesetz, in: Streinz (Fn 7), S. 85 (88 f.); *Katalyse Institut* (Fn 5), S. 58 f.

[11] Dok. PE 215.40.

[12] Dok. PE 197.389.

besondere ihrer Kennzeichnungsregelung. Anders als es zu Beginn der parlamentarischen Beratungen zunächst den Anschein hatte, erschienen die Änderungswünsche des Parlaments in der Fassung, in der sie zum Abschluß der Lesungen formuliert wurden, aber insgesamt keineswegs als besonders weitreichend oder gar umstürzend. Es wurde deshalb nicht als wirkliche Überraschung angesehen, daß der Rat die Änderungswünsche des Europäischen Parlaments im wesentlichen akzeptierte. So konnte am 15. Mai 1997 die Verordnung (EG) Nr. 258/97 des Europäischen Parlaments und des Rates über neuartige Lebensmittel und neuartige Lebensmittelzutaten unter Einbeziehung der Änderungsvorschläge des Europäischen Parlaments in Kraft treten. Freilich zeigte sich bald, daß die Verordnung nicht unbeträchtliche Anwendungsprobleme aufwirft. In diesen Problemen spiegelt sich ein Großteil der Interessenkonflikte wider, die schon den Entstehungsprozeß der Verordnung geprägt hatten. Die oft wenig präzisen, zum Teil inkonsistenten und widersprüchlichen Regelungen der Verordnung sind Ausdruck politischer Kompromisse; das gilt insbesondere für die Kennzeichnungsregelung.[13] In den Vorschriften der Verordnung sind, wie sich nun zeigt, grundlegende politische Auseinandersetzungen um die Bewertung des Einsatzes gentechnischer Verfahren in der Lebensmittelproduktion und -bearbeitung nicht wirklich bis an ihr Ende getrieben, sondern allenfalls vorläufig stillgestellt worden. Die ungelöst gebliebenen Spannungen, Konflikte und sonstigen Probleme zeigen sich nun in der Anwendung der Verordnung.[14]

Auf der Ebene der Rechtsetzung haben sie bereits Reaktionen hervorgerufen. So konnte die Kommission erst mittels einer besonderen nachträglichen Regelung sicherstellen, daß genetisch modifizierte Sojabohnen und genetisch modifizierter Mais in die Kennzeichnungsmaßgaben der Novel Food-Verordnung einbezogen werden.[15] Die gesellschaftliche Auseinandersetzung um die Bewertung und Regulierung gentechnischer Verfahren und Produkte sowie um die dabei noch stärker in den Vordergrund rückende Kennzeichnungsfrage dürfte im übrigen jedenfalls in Europa keineswegs beendet sein; sie scheint sich eher noch zu verstärken. Sowohl in Österreich wie auch in Bayern konnten seit Anfang 1997 Volksbegehren durchgesetzt werden, die sich auf eine Ausweitung von Verkehrs- und Freisetzungsverboten, auf strengere Zulassungs- und Überwachungsverfahren sowie für die Einführung einer Kennzeichnung von

---

[13] *Streinz*, Allgemeine Voraussetzungen und Fragen zur Kennzeichnung von Novel Food, ZLR 1998, S. 53 f.

[14] Vgl. etwa *Schroeter* (Fn 1), S. 373 ff.; *Streinz*, Anwendbarkeit der Novel Food-Verordnung und Definition von Novel Food, ZLR 1998, S. 19 ff.

[15] Verordnung (EWG) Nr. 1813/97 der Kommission v. 19.9.1997 über Angaben, die zusätzlich zu den in der Richtlinie 79/112/EWG des Rates aufgeführten Angaben auf dem Etikett bestimmter aus genetisch veränderten Organismen hergestellter Lebensmittel vorgeschrieben sind, ABl. 1997, Nr. L 257, S. 7.

Lebensmitteln als „gentechnikfrei" richteten.[16] In Deutschland haben diese Initiativen einer bundesweit geltenden Verordnung betreffend die Verwendung des Kennzeichens „Ohne Gentechnik" den Boden bereitet, die im Oktober 1998 in Kraft getreten ist.[17] Auch unterhalb der Ebenen des Bundes und der Länder bemüht sich eine Vielzahl von Initiativen in regionalem oder örtlichem Rahmen um die Weckung und Aufrechterhaltung des öffentlichen Interesses am Einsatz der Gentechnologie in der Lebensmittelindustrie.

Die Frage einer ausreichenden Kennzeichnung wird sich als immer wichtiger erweisen, weil kaum Zweifel daran bestehen, daß gentechnische Verfahren und gentechnisch produzierte oder modifizierte Lebensmittel künftig einen immer größeren Raum in der Lebensmittelproduktion und -vermarktung einnehmen werden. Diese Entwicklung wird von Interessen vorangetrieben, die teils ökonomisch zu mächtig sind, teils aus anderen Gründen dem Zugriff europäischer Regulierung zu wenig unterliegen, als daß an ihre europa- oder gar nationalrechtliche Bändigung gedacht werden könnte. Schon jetzt lassen sich nur noch mehr oder weniger plausible Vermutungen darüber anstellen, in welchem Ausmaß gentechnisch hergestellte, bearbeitete oder veränderte Stoffe und Produkte das europäische Lebensmittelangebot durchsetzen.[18] Zuletzt wird sich am Markt entscheiden müssen, in welchem Umfang gentechnologische Verfahren erfolgreich eingesetzt werden können. Dementsprechend wird sich auch erst dort entscheiden können, in welchem Umfang die gesundheitlichen, ökologischen, sozialen, wirtschaftlichen und kulturellen Risiken moderner Gentechnologie im Bereich der Lebensmittelproduktion und -bearbeitung gesellschaftlich akzeptiert werden. Information, ihre Zugänglichkeit, Validität und Verbreitung werden so zu maßgeblichen Faktoren der weiteren Entwicklungs-

---

[16] Einzelheiten in Ernährung/Nutrition 21/1997, S. 202. Inzwischen ist in Österreich eine gesetzliche Grundlage für die Kennzeichnung von Lebensmitteln als „gentechnikfrei" geschaffen worden. In Bayern gilt jetzt ein Landesgesetz über die Kennzeichnung von gentechnikfreien Erzeugnissen im Ernährungs- und Futtermittelbereich v. 9. April 1998, BayGVBl. S. 216.

[17] 1. Verordnung zur Änderung der Neuartige Lebensmittel und Lebensmittelzutaten-Verordnung v. 13. Oktober 1998, BGBl I, 3167.

[18] Dies liegt vor allem daran, daß Ausgangsstoffe, die in eine Vielzahl weiter bearbeiteter Lebensmittel eingehen, aus wirtschaftlichen Gründen nicht nach gentechnischen und herkömmlichen Produktionsverfahren unterschieden vermarktet werden. Das wohl bekannteste Beispiel hierfür sind Sojabohnen. Die American Soybean Association (Hamburg) hat in einer Presseinformation vom 25. 8. 1997 darauf hingewiesen, daß genmodifizierte und herkömmliche Sojabohnen von ihren Produktionsstandorten in den USA aus ungetrennt in den weltweiten Handel gelangen. Schon im Hinblick auf den kaum zu überblickenden Einsatzbereich solcher Sojabohnen dürfte es jedenfalls in Europa schwerfallen, noch eine „gentechnik-freie Zone" auszumachen. Zum Einsatz von Sojabestandteilen und Zusatzstoffen sowie den daraus sich ergebenden Nachweisproblemen s. auch *Katalyse Institut* (Fn 5), S. 57 ff., 133 ff.; *Reicherzer*, Die Appetitverderber, ZEIT v. 26. September 1997, S. 25 (26).

geschichte der Gentechnologie im Lebensmittelbereich. Zugleich werden sie damit zu dem impulsgebenden Input einer Entwicklung, in deren weiterem Vollzug die Gesellschaft auf neue Weise lernen könnte, sich zu Marktfragen, die hier als Machtfragen erkennbar werden, politisch zu verhalten. Information über neue Lebensmittel und die Technologie ihrer Herstellung oder Bearbeitung könnte sich so als ein Katalysator für den Prozeß erweisen, in dem sich die Gesellschaft durch Konflikt und Diskurs hindurch zum Gemeinwesen ausformt.[19]

## II. Das Kennzeichnungsrecht im einzelnen: Entwicklungsstand und Probleme

Der Leitbegriff des Kennzeichnungsrechts nach der Novel Food-Verordnung findet sich in Art. 8 Abs. 1 lit. a) der Verordnung. Danach gilt als allgemeiner Grundsatz, daß „ein neuartiges Lebensmittel oder eine neuartige Lebensmittelzutat" dann zu kennzeichnen sind, wenn sie „nicht mehr einem bestehendem Lebensmittel oder einer bestehenden Lebensmittelzutat gleichwertig" sind. Fehlt es an dieser Gleichwertigkeit, sind nach Art. 8 Abs. 1 und Abs. 3 Novel Food VO auf der Etikettierung die veränderten Merkmale oder Eigenschaften sowie das Verfahren, mit dem sie erzielt wurden, anzugeben. Zu diesem allgemeinen Grundsatz hinzu treten Regelungen betreffend in neuen Lebensmitteln „vorhandene" Stoffe, die wegen besonderer Eigenschaften oder wegen besonderer Vorbehalte zu kennzeichnen sind (Art. 8 Abs. 1 lit. b) und c) Novel Food-VO). Schließlich werden Lebensmittel der Kennzeichnungspflicht unterworfen, in denen Mikroorganismen „vorhanden" sind, die in einem Verfahren nach Anhang I A Teil 1 der Richtlinie 90/220/ EWG (Freisetzungs-Richtlinie) genetisch verändert worden sind (Art. 8 Abs. 1 lit. d) Novel Food-VO).

---

[19] Zur integrativen Funktion des „gehegten Konflikts" für eine lebendige Zivilgesellschaft, die gerade auch aus dem durchgestandenen Konflikt ihre Lebendigkeit und ihr Selbstbewußtsein ziehen kann, vgl. *Dubiel*, Gehegte Konflikte, Merkur 561/1995, S. 1095 (insbes. S. 1102 f.); *Frankenberg*, Die Verfassung der Republik, 1996, S. 148, 188 ff.; *Peters*, Der Sinn von Öffentlichkeit, in: Neidhardt (Hrsg.), Öffentlichkeit, öffentliche Meinung, soziale Bewegungen, KZfSS Sonderheft 34/1994, S. 42 ff. Zur konstitutiven, geradezu begriffsprägenden Bedeutung des Konflikts für die Demokratie vgl. im übrigen *Gauchet*, Toqueville, Amerika und wir. Über die Entstehung der demokratischen Gesellschaften, in: Rödel (Hrsg.), Autonome Gesellschaft und libertäre Demokratie, 1990, S. 123. Zum diskursiven Charakter des verfassungsrechtlich gewollten Prozesses gesellschaftlicher Integration, „der prinzipiell unabgeschlossen ist und prinzipiell nicht die Freiheit aufheben darf", sowie zu den kulturellen Gelingensvoraussetzungen dieses Integrationskonzeptes s. *Grimm*, Kulturauftrag des Staates, in: ders., Recht und Staat in der bürgerlichen Gesellschaft, 1987, S. 104 (123 ff.).

### *1. Das Kriterium der Gleichwertigkeit*

Das Merkmal der Gleichwertigkeit[20] ist an die Stelle des Kriteriums des „signifikanten Unterschieds" getreten, das nach früheren Verordnungsentwürfen für die Zuschreibung der Kennzeichnungspflichtigkeit im Einzelfall maßgeblich sein sollte. Die Kritik an früheren Entwicklungsstufen des Kennzeichnungsrechts im Novel Food-Bereich hatte unter anderem geltend gemacht, daß das Merkmal der „Signifikanz" erheblichen Konkretisierungsbedarf auslöse, selbst allerdings kaum genügend trennscharfe Unterkriterien freisetzen könne, deshalb nicht recht operationalisierbar sei und damit letztlich die Gefahr einer schwer zu kontrollierenden Lockerung und Verwässerung der Kennzeichnungspflicht begründe. Diese Kritik erschien in der fachlichen Diskussion und Kritik durchweg ohne weiteres nachvollziehbar. Es wäre also jedenfalls vor diesem Hintergrund zu erwarten gewesen, daß dasjenige allgemeine Charakteristikum der betroffenen neuen Lebensmittel und Lebensmittelzutaten, das die Kennzeichnungspflicht auf jeden Fall auslösen sollte, genauer eingegrenzt und für Hersteller, Handel und Aufsichtsbehörden handhabbarer gefaßt werden würde.

Mißt man das Merkmal der „Gleichwertigkeit" an dieser Erwartung, dann ist zunächst festzuhalten, daß die Novel Food-Verordnung ebensowenig eine ausdrückliche und abschließende Definition dieses Merkmals enthält, wie das Kriterium der „Signifikanz" in früheren Verordnungsentwürfen näher bestimmt worden war. Immerhin wird in Art. 8 Abs. 1 UAbs. 2 Novel Food-VO aber festgelegt, daß ein neuartiges Lebensmittel oder eine neuartige Lebensmittelzutat *nicht* mehr als gleichwertig gelten könne, „wenn durch eine wissenschaftliche Beurteilung auf der Grundlage einer angemessenen Analyse der vorhandenen Daten nachgewiesen werden kann, daß die geprüften Merkmale Unterschiede gegenüber konventionellen Lebensmitteln oder Lebensmittelzutaten aufweisen", dabei seien freilich die „anerkannten Grenzwerte für natürliche Schwankungen dieser Merkmale" zu beachten.[21] Zur weiteren Verdeutlichung werden auch die Bezugsgrößen der Überprüfung auf Gleichwertigkeit in Art. 8 Abs. 1 lit. a) Novel Food-VO angegeben. Zu überprüfen seien „alle

---

[20] Ihm entspricht in internationalen Bezügen die sog. „substantielle Äquivalenz", vgl. zu dieser und zu den Problemen ihrer Bestimmung *Hammes/Bräutigam/Schmidt/Hertel*, Neuartige Lebensmittel – Ein Vergleich von Abhandlungen und Gesetzesvorlagen zu ihrer Inverkehrbringung unter besonderer Berücksichtigung wissenschaftlicher Aspekte, ZLR 1996, S. 525 ff.

[21] Diese Merkmale sind in hohem Maße konkretisierungs- und eingrenzungsbedürftig, sie werden mit Sicherheit zu erheblichen Einschätzungsdivergenzen führen; einen Eindruck hiervon vermittelt BT-Drucks. 13/7877 v. 6. Juni 1997, S. 4 ff. (Antworten zu den Fragen Nr. 2, 8 ff., 15 ff.).

Merkmale oder Ernährungseigenschaften, wie Zusammensetzung, Nährwert oder nutritive Wirkungen, Verwendungszweck des Lebensmittels".

Die Reichweite der Kennzeichnungspflicht scheint sich mit diesen Regelungen ausgeweitet zu haben. Jedenfalls legt der Wortlaut des § 8 Abs. 1 lit. a) Novel Food-VO einen solchen Schluß nahe. Nach den vorangegangenen Verordnungsentwürfen setzte die Kennzeichnungspflicht einen signifikanten Unterschied zu konventionellen Lebensmitteln und Lebensmittelzutaten voraus. Zwar blieb der Maßstab dieser Signifikanz letztlich offen. Doch drückte sich in der Kennzeichnungsregelung immerhin der klare Wille der rechtsetzenden Organe der Gemeinschaft aus, die Kennzeichnungspflicht einzuschränken. Nur bestimmte schwerer wiegende und deutlicher erkennbare Unterschiede zwischen gentechnisch und auf herkömmliche Weise erzeugten Lebensmitteln und Zusätzen sollten die Verpflichtung zur Kennzeichnung auslösen. Diese Einschränkung ist in der geltenden Novel Food-VO fallen gelassen worden. Dem Wortlaut der insoweit maßgeblichen Regelung nach reicht es aus, daß überhaupt irgend ein Unterschied hinsichtlich der Zusammensetzung, des Nährwerts oder der nutritiven Wirkungen und des Verwendungszwecks des Lebensmittels feststellbar ist. Schon dieser Unterschied macht danach das neuartige Lebensmittel oder die neuartige Lebensmittelzutat kennzeichnungspflichtig.[22] Der *Intensität* oder dem *quantitativen* Maß des Unterschieds zwischen konventionellen und gentechnisch hergestellten oder bearbeiteten Erzeugnissen kommt nun keine Bedeutung mehr für die Reichweite der Kennzeichnungspflicht zu. Auch geringfügige Änderungen machen künftig kennzeichnungspflichtig. Sollte es ausnahmsweise von vornherein überhaupt keine gleichwertigen konventionellen Lebensmittel geben, so werden nach Art. 8 Abs. 2 Novel Food-VO „geeignete Bestimmungen erlassen, um sicherzustellen, daß der Verbraucher in angemessener Weise über die Art des Lebensmittels oder der Lebensmittelzutat informiert wird".

Es könnte jedoch sein, daß sich dieses Verständnis des Art. 8 Abs. 1 lit. a) Novel Food-VO in der praktischen Anwendung der Verordnung nicht auf Dauer wird durchsetzen können. Der Wortlaut des Art. 8 Abs. 1 lit. a) Novel Food-VO eröffnet nämlich die Möglichkeit, eine Begrenzung der Kennzeichnungspflicht anhand der *qualitativen* Bedeutung des Unterschiedes zu begründen. Insoweit ist zunächst schon von Bedeutung, daß der Text der Verordnung nicht von Gleichartigkeit, sondern – enger – von Gleichwertigkeit spricht. Ungleichartige neue Lebensmittel könnten nun aber, insbesondere im Hinblick auf ihre ernährungsphysiologische Bedeutung, im Vergleich mit konventionellen Lebensmitteln ohne weiteres als gleichwertig beurteilt werden. Schon der semantische Unterschied zwischen Art und Wert könnte also für eine Begrenzung der Kennzeichnungspflicht genutzt werden. Vor allem aber nennt die Kennzeich-

---

[22] So *Grube* (Fn 2), S. 237.

nungsregelung als Bezugsgrößen der Abweichung – neben der inhaltlich kaum aussagekräftigen „Zusammensetzung“ – beispielshaft den „Nährwert“, die „nutritiven Wirkungen“ und den „Verwendungszweck des Lebensmittels“. Das legt die Folgerung nahe, daß nur solche Veränderungen von der allgemeinen Kennzeichnungsregelung der Verordnung erfaßt sind, die sich in irgendeiner Weise (also auch nur geringfügig: der unerhebliche quantitative Aspekt) auf die körperliche Befindlichkeit derjenigen auswirken (der nunmehr erhebliche qualitative Aspekt), von denen die neuen Lebensmittel oder Zusatzstoffe gegessen werden.

Diese Folgerung wäre nicht zwingend. Sie ist nach dem Wortlaut des Art. 8 Abs. 1 lit. a) Novel Food-VO aber möglich und wohl auch nächstliegend.[23] Sie wird im übrigen auch von dem 6. Erwägungsgrund der Verordnung gestützt, der in Satz 4 hervorhebt, daß „Lebensmittel und Lebensmittelzutaten, die genetisch veränderte Organismen enthalten und die in Verkehr gebracht werden, ... keine Gefahr für die menschliche Gesundheit darstellen“ dürften. Die Normierung der Kennzeichnungspflicht scheint hiernach auf das Kriterium nachweisbarer ernährungsphysiologischer Wirkungen der in Frage kommenden Stoffe und Produkte zu verweisen. In praxi würde dies dazu führen, daß nur solche neuen Lebensmittel oder Lebensmittelzutaten zu kennzeichnen wären, für die ein wie immer auch beschaffenes Gesundheitsrisiko nicht gänzlich ausgeschlossen werden könnte. Nicht mehr jeder Unterschied, sondern nur die gesundheitlich riskante Abweichung des neuen vom konventionellen Lebensmittel führte dann zur Kennzeichnungspflicht. Diese wäre doch wieder nicht unerheblich eingeschränkt.

Diese Überlegungen zur Ausdeutbarkeit des Verordnungstextes im Hinblick auf das zentrale Merkmal der „Gleichwertigkeit“ werden gestützt durch die Regelung des Art. 8 Abs. 1 lit. d) Novel Food-VO. Ihr zufolge sind solche in Lebensmitteln vorhandene gentechnisch veränderte Organismen zu kennzeichnen, die durch die in der Liste in Anhang I A Teil 1 der EG-Freisetzungsrichtlinie genannten Verfahren der Gentechnik genetisch verändert worden sind. Ein wichtiges Ziel dieser Richtlinie ist es, die Risiken gering zu halten, die in der Freisetzung der von ihr mittelbar oder unmittelbar erfaßten gentechnisch veränderten Organismen begründet sein können, und ihre Verwirklichung möglichst zu unterbinden. Nicht aber verfolgt die Richtlinie ein eigenständiges Ziel der (Verbraucher-)Information und Aufklärung. Vermittelt über den ausdrücklichen Bezug auf die Freisetzungsrichtlinie erschließt sich hier wie von selbst als maßgebliches Anliegen der Kennzeichnungsregelung der Novel Food-Verordnung, die Konsumenten von gentechnisch hergestellten Lebensmitteln oder

---

[23] Und käme selbstverständlich denjenigen Vermarktungsinteressen entgegen, die im Hinblick auf Empfindlichkeiten und Abneigungen europäischer Verbraucher jeder weitergehenden Kennzeichnungspflicht mit Sorge und Unbehagen entgegensehen.

Zutaten vor Gesundheitsschäden durch den Verzehr solcher neuen Produkte zu schützen. Es ist danach das Gesundheitsrisiko, dessen Minimierung und möglichst verantwortliche Handhabung die Kennzeichnungsregelung ermöglichen will. Es geht dieser Regelung in einem von Art. 8 Abs. 1 lit. d) Novel Food-VO geprägten Verständnis nicht etwa darum, der allgemeinen Auseinandersetzung um Sinn und Bewertung der modernen Gentechnologie im Bereich der industriellen Lebensmittelproduktion eine bessere Datengrundlage zu verschaffen.

Die Überlegungen zur Interpretationsfähigkeit der Novel Food-Verordnung finden ferner Bestätigung in einer Auslegung des Textes, die im Prozeß der Konkretisierung und Implementierung der Novel Food-Verordnung bereits von prominenter Stelle aus vorgenommen worden ist. Die Kommission hat sich in ihrer Empfehlung vom 29. Juli 1997 zu den wissenschaftlichen Aspekten und zur Darbietung der für Anträge auf Genehmigung des Inverkehrbringens neuartiger Lebensmittel und Lebensmittelzutaten erforderlichen Informationen sowie zur Erstellung der Berichte über die Erstprüfung gemäß der Verordnung (EG) Nr. 258/97 des Europäischen Parlaments und des Rates[24] auch zum Verständnis des Begriffs der „wesentlichen Gleichwertigkeit" geäußert (Anhang zur Empfehlung, Ziff. 3.3). Dieser Begriff wird in Art. 3 IV Novel Food-VO herangezogen, um einer Gruppe von neuen Lebensmitteln oder Lebensmittelzutaten einen erleichterten Marktzutritt zu verschaffen. Wenn diese Produkte herkömmlich hergestellten Erzeugnissen „hinsichtlich ihrer Zusammensetzung, ihres Nährwerts, ihres Stoffwechsels, ihres Verwendungszwecks und ihres Gehalts an unerwünschten Stoffen ... im wesentlichen gleichwertig sind", dürfen sie nicht erst nach Durchlaufen des Genehmigungsverfahrens der Art. 4, 6 und 7 Novel Food-VO in Verkehr gebracht werden. Sie müssen lediglich nach Art. 5 Novel Food-VO bei der Kommission angemeldet werden, die dann ihrerseits die Mitgliedstaaten unterrichtet. Das Kriterium der „wesentlichen Gleichwertigkeit" wird also in der Novel Food-Verordnung eingeführt, um die Reichweite der Genehmigungspflicht einzugrenzen. In der Kennzeichnungsregelung des Art. 8 Novel Food-VO ist demgegenüber nicht von „wesentlicher Gleichwertigkeit", sondern lediglich von „gleichwertig" die Rede. Es wäre allerdings ungewöhnlich und bedürfte eines zusätzlichen Grundes, wenn derselbe Begriff der „Gleichwertigkeit", der für die Novel Food-Verordnung offensichtlich einen zentralen Leitbegriff darstellt, in zwei unterschiedlichen Bedeutungen verwendet würde. Für einen solchen Grund sind in Text, Materialien und Rezeption der Novel Food-Verordnung keinerlei Hinweise erkennbar. Die Empfehlung der Kommission zum Verständnis des Kriteriums der „wesentlichen Gleichwertigkeit" wird also, von der einengenden Qualifizierung der „Wesentlichkeit" abgesehen, auch für die Kennzeichnungsregelung zu übernehmen sein.

---

[24] ABl. Nr. L 253 vom 16/09/1997, S. 1–36.

Im hiesigen Zusammenhang muß dann auffallen, mit welcher Selbstverständlichkeit und Deutlichkeit Ziff. 3.3 des Anhangs der Empfehlung der Kommission den Begriff der „wesentlichen Gleichwertigkeit" ausschließlich auf die „Unbedenklichkeit von veränderten oder neuartigen Lebensmitteln bzw. Lebensmittelzutaten für den menschlichen Verzehr" und, mit wohl gleicher Wortbedeutung, auf die „relative Verträglichkeit" derartiger Lebensmittel oder Zutaten bezieht. Als Bezugsrahmen für den Vergleich der Wertigkeit neuer und herkömmlicher Lebensmittel bzw. Lebensmittelzutaten wird allein deren ernährungsphysiologische Bedeutung[25] oder, in einer umgekehrt-ergebnisorientierten Perspektive, das Wohlbefinden und die Gesundheit der Verbraucher herangezogen. Nur solche Merkmale neuer Lebensmittel und Zutaten, die in diesem Bezugsrahmen einen Unterschied machen, sind nach der Empfehlung der Kommission bei der Implementation sowohl der Überprüfungs- und Genehmigungsanforderungen wie auch der Kennzeichnungsregelungen zu berücksichtigen. Die Empfehlung wird dahin zu verstehen sein, daß andere Merkmale, die zwar Unterschiede, aber keine gerade in dem bezeichneten Bezugsrahmen relevanten Unterschiede begründen, nach Auffassung der Kommission außer Betracht zu bleiben haben. In die Verständnisgrundlage der Kennzeichnungsregelung der Novel Food-Verordnung mit einbezogen, stützt die Empfehlung der Kommission eine Auslegung und Handhabung der Kennzeichnungsregelung, nach der nicht mehr jede Abweichung, sondern nur physiologisch oder gesundheitlich erhebliche besondere Merkmale die Pflicht zur Kennzeichnung neuer Lebensmittel und Lebensmittelzutaten auslösen könnte. Der für ein unbefangenes erstes Verständnis zunächst weiter ausgreifende Wortlaut der Kennzeichnungsregelung müßte im Zusammenhang der Verordnung und unter Berücksichtigung der Empfehlung der Kommission einengend verstanden werden.[26]

---

[25] Dieses Kriterium wird in den Vordergrund gerückt bei *Schroeter* (Fn 1), S. 385; zustimmend *Streinz* (Fn 13), S. 57.

[26] Zu kennzeichnen sind dann etwa pflanzliche Öle, deren Fettsäurestruktur sich infolge einer gentechnischen Modifizierung der Ölsaaten verändert hat, Sojaprotein mit einem neuen Protein aus herbizidresistenten Sojabohnen oder ein durch Entfernung eines allergieauslösenden Proteins allergenreduzierter Reis; keiner Kennzeichnungspflicht unterliegen hiernach etwa das aus der herbizidresistenten Sojabohne gewonnene Öl oder der Zucker aus einer rhizomaniaresistenten Zuckerrübe, wenn sich der genetische Eingriff in die Ausgangspflanze im vermarkteten Endprodukt nicht mehr nachweisbar auswirkt; vgl. *Streinz*, Die EG-Verordnung über neuartige Lebensmittel und neuartige Lebensmittelzusätze, EuZW 1997, S. 487 (490 f.); *ders.*, Novel Food-Verordnung beschlossen: Europäisches Parlament und Rat billigen den Kompromiß des Vermittlungsausschusses, ZLR 1997, S. 99 (103 m.w.N.).

### 2. *Nicht kennzeichnungspflichtige Zusatzstoffe, Aromen und Extraktionslösungsmittel*

Eine Begründung und damit auch Begrenzung der Kennzeichnungspflicht unter dem Gesichtspunkt des gesundheitlichen Risikos entspräche systematisch einer wichtigen Einschränkung des Anwendungsbereichs der Novel Food-Verordnung. In deren Art. 2 Abs. 1 a) – c) werden Lebensmittelzusatzstoffe, Aromen und Extraktionslösungsmittel zur Herstellung von Lebensmitteln grundsätzlich von den Regelungen der Verordnung ausgenommen.[27] Voraussetzung hierfür ist nach Art. 2 Abs. 2 Novel Food-VO allerdings, daß das in dieser Verordnung für neue Lebensmittel und Lebensmittelzusätze festgelegte Sicherheitsniveau demjenigen „entspricht", das in speziellen EG-Richtlinien für Zusatzstoffe, Aromen und Extraktionslösungsmittel[28] erreicht wird. Keine dieser Richtlinien enthält bislang Kennzeichnungsregelungen, die gerade auf die Eigenart gentechnisch hergestellter Produkte abgestimmt wären; die von diesen Richtlinien erfaßten Gentechnik-Produkte unterliegen im Hinblick auf gerade ihnen innewohnende Risiken (allergene Potentiale, produktionsbedingte Verunreinigungen) keiner Kennzeichnungspflicht.[29] Auch für Art. 2 Novel Food-VO scheint es also nur auf die Minimierung von Gesundheitsgefährdungen infolge gentechnischer Produktionsweisen anzukommen. Solche Gesundheitsgefährdungen sollen auszuschließen sein, wenn und weil ein hinlänglich hohes Sicherheitsniveau im Überprüfungs- und Genehmigungsverfahren erreicht worden ist, bevor das Produkt in Verkehr gebracht werden kann. Ist dies normativ hinlänglich abgesichert, verlieren im Blickwinkel des Art. 2 Novel Food-VO die sonstigen Aspekte ihre Bedeutung, unter denen Informationen über gentechnische Verfahren in der Lebensmittelindustrie nützlich oder gar notwendig sein könnten.

### 3. *Gesundheitserhebliche Stoffe*

Art. 8 Abs. 1 lit. b) Novel Food-VO unterwirft vorhandene Stoffe, die in bestehenden gleichwertigen Lebensmitteln nicht vorhanden sind und die Gesundheit bestimmter Bevölkerungsgruppen beeinflussen können,[30] der Kennzeich-

---

[27] Die Kommission bereitet zur Zeit allerdings einen Änderungsentwurf vor, nach dem sämtliche Zusatzstoffe der Etikettierungspflicht unterworfen werden sollen; der Entwurf soll nach der Sommerpause 1999 den Länderregierungen vorgelegt werden, s. FAZ Nr. 112 v. 17. Mai 1999, S. 17.

[28] Richtlinien 89/197/EWG, 88/388/EWG und 88/344/EWG.

[29] *Grube* (Fn 2), S. 231 m.w.N.

[30] Etwa allergene Proteine, vgl. *Schauzu*, Chancen und Risiken beim Einsatz gentechnischer Methoden bei der Lebensmittelherstellung, ZLR 1996, S. 655 (662 f.).

nungspflicht. Es handelt sich um eine Sonderregelung insofern, als hier trotz bestehender „Gleichwertigkeit" im Sinne des Art. 8 Abs. 1 lit. a) Novel Food-VO ein gesteigerter Informationsbedarf auf Seiten der Konsumenten angenommen und deshalb die Kennzeichnungspflicht auch auf diese Stoffe ausgedehnt wird. Schon mit dem Bezug auf das Kriterium der Gleichwertigkeit verweist auch diese Regelung auf die zentrale Bedeutung, die dem gesundheitlichen Risiko für die Kennzeichnungsregelung der Novel Food-Verordnung zuzumessen ist – jedenfalls im Verständnishorizont der europäischen Rechtsetzung. Darüber hinaus stellt diese Sonderregelung implizit klar, daß neue Lebensmittel oder Lebensmittelzusätze Stoffe enthalten können, die in vergleichbaren konventionellen Lebensmitteln nicht vorfindlich sind, und daß dennoch zwischen neuen und konventionellen Lebensmitteln ein Verhältnis der Gleichwertigkeit bestehen kann. Umgekehrt steht die Sonderregelung einem Verständnis eher entgegen, demzufolge jeder gentechnisch ins Werk gesetzte Unterschied zwischen traditionellem und neuem Lebensmittel allein schon eine entsprechende Ausdehnung der Kennzeichnungspflicht rechtfertigen könnte. Vielmehr führt erst die Möglichkeit einer jedenfalls quantitativ nicht unerheblichen („Bevölkerungsgruppen") gesundheitlichen Relevanz in der Perspektive der Novel Food-Verordnung zur Kennzeichnungspflicht. Mit diesem Inhalt ist die Sonderregelung geeignet, eine am Merkmal der Gesundheitsgefährdung orientierte Interpretation der allgemeinen Grundregel des Art. 8 Abs. 1 lit. a) Novel Food-VO zusätzlich abzustützen.

### *4. Stoffe unter ethischem Vorbehalt*

Zu kennzeichnen sind nach Art. 8 Abs. 1 lit c) Novel Food-VO auch solche vorhandenen Stoffe, die in gleichwertigen Lebensmitteln nicht vorhanden sind und gegen die ethische Vorbehalte bestehen (die aus religiösen Speise- und Speisezubereitungsregeln oder aus einem weltanschaulichen Vegetarismus herrühren können). Das empfindlichere, mutmaßlich eher verletzte Gewissen soll am Markt durchaus gesteigerten Schutz verlangen dürfen.[31] Es scheint so, als werde die Kennzeichnungspflicht mit dieser Regelung endlich in einen weiter ausgespannten Bezugsrahmen gestellt, in dem der Diskurs über den Sinn gentechnischer Lebensmittelproduktion sowie die Funktionsbedingungen eines solchen Diskurses unverkürzt relevant würden. Außerdem könnte ein derart

---

[31] Das hat freilich auch Kritik wachgerufen, vgl. *Schroeter* (Fn 1), S. 387: zu wenig differenzierende, zu pauschale und daher noch in gewissem Umfang zu verobjektivierende Abgrenzung; ablehnend auch *Wahl/Groß*, Die Europäisierung des Genehmigungsrechts am Beispiel der Novel Food-Verordnung, DVBl. 1998, S. 2 (9, Fn 66): „Eine Regelung, welche die bekannten und regelungsbedürftigen Fallgestaltungen eindeutig benennt, wäre nicht nur rechtlich und rechtstechnisch vorzugswürdig, sondern auch für den Vollzug geeigneter."

erweiterter Bezugsrahmen anzeigen, daß das europäische Sekundärrecht die gesundheitsbezogene Risikodebatte nur als Teilbereich eines erheblich weiter ausgreifenden Gentechnologie-Diskurses einzuordnen bereit ist.

Auch hier trügt der erste Anschein. Immerhin geht die Kennzeichnungsregelung auch an dieser Stelle zunächst wieder vom Merkmal der Gleichwertigkeit aus. Auch hier also hält die Kennzeichnungsregelung trotz der ethischen Überlagerung bzw. weltanschaulichen Zuspitzung letztlich an ihrem ernährungsphysiologischen Ansatz fest, der auf die Verringerung von Gesundheitsrisiken zielt. Auslöser des ethischen Vorbehalts und dessen Gegenstand ist im übrigen der Stoff selbst. Dem Verfahren seiner Herstellung, Veränderung oder Verlagerung kommt eine durchaus nachrangige Bedeutung zu. Die religiösen oder weltanschaulichen Gründe, deretwegen Schweinefleisch abgelehnt wird, sind ganz unabhängig von der Technologie, mittels derer das Schweinegen in haltbarkeitsfördernde Mikroorganismen eingebracht wird und über diese wiederum in Gemüseprodukte oder Schokoladepulver gelangt. Der Respekt vor diesen gentechnologisch neutralen Gründen trägt die Regelung des Art. 8 Abs. 1 lit. c) Novel Food-VO. Nicht aber geht es hier um eine ethische, also religiöse oder sonst weltanschauliche Bewertung der Gentechnologie. Schon gar nicht hat diese Teilregelung eine diesbezügliche gesellschaftliche Debatte im Auge, deren Lebendigkeit und Orientierungsvermögen gefördert werden könnten.

### *5. Kennzeichnung „vorhandener" Stoffe und Organismen*

Die Teilregelungen aus Art. 8 Abs. 1 lit. b) – d) Novel Food-VO gelten nur für solche gentechnisch veränderten Stoffe oder Organismen, die nach der Herstellung der neuen Lebensmittel und Lebensmittelzutaten noch in diesen „vorhanden" sind. Das wohl bekannteste Beispiel ist die heute unbestritten kennzeichnungspflichtige[32] FlavrSavr-Tomate. Das Püree, das aus dieser gentechnisch besonders haltbar gemachten Tomate hergestellt wird, scheint indes dem Advisory Comittee on Novel Food and Processes nicht mehr kennzeichnungspflichtig. Dieses dem englischen Gesundheitsministerium zugeordnete Beratungsgremium vertritt die Auffassung, daß die in der Tomate vorhandenen Fremdgene durch das Pürieren zerstört würden, im Püree also nicht mehr vorhanden sein könnten.[33] Es handelt sich um eine streitige Frage, dies auch deshalb, weil vor dem Hintergrund aufwendiger, nicht hinreichend zuverlässiger

[32] Freilich erst nach Maßgabe des Art. 8 Abs. 1 lit. a) Novel Food-VO. Nach den vorangegangenen Entwürfen wäre auch diese Tomate nicht kennzeichnungspflichtig gewesen. Sie hätte sich nämlich nicht in „signifikanter" Weise von gleichwertigen konventionellen Lebensmitteln unterschieden, vgl. *Grube* (Fn 2), S. 237.

[33] Beispiel bei *Streinz* (Fn 13), S. 8.

und immer noch recht begrenzter Nachweismöglichkeiten[34] ungeklärt ist, ob und gegebenenfalls in welchem Sinn das Vorhandensein von Fremdgenen eine quantifizierbare Größe darstellt. Unbestritten ist freilich der normative Ausgangspunkt, von dem aus die Frage des Vorhandenseins von gentechnisch modifizierten Stoffen oder Organismen zu praktischen Nachweisschwierigkeiten und von dort aus schließlich zu Wertungsproblemen führt. Die unmittelbaren Ergebnisse gentechnischer Einwirkungen oder ihre Zerfallsprodukte müssen, mit welchen Methoden auch immer, noch in dem Lebensmittel oder der Lebensmittelzutat aufzufinden sein. Erst dann können die weiteren Voraussetzungen einer Kennzeichnungspflicht nach Art. 8 Abs. 1 lit. b) – d) Novel Food-VO sinnvoll geprüft werden. Der Stoff oder Organismus selbst, und sie allein, begründen die Kennzeichnungspflicht. Das gentechnische Herstellungsverfahren ist demgegenüber für Begründung und Reichweite der Kennzeichnungspflicht unerheblich.

## C. Normative Vorgaben des Lebensmittelkennzeichnungsrechts

Das restriktive Verständnis der Novel Food-Regelung entfernt sich weit von einer Kennzeichnung, der das Ziel einer umfassenden Information zur praktischen Bedeutung der Gentechnologie in der modernen Lebensmittelindustrie zugrunde läge. Angesichts des deutlich zum Ausdruck gebrachten Ansatzes der Komission[35] und der jetzt schon erkennbaren Positionen in der wissenschaftlichen und fachlichen Diskussion ist auch zu erwarten, daß dieses einengende Verständnis die Handhabung der Verordnung prägen wird. Dies ändert freilich nichts daran, daß die restriktive Auslegung des Art. 8 Novel Food-VO zwar naheliegend, nicht aber einzig vertretbar ist. Die (Gegen-)Argumente für eine erweiternde Auslegung müssen allerdings auf tragfähige Rechtsgründe verweisen können. Diese können nur in dem verfassungs- und gemeinschaftsrechtlichen Kontext zu finden sein, in den sich die Kennzeichnungsregelung des Art. 8 Novel Food-VO einordnen muß.

---

[34] Dazu näher (und, soweit ersichtlich, im wesentlichen immer noch auf dem aktuellen Stand von Wissenschaft und Technik) *Hammes/Hertel*, in: Streinz (Fn 7), S. 251 ff. Aus der derzeitigen Unmöglichkeit einer Kontrolle DNA-freier Produkte derart, daß auf den gentechnischen Ursprung solcher Produkt zurückgeschlossen wird, ziehen die Autoren im Ergebnis den ebenso überzeugenden wie naheliegenden Schluß, daß eine „Kontrolle nur durch Kennzeichnung und deren Überwachung" erfolgen könne (a.a.O. S. 257). Die Nachweisverfahren werden aber offenbar schnell genauer und empfindlicher, vgl. dazu den Bericht von *Löhr*, ZEIT Nr. 40 v. 26. September 1997, S. 27, mit der Schlußfolgerung, daß zunehmend eher politischer und ökonomischer Unwille als wissenschaftlich-technisches Unvermögen den Nachweis hindere.

[35] S. o. Fn 24.

## I. Verfassungsrechtliche Maßstäbe

Jede gemeinschaftsrechtliche Regelung der Kennzeichnung gentechnisch hergestellter oder modifizierter Lebensmittel wird Grundrechtspositionen berühren. Im Hinblick auf die Unterstellung eines im wesentlichen übereinstimmenden Niveaus der grundrechtlichen Gewährleistungen aus dem Grundgesetz einerseits, dem Primärrecht der europäischen Gemeinschaft andererseits, kommt den Verfassungsbezügen des Kennzeichnungsrechts eine erhebliche europarechtliche Bedeutung zu. Die Kennzeichnungsregelung der Novel Food-Verordnung müßte sich als konkretisierende Verwirklichung des thematisch einschlägigen deutschen Grundrechtsstandards erweisen lassen. Auch nach der Rechtsprechung des Bundesverfassungsgerichts, die insoweit immer noch weniger großzügig als die des Europäischen Gerichtshofs erscheint, ist dazu nicht erforderlich, daß nationaler Grundrechtsschutz auf der Gemeinschaftsebene unverkürzt gewährleistet wird. Der von Art. 23 Abs. 1 S. 1 GG aus der Rechtsprechung des Bundesverfassungsgerichts übernommene Maßstab, dem der Integrationsprozeß genügen muß, verlangt einen „im wesentlichen vergleichbaren" Grundrechtsschutz auf Gemeinschaftsebene. [36] Um des Ziels gelingender Integration willen erlaubt er gemeinschaftsrechtliche Abweichungen nach Art und Umfang des Grundrechtsschutzes, dies auch und gerade „nach unten". Die Formulierung der Verfassung impliziert, daß die Möglichkeit einer sekundärrechtlichen Unterschreitung des Mindeststandards an grundrechtlichem Schutz keineswegs auszuschließen ist. Die Verpflichtung zur Mitwirkung im Integrationsprozeß und die Ermächtigung zur Übertragung von Hoheitsrechten in diesem Prozeß werden deshalb durch Art. 23 Abs. 1 GG von vornherein an die Voraussetzung geknüpft, daß die Kontrolle der Einhaltung eines grundrechtlichen (Mindest-)Schutzniveaus gesichert bleibt.[37] Die Einhaltung dieses Niveaus muß gewährleistet sein, wenn die Ermächtigung des Art. 23 Abs. 1 GG nicht verfehlt werden soll.[38] Die neuere Rechtsprechung des Bundesverfassungsgerichts hat sogar Anlaß zu der Überlegung gegeben, ob vor jener letzten Schwelle der Unterschreitung eines Mindestschutzniveaus eine Art grund-

---

[36] So das BVerfG seit Solange II, vgl. BVerfGE 73, 339 (376, 386 f.); diese Sichtweise hat dann die Formulierung der Struktursicherungsklausel des neuen Art. 23 Abs. 1 S. 1 GG bestimmt.

[37] Der nach dem Grundgesetz unabdingbare Grundrechtsstandard, und damit dieses (Mindest)Schutzniveau, wird in der Maastricht-Entscheidung als eine generelle Gewährleistung des Wesensgehalts der Grundrechte bestimmt, vgl. BVerfGE 89, 155 (174.).

[38] Grdl. BVerfGE 73, 339 (376, 386 f.) – Solange II; s. ferner *Schweitzer*, in: Rengeling (Hrsg.), Handbuch zum europäischen und deutschen Umweltrecht, Bd. I Allgemeines Umweltrecht, 1998, § 26 Rn 43: „Die Schranken des Integrationsgesetzgebers wirken sich ... als *Schranken der Anwendung von Gemeinschaftsrecht* aus" (Hervorheb. i. Orig.).

rechtskonforme oder grundrechtsschonende, womöglich sogar grundrechtsoptimierende Auslegung des Sekundärrechtsaktes in Betracht gezogen werden könnte.[39] Schließlich verweist die Maastricht-Entscheidung auf ein „Kooperationsverhältnis" zwischen Bundesverfassungsgericht und Europäischem Gerichtshof.[40] So dunkel diese Formel auch ist, läßt sich ihr immerhin die Idee einer wechselseitigen Abstützung und Ergänzung auch in materiell-rechtlicher Hinsicht entnehmen. Der auf Gemeinschaftsebene verbindliche Grundrechtsstandard wird maßgeblich durch die nationalen Verfassungsnormen mitbestimmt, umgekehrt wirkt dieser gemeinschaftsrechtliche Grundrechtsstandard maßstabsbildend auf das nationale Verfassungsrecht zurück. Alles dies zeigt, welche auch gemeinschaftsrechtliche Bedeutung der Vorfrage zukommt, ob und gegebenenfalls in welchem Umfang nationalem Verfassungsrecht – und das heißt hier: je berührten Grundrechten – gerade in dem Bereich materiell-rechtliche Vorgaben zu entnehmen sind, in dem die Novel Food-Verordnung ihrerseits Regelungen trifft.

### *1. Schutz vor Täuschung, Gesundheitsvorsorge, Information: Gefahrenabwehr als gemeinsamer normativer Bezugspunkt*

Grundrechtliche Maßstäbe für die Beurteilung lebensmittelrechtlicher Kennzeichnungsregelungen werden herkömmlich der Verfassungsnorm des Art. 2 Abs. 2 S. 1 GG entnommen. Das Grundrecht verbürgt in erster Linie Schutz vor Eingriffen in die Möglichkeit des Grundrechtsträgers, selbst darüber zu entscheiden, welchen Risiken seine Gesundheit ausgesetzt sein soll. Über diese klassisch abwehrrechtliche Funktion hinaus weist Art. 2 Abs. 2 S. 1 GG nach der nunmehr vielfach bekräftigten neueren Rechtsprechung des Bundesverfassungsgerichts aber auch einen objektivrechtlichen Gehalt auf. In ihm finden gesundheitsbezogene staatliche Schutzpflichten ihre normative Grundlage. Der verfassungsgebundene Staat ist verpflichtet, schon der Möglichkeit einer fremdverursachten Beschädigung der Gesundheit durch Lebensmittel entgegenzuwirken.[41] Jeder derartigen Beeinträchtigung des gesundheitsbezogenen

---

[39] Vgl. BVerfGE 89, 155 (174); BVerfG, NJW 1995, S. 950 ff. – Bananenmarktordnung, und dazu die Anmerkung von *Rupp, JZ 1995, S. 353* (es handele sich hier um eine „grundrechtskonforme Interpretation" von Gemeinschaftsrecht).

[40] Vgl. dazu *Gersdorf*, Das Kooperationsverhältnis zwischen deutscher Gerichtsbarkeit und EuGH, DVBl. 1994, S. 674 ff.; *Streinz*, Das „Kooperationsverhältnis" zwischen Bundesverfassungsgericht und Europäischem Gerichtshof nach dem Maastricht-Urteil, FS Heymanns Verlag, 1995, S. 663 ff.; *Kirchhof*, Die Gewaltenbalance zwischen staatlichen und europäischen Organen, JZ 1998, S. 965 ff.

[41] Vgl. *Klein*, Grundrechtliche Schutzpflichten des Staates, NJW 1989, S. 1633. Die besonderen Probleme, die die Gentechnologie in diesem Zusammenhang stellt, werden diskutiert bei *Reuber*, Lebens- und Gesundheitsschutz und Gesetzesvorbehalt unter besonderer Berücksichtigung der Gentechnologie, 1993, insbes. S. 57 ff.

Selbstbestimmungsrechts der Grundrechtsträger soll von Verfassungs wegen entgegengewirkt werden; dies bedingt gerade auch eine grundrechtssichernde Mitwirkung an den Verfahren europäischer Rechtssetzung im Bereich der Lebensmittelherstellung, -vermarktung und -kennzeichnung.

Für das Lebensmittelkennzeichnungsrecht ist dabei von besonderer Bedeutung, daß ein Eingriff in den Schutzbereich des Art. 2 Abs. 2 S. 1 GG nicht erst vorliegt, wenn und soweit bestimmte Lebensmittel sich tatsächlich als gesundheitsgefährdend erwiesen haben. Das Recht auf körperliche Integrität umfaßt auch ein Selbstbestimmungsrecht im Hinblick auf die Ernährung.[42] Ein Eingriff in den Schutzbereich des Art. 2 Abs. 2 S. 1 GG liegt schon dann vor, wenn eine ausreichende Kennzeichnung im Hinblick auf mögliche Gesundheitsgefahren nicht gesichert erscheint. Das Grundrecht zielt nicht nur auf Gesundheitsschutz. Es will die individuelle Freiheit zur Risikoentscheidung offenhalten. Doch sind dem Schutzbereich thematische Grenzen gezogen. Jede Kennzeichnungsregelung, die das in Art. 2 Abs. 2 S. 1 GG geschützte Selbstbestimmungsrecht abzusichern sucht, muß in dem Schutz vor gesundheitserheblichen Täuschungen, in der Gesundheitsvorsorge und in dem präventiven Ausschluß eines unwissentlich selbstschädigenden Lebensmittelkonsums ihre Rechtfertigung finden können. Zur Rechtfertigung lebensmittelrechtlicher Kennzeichnungsregelungen und zur Bestimmung ihrer von Verfassungs wegen erforderlichen Reichweite kann auf Art. 2 Abs. 2 S. 1 GG nur verwiesen werden, soweit die Kennzeichnung diesen Schutzzielen Ausdruck verleiht. Letztlich ist das Lebensmittelkennzeichnungsrecht in der Perspektive des Art. 2 Abs. 2 S. 1 GG typologisch unter den Leitgesichtspunkt der Gefahrenabwehr einzuordnen.

Wie sich bereits gezeigt hat, sind die Regelungen der Novel Food-Verordnung zur Kennzeichnungspflicht der Hersteller und Anbieter „neuer" Lebensmittel durchgängig auf das normative Anliegen des Gesundheitsschutzes ausgerichtet. Es kann zwar bezweifelt werden, ob die Kennzeichnungsregelung allen insoweit bestehenden Gefahrenlagen ausreichend Rechnung trägt. Dies gilt insbesondere für den Ausschluß von Lebensmittelzusatzstoffen, Aromen und Extraktionslösungsmitteln sowie derjenigen gentechnisch hergestellten oder modifizierten Lebensmittel, die sich von konventionellen Lebensmitteln nicht unterscheiden, aus dem Geltungsbereich der Kennzeichnungsregelung.[43] Andererseits ist aber auch nicht ausgemacht, daß die Kennzeichnungsregelung der Novel Food-Verordnung bereits unter dem Schutzniveau liegt, das nach Art. 2 Abs. 2 S. 1 GG den nationalen Grundrechtsstandard prägen soll und das einen Maßstab auch für die Beurteilung von Gemeinschaftsrecht darstellt. Doch muß

---

[42] *Murswiek*, in: Sachs (Hrsg.), Grundgesetz-Kommentar, 1996, Art. 2 Rn 204.

[43] Zur diesbezüglichen Kritik vgl. nur *Grube* (Fn 2), S. 236 ff. mit dem Fazit: „keine dem Anspruch des Verbrauchers auf den Schutz seiner Gesundheit ... genügende Regelung."

diese Frage im vorliegenden Zusammenhang nicht abschließend geklärt werden. Hier sind allein die Konsequenzen von Interesse, die sich daraus ergeben, daß Kennzeichnungspflichten nur unter dem Aspekt der Gesundheitsgefährdung entworfen, näher bestimmt und sekundärrechtlich festgelegt werden. In der Perspektive des Art. 2 Abs. 2 S. 1 GG kann diese Verengung der dogmatischen Beobachtung der Kennzeichnungsregelung nicht problematisiert werden. Art. 2 Abs. 2 S. 1 GG begründet keine Argumente für die Anerkennung von Informationsbedürfnissen und damit für ein erweiterndes Verständnis der Kennzeichnungspflicht, die über das Motiv der gesundheitsbezogenen Selbstbestimmung hinausgehen.

Dies gilt auch für die vielbeachtete Figur der „divergierenden Risikoabschätzung", die zur Begründung einer vorsichtigen Ausweitung der Kennzeichnungspflicht de lege ferenda entwickelt worden ist.[44] Als ein legitimer Grund für die lebensmittelrechtliche Kennzeichnungspflicht gilt danach zwar auch, daß dem Verbraucher selbst dort, wo ein Produkt oder Verfahren nach „herrschender" – gemeint ist hier, wie sonst auch: nach fachwissenschaftlich-sachverständiger – Ansicht „gesundheitlich völlig unbedenklich" ist, eine „abweichende Risikoeinschätzung und ein entsprechendes Verhalten" ermöglicht werden soll;[45] dies soll dann u. U. Informationen über das (gentechnische) Herstellungsverfahren selbst dann rechtfertigen können, wenn das Produkt keine Spuren des Verfahrens mehr aufweist.[46] Indes muß sich eine „divergierende Risikoabschätzung", damit sie derart Anerkennung finden kann, auf „spezifisch lebensmittelrechtliche Gründe" beziehen – und diese müssen sich aus dem grundrechtlich vorgegebenen Motiv der Vermeidung von Gesundheitsgefährdungen ableiten lassen.[47] Ein *politisches* Interesse des Verbrauchers, als mündiger Marktbürger die Meinungsbildung und Marktöffentlichkeit gegen den Import eines genmanipuliert-herbizidresistenten Reises zu mobilisieren, der die Weltmarktchancen des konventionellen indischen Reisanbaus abzuschnüren droht, wiegt unter dem Gesichtspunkt der „divergierenden Risikoabschätzung" nach Maßgabe des Verhältnismäßigkeitsprinzips geringer als die grundrechtlich geschützten *wirtschaftlichen* Interessen des Reisherstellers. Der Sache nach wird dem mündigen Verbraucher zwar zugestanden, im Hinblick auf seine eigene Gesundheit gewisse Risikoabschätzungen vornehmen zu können. Es soll ihm dann aber doch an der nötigen Reife fehlen, auch zu den Risiken einer Destabilisierung des Weltmarktes durch großindustriell hergestellte und weltweit

---

[44] Von *Streinz*, Divergierende Risikoabschätzung und Kennzeichnung, in: *ders.* (Fn 7), S. 131.

[45] *Streinz* (Fn 44), S. 149.

[46] *Streinz* (Fn 44), S. 147.

[47] *Streinz* (Fn 44), S. 148, 149.

vermarktete Gentechnologie-Lebensmittel begründete Einschätzungen zu entwickeln.

### 2. *Kommunikationsverfassungsrechtliche Maßstäbe*

Andere Argumentationsquellen könnte aber das Kommunikationsverfassungsrecht öffnen. Die Meinungsfreiheit, die durch Art. 5 Abs. 1 S. 1 GG in ihren beiden Ausprägungen als Äußerungs- und Informationsfreiheit ausdrücklichem Schutz unterstellt wird, ist nicht von vornherein in einen bestimmten thematischen Bezugsrahmen eingespannt. Sie soll sich einer prinzipiell grenzenlosen Vielfalt von Themen und Gegenständen öffnen können. Gerade deshalb könnte sie diejenigen Gründe für eine Ausweitung der Kennzeichnungspflicht zur Verfügung stellen, die sich Art. 2 Abs. 2 S. 1 GG nicht mehr entnehmen lassen, weil diese Verfassungsnorm nur die gesundheitliche Selbstbestimmung schützen kann.

#### a) Die Informationsfreiheit

Auf den ersten Blick liegt dann die in Art. 5 Abs. 1 S. 1, 2. Alt. GG gewährleistete Informationsfreiheit als Bezugsgröße einer verfassungsrechtlichen Beurteilung der Kennzeichnungsregelung am nächsten. Allerdings ist die Freiheit, sich ungehindert zu unterrichten, auf „allgemein zugängliche", also stets schon bestehende Informationsquellen beschränkt. Dem Grundrecht ist auch keine leistungsrechtlich ausgeformte Pflicht des Staates zu entnehmen, ausreichende Informationsquellen zu eröffnen und offen zu halten. Dies soll nach der heute immer noch ganz durchgängigen Auffassung jedenfalls solange gelten, wie die Schwelle zu einem trotz public-service-Einrichtungen, kommerzieller Informationsanbieter und behördlicher Informationstätigkeit unabwendbaren Informationsnotstand nicht überschritten ist.[48] Es erscheint also fraglich, ob die Informationsfreiheit allein als ausreichend tragfähige Basis einer staatlichen Pflicht herangezogen werden kann, auf erweiterte Kennzeichnungspflichten hinzuwirken.

Dessen ungeachtet umschließt die grundrechtliche Gewährleistung der Freiheit, sich ungehindert zu unterrichten, einen normativen Aspekt, dem im Hinblick auf die Frage nach der Dichte und Reichweite lebensmittelrechtlicher Kennzeichnungspflichten Bedeutung zukommt. Das Bundesverfassungsgericht nähert sich ihm, wenn es in seiner Leitentscheidung zu Art. 5 Abs. 1 S. 1,

---

[48] Vgl. *Hoffmann-Riem*, in: AK-GG, Bd. 1, 2. Aufl. 1989, Art. 5 I, Rn 89, 92, 98 ff.; *Schulze-Fielitz*, in: Dreier (Hrsg.), Grundgesetz Kommentar, Bd. 1, 1996, Art. 5 I, II, Rn 173; ferner *Lodde*, Informationsrechte gegen den Staat, 1996, insbes. S. 128 ff.

2. Alt. GG ausdrücklich den „Aspekt des Auswählenkönnens" als zum „Grundtatbestand jeder Information" gehörig in den Vordergrund rückt.[49] Dem verfassungsnormativen Ziel der Informationsfreiheit kann also niemals ein gefiltertes, nach heteronomen Relevanzen bereits gewichtetes Informationsangebot genügen. Das Grundrecht der Informationsfreiheit soll danach sicherstellen, daß die Freiheit der Auswahl im Informationsangebot allein anhand solcher Maßstäbe wahrgenommen wird, die in vorgängig schon frei gebildeten Meinungen begründet sind oder der subjektiven Neugier entspringen. In der normativen Perspektive der Informationsfreiheit ist das meinungsbildende Subjekt tatsächlich „mündig". Es wird als fähig und willens vorgestellt, sich „auswählend" zu unterrichten.[50] Auf diese Fähigkeit und auf dieses Wollen zielt der grundrechtliche Schutz.

Die Kennzeichnungsregelung des Art. 8 Novel Food-Verordnung bleibt in ihrem oben skizzierten restriktiven Verständnis hinter diesem anspruchsvollen Schutzziel weit zurück. Sie weist den Verbrauchern im Hinblick auf das am Markt vorfindliche Novel Food-Angebot ein einziges und stets schon bestimmtes Informationsinteresse zu. Dieses Informationsinteresse wird als das am Lebensmittelmarkt allein relevante und deshalb für eine gemeinschaftsrechtliche Kennzeichnungspflicht allein maßgebliche Interesse qualifiziert. Die Verbraucher sind danach nur an solchen stoffbezogenen Informationen interessiert, die ihnen eine autonome Risikoentscheidung ermöglichen. Sie sind demgegenüber an Informationen über gentechnische Herstellungs- und Bearbeitungsverfahren nur insoweit interessiert, als diese Verfahren zu Produkten mit Eigenschaften geführt haben, die – als noch „vorhanden" i. S. des Art. 8 Novel Food-VO – Auswirkungen auf die Gesundheit haben können. Für die einschränkend ausgelegte Kennzeichnungsregelung der Novel Food-Verordnung ist der Horizont der Verbraucher auf das Motiv der Vermeidung von Gesundheitsrisiken verengt. Als selbstbewußte Akteure mit auch politischen, ökonomischen, moralischen, kulturellen oder ästhetischen (Gestaltungs-)Interessen und Werten existieren die Verbraucher für diese Verordnung nicht. Daß die Produktion und weltweite Vermarktung von gentechnisch erzeugtem oder bearbeitetem Novel Food vor dem Hintergrund solcher Interessen und Werte ein Problem darstellen könnte, bleibt im Blickwinkel einer restriktiv verstandenen Kennzeichnungsregelung unberücksichtigt. Ebenso bleibt unberücksichtigt, daß die Verbraucher zugleich Gemeinschafts*bürger* sind und daß diese Gemeinschaftsbürger gerade auch durch ihr Verhalten am Markt Einfluß auf die Aus-

---

[49] BVerfGE 27, 71 (83); vgl. zum Aspekt des Auswählenkönnens auch *Starck*, in: v. Mangoldt/Klein/Starck, Das Bonner Grundgesetz, Kommentar, Bd. 1, 3. Aufl. 1985, § 5 I/II, Rn 27 („wichtigster Aspekt dieser Freiheit").

[50] Vgl. BVerfGE 27, 71 (85 f.: die Grundrechtsträger seien „nach der Vorstellung des Grundgesetzes mündig und dazu berufen ..., an der öffentlichen Meinungsbildung teilzunehmen").

gestaltung der Gemeinwesen nehmen wollen (und sollen!), denen sie angehören – dies um so mehr, je weniger die Möglichkeiten einer unmittelbaren politischen Einflußnahme auf die Willensbildungs- und Entscheidungsprozesse in der Gemeinschaft noch entwickelt sind.[51] Der mündige Verbraucher, dem in der Rechtsprechung des Europäischen Gerichtshofs so deutliche Konturen verliehen worden sind,[52] sollte eigentlich instand gesetzt werden, als mündiger Marktbürger gerade an den Märkten der Gemeinschaft folgenreiche Entscheidungen nach selbstgesetzten Maßstäben treffen können. Doch scheint er von dem Informationsregime der Novel Food-Verordnung noch nicht bemerkt worden zu sein. Ersichtlich ist eine im dargelegten Sinn verengte gemeinschaftsrechtliche Kennzeichungsregelung nicht in der Lage, der durch Art. 5 Abs. 1 S. 1, 2. Alt. GG geschützten Wahlfreiheit selbstbewußter Subjekte einen offenen Entfaltungsraum und in diesem hinreichend Informationsmaterial sicherzustellen, und zwar weder im Hinblick auf die grundrechtlich geschützte Möglichkeit der Ausbildung bestimmter Informationsinteressen noch im Hinblick auf die Gewichtung und Verarbeitung der Informationen, die dann im Rahmen solcher Interessen rezipiert werden könnten. Das Grundrecht der Informationsfreiheit kann im Rahmen des deutschen Kommunikationsverfassungsrechts noch keine unmittelbare staatliche (Leistungs-)Verpflichtung im Hinblick auf die Kennzeichnung von Novel Food begründen. Doch stellt dieses Grundrecht einen Maßstab bereit, an dem die Kennzeichnungsregelung der Novel Food-Verordnung zu messen ist und an dem gemessen sie sich als ungenügend erweist.

### b) Die Meinungsbildungsfreiheit

Die Informationsfreiheit ist nicht der einzige Maßstab, den das Kommunikationsverfassungsrecht zur Beurteilung einer gemeinschaftsrechtlichen Kennzeichnungsregelung bereitstellt. Die in Art. 5 Abs. 1 GG normierten Gewährleistungen bilden einen komplexen Zusammenhang. In ihm stellt die Informationsfreiheit nur einen einzelnen, wenn auch sehr wichtigen Baustein dar. Weite-

---

[51] Vgl. in diesem Zusammenhang auch *Oberender/Herzberg/Kienle* (Fn 7), S. 67: „Es ist das Menschenbild nicht nachvollziehbar, welches dazu führt, den Stimmbürger in politisch durchaus brisanten und komplexen Problemstellungen für mündig, ihn aber in seiner Rolle des Verbrauchers, der über den Konsum seiner Präferenzordnung entsprechenden Produkte entscheidet, für unmündig, hysterisch und irrational zu halten."

[52] Zu den hohen Erwartungen an den mündigen Verbraucher in der Rechtsprechung des EuGH vgl. die Leitentscheidung EuGH, Rs. 16/83 – Prantl, Slg. 1984, 1299 (1306); in dieselbe Richtung zielend auch EuGH Rs. 261/81 – Rau-Margarine, Slg. 1982, S. 3961 (3973). Aus der Literatur *Streinz*, Gibt es eine europäische Verkehrsauffassung? ZLR 1991, S. 242 (262 ff.); *Meyer*, Das Verbraucherleitbild des Europäischen Gerichtshofs – Abkehr vom „flüchtigen Verbraucher"?, WRP 1993, S. 215 ff.; im Überblick *Grube* (Fn 2), S. 102 ff. m.w.N. zu Rspr. u. Lit.

re verfassungsnormative Vorgaben, denen im Hinblick auf die lebensmittelrechtliche Kennzeichnungspflicht Bedeutung zukommen könnte, werden aus dem Zusammenhang des Art. 5 Abs. 1 GG entwickelt werden müssen. Dann ist dessen Struktur näher ins Auge zu fassen. Sie erschließt sich anhand eines „Kreislaufmodells" der öffentlichen wie privaten Kommunikation. Es ist vom Bundesverfassungsgericht zwar vor allem in medienverfassungsrechtlichem Zusammenhang ausgearbeitet worden. Doch hat das Modell von Anfang an Gültigkeit als strukturprägende Form des gesamten Kommunikationsverfassungsrechts beansprucht.[53] Seine sinnstiftende Mitte findet es seitdem in einem objektiv-rechtlichen Prinzip der Freiheit umfassender und chancengleicher Meinungsbildung.

Der Weg zu diesem objektiv-rechtlichen Prinzip führt über das Schutzziel der subjektiv-rechtlichen Gewährleistungen des Art. 5 Abs. 1 GG. Im Zentrum des grundgesetzlichen Kommunikationsverfassungsrechts stehend, sollen diese Grundrechte sicherstellen, daß individuell-private wie öffentlich-gesellschaftliche Kommunikation in allen ihren Entstehungs- und Bestandsbedingungen verfassungsrechtlichen Schutz genießt. Geschützt wird auf diese Weise Kommunikation als ein unabschließbarer Prozeß, der ein bestimmtes Bewegungsmoment braucht, dieses aber nur in einem immer wieder neu hergestellten Zusammenhang von Äußerung und Information bzw. Informationsaufnahme erlangen kann. Die kommunikationspraktisch auseinandergezogenen wie grundrechtsdogmatisch verselbständigten Vollzüge der Äußerung einerseits, der Informationsaufnahme andererseits müssen sich freilich zu einer prozeduralisierbaren Struktur zusammenschließen können. Dies geschieht in einer eigenständigen Phase der Meinungsbildung.[54]

Als zwischengeschalteter Prozeß[55] der Abklärung, Synthese, Verdichtung, Zuspitzung oder auch Ausweitung des rezipierten Datenmaterials genießt die Meinungsbildung zunächst als ein subjektiv-intrapersonaler Vorgang verfassungsrechtlichen Schutz. Eng auf die Informationsfreiheit bezogen, von der her sich alle Meinungsbildung erst entwickeln kann, will dieser Schutz vor allem die Bildung einer kritisch-abwägenden *eigenen* Meinung sicherstellen.[56] Das

---

[53] Zum Folgenden vgl. BVerfGE 27, 71 (81 f.); 33, 52 (65); 57, 295 (319); im Überblick *Rossen*, Freie Meinungsbildung durch den Rundfunk, 1988, S. 5 ff., 111 ff. m.w.N.

[54] Sowohl die Meinungsäußerungs- bzw. Meinungsverbreitungs- wie die Informationsfreiheit werden vom Bundesverfassungsgericht als „Voraussetzungen" der Meinungsbildungsfreiheit bestimmt, vgl. BVerfGE 27, 71 (81); dem folgend später etwa BVerfGE 57, 295 (319).

[55] Zur Unabgeschlossenheit, zum Prozeßcharakter der Meinungsbildung vgl. etwa BVerfGE 14, 121 (132); 35, 203 (222); 57, 295 (320); 60, 53 (63 f.).

[56] Vgl. BVerfGE 27, 71 (82), wo hervorgehoben wird, daß die Informationsrezeption insbesondere „Abwägung" ermöglichen und zu „Kritik" befähigen solle. Das mei-

zielt auf die Möglichkeit des meinungsbildenden Subjekts, Distanz gegenüber Meinungszumutungen herstellen zu können. Jede Fremdbestimmung hinsichtlich dessen, was zu meinen und zu wissen tunlich sei, erscheint verfassungsrechtlich als nicht rechtfertigungsfähige Anmaßung. Die Meinungsbildungsfreiheit läßt hier auch eine Richtung auf sich selbst erkennen, sie umschließt ein konstitutives Moment der Selbstbezüglichkeit: die Meinungsbildung erscheint als Vorgang der Selbsterzeugung eines meinungsbildenden Subjekts, das in diesem Vorgang seine eigenen Auswahlkriterien, Relevanzmuster und Bewertungsmaßstäbe entwickelt.[57] Weil dieses Meinungen bildende und damit zugleich sich selbst hervorbringende Subjekt stets teil hat am Prozeß der Vergesellschaftung,[58] weist die Meinungsbildungsfreiheit auch einen konstitutiven Außenbezug auf. Das Bilden und Haben einer Meinung bedingt die Herstellung sozialer Beziehungen. Der Prozeß der Meinungsbildung kann als Vorgang der Herstellung eines diskursiv erschlossenen Öffentlichkeitszusammenhanges begriffen werden, in dem Meinungen substanzieller Stoff der Kommunikation, Ligatur der Öffentlichkeit wie aber auch Treibmittel jeder Veröffentlichung und auch aller individuell-privaten Meinungsbildung sind.[59] Meinungsbildung ist auf Öffentlichkeit angewiesen, sie muß sich aus Öffentlichkeitsbezügen speisen und immer wieder in diese Öffentlichkeitsbezüge zurückwenden. Private und öffentliche Meinungsbildung gehören der Zwischenphase des Kommunikationszusammenhangs an, der von Art. 5 Abs. 1 GG unter Schutz gestellt wird. Das unbenannte Strukturprinzip der Meinungsbildungsfreiheit ist für den Zusammenhang der verschiedenen benannten Gewährleistungen des Art. 5 Abs. 1 GG konstruktiv notwendig. In ihm ist der konstruktive und dogmatische Mittelpunkt des gesamten grundgesetzlichen Kommunikationsverfassungsrechts zu erkennen, es prägt dessen Struktur.

---

nungsbildende Subjekt soll also nicht in dem Informationsprozeß untergehen, es soll stets auch eine feste Position gegenüber den als Information angebotenen Daten behaupten können.

[57] Näher hierzu *Rossen* (Fn 53), S. 12 ff., 130 ff. m.w.N.

[58] Dazu die Schlüsselstelle BVerfGE 27, 71 (81): es sei „in der modernen Industriegesellschaft der Besitz von Informationen von wesentlicher Bedeutung für die soziale Stellung des Einzelnen." Zweifellos ist „Industriegesellschaft" ein Begriff mit Patina und sicher kann man Informationen nicht im sachenrechtlichen Sinn „besitzen", die Sprache des Gerichts mutet also ein wenig altväterlich an. In der Sache freilich ist seine Feststellung, soweit ersichtlich, bislang noch nicht erfolgreich bestritten worden, in der modernen „Informationsgesellschaft" dürfte sie sogar gesteigerte Brisanz gewinnen.

[59] Die „öffentliche Meinungsbildung" ist seit BVerfGE 7, 198 (212) ein feststehender Topos, aufgenommen etwa in BVerfGE 10, 118 (121: „politische Meinungsbildung"); 20, 56 (98); zum Prozeßcharakter der öffentlichen Meinungsbildung vgl. in kommunikationswissenschaftlicher Perspektive immer noch schwer einzuholen *Wagner*, Kommunikation und Gesellschaft, Teil I: Einführung in die Zeitungswissenschaft, 1978, S. 71 ff.; zur Geschichte der Meinungsfreiheit *Grimm*, Soziale Voraussetzungen und verfassungsrechtliche Gewährleistungen der Meinungsfreiheit, in: ders. (Fn 19), S. 233: Meinungsfreiheit und (bürgerliche) Öffentlichkeit bedingen einander von Anfang an.

Die Meinungsbildungsfreiheit stellt dergestalt das Grundprinzip des Kommunikationsverfassungsrechts dar, dem die benannten Kommunikationsfreiheiten in „dienender Funktion" zugeordnet sind. Auch nimmt das strukturprägende Prinzip der Meinungsbildungsfreiheit in vollem Umfang teil am normativen Höchstrang des Verfassungsrechts. Dabei weist dieses Prinzip, anders als die ihm „dienend" zugeordneten benannten Freiheitsrechte, jedoch kein Anspruchsprofil auf. Es lassen sich ihm keine subjektiv-rechtlichen Gehalte entnehmen, die dann in Form eines unmittelbar staatsgerichteten Anspruchs auf „ausreichende" oder „ergänzende" Information zu mobilisieren wären. Derartige subjektivrechtliche Zuspitzungen würden eine staatliche Informationsbewirtschaftung und Meinungsbewertung implizieren. Verkannt würde damit die normative Ambivalenz, die das Freiheitsversprechen der Gewährleistung freier Meinungsbildung als unbenanntes Strukturprinzip des Kommunikationsverfassungsrechts kennzeichnet: als *heteronome* Absicherung der Spielräume und Entfaltungsbedingungen *autonomer* Meinungsbildung.[60] Die Gewährleistung der Meinungsbildungsfreiheit läßt sich grundrechtsdogmatisch nur als objektivrechtliches Prinzip entwerfen, das den Staatsorganen zur Beachtung und erforderlichenfalls stützenden Befestigung aufgegeben ist. Dieses Prinzip verpflichtet alle staatlichen Akteure, zunächst den Gesetzgeber, zu seiner Ausgestaltung durch die einfachrechtliche Öffnung und Absicherung einer Kommunikationsordnung, die der Meinungsbildungsfreiheit verpflichtet bleibt. Diese

[60] Diese Ambivalenz kann freilich auch von der gewissermaßen entgegengesetzten Seite aus eingeebnet werden. Diese Gefahr besteht dann, wenn verkannt wird, daß Autonomie Entstehens- und Bestandsbedingungen hat und immer wieder neu gegen Verengungen ihres Geltungsbereichs geschützt werden muß. Im Bereich des Kommunikationsverfassungsrechts gehen derartige Bedrohungen heute immer noch vor allem von einer Ideologie des freien Meinungsmarktes aus, in dem sich der je schon als mündig unterstellte Kommunikationsteilnehmer die ihm nützlich oder notwendig erscheinende Information selbständig zusammensucht; vgl. *Bullinger*, Multimediale Kommunikation in Wirtschaft und Gesellschaft, ZUM 1996, S. 749 ff.; *Engel*, Multimedia und das deutsche Verfassungsrecht, in: Hoffmann-Riem/Vesting (Hrsg.), Perspektiven der Informationsgesellschaft, 1995, S. 155 ff.; programmatisch zugespitzt und von großer medienpolitischer Bedeutung das Grundsatzpapier „Kommunikationsordnung 2000" der Bertelsmann-Stiftung zu Leitlinien einer zukünftigen Kommunikationsordnung, 1997; wohl auch *Schoch*, Öffentliche Rahmenbedingungen einer Informationsordnung, VVDStRL 57/1998, S. 158 (188: „Die Freiheit des Informationsflusses wird grundsätzlich dem Marktmodell anvertraut. Information als Bedingung persönlicher Freiheitsentfaltung sowie als politische und wirtschaftliche Handlungsvoraussetzung wird unter Wettbewerbsbedingungen erzeugt, verteilt und genutzt"). Das Kommunikationsverfassungsrecht des Grundgesetzes ist einem material bestimmten, aufklärerischen, auf die Zivilisierung gesellschaftlicher Kommunikation gerichteten Herkommen verpflichtet. Diese Verpflichtung hat sich mitnichten erledigt; sie muß heute mehr denn je gegen einen entdifferenzierenden Verwertungsimperativ behauptet werden, dessen Verwirklichung der neoliberale Entwurf eines freien Meinungsmarktes zu fördern sucht. Vom „Grandhotel Abgrund" aus, in dem sich eine postmoderne Kommunikations- und Rechtstheorie gelegentlich einzurichten scheint, kann das dann freilich nur mit einem gewissen Ennui zugegeben werden.

Ordnung muß sicherstellen, daß über den Zuschnitt und den thematischen Einzugsbereich des Öffentlichen bzw. der herkömmlich so genannten „öffentlichen Angelegenheiten" letztlich von den Betroffenen selbst befunden und entschieden werden kann. [61] Das sind diejenigen, die sich in der Realgestalt zurecht finden müssen, die das Gemeinwesen annimmt. Diejenigen sollen folgenreich über das Gemeinwesen mitbestimmen, die sich als Mitglieder dieses Gemeinwesens nur in ihm, also auch in Abhängigkeit von ihm, definieren können; dies auch und gerade in den politischen Systemen der westlichen Massendemokratie, deren formelle Willensbildungs-, Entscheidungs- und Legitimationsprozesse in hohem Maß repräsentativ vermittelt sind.

Im vorliegenden Zusammenhang führt dies zu Folgerungen für das lebensmittelrechtliche Informationsregime. Eine normative Ausgestaltung dieses Regimes, die den Vorgaben der kommunikationsverfassungsrechtlichen Basisgewährleistung der Meinungsbildungsfreiheit genügt, muß das Regime öffnen und enthierarchisieren. Sie kann sich nicht darauf beschränken, lediglich eine sachverständige Beratung (der Normsetzung, aber auch der Verwaltung) zu denjenigen Informationsbedarfen auf Seiten der Verbraucher sicherzustellen, die diesen von einer sachverständigen, aber externen Position aus zugeschrieben werden. Die Verbraucher sind vielmehr in der Perspektive der Meinungsbildungsfreiheit als Marktbürger anzusehen, die selbst über ihren Informationsbedarf entscheiden und für diese Entscheidung zu befähigen sind, soweit dies mit staatlichen Mitteln möglich erscheint.[62]

Die Maßnahmen zur Verwirklichung der Meinungsbildungsfreiheit, die das lebensmittelrechtliche Informationsregime prägen müßten, hängen im übrigen vor allem von den Realbedingungen ab, unter denen Meinungsbildung im Bereich der Produktion und Vermarktung neuer Lebensmittel stattfinden muß. Insoweit ist dann zunächst die wissenschaftlich-technische wie auch organisatorische Undurchsichtigkeit der modernen großindustriellen Lebensmittelproduktion und -vermarktung maßgeblich. Diese Intransparenz verschärft die Unsicherheiten, Wissenslücken und Prognoseschwierigkeiten erheblich, die ohnehin mit dem großindustriellen Einsatz der modernen Gentechnologie und der weltweiten Vermarktung ihrer Produkte[63] einhergehen. Diesen Defiziten kommt nun keineswegs nur unter im engeren Sinn ernährungsphysiologischen Aspekten, also im Hinblick auf unmittelbar drohende Gesundheitsgefahren,

---

[61] Vgl. BVerfG NJW 1997, S. 1634 m.w.N.

[62] Insoweit erscheint die Kennzeichnungsregelung der Novel Food-VO auch in ökonomischer Perspektive unzureichend, so einleuchtend *Oberender/Herzberg/Kienle* (Fn 7), S. 65 ff.; vgl. ferner *Leible*, Noch einmal: Kennzeichnung gentechnisch hergestellter Lebensmittel, ZLR 1993, S. 555 (558), der im vorliegenden Zusammenhang den „Gedanke[n] der Markttransparenz" hervorhebt, freilich als (nur) rechtstheoretischen, nicht verfassungsrechtlichen Ansatzpunkt erweiterter Kennzeichnungspflichten.

[63] Beeindruckende Daten hierzu bei *Rifkin* (Fn 5), S. 114 ff. m.w.N.

Bedeutung zu. Sie werden zu Problemen schon im Hinblick darauf, daß die moderne Gentechnologie – anders als alle anderen bisher entwickelten Verfahren der Züchtung, Auslese und Veredelung – eine schnelle und zielsichere Überschreitung der Grenzen zwischen den Arten ermöglicht und daß sie Reproduktionsverfahren zugänglich macht, die den räumlichen, zeitlichen und kostenmäßigen Beschränkungen der konventionellen Lebensmittelbiologie und -chemie nicht mehr unterliegen. Unter diesen Bedingungen ist eine Umgestaltung der biologischen Grundlagen moderner Lebensmittelproduktion und damit letztlich des pflanzlichen, tierischen und menschlichen Lebens überhaupt zu erwarten, [64] und zwar unter den Aspekten des Schutzes und der Gefährdung zugleich.[65]

Über solche ökologischen Bezüge hinaus werden auch die gesellschaftlichen Beziehungen mit größter Wahrscheinlichkeit einer entsprechenden Umformung unterworfen sein. Auf der Hand liegt dies für eine bestimmte gesellschaftliche Organisation der Nahrungsmittelproduktion, die an Nutzpflanzen geknüpft ist, deren Anbau nach der Einführung einer neuen herbizidresistenten Nutzpflanze nicht mehr lohnt. Die Konsequenzen der flächendeckenden Einführung gentechnischer Verfahren der Lebensmittelproduktion gehen aber weiter.[66] So wird, wenn sich die moderne Biotechnologie zur neuen gesellschaftlichen Leitwissenschaft entwickelt, mit neuen informellen Hierarchien, mit neuen moralischen Wertsystemen und politischen Deutungsmustern, möglicherweise auch mit neuen kulturellen Praktiken und ästhetischen Maßstäben, zu rechnen sein,[67] die dann das gesellschaftlich maßgebliche Verständnis des wissenschaftlich-technischen Fortschritts und seiner praktischen Umsetzung prägen. [68] Ihm werden sich die gesellschaftlichen Strukturen anzupassen haben, ohne daß derzeit absehbar wäre, wie die passende neue Ethik, Ästhetik oder politische wie ökonomische Pragmatik aussehen könnten. Es werden neuartige Vorbeugungs-, Vermeidungs-, Überprüfungs- und Eindämmungsstrategien zu entwerfen sein,

---

[64] Vgl. *Rifkin* (Fn 5), S. 120 ff., 132 ff., 162 ff., 168 ff. u. pass.

[65] *Katalyse Institut* (Fn 5), S. 170 ff., 177 ff.

[66] Zum Folgenden vgl. *Rifkin* (Fn 5), S. 253 ff., 266 ff.

[67] Näher hierzu *Rifkin* (Fn 5), S. 89 ff., 302 ff., 314 ff.

[68] Solche Umwertungsvorgänge werden sich im übrigen vielfach eher unauffällig und außerhalb professioneller Beobachtung vollziehen. Plötzlich wird man feststellen, daß die Kinder ihr Schulbrot wieder mit nach Hause bringen, weil es mit einer konventionellen, also unmodernen, auch unter ästhetischen Gesichtspunkten zu problematisierenden „Matschtomate" oder mit einem Käse belegt war, der mit Fermenten aus dem Magen von Kälbern hergestellt wird und deshalb als politisch und moralisch höchst inkorrekt gilt – wer könnte schon den Verzehr von (Tier-)Kindern ohne weiteres rechtfertigen.

auf die sich die Verkehrsformen[69] in den verschiedenen gesellschaftlichen Funktionssystemen einzurichten haben. Ähnliches gilt für die derzeit noch kaum abzuschätzenden Wissensbedarfe im Bereich der von der Lebensmittelindustrie eingesetzten Biotechnologie, für deren Organisation, Verwaltung und Finanzierung, aber auch für den Schutz solcher vernetzten Wissensbestände vor mißbräuchlichen oder zerstörerischen Eingriffen und endlich auch für die notwendig werdenden neuen Verfahren der Überprüfung und Verifikation des Wissens, das als praktisch verwertbare Information abgefragt wird.

Schließlich ist mit guten Gründen zu vermuten, daß die weitere Entwicklung gentechnischer Lebensmittelproduktion auch in einer globalen Perspektive erhebliche Auswirkungen haben wird, und zwar wiederum außerhalb ihrer im engeren Sinn ernährungsphysiologischen Bedeutung.[70] Insbesondere sind hier mögliche gentechnologisch induzierte Folgewirkungen auf die Beziehungen zwischen den bestehenden Volkswirtschaften in Rechnung zu stellen. Es spricht viel dafür, daß die im weltweiten Maßstab ohnehin schon ausgeprägte Benachteiligung der Ökonomien, die vorwiegend auf die Produktion und Ausfuhr von Roh- bzw. Naturstoffen angewiesen sind, sich dramatisch weiter verschärfen wird. Das Abhängigkeitsgefälle zwischen einem biotechnologisch aufgerüsteten Norden und einem lebensmitteltechnologisch immer weiter zurückbleibenden Süden wird dann noch steiler werden.[71] Dies mag Konflikte und Befriedungs- bzw. Abstimmungsnotwendigkeiten nach sich ziehen, auf deren Bewältigung die politischen Systeme gerade der Länder kaum vorbereitet erscheinen, die über eine biotechnologisch hochentwickelte Lebensmittelindustrie verfügen. Schließlich stellen sich auch hier wieder moralische Fragen, für die, soweit ersichtlich, überzeugende Antworten noch in weiter Ferne liegen. Wem etwa sollen die tierischen und pflanzlichen Gene „gehören", die zwar im Regenwald gesammelt, aber in den Labors der Lebensmittelindustrie zur Synthetisierung oder zur zielgerichteten Neukombination umgebaut worden sind? Ist es gerechtfertigt, den Zugang zu einem genetisch interessanten Biotop und dessen Ausbeutung auch dann zu erzwingen, wenn dies die Entweihung des Heiligtums eines indigenen Urvolks bedeutet? Kann die durch gentechnisch

---

[69] Und die Kommunikationsformen der Gesellschaft, richtig daher *Emmrich*, Die Identität des Menschen, Frankfurter Rundschau v. 10. November 1997, S. 3: „Neue Fragen erfordern neue Formen gesellschaftlicher Dialoge."

[70] Vgl. hierzu *Rifkin* (Fn 5), S. 72 ff.; *Katalyse Institut* (Fn 5), S. 161 ff., 197 ff., 220 ff.

[71] So betreibt der US-amerikanische Agrarkonzern Monsanto in Indien zunehmend Versuchsfelder mit gentechnisch veränderten Baumwollsamen. Das Saatgut ist resistent gegen den Baumwollwurm, und es ist steril. Nach seiner Markteinführung könnten die indischen Bauern nicht mehr wie bisher einen Teil der Ernte zur Wiederaussaat zurückhalten. Sie müßten neues Saatgut kaufen, ihre Abhängigkeit von Monsanto wüchse. S. hierzu und zu den Protesten der indischen Bauernbewegung den Bericht in Frankfurter Rundschau v. 4. Juni 1999, S. 32.

modifizierte Nutzpflanzen herbeigeführte Linderung der Nahrungsmittelknappheit in einigen Regionen der Welt gegen den sinkenden Anteil anderer Regionen am Weltmarkt für die betreffenden Nutzpflanzen und die in diesen Regionen daraus erwachsenden wirtschaftlichen Probleme aufgewogen werden? Für diese und ähnliche Fragen stehen heute keine auch nur einigermaßen konsentierten Ethiken zur Verfügung. Gleichwohl werden diese Fragen laufend faktisch beantwortet – durchgängig zugunsten der ökonomisch jeweils mächtigsten Interessen.

Diese Auflistung verschiedener Aspekte, unter denen die Einführung und Verbreitung gentechnischer Verfahren der großindustriellen Lebensmittelproduktion beurteilt werden müßte, ist nicht abschließend. Sie vermag gleichwohl zweierlei deutlich zu machen. Zum einen reichen die Konsequenzen moderner Gentechnologie in der Lebensmittelproduktion weit über das Feld ernährungsphysiologischer Gefahren hinaus (ohne daß dieser Bereich deshalb vernachlässigt werden dürfte). Zum anderen zeigt sich, daß diese Konsequenzen noch weithin ungeklärt sind. Sicher ist allerdings, daß sich die vergesellschafteten Menschen – vor allem als Verbraucher, aber auch als Angehörige nahezu aller anderen gesellschaftlichen Funktionssysteme – der Gentechnik im Lebensmittelbereich, vor allem ihren unmittelbaren und mittelbaren Auswirkungen, auf Dauer nicht werden entziehen können. Die gentechnischen Verfahren der Lebensmittelindustrie sind zu einem Thema geworden, mit dem sich die Gesellschaft als ganze auseinandersetzen müßte, um sich ihres Selbstverständnisses, ja ihrer Identität vergewissern zu können. Im Widerspruch hierzu steht dann die Beobachtung, daß der Bereich gentechnischer Verfahren der Lebensmittelproduktion gekennzeichnet ist durch eine hochgradige Konzentration von Wissen und sonstigen personellen, apparativen und finanziellen Ressourcen. Die Erforschung und praktische Umsetzung solcher Verfahren liegt im wesentlichen in der Planungs-, Dispositions-, Realisations- und Implementations-„hoheit" einiger weniger Lebensmittelkonzerne.[72] Es ist nicht zu erwarten, daß sich das dergestalt bereits konzentrierte Wissen mittelfristig von selbst vergesellschaften könnte. Eher ist im Hinblick auf die Mechanismen marktvermittelter Konkurrenz, den daraus erwachsenden ökonomischen Vermachtungsdruck und die dadurch steigende Anziehungskraft von Exklusionsmechanismen im Bereich des produktions- und vermarktungsrelevanten gentechnologischen Wissens mit weiteren diesbezüglichen Konzentrationsschüben zu rechnen.

Spätestens an diesem Punkt setzt die Gewährleistung freier und chancengleicher individueller und öffentlicher Meinungsbildung verfassungsnormative Impulse frei. Sie muß darauf reagieren, daß ein gesellschaftliches „Großthema" nur unter Schwierigkeiten und nur in eingeschränktem Umfang auf die Agenda gesellschaftlicher Debatten gelangen kann. Sie bleibt nicht unberührt, wenn die

[72] Vgl. *Rifkin* (Fn 5), S. 114 ff., 256 ff.

ungeklärten gesellschaftlichen Auswirkungen der Einführung gentechnischer Verfahren in der Lebensmittelindustrie von vornherein im Schlagschatten ökonomischer und diesen verbundener politischer Interessen verborgen zu bleiben drohen. Dies um so weniger, als diese Auswirkungen gesellschaftsweit und ebenso tiefgreifend wie irreversibel sein werden. Als objektives Strukturprinzip des Kommunikationsverfassungsrechts enthält die Gewährleistung freier Meinungsbildung unter solchen Bedingungen einen staatsgerichteten Auftrag, grundsätzlich umfassende Informationsmöglichkeiten in demjenigen Bereich sicherzustellen, innerhalb dessen ohne eine geeignete staatliche Gegensteuerung Informationsoligopole und sonst nur exklusiv zugängliches Wissen zu erwarten sind. Sie verlangt eine Ausgestaltung der Strukturen gesellschaftlicher Meinungs- und Willensbildung dergestalt, daß eine wirkliche Öffentlichkeitsstruktur und ein substanzieller gesellschaftlicher Diskurs sich frei entwickeln können. Dies hat auch für den Bereich der Lebensmittelkennzeichnung Konsequenzen. Hier gehört die Information darüber, welche Produkte aus gentechnischer Herstellung stammen oder gentechnisch bearbeitet worden sind, zu derjenigen Wissensgrundlage, ohne die nicht rational eingeschätzt werden kann, welche Bedeutung gentechnische Verfahren tatsächlich schon erlangt haben. Auch wird eine Bewertung dieser Verfahren ohne solche Informationen kaum begründet werden können. Nur über umfassende Information wird nicht zuletzt auch das Problem einer zunehmenden Konzentration sachverständigen Wissens in exklusiven Verhandlungssystemen zwischen Staat, Fachwissenschaften und Unternehmen[73] abgefangen und ausbalanciert werden können.

Zusammengenommen führen die Normgehalte des subjektiven Rechts der Informationsfreiheit und des objektiv-rechtlichen Strukturprinzips der Meinungsbildungsfreiheit aus Art. 5 Abs. 1 GG also zu der Feststellung, daß eine gemeinschaftsrechtliche Beschränkung der Kennzeichnungspflicht für gentechnisch hergestellte oder bearbeitete Lebensmittel auf ernährungsphysiologisch bedeutsame Daten den Maßstäben des deutschen Kommunikationsverfassungsrechts nicht genügen kann. Vor dem Hintergrund der skizzierten kommunikationsverfassungsrechtlichen Maßgaben kann sich das Kennzeichnungsrecht auch nicht darauf beschränken, lediglich stoffbezogene Informationen (und auch diese womöglich nur, soweit der betreffende Stoff noch „vorhanden" ist) zu fordern, und verfahrensbezogene Informationen demgegenüber als irrelevant ansehen. Die gesellschaftliche Bedeutung der modernen Gentechnik in der Lebensmittelherstellung führt zu der Konsequenz, daß grundsätzlich jedes Produkt aus gentechnischer Herstellung oder Bearbeitung zu kennzeichnen ist. Nur auf diese Weise kann ein verläßlicher Eindruck von der tatsächlich-praktischen Rolle gewonnen werden, die der Gentechnik bei der Lebensmittelproduktion heute schon zukommt. Nur auf diese Weise kann der

---

[73] Vgl. m.w.N. *Rossen*, Vollzug und Verhandlung, 1999, S. 125, 130, 137 f., 188.

individuellen Meinungsfreiheit ebenso wie einer gleichfalls verfassungsrechtlich geschützten Öffentlichkeitsstruktur im Bereich Neuer Lebensmittel die erforderliche informationelle Grundlage gesichert werden. Das bedeutet nicht, daß jederzeit in vollem Umfang über den Einsatz gentechnischer Verfahren in der Lebensmittelindustrie informiert werden müßte. Es mag Konstellationen geben, in denen das Informationsinteresse der Verbraucher hinter gegenläufige Interessen der Hersteller, die auf den Schutz von Forschungsergebnissen, Betriebsgeheimnissen oder Marktvorteilen gerichtet sind, zurücktreten muß. Es kann in einer solchen Konstellation unverhältnismäßig erscheinen, Informationen über den Einsatz gentechnischer Verfahren zugänglich machen zu müssen.[74] Den Regelfall werden solche Konstellationen indes nicht darstellen.

## II. Vorgaben des europäischen Primärrechts

Art. 153 EGV verpflichtet die Gemeinschaft dazu, im Bereich des Gesundheitsschutzes und „zur Förderung des Rechts [der Verbraucher] auf Information" dazu beizutragen, daß ein hohes Verbraucherschutzniveau erreicht wird. Die primärrechtliche Regelung macht deutlich, daß alle diesbezüglichen Gemeinschaftsmaßnahmen in Unterstützung, Ergänzung und Überwachung der Politik der Mitgliedstaaten getroffen werden. Die Primärverantwortlichkeit für den Verbraucherschutz und die Information des Verbrauchers bleibt bei den Mitgliedstaaten. Die Gemeinschaft wird lediglich subsidiär und unterstützend tätig. Hinzu kommt, daß die Regelungen des EG-Vertrages, in denen der Verbraucherschutz erwähnt wird, nur allgemeine und vage Formulierungen enthalten. Insbesondere läßt sich Art. 153 Abs. 1 EGV für sich genommen weder eine klar zugeschnittene Rechtsetzungsverpflichtung noch ein hinreichend konkret ausgearbeiteter Maßstab zur gemeinschaftsrechtlichen Bewertung nationalstaatlicher Politiken und Rechtsetzungsakte in den Bereichen Gesundheitsschutz und Verbraucherinformation entnehmen.[75] Der Verweis auf ein „Informationsrecht" der Verbraucher kann kaum als sicherer Hinweis darauf verstanden werden, daß das Primärrecht die umfassende Information des Verbrauchers im Bereich neuer Lebensmittel als notwendig voraussetzt.[76]

---

[74] Dazu *Streinz* (Fn 44), S. 140 f.

[75] Dem Verbraucherschutz wird deshalb die Funktion eines Auffangtatbestandes zugeschrieben, der sowohl den Gesundheitsschutz des Verbrauchers wie auch die Lauterkeit des Wettbewerbs – und nach deutschem Verständnis zugleich den Schutz des Verbrauchers vor Irreführung und Verwechslung – umfassen soll, vgl. *Müller-Graff*, in: v. d. Groeben/Thiesing/ Ehlermann (Hrsg.), Kommentar zum EWGV, 4. Aufl. 1991, Art. 30 Rn 94.

[76] Vgl. im Ergebnis ebenso *Pfleger* (Fn 7), S. 370.

Schließlich erscheint auch keineswegs gesichert, daß Art. 153 Abs. 1 EGV überhaupt Informationsinteressen der Verbraucher auch über deren Interesse an einem hohen Niveau des Gesundheitsschutzes hinaus erfaßt. Die primärrechtliche Regelung bedarf insoweit jedenfalls weiterer Klärung und Konkretisierung, auch auf der Ebene der Rechtsetzung der Gemeinschaft wie auch der einzelnen Mitgliedstaaten. Die rechtliche Begründung eines weitergehenden, aus der exklusiven Bindung an das Gesundheitsschutzinteresse gelösten Informationsinteresses der Verbraucher könnte immerhin bei der Parallelisierung von „Verbraucherinteressen" und „Verbraucherschutzniveau" in Art. 153 Abs. 1 EGV ansetzen. Seinem Wortlaut nach statuiert der Vertrag hier zwei Förderungsziele, die eng miteinander verbunden sind, aber nicht in einer hierarchischen Beziehung oder in einem Einschlußverhältnis[77] zueinander stehen. Es erscheint also nicht ausgeschlossen, die „Verbraucherinteressen" neben dem Gesichtspunkt des Gesundheitsschutzes gleichrangig auch auf den Gesichtspunkt des Informationsinteresses zu beziehen und in diesem Informationsbezug gemeinschaftsrechtlich stärker zu profilieren.[78] Eine solche Entfaltung des Art. 153 Abs. 1 EGV entspräche im übrigen der Programmatik des ersten Verbraucherschutzprogramms des Rates aus dem Jahr 1975.[79] Schon in dem Katalog der grundlegenden Verbraucherrechte, der dort aufgestellt wird, finden sich die Rechte auf „Gesundheitsschutz und Sicherheit" sowie auf „Unterrichtung und Bildung" gleichrangig und selbständig nebeneinander aufgeführt. Der Europäische Gerichtshof kennt inzwischen sogar ein eigenständiges „Grundrecht" des Verbrauchers auf angemessene Unterrichtung. Freilich wird dieses „Grundrecht" ohne nähere dogmatische Konstruktion und vertiefte kommunikationsrechtliche Begründung eingeführt, auch sind sein Inhalt und seine Reichweite bislang nicht abzusehen.[80]

Aus alledem läßt sich also eine Möglichkeit, wenn nicht sogar die Verpflichtung ableiten, im Bereich der Lebensmittelkennzeichnung dem Leitprinzip des deutschen Kommunikationsverfassungsrechts – der Meinungsbildungs-

---

[77] Das etwa *Streinz*, Divergierende Risikoabschätzung und Kennzeichnung, in: ders. (Hrsg.) (Fn 7), S. 131 (146) wie selbstverständlich unterstellt: die Kennzeichnungspflicht verfolge ein gemeinschaftslegitimes Ziel, „da zu diesem auch der Verbraucherschutz gehört und dieser wiederum Verbraucherinformation beinhaltet."; zur Verselbständigung des Informationsaspekts bei der Interpretation der Lebensmittelkennzeichnung *Leible* (Fn 62), S. 555 (557 f.) m.w.N.

[78] Vgl. dazu die Ansätze bei *Micklitz*, Organisierte Rechtsdurchsetzung im Binnenmarkt, KritV 1992, S. 172 (180 f.).

[79] ABl. C 290/1 ff.; ein zweites Verbraucherschutzprogramm ist 1981 aufgelegt worden, ABl. C 133/1 ff.

[80] Vgl. EuGHE 1990, I–667 ff., RS C 362/88 GB–INNO–BM = EuZW 1990, 222; dazu die Besprechung von *Huff*, EuGH EWiR Art. 30 EMGV 2/90, 473; zum Fehlen der „Kriterien für eine europäische Information und Aufklärung" in der Rspr. des EuGH *Micklitz* (Fn 78), S. 180 m.w.N.

freiheit – auch auf der Ebene des Gemeinschaftsrechts einen größeren Entfaltungsraum zu eröffnen. Dies ist allerdings ausweislich der herrschenden Interpretation von Art. 153 EGV sowie der sekundärrechtlichen Konkretisierung und Implementation des Art. 153 EGV bislang noch nicht erkannt, geschweige denn bereits in Angriff genommen worden. Es muß daher vorderhand bei dem Ergebnis bleiben, daß der EG-Vertrag ein erweiterndes Verständnis der Kennzeichnungspflicht nach der Novel Food-Verordnung nicht ausschließt, daß sich aber aus dem Vertrag bislang noch keine substanziellen und unmittelbar anwendbaren Vorgaben für die Normierung einer weitergehenden Kennzeichnungspflicht betreffend Neue Lebensmittel und Lebensmittelzutaten herleiten lassen.[81]

## III. Sekundärrechtliche Vorgaben: Verbraucherprogramme und Etikettierungsrichtlinie

Den beiden EG-Verbraucherprogrammen ist die normative Absicht zu entnehmen, im Rahmen der gemeinschaftlichen Rechtsetzungstätigkeit sicherzustellen, daß die Verbraucher ausreichende und allgemein zugängliche Informationen erhalten, um die wesentlichen und spezifischen Merkmale der am Markt befindlichen Güter erkennen, sich hinreichend unterrichten und eine sachgerechte Auswahl treffen zu können.[82] Der regulative Gehalt der Programme ist indes schwach. Sie sind allenfalls als Auslegungsdirektiven, -richtlinien und -hilfsmittel bei der Konkretisierung und Anwendung von Normen des Gemeinschaftsrechts[83] heranzuziehen.[84] Rechtsverbindliche und unmittelbar wirksame Maßgaben für die Rechtsetzung der Gemeinschaft im Bereich des Verbraucherschutzes enthalten sie nicht.[85]

---

[81] *Streinz*, Divergierende Risikoabschätzung und Kennzeichnung, in: ders. (Fn 7), S. 131 (142 f.); *Grube* (Fn 2), S. 246 f. m.w.N.

[82] Erstes Programm der Europäischen Wirtschaftsgemeinschaft für eine Politik zum Schutz und zur Unterrichtung des Verbrauchers, Abl. 1975 Nr. C 92, S. 1; Zweites Programm, Abl. 1981 Nr. C 133, S. 1.

[83] Vgl. EuGH (Fn 80), S. 687 ff.

[84] Es dürfte sich dann um den Fall der Berücksichtigung nachfolgender Organpraxis nach Art. 31 Abs. 3 lit. b der Wiener Konvention über das Recht der Verträge (BGBl 1985 II, S. 926) handeln.

[85] *Pfleger* (Fn 7), S. 370; *Grube* (Fn 2), S. 247 ff.; a. A. *Leible*, Die Kennzeichnung gentechnisch hergestellter Lebensmittel, EuZW 1992, S. 599 (600). In seiner Entscheidung v. 7. März 1990 (GB–INNO) (Fn 80), zieht der EuGH das Verbraucherschutzprogramm von 1975 heran, um Standards zur Preisauszeichnung bei vergleichender Werbung entwickeln zu können. Der Mangel der Rechtsnormqualität wird, wohl im Hinblick auf ein verbraucherschutzrechtlich unzulängliches Primärrecht, ohne weitere methodologische Absicherung übergangen; zutreffend *Micklitz* (Fn 78), S. 182: es handele sich um die Bestätigung der *Ladeur'schen* These einer „Selbsttransformation" des

Art. 5 Abs. 3 der Etikettierungsrichtlinie[86] verpflichtet unter anderem zu Angaben über eine „besondere Behandlung", der das Lebensmittel unterzogen worden ist, wenn der Verbraucher ohne solche Angaben in die Irre geführt werden könnte. Ob und in welchem Ausmaß diese Regelung auch, insoweit also über den Aspekt des Gesundheitsschutzes hinausgehend und von ihm unabhängig, Hinweise auf ein gentechnisches Herstellungsverfahren verlangt, ist streitig. Eine eher restriktive Auffassung versteht den Begriff der „besonderen Behandlung" dahingehend, daß eine solche Behandlung zu wesentlichen Veränderungen des Ausgangsproduktes geführt haben müsse; eine Irreführung des Verbrauchers sei demgegenüber ohnehin ausgeschlossen, wenn sich das gentechnisch modifizierte Produkt nicht oder nur unwesentlich von dem naturbelassenen Produkt unterscheide.[87] Wortlaut sowie Sinn und Zweck der Etikettierungsrichtlinie erlauben aber auch eine Auslegung ihres Art. 5 Abs. 3, derzufolge der Verbraucher auf jedes Herstellungsverfahren hinzuweisen ist, in dessen Rahmen ein von der Verbrauchererwartung abweichendes Produkt entsteht – unabhängig von Ausmaß und Gewicht der Abweichung.[88]

Im Hinblick auf die zentrale Bedeutung der Verbrauchererwartung, für die auch die marginale Abweichung eines Lebensmittels von den Eigenschaften des konventionellen Vergleichsprodukts erheblich sein mag, wird dieser erweiternden Auslegung der Etikettierungsrichtlinie zuzustimmen sein. Dem Streit kann nach Inkrafttreten der Novel Food-Verordnung aber keine entscheidende Bedeutung mehr zugemessen werden. Die Spezialregelungen der Novel Food-Verordnung gehen für den von der Verordnung erfaßten Gegenstandsbereich den Maßgaben der Etikettierungsrichtlinie vor. Gleichwohl ist die Richtlinie für die hier interessierende Frage nach der Reichweite der Kennzeichnungspflichten aus der Novel Food-Verordnung nicht ohne Belang. In derjenigen erweiternden Auslegung, die aus teleologischen Gründen vorzuziehen ist, zeigt die Etikettierungsrichtlinie im systematischen Zusammenhang des Lebensmittelrechts der Gemeinschaft, daß das Gemeinschaftsrecht sich keineswegs durchgängig dem Anliegen verschließt, den Verbraucher über die Aspekte der Ernährungsphysiologie und des Gesundheitsschutzes hinaus auch über

---

Rechts im Prozeß der europäischen Integration – die eigenartig „subjektlose" Formulierung der These rückt den unter rechtsstaatlichen Gesichtspunkten doch irritierenden Sachverhalt auf Abstand, daß der Gerichtshof hier die Funktion einer eigenständigen Rechtsetzungsinstanz in Anspruch nimmt.

[86] Richtlinie 79/112/EWG des Rates v. 18.12.1978 zur Angleichung der Rechtsvorschriften der Mitgliedsstaaten über die Etikettierung und Aufmachung von für den Endverbraucher bestimmten Lebensmitteln sowie die Werbung hierfür, Abl. 1979 Nr. L 33, S. 1.

[87] *Pfleger* (Fn 7), S. 372 f.; wohl auch eher dieser Position zuneigend, die Frage indes letztlich offenlassend *Streinz* (Fn 81), S. 143 f.

[88] So *Grube* (Fn 2), S. 250 ff., in ausführlicher Auseinandersetzung mit der Gegenmeinung.

Herstellungsverfahren und -technologien zu unterrichten. Die Etikettierungsrichtlinie begründet kein durchgreifendes Argument für ein erweiterndes Verständnis auch der Kennzeichnungsregelung der Novel Food-Verordnung. Sie ist aber geeignet, ein solches Argument zusätzlich abzustützen.

## IV. Art. 10 der Europäischen Menschenrechtskonvention

Die Europäische Union achtet ausweislich Art. 6 Abs. 2 EUV die Grundrechte der Europäischen Konvention zum Schutze der Menschenrechte und Grundfreiheiten von 1950. Die EMRK-Grundrechte sind damit, wie dies in einer langjährigen Rechtsprechung des Europäischen Gerichtshofs vorbereitet worden ist, Teil – und zwar ein besonders wichtiger Teil – des primären Gemeinschaftsrechts geworden.[89] Im hiesigen Zusammenhang könnte Art. 10 EMRK auf diesem Weg maßstäbliche Bedeutung erlangt haben. Indes kann dahingestellt bleiben, auf welche Weise Art. 10 EMRK hier als Maßstab des Gemeinschaftsrechts herangezogen werden könnte. Die Dogmatik zu dieser Regelung kennt zwar auch die Schutzposition der Meinungsbildungsfreiheit.[90] Doch hat diese Dogmatik den Entwicklungsstand des deutschen Kommunikationsverfassungsrechts noch nicht erreicht.[91] Es läßt sich der insoweit maßgeblichen Rechtsprechung des Europäischen Gerichtshofs noch keine sichere Auskunft dazu entnehmen, ob Art. 10 EMRK eine dem deutschen Verfassungsrecht ähnliche Normstruktur aufweist, die also auch von einer strukturbezogenen, objektiv-rechtlichen Grundgewährleistung freier Meinungsbildung aus rekonstruiert werden kann, der die benannten Kommunikationsfreiheiten funktional-„dienend" zugeordnet sind. Art. 10 EMRK steht dem erweiterten Verständnis einer sekundärrechtlichen Kennzeichnungsregelung nicht entgegen, bleibt aber als Maßstab des sekundären Gemeinschaftsrechts im vorliegenden Zusammenhang derzeit noch unergiebig.

---

[89] *Oppermann*, Europarecht, 2. Aufl., München 1999, Rn 498; eine einseitige Bindung an die EMRK ohne förmlichen und vertragsändernden Beitritt dürfte darin nicht zu sehen sein, so zu Recht *Streinz*, Europarecht, 4. Aufl. 1999, Rn 358.

[90] Kjeldsen u. a., GH 23, 26 = EuGRZ 1976, 478; Sunday Times, GH 30, 40 = EuGRZ 1979, 386. In der Meinungsbildungsfreiheit sollen hiernach Rechte auf Abwehr staatlicher Indoktrination, auf Information der Öffentlichkeit durch die Medien und auf die Verhinderung einseitiger Information durch staatliche Akteure gründen.

[91] Zusammenfassende Darstellungen bei *Schulze-Fielitz* (Fn 48), Art. 5 I, II, Rn 12 ff.; *Frowein/Peukert*, Europäische Menschenrechtskonvention, EMRK-Kommentar, 2. Aufl. 1996, Art. 10, Rn 3 f.; *Astheimer*, Rundfunkfreiheit – ein europäisches Grundrecht, 1990, S. 49 ff.

## D. Ergebnisse und Konsequenzen

Wortlaut, Systematik und Entstehungsgeschichte der Kennzeichnungsregelung des Art. 8 Novel Food-VO legen den Schluß nahe, daß die Kennzeichnungspflicht für neue Lebensmittel oder Lebensmittelzutaten ihre ausschließliche Rechtfertigung in der Aufklärung über gesundheitliche Risiken finden soll. So läßt sich erklären, daß gentechnisch produzierte Lebensmittel oder Lebensmittelzusätze keiner Kennzeichnung bedürfen, wenn sie im Hinblick auf ernährungsphysiologische oder sonstige gesundheitliche Risiken als konventionellen Lebensmitteln gleichwertig zu beurteilen sind, wenn sie zwar mit gentechnisch veränderten Organismen hergestellt worden sind, aber keine solche Organismen mehr zu enthalten scheinen oder wenn es sich um Zusatzstoffe, Aromen und Extraktionslösungsmittel handelt, die nach Maßgabe anderer Spezialrichtlinien auf ihre Unbedenklichkeit für den menschlichen Verzehr überprüft worden sind, bevor sie in Verkehr gebracht werden. Die überwiegende Mehrzahl gentechnisch hergestellter Lebensmittel und Lebensmittelzutaten unterfällt der Kennzeichnungspflicht der Novel Food-Verordnung nicht, weil sie sich von konventionellen Lebensmitteln in keiner erkennbaren Beziehung unterscheidet.[92] Es sind die unmittelbaren Ergebnisse gentechnischer Verfahren der industriellen Lebensmittelproduktion, auf die sich die Kennzeichnungspflicht in einem eher restriktiven Verständnis ihrer normativen Regelung allein zu beziehen scheint. Die gentechnischen Verfahren und deren Bewertung, die ökologisch, wirtschaftlich oder politisch riskanten Folgen des Einsatzes gentechnischer Methoden in der Lebensmittelherstellung oder gar die Gentechnologie selbst als Inbegriff neuer Deutungsmodelle, Produktivkräfte, Produktionsverhältnisse und Nutzungsformen scheinen demgegenüber unerheblich zu sein. Die juristische Analyse gelangt zu dem Schluß, daß das geltende Kennzeichnungsrecht zwar immerhin ernährungsphysiologische *Folgen* „Neuer Lebensmittel" zur Kenntnis nimmt, im Hinblick auf diese und andere möglichen Folgen aber eigenartig *ursachen*blind bleibt.

Dieser Schluß ist, wie schon bemerkt, nicht zwingend. Es ist keineswegs ausgeschlossen, unter dem Leitbegriff der „Gleichwertigkeit" bei der Bewertung von konventionellen Lebensmitteln einerseits, gentechnisch hergestellten oder veränderten Erzeugnissen andererseits auch technische, ökonomische, ökologische,[93] soziale und kulturelle Kriterien mit zu berücksichtigen. Indes

---

[92] *Grube* (Fn 2), S. 237 unter Verweis auf den anderen häufig genannten Fall des Zuckers, der aus gentechnisch modifizierten Zuckerrüben gewonnen worden ist, ohne daß mit den heutigen Untersuchngsmethoden Spuren des gentechnischen Herstellungsverfahrens am Zucker nachweisbar wären.

[93] Dazu *Simon* (Fn 10), S. 98 f., mit dem berechtigten Hinweis auf das Gentechnikgesetz, das in § 1 Nr. 1 die gesamte „Umwelt in ihrem Wirkungsgefüge" als Schutzgut zu erfassen sucht – demgegenüber bleiben die ökologischen Auswirkungen einer Frei-

könnte ein derartiges Verständnis der Kennzeichnungsregelung nicht mehr aus seiner gemeinschaftsrechtlichen Regelung hergeleitet werden. Eine Ausweitung des Rahmens der „Gleichwertigkeits"-Prüfung bedürfte der zusätzlichen normativen Veranlassung. Dies um so mehr, als jede derartige Ausweitung mit einer Ausweitung der Kennzeichnungspflicht einherginge. Diese würde organisatorische und finanzielle Belastungen für die Lebensmittelhersteller mit sich bringen. Sie würde im übrigen mit einiger Wahrscheinlichkeit auch Umsatzeinbußen zur Folge haben. Nach allen bislang ermittelten Meinungsbildern steht eine beträchtliche Mehrheit der europäischen Lebensmittelkäufer gentechnischen Herstellungsverfahren skeptisch bis entschieden ablehnend gegenüber.[94]

In ihrem verengten Verständnis läßt die gemeinschaftsrechtliche Kennzeichnungsregelung das Grundprinzip des deutschen Kommunikationsverfassungsrechts, das Prinzip der freien und chancengleichen Meinungsbildung, nahezu unberücksichtigt. Sie unterschreitet insoweit den deutschen Grundrechtsstandard beträchtlich. Als ein selbstbewußter Akteur, der in der Rolle des Marktbürgers auf die Entwicklung der gesellschaftlichen Beziehungen am Markt unmittelbar Einfluß nehmen will und dazu Informationen rezipiert, Meinungen bildet und Öffentlichkeit ebenso in Anspruch nimmt wie mit herstellt,[95] kann der Verbraucher zwar im Blickwinkel des deutschen Kommunikationsverfassungsrechts wahrgenommen werden. Die gemeinschaftsrechtliche Kennzeich-

---

setzung gentechnisch veränderter Organismen über die Lebensmittelproduktion in die Umwelt in dem klassisch lebensmittelrechtlichen Ansatz der Novel Food-VO unberücksichtigt.

[94] Deutsche Verbraucher stehen hier keineswegs allein oder auch nur an einer Spitze, s. *Katalyse Institut* (Fn 5), S. 152 f., 231; *Hoffritz*, Die Genküche bleibt kalt, ZEIT Nr. 23 v. 2. Juni 1999, S. 25 f.; von äußerster Vorsicht geprägt, zuletzt aber wohl doch nicht vermeidbar, die Feststellung bei *Streinz* (Fn 13), S. 60: „kann doch mit gewisser Sicherheit davon ausgegangen werden, daß die Verbraucher ein Interesse an der Kennzeichnung von ‚gentechnischen' Produkten haben." Möglicherweise müssen für den englischen Markt immer noch Einschränkungen vorgenommen werden. Dort bewarb die Supermarktkette COOP einen Käse damit, daß dieser Käse „mit Gentechnologie und so frei von tierischem Rennet" hergestellt worden sei. Das versprochene Fehlen von Rennet, einem aus dem Kalbsmagen gewonnenem Labferment, machte das Lebensmittel unter Tierschutzgesichtspunkten besonders attraktiv. Der Käse verkaufte sich gut, offenbar gerade weil er offensiv als gentechnisches Produkt vermarktet wurde, s. ZEIT v. 6. Februar 1995, S. 28. Auch in Großbritannien haben freilich 24 von 30 Lebensmittel-Hersteller und die führenden Supermarkt-Ketten aus Furcht vor Boykotten inzwischen die Verarbeitung und das Angebot von Novel Food eingestellt, s. den Bericht in: Frankfurter Rundschau v. 22. Juni1999, S. 13; ähnliche Tendenzen zeichnen sich für die USA ab, wo nach neueren Umfragen zwischen 80% und 90% der Konsumenten eine klare Kennzeichnung gentechnisch veränderter Nahrungsmittel verlangt, s. ZEIT v. 17. Juni 1999, S. 21.

[95] Dazu *Rifkin* (Fn 5), S. 340: es „schaffen Verbraucher Märkte in demselben Maße, wie Märkte Verbraucher schaffen."

nungsregelung bleibt in ihrer nächstliegenden Interpretation aber blind für den Typus des selbstbewußten Marktbürgers.

Klare normative Maßgaben des europäischen Primär- oder Sekundärrechts, die eine Öffnung und Ausweitung der Kennzeichnungsregelung aus der Novel Food-Verordnung erzwingen könnten, sind nicht ersichtlich. Andererseits schließt der EG-Vertrag ein erweiterndes Verständnis der Kennzeichnungspflicht nach der Novel Food-Verordnung aber auch nicht aus. Es spricht viel dafür, daß sich der in Bezug auf die Lebensmittelkennzeichnung maßgeblichen Norm des Art. 153 Abs. 1 EGV ein selbständiges Informationsrecht der Verbraucher entnehmen läßt, das nicht an den einzigen Beweggrund des Gesundheitsschutzes zurückgebunden und durch ihn begrenzt wäre. Das europäische Primärrecht erscheint hier entwicklungs- und konkretisierungsfähig. Die Regelung des Verbraucherschutzes im EG-Vertrag enthält ein unerschlossenes Entfaltungspotential. Diesbezügliche Bemühungen könnten sich vom deutschen Kommunikationsverfassungsrecht anregen lassen. Dies erscheint um so wichtiger, als eine innerstaatliche Schranke der Anwendung von Gemeinschaftsrecht hier schwerlich mit Erfolg behauptet werden kann. Zwar hält das Bundesverfassungsgericht daran fest, daß die für die Übertragung von Hoheitsrechten geltenden Schranken zugleich Schranken für die Anwendung von Gemeinschaftsrecht in Deutschland darstellen.[96] Im Geltungsbereich des Grundgesetzes sollen insbesondere die Grundrechte dem Anwendungsvorrang von Gemeinschaftsrecht Grenzen ziehen können.[97] Unklar ist indes bislang der genaue Verlauf der Grenze geblieben, deren Überschreitung durch das Gemeinschaftsrecht zu einem Verlust seines Anwendungsvorrangs führen können soll. Zwar dürfte die Mißachtung des grundrechtlichen Wesensgehalts sicher zu diesem Verlust führen; gleiches soll nach der Maastricht-Entscheidung dann gelten, wenn ein unabdingbarer Grundrechtsstandard generell nicht mehr gewährleistet erscheint. Diese Schwellen liegen jedoch hoch, und es ist nicht ausgeschlossen, daß Gemeinschaftsrecht auch schon diesseits der Wesensgehaltsgrenze einer Überprüfung unterzogen werden könnte.[98] So muß letztlich zweifelhaft bleiben, ob die Ausblendung der Meinungsbildungsfreiheit durch Art. 8 Novel Food-VO unter dem Gesichtspunkt des Anwendungsvorrangs bereits relevant ist.

---

[96] Seit BVerfGE 37, 271 (288); kritisch hierzu die abw. M. ebd. S. 295.

[97] Vgl. BVerfGE 89, 155 (174); vielzitiert jetzt auch BVerfG, EuZW 1995, 126 (127) – Bananenmarktordnung.

[98] Zumal das Bundesverfassungsgericht mit der Maastricht-Entscheidung einen Geltungsanspruch der deutschen Grundrechte auch unmittelbar gegenüber solchen Akten *der Gemeinschaft* annimmt, die in Deutschland Wirkung gegenüber deutschen Grundrechtsträgern entfalten, s. BVerfGE 89, 155 (174 f.). Zu den materiellrechtlichen und kompetenziellen Fragen zum Verhältnis zwischen Gemeinschafts- und Verfassungsrecht sowie zwischen Europäischem Gerichtshof und Bundesverfassungsgericht („Kooperation") vgl. im Überblick *Streinz* (Fn 89), Rn 208 ff., 211 ff.; *Schweitzer* (Fn 38), § 26 Rn 65 ff., 72 ff. m.w.N.

Dies läßt das Ergebnis unberührt, daß anspruchsvollere Maßgaben des Verfassungsrechts durch das Sekundärrecht der Gemeinschaft verfehlt werden. Im Fall der Kennzeichnungsregelung nach der Novel Food-Verordnung besteht der Preis der Integration in einer Rücknahme grundrechtlicher Gewährleistungsdichte. Das Grundgesetz enthält diesbezüglich ein unerledigtes Monitum: Es verpflichtet in Art. 5 Abs. 1 alle staatlichen Organe, im Rahmen ihrer Mitwirkung an der Fortbildung des primären und sekundären Gemeinschaftsrechts dafür Sorge zu tragen, daß seine kommunikationsverfassungsrechtliche Basisgewährleistung uneingeschränkt umgesetzt wird – auch im Bereich der Kennzeichung neuer Lebensmittel nach Maßgabe der Novel Food-Verordnung.

# Das allgemeine Persönlichkeitsrecht - Versuch einer Annäherung an seine Strukturen und Prinzipien

Von *Ulli F. H. Rühl*, Bremen

## A. Einleitung

Aufgabe der Dogmatik im allgemeinen, und damit auch der Verfassungsrechtsdogmatik im besonderen, ist es, den Rechtsanwendern in der Praxis standardisierte Lösungsmuster zu Verfügung zu stellen[1]. Im speziellen Fall des allgemeinen Persönlichkeitsrechts aus Art. 2 Abs. 1 in Verbindung mit Art. 1 Abs. 1 GG kann indes von *einem* Muster oder *einem* Modell keine Rede sein. Was es gibt, das ist eine umfangreiche verfassungsrechtliche und zivilrechtliche Kasuistik.[2] Das Rechtsgebiet, von dem hier die Rede ist, ist geradezu ein Paradebeispiel für Case Law. Die für den Praktiker so erwünschte Entlastungswirkung kann diese Kasuistik nur dann entfalten, wenn der zu entscheidende Fall im wesentlichen einer „Leitentscheidung" entspricht. Ist das aber nicht der Fall, dann stellt sich die zentrale und ungelöste Frage nach dem Prinzip, das sich hinter den verschiedenen Ausprägungen und Konkretisierungen verbirgt[3]. Es ist diese Leitfrage nach dem Prinzip bzw. den Prinzipien, der auch hier nachgegangen werden soll.

---

[1] Vgl. *Morlok*, Was heißt und zu welchem Ende studiert man Verfassungstheorie? 1988, S. 39 f.

[2] Vgl. *Erman/Ehmann*, BGB, 9. Aufl. 1993, Anh. § 12; vgl. auch die aktualisierte Kurzfassung bei *Ehmann*, Zur Struktur des allgemeinen Persönlichkeitsrechts, JuS 1997, S. 193 ff.; *BGB-RGRK/Dunz*, 12. Aufl. 1989, § 823 Anh. I; *Staudinger/Schäfer*, BGB, 12. Aufl. 1986, § 823 Rn 195 ff.; *Jarass*, Das allgemeine Persönlichkeitsrecht im Grundgesetz, NJW 1989, S. 857 ff.; *Degenhart*, Das allgemeine Persönlichkeitsrecht. Art. 2 I i.V.m. Art. 1 I GG, JuS 1992, S. 361 ff.

[3] *Grimm*, Persönlichkeitsschutz im Verfassungsrecht, in: Karlsruher Forum 1996. Schutz der Persönlichkeit. Mit Beiträgen von D. Grimm und P. Schwerdtner, 1997, S. 3 ff.

## B. Das allgemeine Persönlichkeitsrecht: Erste Annäherung an den Begriff und die Struktur der Rechtsanwendung

### I. Was „ist" das allgemeine Persönlichkeitsrecht?

Wer sich dem Prinzip (oder den Prinzipien) annähern will, dem stellt sich vordringlich die Aufgabe der Klärung der Terminologie: Was „ist" das allgemeine Persönlichkeitsrecht bzw. was wird unter dem Ausdruck „allgemeines Persönlichkeitsrecht" verstanden?

1. Zunächst ist das allgemeine Persönlichkeitsrecht ein vorbehaltlos gewährleistetes Grundrecht, das aus Art. 2 Abs. 1 in Verbindung mit Art. 1 Abs. 1 GG hergeleitet wird. Der Rechtsanwender kann sich darauf verlassen, daß das allgemeine Persönlichkeitsrecht ein rügefähiges Grundrecht ist, das den Zugang zum verfassungsgerichtlichen Rechtsschutz nach Art. 93 Abs. 1 Nr. 4a GG, §§ 90 ff. BVerfGG eröffnet[4].

2. Allerdings wird diese verfassungsprozessuale Gewißheit dadurch relativiert, daß der Inhalt bzw. der Gewährleistungsbereich dieses Grundrechts eher unbestimmt ist. Das allgemeine Persönlichkeitsrecht wird zwar als „Recht" bezeichnet, und der Ausdruck „Recht" hat die Konnotation des Definitiven. Daraus ergibt sich ein definitiver Durchsetzungsanspruch, den das allgemeine Persönlichkeitsrecht im allgemeinen aber nicht einlösen kann. Gemessen an diesem Anspruch, der mit der alltagssprachlichen Konnotation des Ausdrucks „Recht" verbunden wird, ist die Kritik verständlich, daß das allgemeine Persönlichkeitsrecht eigentlich kein „echtes" Recht ist, sondern lediglich eine Rechtsfigur; es ist kein Recht, sondern ein Mittel zur Schaffung von Recht; es hat keinen Inhalt, sondern eine Funktion; es wird nicht angewendet, sondern benutzt[5].

3. Aus der Sicht des BVerfG folgt diese Unbestimmtheit und Offenheit des „Tatbestandes" indes aus der Natur der Sache. Im Widerspruch zur Terminologie, die von Konkretisierungen spricht, und damit an der Vorstellung festhält, es werde aus einer allgemeinen Norm abgeleitet, steht das Bekenntnis des BVerfG, es entspreche der „Eigenart" des allgemeinen Persönlichkeitsrechts als

---

[4] Vom verfassungsrechtlichen Persönlichkeitsrecht theoretisch zu unterscheiden ist das zivilrechtliche Persönlichkeitsrecht als absolutes Recht im Sinn des § 823 Abs. 1 BGB. Es ist aus der Sicht des Verfassungsrechts „einfaches Recht". Inhaltlich sind verfassungsrechtliches und zivilrechtliches Persönlichkeitsrecht jedoch teilweise identisch, so daß das zivilrechtliche Persönlichkeitsrecht in weiten Bereichen eine verfassungsrechtliche Verstärkung erfährt (vgl. BVerfGE 35, 202 <224 f.; 238 f.>).

[5] Vgl. die in kritischer Absicht abgefaßte Charakterisierung von *Baston-Vogt*, Der sachliche Schutzbereich des zivilrechtlichen allgemeinen Persönlichkeitsrechts, 1997, S. 98.

eines *unbenannten* Freiheitsrechts, „daß der Inhalt des geschützten Rechts nicht abschließend umschrieben, sondern seine Ausprägungen jeweils anhand des zu entscheidenden Falles herausgearbeitet" werde[6]. Es soll explizit die Funktion des allgemeinen Persönlichkeitsrechts sein, auf noch unbekannte Gefährdungslagen zu reagieren; diese Funktion kann die „Norm" nur erfüllen, wenn sie *offen* ist – wobei Offenheit aber auch Unbestimmtheit impliziert. Verfassungsrechtsdogmatisch klar ist nur ihr *Zweck*: Schutz der Persönlichkeit. Das allgemeine Persönlichkeitsrecht enthält somit lediglich ein Zweckprogramm. Die Wenn-dann-Sätze des Konditionalprogramms werden erst am Fall herausgearbeitet. Die Kritik, das allgemeine Persönlichkeitsrecht sei kein Recht, sondern ein Mittel zur Schaffung von Recht, erweist sich somit als eine durchaus treffende Beschreibung.

Sucht man nach der definitiven Regelungsebene des allgemeinen Persönlichkeitsrechts, dann wird man diese nur in der Kasuistik der einzelnen Fallentscheidungen finden. Realistisch betrachtet besteht das allgemeine Persönlichkeitsrecht aus einzelnen Präjudizien, an die dann wieder andere Fallentscheidungen anknüpfen können, so daß ein Netz von Präjudizien entsteht, die nicht notwendigerweise einen systematischen Zusammenhang aufweisen müssen. Die scheinbar sicherste Methode, die Frage zu beantworten, was das allgemeine Persönlichkeitsrecht eigentlich „ist", besteht darin, die Kasuistik aufzulisten; es ist dies die Methode, derer sich die meisten Kommentare bedienen. Die Bestimmtheit der Antwort durch Auflistung wird allerdings durch den Preis der Unübersichtlichkeit erkauft. Die Kasuistik bildet lediglich das Rohmaterial für die Arbeit der induktiv verfahrenden juristischen Konstruktion.

4. *Zusammenfassend* läßt sich also sagen: Im ersten Zugriff gibt es auf die Ausgangsfrage nicht nur *eine* Antwort. Zum einen ist das allgemeine Persönlichkeitsrecht nicht mehr als ein inhaltlich unbestimmtes Grundrecht, dessen Funktion darin besteht, den *formellen* Zugang zum Rechtsschutz zu eröffnen. Zum anderen ist der Ausdruck „allgemeines Persönlichkeitsrecht" bei nüchterner Betrachtungsweise in der Tat nicht mehr als ein Sammelbegriff für eine höchst disparate Kasuistik, die rechtspraktisch nur dann „entlastend" wirkt, wenn der zu entscheidende Fall im wesentlichen einem Präjudiz entspricht.

## II. Die Struktur der Rechtsanwendung

1. Obwohl das BVerfG „theoretisch" darauf beharrt, daß es einen absolut geschützten, abwägungsfreien Kernbereich des allgemeinen Persönlichkeitsrechts gebe (s.u.), bedient sich das Gericht im allgemeinen des bekannten Eingriffsschemas: Schutzbereich – Schranken – Abwägung. Der Schutzbereich

---

[6] BVerfGE 54, 148 (153 f.).

kann bewußt offen und unbestimmt gelassen werden, weil der Umstand, daß ein Sachverhalt in den Schutzbereich fällt, noch nichts über die definitive Entscheidung im Konfliktfall aussagt. Im speziellen Fall des allgemeinen Persönlichkeitsrechts bedeutet dies, daß der vage Bezug zur Persönlichkeit ausreicht. „Offenheit" des allgemeinen Persönlichkeitsrechts bedeutet aber auch Sensibilität für die Persönlichkeitsrelevanz eines Sachverhaltes. In aller Regel waren es die Bewertung der *Realfolgen*, die zur Einbeziehung einer neuen Gefährdungslage in den Schutzbereich des allgemeinen Persönlichkeitsrechts geführt haben. Als Beispiele zu nennen wären das Recht auf Personenstandsänderung bei Transsexualität[7], das Recht auf Kenntnis der eigenen Abstammung[8], der Schutz Minderjähriger vor unbegrenzten finanziellen Verpflichtungen[9].

Der Schutzbereich ist allerdings nur der erste Schritt im Gesamtprozeß der Rechtsanwendung. Er steht im Eingriffsschema immer unter dem Vorbehalt der Abwägung mit kollidierenden Rechtsgütern. Der Schutzbereich kann sich deshalb eine überschießende Tendenz – den *„faustischen Drang ins Unendliche*"[10] – (noch) leisten. Auf dieser Stufe der Rechtsanwendung kann es durchaus so erscheinen, als habe der Einzelne ein Recht auf absolute „Herrschaft über „seine" Daten"[11]. Das provoziert Kritik, weil es im Hinblick auf die Komplexität des Sachbereiches (die Wechselbeziehung zwischen Individuum und sozialer Umwelt) falsch und unangemessen erscheint.

2. Auf der zweiten Stufe der Rechtsanwendung tritt dem Recht mit überschießender Tendenz das Soziale in Gestalt einer Schranke gegenüber. In der juristischen Konstruktion des Schutzbereich-Schranken-Schemas greift das Persönlichkeitsrecht so lange aus, bis es auf eine Schranke trifft. Das Recht des Tagebuchschreibers auf Schutz seiner Privat- und Intimsphäre kollidiert mit dem Strafverfolgungsinteresse des Staates oder das Recht, nicht gegen den eigenen Willen an das Licht der Öffentlichkeit „gezerrt" zu werden, kollidiert mit der Berichterstattungsfreiheit der Medien und dem Informationsinteresse der Öffentlichkeit. Es entsteht das bekannte Spannungsverhältnis[12] zwischen Individuum und Gemeinschaft bzw. ein Spannungsverhältnis zwischen Ego und Alter-Ego. Auch auf dieser Stufe wird der Konflikt noch nicht *definitiv* entschieden. Allerdings müssen hier die gegenläufigen Interessen rechtlich „gefiltert" werden, d. h. sie müssen rechtlich bewertet und es muß ein rechtlicher Anknüpfungspunkt gefunden werden.

---

[7] BVerfGE 49, 286 (298).

[8] BVerfGE 79, 256 (268).

[9] BVerfGE 72, 155 (170).

[10] *Hubmann*, Das Persönlichkeitsrecht, 2. Aufl. 1967, S. 115, 135, 155.

[11] BVerfGE 65, 1 (43 f.).

[12] Vgl. nur BVerfGE 4, 7 (15); 65, 1 (44) m.w.N.

3. Die definitive Konfliktlösung zwischen den gegenläufigen Prinzipien zu erarbeiten, ist Aufgabe der Stufe der Abwägung. Die Abwägung ist eine Methode zur Lösung von Normen- bzw. Prinzipienkonflikten[13]. Die beiden gegenläufigen Prinzipien und der konkrete Sachverhalt sind der „input" der Prozedur, deren „output" eine Kollisions- oder Präferenzregel – die „wirkliche" Entscheidungsnorm – sein soll, die angibt, welches Prinzip im konkreten Fall vorgehen soll. Die Prozedur selbst hat folgende wesentliche Elemente: Es ist festzustellen und zu bewerten, ob und wie intensiv die kollidierenden Interessen und Prinzipien im konkreten Fall betroffen sind. Dazu gehört die Folgenabschätzung in bezug auf verschiedene Präferenzalternativen: Welche tatsächlichen Folgen hat die ins Auge gefaßte Vorrangrelation für das gegenläufige Interesse und wie sind diese Realfolgen rechtlich zu bewerten? Das Ergebnis der Prozedur ist eine *bedingte Vorrangrelation* bzw. ein *Präferenzsatz* im Sinn *Alexys*[14], die dann den Konflikt definitiv entscheidet. Allerdings handelt es sich dabei eben um eine *bedingte*, und keine abstrakt-generelle Vorrangregel, weil die Situationsmerkmale des konkreten Falles zu ihren konstitutiven Elementen gehören: Die definitive Entscheidungsnorm besteht aus dem *Situationsindex* und den kollidierenden Prinzipien. Das bedeutet, daß das allgemeine Persönlichkeitsrecht im Sinne eines definitiven Rechtes, das sich gegenüber kollidierenden Rechten und Interessen durchsetzt, nur in den Ergebnissen von Abwägungen – den bedingten Vorrangrelationen mit Situationsindex – „existiert". Zugleich bilden sie aber auch die Ausgangspunkte für die induktive Arbeit der Prinzipienbildung auf einer höheren Stufe der Konkretisierung.

## III. Die Genese des allgemeinen Persönlichkeitsrechts und Motivation für die Rechtsfortbildung: Warum ist der zivilrechtliche Persönlichkeitsschutz des BGB „lückenhaft"?

Am Anfang des Prozesses der richterrechtlichen Rechtsfortbildung steht die These von der „Unzulänglichkeit des zivilrechtlichen Persönlichkeitsschutzes"[15]. Warum aber ist der zivilrechtliche Persönlichkeitsschutz lückenhaft bzw. unzulänglich?

Die Antwort auf diese Frage hat eine rechtliche und eine tatsächliche Seite. In tatsächlicher Hinsicht wird darauf hingewiesen, daß Veränderungen stattgefunden haben, die für den Gesetzgeber des BGB nicht vorstellbar waren: Die

[13] Meine Auffassung zu Funktion und Grenzen der Abwägung habe ich dargelegt in *Rühl*, Tatsachen-Interpretationen-Wertungen: Grundfragen einer anwendungsorientierten Grundrechtsdogmatik der Meinungsfreiheit, 1998, S. 372 ff.

[14] *Alexy*, Theorie der Grundrechte, 1985, S. 81 ff.

[15] BVerfGE 33, 269 (271).

Entwicklung der Massenmedien und der technischen Möglichkeiten des Einbruchs in die Privatsphäre. In rechtlicher Hinsicht beruht die These von der Unzulänglichkeit des Persönlichkeitsschutzes auf einer Beurteilung der Regelungen des BGB. Im Zuge der Beratungen des Bürgerlichen Gesetzbuches ist die Schaffung eines *allgemeinen* Persönlichkeitsrechts diskutiert und verworfen worden zugunsten des Konzepts *besonderer* Persönlichkeitsrechte[16]. Persönlichkeitsschutz nach dem BGB war in der ursprünglichen Konzeption primär Ehrenschutz vermittelt über die Ehrdelikte des StGB als Schutzgesetze im Sinn des § 823 Abs. 2 BGB. (Hinzu kamen der Bildnisschutz aus § 22 KUG und der Gegendarstellungsanspruch aus § 11 RPG. Obwohl schon vom Reichsgericht in beschränktem Umfang Lückenfüllung[17] betrieben wurde, so hat es doch am Prinzip der besonderen Persönlichkeitsrechte, die nur einen punktuellen Schutz vermitteln, im Gegensatz zum allgemeinen Persönlichkeitsrecht festgehalten.) Vermittelt über § 823 Abs. 2 BGB stand somit ursprünglich der strafrechtliche Ehrenschutz im Zentrum der besonderen Persönlichkeitsrechte. Was unterscheidet ihn vom allgemeinen Persönlichkeitsrecht und worin genau besteht seine „Lückenhaftigkeit"? Die Ehrdelikte des StGB gewähren zum einen Schutz vor ehrverletzenden Wertungen – Beleidigungen im engeren Sinn (§ 185 StGB) – und zum anderen vor falschen Tatsachenbehauptungen, die ehrverletzenden Charakter haben (§§ 186, 187 StGB). Im vorliegenden Zusammenhang sind insbesondere die §§ 186, 187 StGB von Interesse. Worauf es hier entscheidend ankommt, ist, daß das Tatbestandsmerkmal „Tatsachen, die geeignet sind, [einen anderen] ... verächtlich zu machen oder in der öffentlichen Meinung herabzuwürdigen", eine deutliche Einschränkung des Persönlichkeitsschutzes zur Folge hat: Falsche, aber *nicht* ehrkränkende Tatsachenbehauptungen erfüllen nicht den objektiven Tatbestand, so daß die Boulevardpresse an sich nicht gehindert ist, „Märchenhochzeiten" und Interviews mit Prominenten frei zu erfinden. Es kommt eine weitere wesentliche Einschränkung des Persönlichkeitsschutzes hinzu: Die ehrverletzende Tatsachenbehauptung muß *unwahr* sein. Der Wahrheitsbeweis schließt die Strafbarkeit nach den §§ 186, 187 StGB aus. Das hat zu Folge, daß das Ehrschutzkonzept bei wahren Tatsachenbehauptungen versagt. Wenn die Behauptung wahr ist, dann hat es sich der Betroffene letztlich selbst zuzuschreiben, daß er sich in den Augen des Publikums herabgewürdigt oder verächtlich gemacht hat. Während das *Common Law* von dem Grundsatz „the greater the truth, the greater the libel" ausgeht, beruht das deutsche Ehrenschutzkonzept auf einem gleichsam naiven

---

[16] Vgl. *Scheyhing*, Zur Geschichte des Persönlichkeitsrechts im 19. Jahrhundert, AcP 158 (1958), S. 503 ff.; *Schwerdtner*, Der zivilrechtliche Persönlichkeitsschutz, JuS 1978, S. 289 f.; *Erman/Ehmann* (Fn 2), Rn 2.

[17] RGZ 116, 151 – Unterlassungsanspruch bei Ehrverletzungen.

Wahrheitsrigorismus, „daß man die Wahrheit doch muß sagen dürfen"[18], der sich auch auf „Wahrheiten" über die Privat- und Intimsphäre erstreckt. Deshalb ist das Ehrschutzkonzept gleichsam „blind" gegenüber den Auswüchsen der Mediengesellschaft und der Erkenntnis, daß manche Behauptungen (z. B. Berichte über die Privat- und Intimsphäre) gerade deshalb persönlichkeitsrechtsverletzend sind, *weil* sie wahr sind. (Reparaturversuche über das sogenannte *Indiskretionsdelikt* im Rahmen des § 192 StGB ändern nichts am Urteil über das strukturelle Defizit.)

*Zusammenfassend gesagt:* Die Lückenhaftigkeit des zivilrechtlichen Persönlichkeitsschutzes ist zu einem großen Teil die Folge der Lückenhaftigkeit des Ehrschutzkonzepts des StGB, das aus folgenden Gründen unzulänglich ist: *Erstens*, weil es nur vor unwahren Tatsachenbehauptungen schützt. Das hat zur Folge, daß jegliches Diskretions- und Geheimhaltungsinteresse des Betroffenen vollständig unberücksichtigt bleibt. Die Massenmedien sind z. B. nicht gehindert, die „Geschichte" eines Vergewaltigungsopfers beliebig zu verwerten, wenn die Geschichte der Wahrheit entspricht.

*Zweitens*, weil die §§ 186, 187 StGB i.V.m. § 823 Abs. 2 BGB nur vor unwahren Tatsachenbehauptungen schützen, die *ehrverletzend* sind. Ohne herabsetzende Wirkung sind unwahre Tatsachenbehauptungen für das Ehrenschutzkonzept rechtlich irrelevant. Das hat wiederum zur Folge, daß weder die Betroffenen noch die Öffentlichkeit umfassend vor Falschinformationen geschützt werden. Die Massenmedien sind nicht daran gehindert, Geschichten und Interviews frei zu erfinden, wenn die behaupteten falschen Tatsachen nicht ehrverletzend sind[19].

Die Gefährdungen, denen sich der Einzelne in der modernen Kommunikations- und Mediengesellschaft ausgesetzt sieht, sind viel umfassender als es sich das Konzept des strafrechtlichen Ehrenschutzes als Kern des Schutzes besonderer Persönlichkeitsrechte vorstellen konnte. Man wird deshalb vermuten dürfen, daß das Bedürfnis, das engere Konzept „Ehrenschutz" durch das umfassendere Konzept des allgemeinen Persönlichkeitsrechts zu ersetzen, auf sozialen Veränderungen in der Konstitution der Persönlichkeit und in der Struktur der Öffentlichkeit beruht. Vielleicht erweist sich die vielfach als provokativ empfundene These *Küblers*, „Ehre" sei ein „feudal-ständisches Relikt"[20], in

---

18 *Brossette*, Der Wert der Wahrheit im Schatten des Rechts auf informationelle Selbstbestimmung, 1991, S. 43 ff.; *Erman/Ehmann* (Fn 2), Rn 120.

19 So auch *Erman/Ehmann* (Fn 2), Rn 34, 41, 115.

20 *Kübler*, Meinungsäußerung durch Kunst, in: Festschrift für Ernst Gottfried Mahrenholz, 1994, S. 303 ff., 314. Genaugenommen bezieht sich *Küblers* These nur auf den sog. normativ-faktischen Ehrbegriff im Strafrecht; sie wird jedoch in dem umfassenderen Sinn rezipiert; vgl. etwa *Isensee*, Grundrecht auf Ehre, in: Festschrift für Martin Kriele, 1997, S. 5 ff.

historisch-analytischer Perspektive als richtig[21]. Wenn die Wertmaßstäbe in einer pluralistischen Konkurrenzgesellschaft nicht mehr feststehen, der Einzelne also den „Fluktuationen des Achtungsmarktes"[22] unterworfen ist, dann muß wenigstens gewährleistet sein, daß die Tatsachen stimmen, auf denen die Werturteile beruhen. In der Folge gewährleistet die Rechtsprechung zum allgemeinen Persönlichkeitsrecht einen umfassenden Schutz der wahren Darstellung der eigenen Person unabhängig davon, ob die Darstellung „ehrrelevant" ist. Zudem wird die Lücke geschlossen, die der Wahrheitsrigorismus des reinen Ehrenschutzkonzeptes bezüglich wahrer Darstellungen aus der Privat- und Intimsphäre läßt.

## IV. Das geschützte Rechtsgut – Der Begriff der Persönlichkeit

Mit dem Hinweis auf die bereits existierenden Präjudizien bleibt indes die Frage unbeantwortet, wie das „Rechtssystem" eine *neue* Gefährdungslage als rechtlich relevant erkennt. Als Anknüpfungspunkt gibt es nur die Funktion des allgemeinen Persönlichkeitsrechts, den Schutz der Persönlichkeit zu gewährleisten. Das bedeutet, daß es am Anfang des Prozesses der Rechtsfortbildung nicht mehr gibt als ein *Vorverständnis* im hermeneutischen Sinn[23] über das, was die Persönlichkeit eines Menschen ausmacht und wodurch sie gefährdet werden kann. Die Rechtswissenschaft müßte also eigentlich über einen *Begriff der Persönlichkeit* verfügen.

Dagegen ist vorgebracht worden, daß die „Persönlichkeit" aus der Sicht der Rechtswissenschaft lediglich das vom allgemeinen Persönlichkeitsrecht geschützte natürliche *Rechts- bzw. Schutzgut* sei, dessen sachliche Struktur nicht in ihren Verantwortungsbereich falle[24]. Das allgemeine Persönlichkeitsrecht sei nicht mit dem von ihm geschützten Rechtsgut identisch; die „wie auch immer

---

[21] Vgl. *Erman/Ehmann* (Fn 2), wo Rn 117 zwar die „Auflösung des Ehrbegriffs" ausdrücklich bedauert („wird böse enden"), aber „letztlich" auf den „Zerfall der ständischen Ordnung in einer demokratischen Gesellschaft" zurückgeführt wird. Noch sind die historischen Wurzeln des Ehrbegriffes nach meinem Eindruck kaum erforscht. Bemerkenswerte Einblicke in die Widersprüchlichkeit des bürgerlichen Ehrverständnisses verschafft *Frevert*, Ehrenmänner: das Duell in der bürgerlichen Gesellschaft, 1991. Erste Ansätze zu einer sozialwissenschaftlichen Erforschung finden sich bei *Vogt*, Zur Logik der Ehre in der Gegenwartsgesellschaft, 1997.

[22] *Luhmann*, Soziologie der Moral, in: Luhmann/Pfürtner (Hrsg.), Theorietechnik und Moral, 1978, S. 48.

[23] *Gadamer*, Wahrheit und Methode. Grundzüge einer philosophischen Hermeneutik, 6. Aufl. 1990, S. 300 ff.; *Esser*, Vorverständnis und Methodenwahl in der Rechtsfindung, 1972, S. 8 f., 18 f.; *Hassemer*, Juristische Hermeneutik, ARSP Vol. 72, 1986, S. 195 ff.

[24] *Baston-Vogt* (Fn 5), S. 91, 177.

definierte Persönlichkeit" besage „nichts über die Ausgestaltung und die Reichweite des rechtlichen Schutzes."[25]

Zutreffend ist dieser Einwand, soweit er sich dagegen wendet, daß die sachliche Reichweite des allgemeinen Persönlichkeitsrechts nicht *allein* von einem Begriff der Persönlichkeit her bestimmt werden kann. Die Tatsache, daß sich am Begriff der Persönlichkeit „schon gelehrte Geister" scheiden, ist aber noch kein hinreichender Grund für die Rechtswissenschaft, den Begriff im Dunkeln zu belassen. Damit ist aber auch nicht gemeint, daß die Rechtswissenschaft über einen „Begriff" der Persönlichkeit im Sinn einer strengen Definition verfügen muß; dies wäre ein Anspruch, der sicher nicht eingelöst werden kann. Auf der anderen Seite kann die Rechtswissenschaft es aber auch nicht einfach beim vagen Vorverständnis belassen; sie muß in den „hermeneutischen Zirkel des Verstehens" eintreten. Die Rechtswissenschaft kann von der sachlichen Struktur des geschützten Rechtsgutes nicht absehen, weil ohne mehr oder weniger bestimmte Vorstellungen über diese sachliche Struktur nicht entschieden werden kann, ob eine Handlung das Rechtsgut „Persönlichkeit" berührt, beeinträchtigt oder verletzt. Mehr noch: Unterschiedliche „Theorien" über die sachliche Struktur des Schutzgutes können zu divergierenden Fallentscheidungen führen. Das soll an einem Beispiel illustriert werden:

In sozialwissenschaftlicher Hinsicht ist die These plausibel, daß der Mensch konstitutiv auf Anerkennung angewiesen ist[26]. Diese These hat eine Bedeutungsdimension, die die individuelle Entwicklung von Menschen betrifft; sie ist dann in dem Sinn zu verstehen, daß ein Mensch nur dann eine Persönlichkeit entwickeln kann, wenn er sich selbst als bejahenswert erlebt. Dies setzt voraus, daß jemand im persönlichen Nahbereich als Kind und Jugendlicher Liebe und Anerkennung erfahren hat und auch später erfährt. Man kann dies mit Rollentheorien kombinieren, die für sich genommen genauso plausibel sind: Was die „Identität" einer Person ausmacht, wird in nicht unerheblichem Umfang dadurch bestimmt, welche soziale Rollen sie innehat: Die Aufzählung sozialer Rollen ist die übliche Weise, mit der man die Frage „Wer oder was diese oder dieser Unbekannte ist" beantwortet[27]. Die Anerkennung einer Person durch andere hängt zudem davon ab, wie sie die Rollenerwartungen erfüllt. Für die Persönlichkeit ist die Erfüllung der Rollenerwartungen um so wichtiger, je mehr sie diese internalisiert hat. Man gelangt so an den Punkt, an dem man erkennt, daß die Persönlichkeit offensichtlich in erheblichem Umfang *außenkonstitutiert*

---

[25] A.a.O., S. 177.

[26] *Honneth*, Kampf um Anerkennung – Zur moralischen Grammatik sozialer Konflikte, 1994; *Mead*, Geist, Identität, Gesellschaft, (1973) 10. Aufl. 1995.

[27] Vgl. *Gumbrecht*, Zur Pragmatik der Frage nach persönlicher Identität, in: Marquardt/Stierle, (Hrsg.), Identität (VIII. Kolloquium der Gruppe „Poetik und Hermeneutik"), 1979, S. 647-681.

zu sein scheint – kurz: wir „sind", was die anderen in uns sehen und was die anderen von uns erwarten.

*Wenn* die Persönlichkeit wirklich in diesem Umfang außenkonstitutiert sein sollte, dann zwingt diese „sachliche Struktur" des Schutzgutes zu Schlüssen über zu erwartende Realfolgen des Ausbleibens sozialer Anerkennung, die dann wiederum den Ausgangspunkt für die rechtliche Beurteilung der Intensität einer Persönlichkeitsrechtsverletzung bilden: Die Persönlichkeit kollabiert gleichsam, eine Person wird in die soziale Isolation und in den Selbstmord getrieben[28].

Im vorliegenden Kontext sollte dieses Problem nicht inhaltlich behandelt werden. Das gezeichnete Bild ist unvollständig: Die Persönlichkeit ist eben nicht identisch mit den ihr zugeschriebenen Rollen; Rollendistanz ist möglich und dem Erwartungsdruck kann „Selbstbehauptung"[29] entgegengesetzt werden. Persönlichkeitskonstitution ist keine Einbahnstraße von außen nach innen. Das Beispiel sollte lediglich plausibel machen, daß Rechtsanwendung im Bereich des allgemeinen Persönlichkeitsrechts immer eine „Theorie" über die sachliche Struktur des Schutzgutes voraussetzt, und daß diese „Theorie" entscheidungsrelevant ist. Die Alternative besteht darin, sich entweder einer juristischen „Alltagstheorie" zu bedienen, ohne sich dessen recht bewußt zu sein, oder die theoretischen Annahmen über die sachliche Struktur offenzulegen und dadurch kritisierbar und korrigierbar zu machen. Auch hier gilt, daß die Rechtswissenschaft für die Erkenntnisse der Sozialwissenschaften offen sein muß, weil andernfalls die Gefahr besteht, daß mehr oder weniger angemessene Alltagstheorien über die sachliche Struktur des zu schützenden Rechtsgutes die Rechtsanwendung dominieren.

## C. Mißlungene und gelungene Prinzipienbildungen

### I. Der „selbst definierte soziale Geltungsanspruch"

Einen ersten Versuch, eine Teilbereichskasuistik aus der Rechtsprechung zum allgemeinen Persönlichkeitsrecht auf ein Prinzip zurückzuführen, stellte das Verständnis des allgemeinen Persönlichkeitsrechts als eines *„selbst definierten sozialen Geltungsanspruchs"* dar[30]. Diese Rechtsprechung ist mittler-

---

[28] Vgl. *Kriele*, NJW 1994, S. 1897 f.; *Forkel*, JZ 1994, S. 637 (641 f.); *Ossenbühl*, JZ 1995, S. 633 (636).

[29] *Tugendhat*, Selbstbewußtsein und Selbstbestimmung – Sprachanalytische Interpretationen, 1979, S. 279.

[30] BVerfGE 54, 148 (155).

weile überholt; das BVerfG hat die Mißverständlichkeit des Ansatzes erkannt und korrigiert.[31] Wegen der breiten Resonanz, die der selbst definierte soziale Geltungsanspruch in der Literatur gefunden hat, ist es jedoch erforderlich klarzustellen, daß und warum dieser Versuch einer Prinzipienbildung verfehlt war.

Das BVerfG spricht im Eppler-Beschluß davon, daß der Inhalt des allgemeinen Persönlichkeitsrechts „maßgeblich durch das *Selbstverständnis* des Trägers geprägt"[32] werde. Es sind dies Formulierungen, die zu Mißverständnissen geradezu einladen, wenn die Kurzformel als „Leitsatz" isoliert betrachtet wird: Dann erscheint das allgemeine Persönlichkeitsrecht gleichsam als *Herrschaftsrecht*. Es scheint, als habe der Einzelne ein Recht, seinen sozialen Geltungsanspruch selbst zu definieren, zu bestimmen, als was und wie viel er gelten will. Im Hinblick auf die persönliche Ehre als Teil des allgemeinen Persönlichkeitsrechts würde dies zum Beispiel bedeuten, daß der Einzelne selbst bestimmt, welche soziale Geltung er beanspruchen kann. Der (nachvollziehbare) Wunsch, möglichst viel soziale Anerkennung und Wertschätzung durch die Mitmenschen zu erfahren, wird zu einem *Geltungsanspruch* verfestigt. Der Einzelne *definiert* bzw. *bestimmt selbst*, welche soziale Geltung er beanspruchen kann. Wer den Anspruch auf soziale Geltung bezweifelt, greift dann in das allgemeine Persönlichkeitsrecht ein. Es kommt dann nicht auf die mehr oder weniger gut begründeten Urteile der Mitmenschen über Wert oder Unwert des „Lebenswerkes" an, sondern allein auf das *Selbstverständnis*. Wenn man der Eigendynamik der Konnotationen folgt, die die Begrifflichkeit der „Selbstdefinition" entfaltet, dann ist es durchaus konsequent, wenn man das subjektive Ehrgefühl zu den Schutzgütern des allgemeinen Persönlichkeitsrechts zählt[33]. Wer dieses Verständnis des isolierten Leitsatzes teilt, jedoch das Ergebnis als unakzeptabel ablehnt, gelangt dann ebenso konsequent zu dem Urteil, das allgemeine Persönlichkeitsrecht werde dadurch zu einem *„Recht der Lüge und Verstellung"*[34]. Im Bereich des wissenschaftlichen und politischen Diskurses führt das Abstellen auf das Selbstverständnis und die Selbstdefinition dazu, daß der Einzelne darüber bestimmen kann, wie seine Äußerung zu einem kontroversen Thema zu interpretieren ist. Es liegt in der Logik des Verständnisses des allgemeinen Persönlichkeitsrechts als eines selbst definierten sozialen Geltungsanspruchs als Herrschaftsrecht, daß der Autor den Rezipienten vorschreiben kann, wie seine Äußerung zu verstehen ist. Der Kritiker, der es unternimmt, herauszuarbeiten, welche Konsequenzen sich aus dem kritisierten Kon-

---

[31] BVerfGE 82, 236 (269); 97, 391 (403); BVerfG (Kammer), NJW 1989, S. 3269 und NJW 1993, S. 2925.

[32] BVerfGE 54, 148 (155 f.).

[33] *Wellbrock*, Persönlichkeitsschutz und Kommunikationsfreiheit, 1982, S. 42.

[34] *Brossette* (Fn 18), S. 18 f.

zept ergeben, muß nicht nur mit der Replik rechnen, daß der Autor „es nicht so gemeint" hat, sondern er läuft Gefahr, zur Unterlassung verurteilt zu werden[35].

Die Rezeption des selbst definierten sozialen Geltungsanspruchs aus dem Eppler-Beschluß des BVerfG ist paradigmatisch für die Gefahr einer verfehlten Verallgemeinerung, die dann entsteht, wenn der Begründungszusammenhang zwischen Leitsatz und entschiedenem Sachverhalt nicht exakt herausgearbeitet wird. Es muß jeweils am konkreten Sachverhalt geprüft werden, wie weit die kasuistische Basis die Abstraktion eines Prinzips trägt. Im Fall des Eppler-Beschlusses ergibt die genauere Prüfung, daß der entschiedene Sachverhalt trotz einiger Besonderheiten in die Kategorie der Falschzitat-Fälle gehört: Jemand wird eine Äußerung „in den Mund gelegt", die er nicht getan hat. Das BVerfG geht von den Prämissen aus, daß dies eine Verletzung des allgemeinen Persönlichkeitsrechts darstellt, daß aber die Privatsphäre (als das bis zu diesem Zeitpunkt anerkanntes *Schutzgut* des allgemeinen Persönlichkeitsrechts) durch die Zuschreibung eines Falschzitats nicht betroffen ist. Damit stellte sich die Frage, welches Schutzgut bei der fälschlichen Zuschreibung einer Äußerung betroffen wird. Dieses Schutzgut wird vom BVerfG der „selbst definierte soziale Geltungsanspruch" genannt. Erläutert wird dieses Schutzgut mit dem Hinweis auf den „Gedanken der *Selbstbestimmung*": Auch außerhalb der Privatsphäre soll der Einzelne darüber bestimmen dürfen, *ob und wie* er sich in der Öffentlichkeit oder gegenüber Dritten äußern will.[36] Mit anderen Worten: Falschzitate verletzen das allgemeine Persönlichkeitsrecht unter zwei Gesichtspunkten. Einer Person wird eine Äußerung zugeschrieben, obwohl sie sich überhaupt nicht geäußert hat; es ist aber ihr Recht, selbst zu bestimmen, *ob* sie sich überhaupt zu dem Thema äußert. Wenn sich die Person entschieden hat, sich zu äußern, dann ist es ihr Recht, selbst zu bestimmen, mit welchem Inhalt bzw. *wie* sie sich äußert. Dieses Recht wird verletzt, wenn der Wortlaut der Äußerung falsch oder verfälschend wiedergegeben wird. (Von der korrekten Wiedergabe eines Zitates ist allerdings strikt die Interpretation des Zitates zu unterscheiden.) Leider verwendet das BVerfG in der einschlägigen Passage der Erläuterung statt des Wortes „äußern" auch den unglücklich gewählten Ausdruck „darstellen"[37], und das Äußern erscheint als Unterfall des Sich-Darstellens. So mutiert das Recht, selbst zu bestimmen, ob und wie man sich in der Öffentlichkeit *äußern* möchte, zum „Selbstdarstellungsrecht"[38].

---

[35] Vgl. BVerfG (Kammer), NJW 1989, S. 1789 f. und die Richtigstellung in BVerfGE 82, 236 (269); 97, 391 (403); BVerfG (Kammer), NJW 1989, S. 3269 und NJW 1993, S. 2925; *Grimm* (Fn 3), S. 14 f.

[36] Zutreffend die Rekonstruktion des Sinnzusammenhangs bei *Baston-Vogt* (Fn 5), S. 376 f.

[37] BVerfGE 54, 148 (155).

[38] *Wellbrock* (Fn 33), S. 24 f.

## II. Die Sphärentheorie

1. Die Sphärentheorie war ursprünglich der Versuch, die Intensität des Grundrechtsschutzes des allgemeinen Persönlichkeitsrechts mittels einer Kernbereichslehre zu bestimmen. Der Grundrechtsschutz variiert danach auf einer Skala, deren äußerste Anfangs- und Endpunkte einerseits der „letzte unantastbare Bereich privater Lebensgestaltung" und andererseits die Sozialsphäre bilden. Das BVerfG hält an der dogmatischen Konstruktion fest, daß es einen absolut geschützten, unantastbaren Bereich privater Lebensgestaltung gibt, der gleichsam *abwägungsfest* und somit keiner Regulierung oder Beschränkung zugänglich ist[39]. Die Regelungs- und Eingriffsbefugnis der öffentlichen Gewalt wird durch den Sozialbezug eröffnet: Je mehr der Einzelne in Kommunikation mit anderen tritt, die Persönlichkeitssphäre Dritter oder Gemeinwohlbelange berührt werden, um so eher sind rechtliche Regelungen und Eingriffe zulässig. Unter praktischen Gesichtspunkten muß man konstatieren, daß der Ansatz gescheitert ist. Wenn man von den Kollisionslagen absieht, dann wird man es als plausibel ansehen müssen, daß z. B. geschlechtliche Beziehungen von Erwachsenen oder auch der Inhalt eines privaten Tagebuches „an sich" in den Kernbereich der Privat- und Intimssphäre fallen – Persönlicheres, Privateres und Intimeres läßt sich kaum denken. Bekanntlich hat das BVerfG aber selbst in diesen Fällen Eingriffe der öffentlichen Gewalt zugelassen. Im folgenden sollen die Gründe für das Scheitern der Sphärentheorie analysiert und geprüft werden, was sich daraus lernen läßt.

2. Warum fallen homosexuelle Beziehungen nach Auffassung des BVerfG im Jahre 1957 nicht in den absolut geschützten Bereich? Weil der absolut geschützte Bereich verlassen wird, „wenn Handlungen des Menschen in den Bereich eines anderen einwirken, ohne daß besondere Umstände, *wie etwa familienrechtliche Beziehungen,* diese Gemeinschaftlichkeit des Handelns als noch in den engsten Intimbereich fallend erscheinen lassen."[40] Daran ist bemerkens- und hervorhebenswert, daß das Gericht implizit von der Prämisse ausgeht, daß der engste Intimbereich *rechtskonstitutiert* ist. Erst „familienrechtliche Beziehungen" führen nämlich dazu, daß der an sich vorhandene Sozialbezug der „Gemeinschaftlichkeit des Handelns" zum Intimbereich wird. Konsequenterweise liegt dann überall dort, wo die familienrechtliche Umhegung fehlt, überwiegender Sozialbezug vor. Nicht die überholten Moralvorstellungen sind hier wichtig. Es kommt primär auf die Prämisse an, daß die Intimssphäre rechtskonstituiert ist. Insoweit hat in der Rechtsprechung des BVerfG eine Klärung stattgefunden: Die Privatsphäre ist nicht rechtserzeugt; sie wird vom Recht vorge-

[39] Klassische Ausprägung in: BVerfGE 27, 344 (350 f.); 34, 238 (245); 80, 367 (373); frühe Ansätze in: BVerfGE 6, 32 (41); 6, 389 (433).

[40] BVerfGE 6, 389 (433).

funden und geschützt. Der Gesetzgeber ist nicht befugt, die Privat- und Intimsphäre per Gesetz zur Sozialsphäre umzudefinieren[41].

Ein zweiter Begründungsstrang lautet: Grundsätzlich gebe „schon die Berührung mit der Persönlichkeitssphäre eines anderen Menschen einer Handlung den Bezug auf das Soziale, der sie dem Recht zugänglich macht."[42] Da geschlechtliche Beziehungen ohne Berührung mit der Persönlichkeitssphäre einer anderen Person nicht möglich sind, war es konsequent, wenn das BVerfG annahm, daß bei einer homosexuellen Beziehung ein relevanter Sozialbezug vorliegt. Allerdings ist dies bei jeder geschlechtlichen Beziehung der Fall. Das BVerfG hat dieses Problem dadurch in den Griff zu bekommen versucht, daß es danach differenziert, wie *intensiv* der Sozialbezug ist[43]. In der Folge wird die Intensität des Sozialbezuges damit begründet, daß homosexuelle Beziehungen gegen das Sittengesetz verstoßen[44]. Ob das der Fall ist, mag hier dahingestellt bleiben. Es fragt sich nur, was dieses Werturteil mit der Frage zu tun hat, ob geschlechtliche Beziehungen in die Privat- oder in die Sozialsphäre fallen. Schließlich wäre es „logisch" nicht widersprüchlich anzunehmen, daß Menschen in ihrer Intimsphäre Dinge tun, die gegen das Sittengesetz verstoßen. Mit anderen Worten: In der Praxis werden durch die Sphärentheorie Wertungen verschleiert.

3. Worin besteht der Sozialbezug der privaten Aufzeichnungen in einem Tagebuch? An sich ist ein Tagebuch eine Form des inneren Dialoges; man vertraut seinem Tagebuch Gedanken an, die man anderen gerade nicht anvertrauen möchte. Im Grundsatz handelt es sich um eine ernsthaftere Form der Auseinandersetzung mit sich selbst, wenn das *forum internum* verlassen und der flüchtige Gedanke in Schriftform fixiert wird, so daß der Einzelne sich mit seinem früheren Selbst auseinandersetzen kann.

Das Argument, daß der absolut geschützte Bereich allein dadurch verlassen werden soll, daß man seine „Gedanken schriftlich niedergelegt hat"[45], grenzt ans Absurde. Verständlich wird er nur dann, wenn man seine Funktion im Kontext der Entscheidungsfindung berücksichtigt. Offenbar wollte die (die Entscheidung tragende) Senatsmehrheit an der Grundkonzeption festhalten, wonach es einen absolut geschützten, abwägungsfreien Kernbereich gibt. Genauso offensichtlich ist indes, daß die Senatsmehrheit das „Verwertungsbedürfnis" im Strafverfahren als gewichtig ansah. Dadurch geriet sie in ein Dilemma:

---

41 BVerfGE 35, 35 (40); 90, 255 (261 f.).

42 BVerfGE 6, 389 (433).

43 Vgl. schon BVerfGE 6, 389 (433); das gleiche Kriterium findet Verwendung in BVerfGE 80, 367 (374).

44 BVerfGE 6, 389 (433 f.).

45 BVerfGE 80, 367 (376).

– Bei „sauberer" Subsumtion hätte das Tagebuch in den unantastbaren Bereich fallen müssen; das kollidiert jedoch mit dem gewünschten Ergebnis, dem Strafverfolgungsinteresse wegen der Schwere des Tatvorwurfes den Vorrang einzuräumen.

– Die Alternative wäre gewesen, die Konstruktion vom unantastbaren Bereich aufzugeben. Dann wäre auch der innerste Kern einer rechtlichen Regelung zugänglich, wenn auch nur bei strengster Anwendung des Verhältnismäßigkeitsgrundsatzes; man müßte dann nur begründen, daß ein Mordverdacht einen rechtfertigenden Grund darstellt.

Die Senatsmehrheit hat sich für die unsaubere Lösung entschieden und hat die Subsumtion „zurechtgebogen". Generell kann es als methodisch fehlerhaft angesehen werden, wenn Schrankengründe bereits bei der Bestimmung des Schutzbereiches eingearbeitet werden. Die Frage, ob etwas in den Schutzbereich fällt, ist methodisch strikt von der Frage zu unterscheiden, ob es rechtfertigende Gründe für eine Beschränkung gibt[46]. Einer vergleichbaren Methode wurde bei der Tagebuchentscheidung – und auch beim Homosexuellen-Beschluß – angewendet. Zwar werden die Schrankengründe nicht bereits bei der Bestimmung des Schutzbereiches berücksichtigt. Jedoch wird die Subsumtion – die Beurteilung der Frage „unantastbarer Bereich oder Sozialsphäre"? – im „hermeneutischen Vorgriff" auf das gewünschte Ergebnis vorgenommen, d. h. die Schrankengründe sind für die Einordnung in die Intim- oder die Sozialsphäre maßgeblich.

4. Das BVerfG wird sich entscheiden müssen: Wenn es tatsächlich und wirklich einen unantastbaren und abwägungsfreien Bereich privater Lebensgestaltung geben soll, dann muß man daraus die Konsequenzen ziehen und Ergebnisse wie das Verwertungsverbot beim Tagebuch hinnehmen – und zwar auch dann, wenn es schmerzt..

Die Alternative ist, zuzugestehen, daß es einen *absolut* geschützten, abwägungsfreien Bereich nicht gibt[47]; das hätte zumindest den Vorteil, daß offengelegt werden muß, welche besonderen Gründe derart intensive Eingriffe rechtfertigen können.

Eine solche Klarstellung wäre um so wünschenswerter, weil die Abgrenzung zwischen dem Bereich eigener Lebensgestaltung und Sozialbezug auch jenseits methodischer Ausrutscher aus strukturellen und prinzipiellen Gründen nicht geleistet werden kann. Der Mensch als Person „existiert notwendig *in* sozialen Bezügen" – „auch im Kernbereich seiner Persönlichkeit"[48]. Man wird deshalb

---

[46] Dazu allgemein: BVerfGE 85, 386 (397).

[47] Wie dies z. B. gemäß Art. 13 GG für die räumliche Privatsphäre ohnehin gilt.

[48] Vgl. BVerfGE 80, 367 (374).

*immer* einen Sozialbezug finden. Für das Verständnis des geschützten Rechtsgutes kann die Erkenntnis der sozialen Bezüge im konkreten Fall durchaus erhellend sein; wird das Kriterium jedoch ständig zur Umgehung des theoretisch bestehenden, absolut geschützten Bereiches benutzt, dann führt es zu einer zynischen Entleerung des ursprünglichen Schutzgedankens.

## III. Die Unterscheidung zwischen Schutz vor der Öffentlichkeit und Persönlichkeitsschutz in der Öffentlichkeit

1. Rechtsprechung und Literatur zum allgemeine Persönlichkeitsrecht beschreiben ihren Gegenstandsbereich weitestgehend mit Raummetaphern: Schon der Ausdruck „Eingriff" setzt bildlich einen abgegrenzten Raum voraus, in den eingegriffen wird – Privatsphäre, Intimsphäre, Geheimsphäre etc. *Baston-Vogt* macht zu Recht darauf aufmerksam, daß die Raummetaphorik den Aspekt des Persönlichkeitsschutzes *vor* der Öffentlichkeit überbetont[49]: Abschirmung vor den Blicken der Öffentlichkeit, Rückzugsbereich, Recht auf Einsamkeit, *right to be let alone* .[50] Gerade weil die Persönlichkeit sich aber in sozialen Bezügen entfaltet, reicht es nicht aus, der Person Reservate zur Verfügung zu stellen. Dies reicht zumal dann nicht aus, wenn die Schutzintensität nach Maßgabe der Sphärentheorie nachläßt, wenn und weil die Person den räumlich gegenständlichen Privatbereich – das Reservat – verläßt und sich in die Sozialbezüge der Öffentlichkeit begibt. Der Schutz des „räumlich gegenständlichen Privatbereiches"[51] (Diskretionsschutz) ist vom Persönlichkeitsschutz *in* der Öffentlichkeit[52] zu unterscheiden.

Im Grunde war dies auch die Intention des Eppler-Beschlusses, Persönlichkeitsschutz für den Einzelnen „ohne Beschränkung auf seine Privatsphäre"[53] zu gewährleisten. In der Öffentlichkeit hat der Einzelne ein Recht auf eine wahre Darstellung der eigenen Person. Das sprachlich unschöne *Recht, keine „nicht getanen Äußerungen" untergeschoben zu bekommen*, kann als Unterfall des Rechts auf wahre Darstellung der eigenen Person aufgefaßt werden. Zudem gibt es hier einen Selbstbestimmungsaspekt. Der Einzelne soll selbst bestimmen, ob und wie er sich in der Öffentlichkeit äußern will. Allerdings ist der Ausdruck *Selbstbestimmung* in diesem Zusammenhang ähnlich mehrdeutig und mißverständlich wie das „Selbstdarstellungsrecht". Selbstbestimmung bedeutet

---

[49] *Baston-Vogt* (Fn 5), S. 185 f.

[50] *Warren/Brandeis*, The Right to Privacy, Harvard Law Review 4 (1890) 193-220.

[51] *Baston-Vogt* (Fn 5), S. 207 ff.

[52] *Baston-Vogt* (Fn 5), S. 186 f.

[53] BVerfGE 54, 148 (154).

nicht: „Ich bestimme selbst, wie andere mich zu sehen haben"[54]. Selbstbestimmung meint den Schutz vor Fremdbestimmung und die Absicherung der Subjektqualität im Kommunikationsprozeß. Insoweit kann das Gegendarstellungsrecht[55] als paradigmatisch für die Prinzipienbildung angesehen werden, weil es kein „Herrschaftsrecht" verleiht, sondern selbstbestimmte Partizipation am Kommunikationsprozeß über die eigene Person absichert.

[54] Vgl. dazu die erhellende Präzisierung bei *Baston-Vogt* (Fn 5), S. 219: Selbstbestimmung bedeutet „nicht 'ich bestimme selbst', sondern 'ich bestimme über mich selbst'„ mit der zusätzlichen Präzisierung: „in eigenen Angelegenheiten" (S. 220).

[55] BVerfGE 63, 131 (142 f.); 73, 118 (201).

# Wettbewerb ohne Meinung ?

Von *Martine Stein*, Düsseldorf

Grenzen des wettbewerbsrechtlich erlaubten Verhaltens ergeben sich auch nach Inkrafttreten des Grundgesetzes aus den Vorschriften des Gesetzes gegen den unlauteren Wettbewerb (UWG) von 1909, insbesondere aus der Generalklausel des § 1 UWG[1]. Diese Norm wird als allgemeines Gesetz im Sinn von Art. 5 Abs. 2 GG angesehen[2] und ermöglicht es, der Meinungsfreiheit im Bereich des Wirtschaftsrechts enge Fesseln anzulegen.

## A. Spannungsverhältnis Unlauterkeit und Meinungsfreiheit

Eine Gesellschaft, die ihren Bürgern die Berufs- und Eigentumsfreiheit grundrechtlich garantiert, wird dadurch in ihrer Wirtschaft geprägt, auch wenn das Grundgesetz als „wirtschaftspolitisch neutral"[3] angesehen wird und anders als die Weimarer Verfassung (Art. 151 ff.) keine konkreten verfassungsrechtlichen Grundsätze der Gestaltung des Wirtschaftslebens statuiert[4]. Jedem Wirtschaftssubjekt steht es daher grundsätzlich frei, am Marktverkehr teilzunehmen und sein Verhalten als Anbieter oder Nachfrager an den Bedingungen des Marktes auszurichten.

Nach Angaben der Zentrale zur Bekämpfung unlauteren Wettbewerbs wurden 1998 über 21.000 Beschwerden und Anfragen über unzulässige Werbe- und Vertriebspraktiken - in der Regel nicht durch Verbraucher, sondern durch Unternehmen - registriert; insgesamt wurden 1050 Gerichtsverfahren eingeleitet; die im selben Jahr abgeschlossenen Verfahren sollen überwiegend zugunsten der Wettbewerbszentrale abgeschlossen worden sein. Rund 30% der Einga-

---

[1] Vgl. BVerfGE 32, 311 (316 f.); *Baumbach/Hefermehl*, Wettbewerbsrecht, 20. Aufl. 1998, Allgemeine Grundlagen Rn 50.

[2] Vgl. BVerfGE 62, 230 (243); *Baumbach/Hefermehl* (Fn 1), Allgemeine Grundlagen Rn 63 a.

[3] BVerfGE 4, 7 (17); 50, 290 (336 ff.).

[4] Vgl. BVerfGE 32, 311 (316 f.); 50, 290 (337).

ben beziehen sich auf § 1 UWG[5]. Die Wirtschaftsfreiheit des Einzelnen wird damit doch in erheblichen Umfang durch die Generalklausel begrenzt. Zwar soll ein wirtschaftspolitischer Eingriff durch überwiegende Gründe des Gemeinwohls gerechtfertigt sein[6], wozu sicher die Lauterkeit des Wettbewerbs und der Schutz der Verbraucher zu rechnen sind; ob ein bestimmtes Verhalten aber im Einzelfall als sittenwidriger Wettbewerb im Sinn des § 1 UWG anzusehen ist, haben nach Auffassung des Bundesverfassungsgerichts die Fachgerichte zu entscheiden. Wie sie ihre Überzeugung von der Sittenwidrigkeit bilden, welche Erkenntnisquellen sie dabei benutzen, soll ihnen grundsätzlich überlassen bleiben[7].

In den 90 Jahren der Geltung des jetzigen § 1 UWG hat sich ein Richterrecht mit ausgefeilter Systematik herausgebildet, wobei allerdings die Vielzahl der Entscheidungen kaum mehr zu überblicken ist. Die Judikatur zeichnet sich eher durch Strenge aus und „einmal verfestigt, durch außerordentliches Beharrungsvermögen"[8]. Warum einer bestimmten Wettbewerbshandlung der Makel der Sittenwidrigkeit anhaften soll, erschließt sich dem Verbraucher und wahrscheinlich auch den Mitkonkurrenten nicht immer. Als Beispiele können die vergleichende Werbung und das kostenlose Verteilen von Warenproben oder Anzeigenblättern genannt werden. Zuweilen erscheint die grobe Geschmacklosigkeit lediglich zum Sittenverstoß hochstilisiert, um sie verbieten zu können[9]. Zu denken ist auch an die 'gefühlsbetonte' oder 'schockierende' Werbung, mit der das Unternehmen Benetton Anfang der 90er Jahre in Erscheinung getreten ist[10]. Obwohl diese Art der Werbung sich in den Augen der meisten Verbraucher negativ abhob[11], also gerade keinen positiven Werbeeffekt erzielte, sah der Bundesgerichtshof in den ausgewählten Bildern lediglich ein Anprangern des Elends der Welt und die intendierte Mitleidserregung beim Verbraucher als sittenwidrig an, weil eine Solidarisierung mit dem Namen des Unternehmens bewirkt werde, welches dieses Elend aufspüre[12].

---

[5] Meldung FAZ vom 5. Mai 1999, S. 18, „Weiterhin viele Verstöße gegen das Wettbewerbsrecht".

[6] Vgl. BVerfGE 18, 315 (327).

[7] Vgl. etwa BVerfGE 32, 311 (317 f.).

[8] So *Schricker*, Hundert Jahre Gesetz gegen den unlauteren Wettbewerb - Licht und Schatten, GRUR (Int.) 1996, S. 473 (474); siehe auch *Emmerich*, Das Recht des unlauteren Wettbewerbs, 5. Aufl. 1998, S. 49.

[9] Vgl. z.B. BGHZ 130, 5 (9 f.) - Busengrapscher.

[10] Vgl. BGHZ 130, 196 (199 ff.) - Ölverschmutzte Ente; BGH, GRUR 1995, S. 1129 ff. - Kinderarbeit; BGH, GRUR 1995, S. 600 - HIV POSITIVE.

[11] Vgl. dazu *Henning-Bodewig*, „Werbung in der Realität" oder wettbewerbswidrige Schockwerbung?, GRUR 1993, S. 950 (952).

[12] Vgl. BGHZ 130, 196 (205); ausführlich zur Benetton Werbekampagne: *Fezer*, Diskriminierende Werbung - Das Menschenbild der Verfassung im Wettbewerbsrecht, JZ 1998, S. 265 ff. m.w.N.

Aber nur, wenn in diesen Fällen die Anforderungen, die die Grundrechte an Auslegung und Anwendung zivilrechtlicher Normen richten, gar nicht erkannt oder falsch eingeschätzt worden sind und die Entscheidung auf diesem Mangel beruht, sieht das Bundesverfassungsgericht auch im Wettbewerbsrecht Handlungsbedarf[13]. Es verwundert daher kaum, daß die § 1 UWG unterfallenden Sachverhalte wie Aufrufe und Wirtschaftswerbung in der Entscheidungssammlung des Bundesverfassungsgerichts eher selten anzutreffen sind und in der übrigen Rechtsprechung mehr verhalten und formelhaft mit den Kommunikationsgrundrechten in Verbindung gebracht werden, 'weil es ja nur um eine Meinungsäußerung zur Absatzförderung geht'[14]. Häufig wird, wenn auch unter eher stereotyper Bezugnahme auf die Rechtsprechung des Bundesverfassungsgerichts, nur noch die Frage gestellt, ob das bereits als unlauter qualifizierte Verhalten ausnahmsweise gerechtfertigt sein könnte[15]. So wird eine Überprüfung der eigentlichen Tatbestandsmerkmale der Generalklausel der verfassungsrechtlichen Prüfung weitgehend entzogen, weil der Schutzbereich des Art. 5 GG im Bereich des Wirtschaftsrechts nur ausnahmsweise eröffnet ist[16].

In dieser strengen Form Art. 5 GG auszuklammern, erfolgt zu Unrecht; denn eine Wettbewerbswirtschaft ohne Kommunikationsstrategien, die den Umsatz fördern und den Verbraucher in großem Umfang ansprechen soll, ist kaum mehr denkbar. Werbung preist an und vermischt wertende Aussagen mit tatsächlichen Angaben. Werbebotschaften ist es daher geradezu immanent, das Entstehen von Meinungen beim Verbraucher zu ermöglichen oder zu beeinflussen bzw. vorhandene Kenntnisse und Einstellungen zu bestätigen[17]. Gerade

---

[13] Vgl. etwa BVerfGE 62, 230 (243); BVerfG, WRP 1999, S. 172 (175) - Guldenburg.

[14] Vgl. zu dieser Wertung *Henning-Bodewig*, Schockierende Werbung, WRP 1992, S. 533 (538).

[15] Beispielhaft seien erwähnt: BGHZ 50, 1 (4f.) - Pelzversand; BGHZ 130, 196 (203 ff.) - Ölverschmutzte Ente; BGH, GRUR 1996, S. 502 (506, 507) - Energiekosten-Preisvergleich; BGH, GRUR 95, S. 595 (597) - Kinderarbeit; BGH, GRUR 1992, S. 707 (708); BGH, NJW 1997, S. 2679 (2680) und S. 2681 (2682) - FOCUS-Listen Die Besten I und II; OLG Köln, WRP 1992, S. 346 (348 f.); s. auch: *Baumbach/Hefermehl* (Fn 1), Allgemeine Grundlagen Rn 62 a ff.; *Piper*, Neuere Rechtsprechung des BGH zum Wettbewerbsrecht, GRUR 1996, S. 147 (158 f.); *Göpelt*, Das Spannungsverhältnis zwischen der Meinungsfreiheit und den Vorschriften zum Schutz vor unlauterem Wettbewerb aus nationaler und EG-rechtlicher Sicht, 1994, S. 157 f. m.w.N.; *Eichmann*, Auswirkungen des Grundgesetzes auf die Werbepraxis, GRUR 1964, S. 57 (60).

[16] Vgl. auch BVerfG, NJW 1994, S. 3342 (3342 f.) - Mars-Kondom.

[17] Vgl. dazu: *Ullmann*, Einige Bemerkungen zur Meinungsfreiheit in der Wirtschaftswerbung, GRUR 1996, S. 948 (948, 951); *Erdmann*, Schutz von Werbeslogans, GRUR 1996, S. 550 (550 f.); *Ackermann*, Die Bedrohung der Werbefreiheit, WRP 1998, S. 665 (668); *Kloepfer/Michael*, Vergleichende Werbung und Verfassung, GRUR 1991, S.170 (174); *Kresse*, Wirtschaftswerbung und Art. 5 Grundgesetz (GG),

auch die Politik bedient sich heute der Grundsätze des Marketings, um einerseits Bedürfnisse zu befriedigen und andererseits Bedürfnisse gezielt zu schaffen. Grundsätzlich sollte deshalb auch für Wettbewerbshandlungen mit kommunikativer Ausrichtung der vom Bundesverfassungsgericht immer wieder betonte Maßstab herangezogen werden, der Schutz der Meinungsfreiheit gelte unabhängig davon, ob die Äußerung wertvoll oder wertlos, richtig oder falsch, emotional oder rational sei[18] und strikt davon getrennt geprüft werden, ob und wie sich über Art. 5 Abs. 2 GG im Einzelfall Grenzen ergeben[19], d.h., wie intensiv der Schutz im Konfliktfall ausfällt[20]. Die in einem Atemzug mit den Grundsätzen zur Bestimmung des Schutzbereichs genannte Möglichkeit, den Schutzbereich durch allgemeine Gesetze im Sinn von Art. 5 Abs. 2 GG einzuschränken, wozu auch § 1 UWG zählt, verführt aber dazu, den Schutz der Meinungsfreiheit den Tatsachenfeststellungen des § 1 UWG unterzuordnen, so daß eine sensible Prüfung, ob das verlangte Gebot erforderlich ist, um die guten Sitten im Wettbewerb zu wahren, unterbleibt[21].

## B. Wettbewerbsabsicht als Korrektiv

Zuweilen erscheinen auch den Fachgerichten die aus der restriktiven Interpretation des UWG folgenden Konsequenzen für Äußerungen im Geschäfts- und Wirtschaftsleben nicht unproblematisch. Hier behilft sich die Rechtsprechung damit, daß sie etwa das von ihr selbst geschaffene Wettbewerbsverhältnis und insbesondere die damit im Zusammenhang stehende Wettbewerbsabsicht entfallen läßt. Ein Handeln zu Zwecken des Wettbewerbs liegt vor, wenn das Verhalten objektiv geeignet ist, den eigenen oder fremden Wettbewerb zum Nachteil eines anderen zu begünstigen, und wenn der Handelnde dabei in subjektiver Hinsicht mit entsprechender Absicht tätig geworden ist und diese Absicht nicht völlig hinter anderen Beweggründen zurücktritt[22]. Liegt äußerlich eine Wettbewerbshandlung vor, so wird grundsätzlich vermutet, daß auch mit der entsprechenden Absicht gehandelt wird[23]. Dieses Merkmal ist von der Praxis in erster Linie entwickelt worden, um wissenschaftliche, religiöse oder po-

WRP 1985, S. 536 (537); grundsätzlich ablehnend: *Eicke*, Meinungsfreiheit für die Werbung?, WRP 1988, S. 645 (651 f.).

[18] Vgl. BVerfGE 61, 1 (7); 85, 1 (15).

[19] BVerfGE 85, 1 (15).

[20] Siehe *Rühl*, Tatsachen - Interpretationen - Wertungen, 1998, S. 65.

[21] Vgl. *Ullmann* (Fn 17), S. 951 zu Fn 23; siehe auch *Eicke* (Fn 17), S. 649.

[22] Vgl. BGH, GRUR 1992, 707 (707) - Erdgassteuer; *Emmerich* (Fn 8), S. 22.

[23] *Emmerich* (Fn 8), S.18; *v. Gamm*, Neuere Rechtsprechung zum Wettbewerbsrecht, Sonderbeilage Nr. 8 WM 1988, S. 1 (3).

litische Äußerungen sowie insbesondere Stellungnahmen der Medien aus dem Anwendungsbereich des UWG ausklammern zu können[24]. Die strengen Rechtsfolgen des § 1 UWG finden nur dann Anwendung, wenn die Wettbewerbsabsicht konkret festgestellt wird[25]. Namentlich bei der Presse wird so Art. 5 Abs. 1 GG Rechnung getragen[26].

Eine konkrete Wettbewerbsabsicht soll zum Beispiel bestehen, wenn eine Zeitung bewußt unzutreffende Angaben über vorgestellte Schlankheitsmittel macht, um damit einzelne Unternehmen im Wettbewerb zu fördern oder andere zu schädigen[27], oder der Geschäftsführer eines Unternehmens in seiner Funktion als Sprecher eines Fachverbandes eine Presseerklärung abgibt, die unmittelbar das geschäftliche Verhalten des Mitkonkurrenten angreift[28]. Ebenso wurde die übermäßige Anpreisung einzelner Anwälte oder Ärzte in der Presse als „Die Besten" von Wettbewerbsabsicht getragen angesehen[29]. Besser ging es da schon den Gastro-Kritikern[30] bzw. Restaurantführern[31], die sich wenig zimperlich mit ihren Testessern präsentierten kulinarischen Genüssen auseinandersetzten. Zwar sind solche Berichte über Testessen objektiv geeignet, den Wettbewerb der Konkurrenten zum Nachteil der Betroffenen zu fördern. Bei Äußerungen der Presse, die sich im Rahmen des Aufgabenbereichs halten, ist eine Wettbewerbsabsicht aus ihrer wettbewerbsbezogenen Eignung allein noch nicht zu vermuten. So muß nun der Restaurantbesitzer nachweisen, in welcher Form er das Essen serviert hat und nicht der Restaurantführer (so aber bei Anwendung des § 1 UWG). Einer bekannten Meinungsforscherin wurde zugute gehalten, daß ihre in einem Zeitungsinterview zu gesellschaftspolitischen Fragen gemachten Äußerungen nicht von einer Wettbewerbsabsicht getragen gewesen sein sollen. Von einer Wettbewerbsabsicht könne nur gesprochen werden, wenn bei der gebotenen Gesamtschau die konkreten Umstände erkennen ließen, daß neben der Absicht der Interviewten, die Leserschaft über ihre Einschätzung zu den gestellten gesellschaftspolitischen Fragen zu unterrichten und zur Meinungsbildung mit beizutragen, der Zweck der Förderung eigenen oder fremden Wettbewerbs mehr als nur eine untergeordnete, weil notwendiger Weise begleitende Rolle gespielt habe[32]. Auch bei der Qualifizierung der Arbeit

---

[24] Vgl. *Ullmann* (Fn 17), S. 952.

[25] BGH, GRUR 1982, S. 234 (236).

[26] Vgl. *v. Gamm* (Fn 23), S. 3.

[27] BGH, NJW-RR 1995, S. 42 (44) - Biotabletten.

[28] BGH, GRUR 1997, S. 1054 (1056) - Kaffeebohne.

[29] So für FOCUS-Listen der besten Ärzte und Anwälte: BGH, NJW 1997, S. 2679 (2680) und S. 2681 (2682).

[30] BGH, WRP 1986, S. 547.

[31] BGH, WRP 1998, S. 48 (50).

[32] OLG Düsseldorf, NJW-RR 1999, S. 770 (772) (die Revision wurde vom BGH nicht angenommen).

der Stiftung Warentest spielt die Frage der Wettbewerbsabsicht die entscheidende Rolle[33].

## C. Boykottaufrufe in der Rechtsprechung des Bundesverfassungsgerichts

Interessanterweise lag dem für die Systematik der Meinungsfreiheit, aber auch dem für die verfassungsrechtliche Behandlung von zivilrechtlichen Generalklauseln bahnbrechenden Lüth-Urteil[34] ein Boykottaufruf - wenn auch außerhalb eines Wettbewerbsverhältnisses - zugrunde. Das Kampfmittel des Boykotts ist der Aufruf eines Unternehmens an andere Unternehmen, durch organisierte Absperrung einen bestimmten Gegner vom üblichen Geschäftsverkehr abzuschneiden[35]. Heute bilden Aufrufe in Pressediensten der Wirtschaft die wichtigste Erscheinungsform des Boykotts[36], wobei eine Aufforderung den Charakter des Boykottaufrufs auch durch einseitige Parteinahme und suggestive Stellungnahme zu angeblichen Mißständen verbunden mit der Aufforderung zu einem bestimmten Verhalten des Lesers annehmen kann[37].

Der wirtschaftliche Boykott wird als eine der intensivsten Formen des Behinderns grundsätzlich als wettbewerbswidrig angesehen, weil der Verrufer seinen Einfluß einsetzt oder ausnutzt, unangenehme Mitbewerber zu verhindern[38]. Diese strenge Einstufung des Boykotts als wettbewerbswidrig läßt nur darauf schließen, ein Boykottaufruf solle erst gar nicht in den Schutzbereich des Art. 5 Abs. 1 GG fallen. In dieser klaren Form läßt sich der Schutzumfang des Grundrechts allerdings nicht aus der Rechtsprechung des Bundesverfassungsgerichts ableiten. In der für die Beurteilung von Boykottaufrufen innerhalb eines Wettbewerbsverhältnisses immer noch maßgeblichen Blinkfuer-Entscheidung ist zunächst ausdrücklich festgehalten[39], die Aufforderung zu einem Boykott könne im Schutzbereich des Art. 5 GG liegen, wenn sie als Mittel des geistigen Meinungskampfs in einer die Öffentlichkeit wesentlich be-

---

[33] BGHZ 65, 325 (328) - Stiftung Warentest I.

[34] BVerfGE 7, 198; vgl. dazu: *Grimm*, Die Meinungsfreiheit in der Rechtsprechung des Bundesverfassungsgerichts, NJW 1995, S. 1697 (1697 f.).

[35] Vgl. *Baumbach/Hefermehl* (Fn 1), § 1 UWG Rn 276.

[36] Z.B. BGH, GRUR 1984, S. 214 (214 f.) - Copy-Charge und 1984, S. 461 (462) - Kundenboykott; GRUR 1985, S. 468 (469) - Ideal Standard; vgl. auch *Emmerich* (Fn 8), S. 69.

[37] Vgl. BGH, GRUR 1985, S. 468 (469) - Ideal Standard.

[38] Vgl. *Baumbach/Hefermehl* (Fn 1), § 1 UWG Rn 283; *v. Gamm* (Fn 23), S. 4; *Göpelt* (Fn 15), S. 98.

[39] BVerfGE 25, 256 (264).

rührenden Frage eingesetzt werde. Der Verrufer könne zu dem Boykottierten sogar in einem beruflichen, gewerblichen oder sonstigen geschäftlichen Konkurrenzverhältnis stehen, weil diese Situation allein eine geistige Auseinandersetzung an sich noch nicht ausschließe. Gefordert wird aber auch[40], die Mittel des Boykotts müßten gleichfalls verfassungsrechtlichen Vorgaben genügen, sich also auf "die Überzeugungskraft von Darlegungen, Erklärungen und Erwägungen" beschränken. Dies wurde im konkreten Fall verneint, weil die zum Boykott aufgerufenen Zeitungshändler trotz der festgestellten politischen Motive ihre Entscheidung, dem Aufruf zu folgen, nicht in voller innerer Freiheit und ohne wirtschaftlichen Druck treffen konnten[41]. Interessanterweise wäre ein direkt an die Zeitungsleser gerichteter Boykottaufruf verfassungsrechtlich nicht beanstandet worden[42]. Damit wird nicht dem politisch motivierten Boykottaufruf der Schutzbereich des Art. 5 Abs. 1 GG versagt, sondern lediglich dem damit verknüpften wirtschaftlichen Druck, den der Verrufer aufgrund seiner Marktstellung und der Drohung, eine Liefersperre zu verhängen, ausübt. Dieses „außerargumentative Druckmittel"[43] ist eben keine Meinungskundgabe im Sinn des Art. 5 Abs. 1 GG.

In einer weiteren Entscheidung hat sich das Bundesverfassungsgericht mit einem wirtschaftlichen Boykottaufruf befaßt[44], dem anders als Blinkfuer keine politischen Motive zugrunde lagen und wo der Verrufer auch keine marktbeherrschende Stellung innehatte, die eine Liefersperre ermöglichte. Vielmehr hatte ein genossenschaftlicher Wirtschaftsdienst dazu aufgefordert, den Herstellern von Markenartikeln, die Großhändlern übermäßige Rabatte einräumten und damit sicherlich die Wettbewerbssituation verzerrten, 'einen Denkzettel' zu verpassen[45]. Ohne die Einordnung des Aufrufs als Vorbereitung eines Boykotts zu überprüfen[46], hat das Gericht die Erklärung als vom Schutzbereich der Pressefreiheit erfaßt angesehen und zugleich festgestellt: „Diese ist indessen durch § 1 UWG als „allgemeines Gesetz" beschränkt, so daß sich die konkrete Reichweite des Grundrechts erst aus der Zuordnung der geschützten Rechtsgüter, der Pressefreiheit einerseits, der Lauterkeit des Wettbewerbs andererseits, ergibt"[47]. Die damit - anders als bei Blinkfuer - geforderte Interessenab-

---

[40] BVerfGE 25, 256 (264 f.).

[41] BVerfGE 25, 256 (265).

[42] BVerfGE 25, 256 (266).

[43] *Grimm* (Fn 34), S. 1699.

[44] BVerfGE 62, 230.

[45] BVerfGE 62, 230 (232); eine weitere Verfassungsbeschwerde desselben Wirtschaftsdienstes mit ähnlichem Sachverhalt hat das Bundesverfassungsgericht sodann nicht mehr zur Entscheidung angenommen (1 BvR 343/80, Beschluß vom 9. Februar 1983).

[46] BVerfGE 62, 230 (243).

[47] BVerfGE 62, 230 (245).

wägung ging zu Lasten des betroffenen Wirtschaftsdienstes aus, weil er sich einerseits den Druck der Boykottadressaten auf die Hersteller zurechnen lassen müsse und es andererseits aufgrund des begrenzten Adressatenkreises an einer Einwirkung auf die öffentliche Meinung fehle. Letztendlich wird in dieser Entscheidung die geforderte Abwägung aber standardisiert. Vorgegeben durch die Blinkfuer-Entscheidung darf einem Boykott kein wirtschaftlicher Druck, der die innere Entschließungsfreiheit beeinträchtigt, anhaften. Ferner ist der Boykottaufruf nur dann lauter, wenn der Meinungsäußerungs- und Pressefreiheit ein Vorrang vor den durch allgemeine Gesetze geschützten Rechtsgütern zukommt, was grundsätzlich der Fall ist, wenn eine Äußerung Bestandteil der ständigen geistigen Auseinandersetzung, des Kampfes der Meinungen um Angelegenheiten von öffentlicher Bedeutung ist, der für eine freiheitliche demokratische Ordnung schlechthin konstituierend ist. An einem solchen Vorrang soll es aber fehlen, wenn es um die Durchsetzung wirtschaftlicher Interessen gegen andere wirtschaftliche Interessen im Rahmen wirtschaftlichen Wettbewerbs geht[48].

Die Reduzierung der Abwägung auf die Feststellung verschiedener wirtschaftlicher Interessen wird den unterschiedlichen Beweggründen der an dem Prozeß Beteiligten nicht immer gerecht. Ein Verrufer kann durchaus Themen ansprechen, die den Verbraucher und die Allgemeinheit interessieren (z.B. Zuverlässigkeit eines Unternehmens, Umweltschutz, Wettbewerbsverzerrungen). Häufig wird dem beabsichtigten Boykott ein Motivbündel zugrunde liegen. Diese werden aber kaum mehr einer Prüfung unterzogen, wenn sich auch wirtschaftliche Interessen feststellen lassen. Hält man nur der einen Seite die Absicht der Wettbewerbsförderung und Umsatzsteigerung vor, übersieht man, daß auch der zu Boykottierende seinen Absatz wahren will und deshalb im Wege der Unterlassungsklage vorgeht. Es ist nicht ohne weiteres einzusehen, warum trotz grundsätzlich gleichrangig anzusehender Wirtschaftsinteressen eine Unterlassung einseitig ausgesprochen wird und damit letztendlich doch die Wirtschaftsinteressen des Boykottierten als vorrangig angesehen werden. § 1 UWG wurde mit der Zielrichtung geschaffen, den freien Wettbewerb zu fördern und zu schützen. Damit ist es aber nur schwer zu vereinbaren, wenn die eigennützigen Motive einer Partei scheinbar um der Lauterkeit des Wettbewerbs willen höherrangig eingestuft werden als die des Mitbewerbers und es ohne weiteres als sittenwidrig anzusehen ist, wenn den Adressaten des Boykottaufrufs nahegelegt wird, ihre wirtschaftlichen Interessen im Rahmen der Vertragsfreiheit in völlig legitimer Weise wahrzunehmen[49].

---

[48] Vgl. BVerfGE 62, 230 (247).

[49] Vgl. dazu auch *Göpelt* (Fn 15), S. 100.

## D. Vergleichende Werbung

Mag bei dem „klassischen" wirtschaftlichen Boykott - angesichts einer kaum erträglichen Marktbeherrschung des Boykotteurs und des durch ihn ausgeübten wirtschaftlichen Druck auf die Adressaten des Boykottaufrufs - das der verfassungsrechtlichen Prüfung standhaltende - Ergebnis, nämlich Unlauterkeit des wettbewerblichen Verhaltens mit der Konsequenz der Untersagung, im Regelfall zu überzeugen, fordert die bisherige Handhabung des Art. 5 GG im Bereich der vergleichenden Werbung doch zumindest ein Nach- bzw. Überdenken heraus.

Die vergleichende Werbung ist durch die Anpreisung der eigenen Ware oder Leistung mittels Herabsetzung einer fremden Ware oder Leistung gekennzeichnet. Zu unterscheiden sind dabei die kritisierende vergleichende Werbung, die in negativer Form auf das fremde Produkt Bezug nimmt[50], die anlehnende vergleichende Werbung, die in positiver Form von dem Produkt des Mitkonkurrenten profitieren will[51], und schließlich die in Deutschland als besonders verwerflich angesehene persönlich vergleichende Werbung, die auf persönliche Eigenschaften oder Verhältnisse verweist[52] [53].

Daß dabei die Verbreitung unwahrer und zur Geschäftsschädigung geeigneter Tatsachen über einen Wettbewerber nach § 14 Abs. 1 UWG verboten ist, leuchtet unmittelbar ein und steht auch in völliger Übereinstimmung mit der Rechtsprechung des Bundesverfassungsgerichts. Danach sind unwahre Informationen unter dem Gesichtspunkt der Meinungsfreiheit kein schützenswertes Gut[54]. Aus der Behandlung unwahrer Tatsachen darf aber nicht geschlossen werden, mit Rücksicht auf Art. 5 GG sei grundsätzlich die Verbreitung wahrer - wenn auch vielleicht geschäftsschädigender - Umstände über einen Mitbewerber oder seine Erwerbsgeschäfte erlaubt. Zu Wettbewerbszwecken erfolgt, können sie im Sinn von § 1 UWG durchaus - bei der persönlichen Werbung eigentlich immer[55] - als unlauter beurteilt werden und Unterlassungs- oder gar Schadensersatzansprüche auslösen[56]. Da es des öfteren schwierig ist, Tat-

---

[50] A ist besser oder billiger als B.

[51] A ist ebensogut wie B.

[52] Produzent A ist vorbestraft.

[53] Zur Unterscheidung vgl. *Menke*, Die vergleichende Werbung in Deutschland nach der Richtlinie 97/55/EG und der BGH WRP 1998, S. 811 (812) - Entscheidung Testpreis-Angebot; *Gloy/Bruhn*, Die Zulässigkeit von Preisvergleichen nach der Richtlinie 97/55/EG - Kehrtwende oder Kontinuität?, GRUR 1998, S. 226.

[54] BVerfGE 85, 1 (15); 61, 1 (8).

[55] *Menke* (Fn 53), S. 813; *Gloy/Bruhn* (Fn 53), S. 227.

[56] Vgl. *v. Gamm* (Fn 23), S. 5 f.; *Emmerich* (Fn 8), S. 105 und S. 83; *Messer*, Die Verbreitung wahrer, geschäftsschädigender Tatsachen über Gewerbetreibende unter dem Schutz der Meinungsfreiheit, FS für Vieregge, 1995, S. 629.

sachenbehauptungen hinreichend von Werturteilen abzugrenzen[57], das Vorliegen von Tatsachen im Wettbewerbsrecht eher großzügig bejaht wird[58] und der Erklärende den Wahrheitsbeweis für seine Behauptung antreten muß (§ 14 Abs. 2 UWG), liegt es auf der Hand, daß dabei Anforderungen an unlauteres Verhalten im Wettbewerb zum Schutz der freien gewerblichen Entfaltung notwendig in ein Spannungsverhältnis zur Meinungsfreiheit geraten müssen.

Unmittelbar nach Inkrafttreten des UWG ist allerdings mit Rücksicht auf Art. 14 UWG noch der Schluß gezogen worden, die wahre kritisierende vergleichende Werbung sei grundsätzlich erlaubt. Erstmals 1917 wurde dann in Deutschland die Auffassung vertreten, nach guter kaufmännischer Sitte habe jeder Gewerbetreibende ein Recht darauf, im Wettbewerb von negativen Wertungen seiner Konkurrenten verschont zu bleiben[59]. Dieser Beurteilung schloß sich das Reichsgericht mit seiner Hellegold-Entscheidung[60] an, in der es ein grundsätzliches Verbot der vergleichenden Werbung aussprach. Während der 30er Jahre entwickelte sich hieraus unter dem Druck des Werberates der deutschen Wirtschaft ein System des Verbotes des Werbevergleichs mit bestimmten, eng umgrenzten Ausnahmetatbeständen[61].

Dieser Meinungsstand fand zunächst Eingang in die Rechtsprechung des Bundesgerichtshofs[62]. Im Schrifttum wurde diese Praxis des grundsätzlichen Verbots eher als Provokation aufgefaßt, die Widerspruch herausforderte[63]. Unter dem Eindruck der Diskussion hat der Bundesgerichtshof seine Rechtsprechung aber überdacht[64]. Seither soll die vergleichende Werbung nicht zu beanstanden sein, wenn für sie ein hinreichender Anlaß besteht und sie sich nach Art und Maß im Rahmen des Erforderlichen hält[65]. Bei der Anwendung dieser Grundsätze verfährt die Praxis freilich restriktiv[66], so daß es nahezu ausnahmslos beim Verbot der vergleichenden Werbung geblieben ist[67]; eine kon-

---

[57] *Grimm* (Fn 34), S. 1699; vgl. auch *Rühl* (Fn 20), S. 191 ff.

[58] Vgl z.B. BGH, NJW 1997, S. 2679 und 2681 und *Göpelt* (Fn 15), S. 41 f.

[59] *Kohler*, Persönliche und sachliche Reklame in der Großindustrie, MuW 16, S. 127 (128).

[60] RG, GRUR 1931, S. 1299 ff.

[61] Vgl. dazu *Kloepfer/Michael* (Fn 17), S. 171 f.

[62] Z.B. BGHZ 3, 270 (280) - Constanze I; 14, 163 (171) - Constanze II.

[63] Besonders prägnantes Beispiel: *Völp*, Ist das Verbot der Vergleichenden Reklame rechtswidrig?, WRP 1960, S. 197 ff.; vgl. auch *Emmerich* (Fn 8), S. 84.

[64] BGH, GRUR 1962, S. 45 (48) - Betonzusatzmittel.

[65] Vgl. BGH, GRUR 1963, S. 371 (376); 1967, S. 596; 1968, S. 645 (646); 1969, S. 283 (285); 1970, S. 422 (424).

[66] Vgl. etwa BGH, GRUR 1996, S. 502 (506) - Energie-Preiskostenvergleich.

[67] Vgl. *Emmerich* (Fn 8), S. 84 f.

krete Auseinandersetzung mit dem Tatbestandsmerkmal der Sittenwidrigkeit findet nicht statt[68].

Anders als beim Boykottaufruf ist das Problem der vergleichenden Werbung - soweit ersichtlich - in der Rechtsprechung des Bundesverfassungsgerichts bisher nicht entschieden[69]. Verfassungsrechtliche Argumente werden dennoch vorgebracht und insbesondere die Frage gestellt, ob kommerzielle Werbung überhaupt in den Schutzbereich des Art. 5 GG fallen kann. Die ältere Rechtsprechung der Fachgerichte und Literatur hatte der Werbung klar jede Eignung zur Meinungsbildung abgesprochen und damit den Schutzbereich des Art. 5 GG abgelehnt[70]. In den Vordergrund wurde das plakative, sloganartige Werben für ein Produkt gerückt. Wollte man Werbung auf diesen Kern reduzieren, würde negiert, daß ein deutlicher Funktionswandel stattgefunden hat: weg von der reinen Anpreisung, hin zur Information und Aufklärung des Verbrauchers[71]. Hinzu kommt bei der vergleichenden Werbung, daß sie keine plakative Verkaufsaufforderung darstellt; dem Werbevergleich ist der Versuch der Meinungsbildung geradezu immanent[72]. Heute wird die Rechtsprechung des Bundesverfassungsgerichts zu Art. 5 GG sowohl zur Bejahung[73]; als auch zur Verneinung[74] des Grundrechtsschutzes für Werbeaussagen herangezogen.

So sollen der Beschluß zur Werbung durch Bilder für Nacktkultur[75] sowie der Nichtannahmebeschluß betreffend die Werbung des Apothekers für nicht apothekenpflichtige Waren[76] ergeben, daß die geschäftliche Werbung für das Gericht Meinungsäußerung im Sinn des Art 5 Abs. 1 GG ist, weil das Gericht dieses Grundrecht ausdrücklich als Prüfungsmaßstab herangezogen und erklärt hat, die Verfolgung kommerzieller Interessen stehe der Qualifizierung als Meinungsäußerung nicht entgegen[77]. In seiner Entscheidung zum Verbot von Werbefahrten stellt das Gericht dagegen ausdrücklich fest, Art. 5 Abs. 1 GG sei nicht als Prüfungsmaßstab heranzuziehen, weil es sich nur um Wirtschaftswerbung handele[78], wobei die Frage, ob ein generelles Werbeverbot zulässig wäre,

[68] Vgl. noch *Kloepfer/Michael* (Fn 17), S.172.

[69] Vgl. dazu auch den Kammerbeschluß BVerfG, NJW 1994, S. 3342 - Mars-Kondom.

[70] *Eichmann* (Fn 15), S. 60.

[71] Vgl. dazu *Paulus*, Wirtschaftswerbung und Meinungsfreiheit - Inhalt und Schranken von Art. 5 Abs. 1 S.1 Grundgesetz (GG), WRP 1990, S. 22 (22 f.) und die weiteren Nachweise zu Fn 17.

[72] Vgl. *Kloepfer/Michael* (Fn 17), S. 174.

[73] Vgl. z.B. *Kresse* (Fn 17), S. 538 f.

[74] Vgl. etwa *Eicke* (Fn 17), S. 646 ff.

[75] BVerfGE 30, 336 (352 ff.).

[76] BVerfGE 53, 96 (99).

[77] Siehe *Kresse* (Fn 17), S. 539.

[78] BVerfGE 40, 371 (382).

ausdrücklich offengeblieben ist. In der Südkurier-Entscheidung wird davon gesprochen, eine Anzeige stelle zwar eine Nachricht dar, habe in der Regel aber keinen Meinungsstatus[79]. In der Chiffreanzeigen-Entscheidung wird der Anzeige nur in Sonderfällen meinungsbildende Funktion zugesprochen[80].

In der Arztwerbe-Entscheidung[81] heißt es schließlich: „Für die weitere Prüfung kann davon ausgegangen werden, daß das Grundrecht der Meinungsfreiheit auch für Wirtschaftswerbung jedenfalls dann als Prüfungsmaßstab in Betracht kommt, wenn eine Ankündigung einen wertenden, meinungsbildenden Inhalt hat oder Angaben enthält, die der Meinungsbildung dienen." Diese Auffassung hat der Zweite Senat des Bundesverfassungsgerichts ausdrücklich in seiner Entscheidung zur Aufnahme von Warnhinweisen auf Tabakerzeugnissen bestätigt und erklärt, durch die entsprechende Pflicht zum Abdruck eines Warnhinweises sei dieses Grundrecht nicht berührt[82].

Daran gemessen könnte die vergleichende Werbung als eine „Äußerungsform"[83] aufgefaßt werden, die nach Einzelfallprüfung ihres meinungsbildenden Inhalts Zugang zum Schutz nach Art. 5 GG hat, womit sich aber ein grundsätzliches Verbot der vergleichenden Werbung nicht vertrüge.

## E. Europäische Harmonisierung

Möglicherweise wird die Diskussion um die Reichweite des Schutzbereichs des Art. 5 GG aber durch die neue Richtlinie 97/55/EG[84] entspannt. Danach kann in Deutschland an dem grundsätzlichen Verbot vergleichender Werbung gem. § 1 UWG nicht festgehalten werden[85]. Auch die grundsätzliche Beweislastverteilung zu Lasten des Werbenden im Sinn von § 14 Abs. 1 UWG dürfte so keinen Bestand haben[86].

---

79 BVerfGE 21, 271 (278 f.).

80 BVerfGE 64, 108 (118 f.).

81 BVerfGE 71, 162 (175f.).

82 BVerfGE 95, 173 (182).

83 BVerfGE 97, 391 (397).

84 RL 97/55/EG des EPA und des Rates vom 6. Oktober 1997 zur Änderung der RL 4/450/EWG über irreführende Werbung zwecks Einbeziehung der vergleichenden Werbung, ABl.EG L 290/18 vom 23/10/1997 = GRUR (Int.) 1997, S. 985 ff.

85 Siehe etwa: *Gloy/Bruhn* (Fn 53) S. 239; *Tilmann*, Richtlinie vergleichende Werbung, GRUR 1997, S.790 (799), der zugleich davor warnt, die vergleichende Werbung nunmehr als zulässig zu bezeichnen.

86 *Gloy/Bruhn* (Fn 53), S. 239.

Der Bundesgerichtshof hat schon vor einer gesetzgeberischen Umsetzung der Richtlinie in nationales Recht erklärt, er ändere seine Rechtsprechung im Hinblick auf eine richtlinienkonforme Auslegung des § 1 UWG[87]. Angesichts der in der Richtlinie enthaltenen Bedingungen über Praktiken, die den Wettbewerb verzerren, Mitbewerber schädigen und die Entscheidung der Verbraucher negativ beeinträchtigen, bleibt abzuwarten, welche Konsequenzen dieser Paradigmawechsel tatsächlich haben wird.

Bei der Werbebranche scheint nach einem ersten Strohfeuer das Interesse an der vergleichenden Werbung auf der Basis der neuen Rechtsprechung des Bundesgerichtshofes bereits rückläufig zu sein, weil die Wirkung auf den Verbraucher bisher nicht in entsprechendem Maße eingetreten ist[88]. Unsachliche - wenn auch unterhaltsame - Vergleiche, wie zum Beispiel in dem amerikanischen Werbespot des Pepsi trinkenden Archäologen der Zukunft, der über die Bedeutung einer ausgegrabenen Coca-Cola-Flasche rätselt[89] oder die Behauptung, der Hamburger von Burger King schmecke besser als der von McDonald`s[90], werden es auch in Zukunft schwer haben.

---

87 BGH, GRUR 1998, S. 718 (721); GRUR 1998, S. 1065 (1067).

88 Vgl. Kölner Stadtanzeiger vom 9. Juni 1999, S. 36 „Vergleiche erfreuen nur die Anwälte".

89 *Menke* (Fn 53), S. 24 f.

90 Vgl. Fn 88.

# Bundesverfassungsgericht und Wiedervereinigung

Von *Rosemarie Will*, Berlin

## A. Beitritt und Verfassungsgericht

Mit der Entscheidung der letzten, ersten frei gewählten Volkskammer der DDR, dem Geltungsbereich des Grundgesetzes nach Art. 23 a.F. GG beizutreten, verzichtete zunächst der ostdeutsche, später dann auch der gesamtdeutsche Verfassungsgeber auf einen verfassungsrechtlichen Neubeginn. Beitrittsbedingte Änderungen des Grundgesetzes wurden auf ein Minimum begrenzt.[1]

Ostdeutschland wurde verfassungsrechtlich neukonstituiert durch Eintritt in eine schon bestehende Verfassungsordnung. Auch die gemeinsame Verfassungskommission von Bundestag und Bundesrat, die auf Grund der in Art. 5 Einigungsvertrag (EV) ausgesprochenen Empfehlungen eingesetzt wurde[2], hat

[1] Vgl. dazu Art. 4 EV, in dem sich die Bundesrepublik zu Änderungen des Grundgesetzes verpflichtet hat. Rechtsgrundlage für diese Änderungen des Grundgesetzes war das Zustimmungsgesetz vom 23. September 1990, das vom Bundestag am 20. und vom Bundesrat am 21. September 1990 mit den von Art. 79 Abs. 2 GG geforderten Mehrheiten beschlossen worden ist.

Die Präambel wurde neugefasst, die Vorschrift des Art. 23 GG gestrichen. Durch die Neufassung des Art. 51 Abs. 2 GG wurde die Gewichtung der vier alten großen Bundesländer im Bundesrat gewahrt. In Art. 135 a GG wurde der Rechtsgedanke des (heutigen) Art. 135a Abs. 1 GG auf die von der DDR hinterlassenen und grundsätzlich von der Bundesrepublik zu übernehmenden Verbindlichkeiten übertragen. Der neueingefügte Art. 143 Abs. 3 GG hingegen sichert die Enteignungen von 1945 bis 1949, die auf besatzungsrechtlicher bzw. besatzungshoheitlicher Grundlage erfolgten, verfassungsrechtlich ab. Die Neufassung des Art. 146 GG konstatiert die Legitimität des Grundgesetzes als gesamtdeutsche Verfassung, hält aber daran fest, daß auch nach der Wiedervereinigung die geltende Verfassung durch eine neue ersetzt werden darf.

[2] Art. 5 EV hatte empfohlen, sich mit Änderungen und Ergänzungen des Grundgesetzes zu befassen, insbesondere - in Bezug auf das Verhältnis zwischen Bund und Ländern, in Bezug auf die Möglichkeit einer Neugliederung für den Raum Berlin-Brandenburg abweichend von den Vorschriften des Art. 29 GG - mit den Überlegungen zur Aufnahme von Staatszielbestimmungen in das Grundgesetz sowie mit der Frage der Anwendung von Art. 146 GG. Vgl. auch Einsetzen einer gemeinsamen Verfassungskommission von Bundestag und Bundesrat, BTDrucks 12/1590 und 12/1670. Bericht der Gemeinsamen Verfassungskommission BTDrucks 12/6000.

keine Verfassungsreform aus Anlaß der deutschen Wiedervereinigung auf den Weg gebracht.

In zwei Staatsverträgen wurden lediglich noch die Modalitäten des Beitritts geregelt. Danach konnte von der in Art. 3 EV festgelegten „Rechtsordnungserstreckung" nach Art. 143 Abs. 1 Satz 1 GG längstens bis zum 31. Dezember 1992 abgewichen werden. Der Satz 2 des Art. 143 Abs. 1 GG bestimmte zudem, daß diese Abweichungen mit den in Art. 79 Abs. 3 GG genannten Grundsätzen (Mitwirkung der Länder bei der Gesetzgebung, Menschenwürde, Republik, Demokratie, Rechtsstaat, Sozialstaat) vereinbar sein müssen. Von wenigen Bereichen (Art. 20 bis 37, 83 bis 115 sowie 116 bis 142 GG) war nach Art. 143 Abs. 2 eine Abweichung bis zum 31. Dezember 1995 möglich. Damit galt für den ostdeutschen Systemwechsel ein verfassungsrechtlicher Rahmen, der Abweichungen vom Grundgesetz sowohl in zeitlicher wie in inhaltlicher Hinsicht auf Ausnahmen begrenzte. Die Erstreckung der grundgesetzlichen Ordnung auf Ostdeutschland bewirkte einen vollständigen Transfer der im Grundgesetz normierten und der dem Funktionieren der grundgesetzlichen Ordnung vorausgesetzten Institutionen. Dem Gesetzgeber oblag „nur noch", die Übergänge zwischen der Ausgangsgesellschaft DDR und der Ankunftsgesellschaft Bundesrepublik zu gestalten. Der Gesetzgeber mußte dabei sowohl in der Vergangenheit liegendes Verhalten als auch in der DDR entstandene Rechtspositionen, die in der Rechtsordnung der Bundesrepublik systemfremd waren, umbewerten.

Andererseits bewirkte der „Beitritt", daß der Systemwechsel in Ostdeutschland den verfassungsrechtlichen Vorgaben des Grundgesetzes von Anfang an unterlag. Der Transformationsgesetzgeber war bei der notwendigen Umgestaltung aller aus der DDR stammenden Rechtsverhältnisse an die in der Bundesrepublik entwickelten verfassungsrechtlichen Maßstäbe gebunden und verfassungsgerichtlich kontrollierbar.

Durch den Verzicht des Verfassungsgebers auf Neuregelungen wurde die Rolle des Verfassungsgerichts in der Wiedervereinigung zwangsläufig besonders wichtig. Wo ausdrückliche verfassungsrechtliche Regelungen in hohem Maße interpretationsbedürftig sind oder ganz fehlen, muß sie das Verfassungsgericht dennoch aus der Verfassung ableiten. Das Gericht mußte dabei häufig erstmals klären, welche verfassungsrechtlichen Maßstäbe für den Transformationsgesetzgeber unter dem Grundgesetz gelten. Nur der Rückgriff auf die Maßstäbe, wie sie bei der juristischen Bewältigung des Dritten Reiches entwickelt wurden, war möglich und unausweichlich, weil sie in der Rechtsordnung der Bundesrepublik bis heute Geltung beanspruchen.

Die Staatsrechtswissenschaft hat gleichwohl die Frage nach den verfassungsrechtlichen Maßstäben des Umgangs mit der vorrechtsstaatlichen Vergangenheit neu diskutiert und zum Teil auch neu beantwortet. Auf der einen Seite sind dabei Positionen entwickelt worden, die die Existenz eines vorstaatlichen überpositiven Rechts bejahen und den Inhalt dieses Rechts naturrechtlich bzw. allgemein menschenrechtlich begründen. Demgegenüber stehen positivistische Positionen, nach denen es kein überstaatliches Meta-Verfassungsrecht gibt, mit dessen Hilfe man über Kontinuität und Diskontinuität entscheiden könnte. Beispielhaft kann dies an den Positionen von *Christian Starck* und *Bodo Pieroth*[3] verdeutlicht werden.

Nach *Starck* darf kein Staat völlig frei bestimmen, was Recht ist. Bei ihm sind rechtsstaatliche Grundsätze „das Ergebnis der historischen Entwicklung des Verfassungsstaates westlicher Prägung, sie entsprechen der Freiheit des Menschen als dem anthropologischen Bezugspunkt allen Rechts und finden Ausdruck in den völkerrechtlichen Garantien der klassischen Menschenrechte".[4] Von diesem Ausgangspunkt gewinnt Starck dann wechselnde Maßstäbe, die zur Umbewertung des in der Vergangenheit liegenden Verhaltens angewandt werden. „Je nachdem, welchem Zweck die Aufarbeitung dient, ist der Maßstab für das, was vorrechtsstaatlich ist, abgestuft. Wenn es für den demokratischen Willensbildungsprozeß in Deutschland unabdingbar ist, müssen innerstaatliche Vorgänge in der ehemaligen DDR ausnahmsweise auch mit eingreifenden Rechtsfolgen rückwirkend nach dem Grundgesetz beurteilt werden."[5]

Anders *Pieroth*: Da es für ihn kein Meta-Verfassungsrecht gibt, kann die neue Verfassungsordnung über ihr Verhältnis zur vorherigen Rechtsordnung vorbehaltlich völkerrechtlicher Verpflichtungen frei entscheiden.[6] Der Gesetzgeber ist bei der Umwertung der Vergangenheit verfassungsrechtlich so frei wie bei jeder einfach-rechtlichen Bewertung. „Die nachträgliche Umwertung früherer Legalität findet ihre Grenze an Sätzen des positiven Verfassungsrechts. Sie können Rechtsfolgen an frühere Rechtslagen oder Rechtsakte knüpfen, wobei deren Umwertung eingeschränkt ist."[7] Von daher dürfen an legales Verhalten in der DDR durch den Gesetzgeber unter dem Grundgesetz nachteilige Rechtsfolgen geknüpft werden. Lediglich unter dem absoluten Rückwirkungsverbot des Art. 103 Abs. 2 GG wird Vertrauen rückwirkend geschützt und ist auf das zur Tatzeit geltende Recht abzustellen.[8] Nach dieser Position scheint es keine wechselnden juristischen Maßstäbe bei der Aufarbeitung des vorrechtsstaatlichen Zustandes zu geben. Man braucht immer nur die unter dem

---

[3] Der Rechtsstaat und die Aufarbeitung der vorrechtsstaatlichen Vergangenheit. Bericht von *Starck* und *Pieroth* zu diesem Thema auf der Jahrestagung der Vereinigung der deutschen Staatsrechtslehrer 1991 in: VVDStRL 51 (1992), S. 9 bis 177.

[4] *Starck* (Fn 3), Leits. II. 5. und 6. S. 43.

[5] *Starck* (Fn 3), Leits. II. 9. S. 44.

[6] *Pieroth* (Fn 3), Leits. II. 2. b. S. 114.

[7] *Pieroth* (Fn 3), Leits. II. 3. S. 114.

[8] *Pieroth* (Fn 3), Leits. III. 1. a. S. 114.

Grundgesetz entwickelten verfassungsrechtlichen Maßstäbe, an denen der einfache Gesetzgeber auch sonst zu beurteilen ist, anzuwenden, wenn der Gesetzgeber vergangenes Verhalten und in der DDR entstandene Rechtspositionen neu bewertet. Nach *Pieroth* wirkt das Grundgesetz nicht zurück; demzufolge gab es in der DDR kein von den Grundrechten des Grundgesetz geschütztes Verhalten und auch keinen verfassungsrechtlichen Vertrauenstatbestand vor dem 3. Oktober 1990.[9] Im folgenden soll an drei Grundsatzurteilen, die das Bundesverfassungsgericht zu Wiedervereinigungsproblemen getroffen hat, analysiert werden, nach welchen verfassungsrechtlichen Maßstäben das Gericht den Transformationsgesetzgeber beurteilt hat. Über die Maßstabsfrage hinaus soll gezeigt werden, was das Grundgesetz bei der Wiedervereinigung bewirkt hat, wie viel die Verfassung in der Umbruchsituation des Systemwechsels galt.

## B. Die Eignung ehemaliger Staats- und SED-Funktionäre für den öffentlichen Dienst der Bundesrepublik

Wegen der Verstaatlichung der DDR-Gesellschaft hatte der „öffentliche Dienst" in der DDR eine sehr viel größere Bedeutung als in den alten Bundesländern.[10] In der öffentlichen Verwaltung der DDR waren etwa 1,7 Mio. Menschen tätig, die Beschäftigten von Reichsbahn und Post nicht eingerechnet.[11] Neben den herkömmlichen Bereichen gab es in der DDR - bedingt durch die Verflechtung von Staatswirtschaft und Verwaltung - große Zwischenbereiche, deren Rechtsträger die öffentliche Verwaltung war, und die nach dem Einigungsvertrag auch unter dem Begriff des öffentlichen Dienstes fallen. Art. 20 Abs. 1 i.V.m. Anlage I zum Einigungsvertrag regelt zunächst, daß die Angehörigen des öffentlichen Dienstes grundsätzlich „im Interesse der Verwaltungskontinuität und der Beschäftigten" in ihrem Beschäftigungsverhältnis bleiben.[12] Insoweit ist die Bundesrepublik Deutschland Rechtsnachfolger der DDR als Dienstherr geworden.[13] Diese Regelung besagt jedoch nichts über das Ausmaß von Kontinuität und Diskontinuität im öffentlichen Dienst. Zum einen führte die Abwicklung und die Auflösung nach Art. 13 EV zum Ruhen und in vielen Fällen innerhalb von sechs bzw. neun Monaten zur Beendigung der Arbeitsverhältnisse. Zum anderen gibt es vier zusätzliche Kündigungstatbestände für den öffentlichen Dienst, von denen einer die Eignung früherer DDR-Staatsbediensteter thematisiert.

---

[9] *Pieroth* (Fn 3), Leits. II. 2. c. S. 114.

[10] BVerfGE 84, 133 ff.

[11] Diese Zahl nennt das Warteschleifen-Urteil des BVerfG (Fn 10).

[12] BTDrucks 11/7817, S. 179.

[13] BVerfGE 84, 133 ff.

Gemäß Anlage I, Kap. XIX, Sachgebiet A, Abschnitt III Nr. 1 Abs. 4 zum Einigungsvertrag (im Folgenden: Abs. 4 EV) ist die ordentliche Kündigung eines Arbeitsnehmers in der öffentlichen Verwaltung wegen mangelnder fachlicher Qualifikation oder persönlicher Eignung zulässig.

Der bis heute herrschende Eignungsbegriff geht auf den Radikalenbeschluß des Bundesverfassungsgerichts vom 22. Mai 1975 zurück.[14] Danach gehört zur Eignung auch die Verfassungstreue in einem umfassenden Sinn; Beschränkungen anderer Grundrechte sind danach durch Art. 33 Abs. 4 und 5 GG gerechtfertigt. Das Bundesverfassungsgericht hat dem Eignungsbegriff des Art. 33 Abs. 2 GG die politische Treuepflicht aus Art. 33 Abs. 5 entnommen. Geeignet i.S.d. Art. 33 Abs. 2 GG als Voraussetzung für die Berufung in das Beamtenverhältnis ist demnach nur derjenige, „der jederzeit bereit ist, für die freiheitlich-demokratische Grundordnung einzutreten (...)."[15] Danach reicht es aus, daß der für die Einstellung Verantwortliche im Augenblick der Entscheidung nicht überzeugt ist, daß der Bewerber die Gewähr bietet, jederzeit für die freiheitlich-demokratische Grundordnung einzutreten. Dieser Überzeugung liegt ein Urteil zugrunde, das zugleich eine Prognose enthält; es hat nur den Einzelfall im Auge und gründet sich jeweils auf eine von Fall zu Fall wechselnde Vielzahl von Elementen und deren Bewertung. Es handelt sich um ein prognostisches Urteil über die Persönlichkeit des Bewerbers, nicht um die Feststellung einzelner Beurteilungselemente.[16] Gleichwohl kann das Verhalten, das für die geforderte Beurteilung der Persönlichkeit des Bewerbers erheblich ist, „auch der Beitritt oder die Zugehörigkeit zu einer politischen Partei sein, die verfassungsfeindliche Ziele verfolgt, unabhängig davon, ob ihre Verfassungswidrigkeit durch Urteil des Bundesverfassungsgerichts festgestellt ist oder nicht."[17] Zum zentralen Begriff in der Radikalen-Rechtsprechung wurde so die Verfassungsfeindlichkeit. Dieser Schlüsselbegriff war rechtsstaatlich problematisch, weil er durch die Einführung der Kategorie von Freund und Feind „nicht mehr allein auf die Überprüfung von Tatbeständen, sondern auf die Einschätzung von Lagen und Gefahren, nicht mehr nur auf Verhalten, sondern auf Gesinnung, nicht mehr bloß auf bestimmte Aufgaben, sondern auf umfassenden Einsatz"[18] abstellte. Das Verhältnis zwischen dem Staat und seinen Bediensteten war damit nicht mehr als juristisch sicher zu definierende Menge von Rechten und Pflichten beschreibbar. Bis heute ist die Kritik an der Radikalen-Rechtsprechung des Bundesverfassungsgerichts nicht verstummt.[19]

---

[14] BVerfGE 39, 334.

[15] BVerfGE, 39, 334 (352).

[16] BVerfGE, 39, 334 (353).

[17] BVerfGE, 39, 334 (360).

[18] *Schlink*, Der Staat 15 (1976), S. 335.

[19] Vgl. dazu besonders *Pieroth*, Der Rechtstaat und die Aufarbeitung der Vergangenheit, VVDStRL 51 (1992), 105.

Hätte man den aus der Radikalen-Rechtsprechung kommenden Eignungsbegriff auf die Transformationssituation angewendet, könnten alle Verhaltensweisen, in denen eine Loyalität zum DDR-Regime zum Ausdruck kam, als mangelnde Verfassungstreue zum freiheitlich-demokratischen Rechtsstaat des Grundgesetz gewertet werden. Das Bundesverfassungsgericht hat dazu in seinem Polizisten-Beschluß vom 21. Februar 1995 aber festgestellt: „Die Grundsätze, die das Bundesverfassungsgericht im sogenannten Radikalen-Beschluß (BVerfGE 39, 334) für die Beurteilung der Verfassungstreue von Bewerbern aus der Bundesrepublik entwickelt hat, können (...) nicht rückwirkend auf das Verhalten im öffentlichen Dienst der DDR angewandt werden. Fehlende Eignung von Angehörigen des öffentlichen Dienstes der DDR muß vielmehr aus besonderen Umständen begründet werden. Dafür kommen etwa Handlungen, die zwar unterhalb der Schwelle der Kündigungsgründe von Abs. 5 Nr. 1 EV liegen, aber dennoch stark repressiven oder schädigenden Charakter hatten, in Betracht. Hohe Ränge im öffentlichen Dienst oder hauptamtliche Parteiarbeit können dafür ein Indiz sein. Auch dann sind aber Feststellungen dazu erforderlich, daß sie dem Bediensteten im Einzelfall für seine Aufgabe im öffentlichen Dienst der Bundesrepublik als ungeeignet erscheinen lassen."[20] In diesem Fall war über die Verfassungsbeschwerde eines Hauptmanns der Volkspolizei der DDR, der zeitweilig auch Parteisekretär einer Grundorganisation der SED war, entschieden worden. Ihm war wegen mangelnder persönlicher Eignung gemäß Abs. 4 EV ordentlich gekündigt worden. Dabei ging das Bundesverfassungsgericht davon aus, daß der durch den Einigungsvertrag geschaffene Kündigungstatbestand mit dem Grundgesetz vereinbar ist. Die Kündigung wurde aber aufgehoben, weil die Gerichte nicht geprüft hatten, ob der Beschwerdeführer sich bei seiner Tätigkeit im Polizeidienst der Bundesrepublik illoyal oder loyal gegenüber dem Grundgesetz verhalten hatte, sondern allein auf seine politische Vorbelastung auf Grund der innegehabten Parteifunktionen und ausgeübten dienstlichen Positionen in der DDR abgestellt worden war. Das Bundesverfassungsgericht forderte, daß die Tragbarkeit eines Arbeitnehmers für den öffentlichen Dienst nicht allein nach seiner Stellung in der Hierarchie der DDR und nach seiner früheren Identifikation mit dem SED-Regime pauschal zu beurteilen ist. Der Arbeitgeber solle in die Lage versetzt werden, sich von solchen Mitarbeitern zu trennen, die er bei Beachtung von Art. 33 Abs. 2 GG nicht eingestellt hätte. Das Merkmal der persönlichen Eignung beziehe sich aber auf die künftige Amtstätigkeit des Betroffenen; dafür sei eine Prognose zu stellen.[21]

In seinem Urteil vom 8. Juli 1997 wiederholte das Bundesverfassungsgericht dies, als es feststellte: „Da Beschäftigung und Fortkommen im öffentlichen Dienst der DDR regelmäßig von einer gesteigerten Loyalität gegenüber Staat

---

[20] BVerfGE 92, 140 (156 f.).

[21] BVerfGE 92, 140 (155).

und Partei sowie der Bereitschaft zum Engagement in parteilichen oder gesellschaftlichen Organisationen abhingen, können damit verbunden Positionen und Funktionen für sich allein in der Regel eine Kündigung nicht rechtfertigen."[22] Auch hier wird das Verhalten in der Vergangenheit wie bereits im Polizisten-Beschluß als wesentliche Erkenntnisquelle herangezogen. Die früher innegehabten Positionen können einen Eignungsmangel begründen. In der Entscheidung vom 8. Juli 1997 wird dazu ein weiterer neuer Obersatz gebildet. Nach diesem darf die verfassungsrechtlich gebotene Gesamtwürdigung nicht dadurch verkürzt werden, „daß den vom Mitarbeiter früher innegehabten Positionen das Gewicht einer gesetzlichen Vermutung beigemessen wird, die einen Eignungsmangel begründet, wenn sie nicht widerlegt wird."[23] Im Freistaat Sachsen normierte z. B. das Beamtengesetz wie auch andere Beamtengesetze der neuen Bundesländer eine Fülle von gesetzlichen widerleglichen Nichteignungsvermutungen.[24] Diese Feststellung über die Unzulässigkeit einer gesetzlichen Vermutung für fehlende Eignung bei früher innegehabten Positionen soll jedenfalls für Positionen oder Funktionen im Bereich der Schule gelten. In dem Polizisten-Beschluß gab es eine solche Aussage noch nicht. Die Frage ist nun, ob gesetzliche Vermutungen, die an innegehabte Positionen in der DDR anknüpfen, auch in weiteren Bereichen verfassungswidrig sind bzw. wo sie von Verfassung wegen unzulässig sind.

In zwei von drei Fällen stellte das Bundesverfassungsgericht in seinem Urteil vom 8. Juli 1997 einen verfassungswidrigen Eingriff in das Grundrecht des Art. 12 Abs. 1 i.V.m. 33 Abs. 2 GG fest. Die von dem Beschwerdeführer innegehabten Ämter seien weder zu herausgehoben noch einflußreich gewesen, daß es ihren Inhaberinnen und Inhabern schon nach dem äußeren Anschein verwehrt sein müsste, den Beruf eines Lehrers in der Bundesrepublik auszuüben. Den Maßstab der Arbeitsgerichte, daß dies ihre mangelnde Eignung in einem solchen Maße indiziere, daß nur besonders entlastende Umstände zu einer positiven Beurteilung ihrer Eignung hätte führen können, folgte das Gericht nicht. Vielmehr würdigte es die Umstände beider Fälle so, daß die festgestellte Nichteignung als verfassungswidrig anzusehen war.

Das Bundesverfassungsgericht hat dabei weder im Beschluß zum ehemaligen DDR-Polizisten noch in den Urteilen vom 8. Juli 1997 den Begriff der Verfassungsfeindlichkeit verwendet; vom Freund-Feind-Schema gewann das Gericht dadurch Distanz. Gleichwohl überwandt es die im Radikalen-Beschluß gefundenen juristischen Maßstäbe zur Bewertung der politischen Eignung öf-

---

[22] BVerfG, NJ 1997, S. 479.

[23] BVerfG, NJ 1997, S. 479.

[24] § 6 Abs. 3 Sächs. Beamtengesetz vom 17. Dezember 1992 (SächsGVBl. S. 615); § 5 Thür. Beamtenvorschaltgesetz vom 7. Juli 1991 (GVBl. S. 217); § 8 Abs. 2 Nr. 1 und 2 Beamtengesetz Mecklenburg-Vorpommern vom 28. Juni 1993 (GVBl. S. 577).

fentlich Bediensteter nicht. Indem das Bundesverfassungsgericht auf die Einzelfallprüfung abstellte, versuchte es zwar, nur Handlungsweisen zu bewerten, jedoch schloss die geforderte Prognose bezüglich des zukünftigen Verhaltens unter dem Grundgesetz ein, daß auch auf frühere Überzeugungen und Haltungen des öffentlich Bediensteten abzustellen ist. Gilt es, sich am Einzelfall zu orientieren und die Entscheidung über die Geeignetheit auf die Bewertung einzelner politischer Aktivitäten zu stützen, fehlt fast regelmäßig ein klarer juristischer Maßstab. Wo objektive Kriterien bezogen auf Handlungen und deren Rechtswidrigkeit fehlen, treten subjektive Vorstellungen über politische Konformität an deren Stelle. Dies ist bei einem Verhalten, das nicht unter dem Grundgesetz stattgefunden hat, besonders problematisch.

## C. Das Beispiel Altschulden

Die zusammengebrochene DDR-Volkswirtschaft hinterließ einen gigantischen Schuldenberg: 105 Milliarden DM im Bereich der meist volkseigenen Wirtschaftsunternehmen, 36,5 Milliarden DM im Bereich der genossenschaftlichen und volkseigenen Wohnungsunternehmen, 5 Milliarden DM im Bereich der gesellschaftlichen Einrichtungen (Kindergärten usw.), 2,1 Milliarden DM bei den VEG und 7,6 Milliarden DM bei den LPG.[25]

Um die Wirtschaftsordnung zu privatisieren, mußte daher nicht nur entschieden werden, wer neuer privater Eigentümer des ehemals sozialistischen Eigentums wird, sondern auch, wer die alten Schulden tilgt.

Kredite wurden in der DDR staatlich geplant, das heißt, die Kreditaufnahme wurde durch Planvorgaben geregelt. Zugleich wurden nach § 14 KreditVO über die Kreditgewährung Verträge zwischen Bank und Betrieb geschlossen. Diese nach der KreditVO abgeschlossenen Kreditverträge fielen im Prozeß der Wiedervereinigung unter die allgemeinen Bestimmungen der Schuldverhältnisse gem. Art. 232 § 1, der durch den Einigungsvertrag in das EGBGB eingefügt wurde. Danach sind Schuldverhältnisse nach dem Recht zu beurteilen, welches zur Zeit der Verwirklichung ihres Entstehungstatbestandes gegolten hat. Die KreditVO gilt aber nicht fort; vielmehr mußten nun die Kreditverträge nach den Bestimmungen der §§ 607 ff. BGB beurteilt werden. Nach § 1 Abs. 1 Zinsanpassungsgesetz vom 24. Juni 1991[26] wurden zudem von den Kreditin-

---

[25] Vgl. Bericht des Bundesgerichtshofs über die Abwicklung von Altkrediten der ehemaligen DDR vom 27. September 1995 und Antwort der Bundesregierung vom 26. Juni 1996 auf die große Anfrage der Fraktion Bündnis 90/ Die Grünen, BTDrucks 13/5064.

[26] BGBl. I S. 13/14.

stituten einseitig die Zinssätze an bestehende Marktzinssätze angepaßt.[27] Hinzu kam ein Gläubigerwechsel; an die Stelle der Staatsbank trat eine Privatbank.[28] Aus dem in der DDR existierenden Dreiecksverhältnis zwischen Wirtschaftseinheit, planendem und leitendem Staat und staatlicher Bank wurde so ein privates zweiseitiges Vertragsverhältnis. Die Höhe der Altschulden wurde aber durch die Regelung des ersten Staatsvertrages im Rahmen der Währungsumstellung halbiert.[29] Zum Umgang des Gesetzgebers mit dem Problem der Altschulden gehören des weiteren - neben der Anordnung der Fortgeltung und der Bestimmung ihrer Höhe - eine Vielzahl von Normen, die Entschuldungen vorsehen.

Das Bundesverfassungsgericht mußte mit seinem Urteil vom 8. April 1997 über die Altschulden einer LPG entscheiden. Zu prüfen waren dabei die gesetzgeberischen Regelungen zur Fortgeltung des Kreditverhältnisses in der Marktwirtschaft, die dabei erfolgte Umwandlung des Kreditverhältnisses in einen Vertrag nach § 607 BGB einschließlich des dabei erfolgten Gläubigerwechsels sowie die Regelung zur Höhe der Schulden und die Entschuldungsregelungen.

Abgesehen von den Entscheidungen unter dem Grundgesetz, die zum Wiedergutmachungsrecht nach dem 2. Weltkrieg getroffen wurden, gibt es für die zu lösenden Fragen keine Vorbilder. Alle verfassungsrechtlichen Maßstäbe, die für die Beurteilung des Gestaltungsspielraums des Gesetzgebers im wirtschaftspolitischen Bereich existieren, gelten für einen Gesetzgeber, der die Rechtsordnung unter dem Grundgesetz verändert, nicht jedoch für einen Gesetzgeber, der den Übergang von einer grundsätzlich anderen Verfassungsordnung zur Rechtsordnung unter dem Grundgesetz zu vollziehen hat. Stellt man sich dabei auf den Standpunkt, daß auch in diesem Fall nichts anderes gilt als in der normalen gesetzgeberischen Lage, ist leicht vorhersehbar, daß das Besondere, ja Einmalige der zu bewältigenden Situation mit den Mitteln des Verfassungsrechts nicht beurteilt werden kann, also keiner verfassungsrechtlichen Nachprüfung unterliegt. Der Gesetzgeber ist nur insoweit verfassungsrechtlich zu überprüfen, als er vergleichbare Aufgaben wie in der Normallage bewältigt. Geht man aber bei der verfassungsrechtlichen Beurteilung des Gesetzgebers weiter, will man seine Transformationsleistungen an den Maßstäben des Grundgesetzes messen, dann müßte man dafür besondere Maßstäbe entwickeln. Der Verfassungsgeber selbst hat das nicht getan.

Das Verfassungsgericht sah in seinem Urteil den Schutzbereich von Art. 2 Abs. 1 GG als berührt an und stellte fest, daß die Entscheidung des Bundesge-

---

[27] Zur Verfassungsmäßigkeit der Anpassung der Zinssätze siehe BVerfGE 88, 384.

[28] Im zu entscheidenden Fall trat an die Stelle der BLN die Genossenschaftsbank.

[29] 1. Staatsvertrag, Anlage I Art. 7 § 1 Abs. 1 (BGBl. II 1990 S. 537).

richtshofs, die die Fortgeltung der Altschulden bejahte, in die Vertragsfreiheit eingreift. Mit der Feststellung des Bestehens dieses Kreditverhältnisses werde die LPG an einen Vertrag gebunden, der mittlerweile ohne ihr Zutun eine andere rechtliche Bedeutung erlangt hat. Mit dem Rückzug des Staates aus der Rechtsbeziehung zwischen LPG und Bank sowie der Privatisierung der zurückgebliebenen Wirtschaftseinheiten und ihrer Rechtsbeziehungen habe sich die Bedeutung des Kreditvertrages gewandelt. Im Verhältnis zur Bank seien nur die reinen Kreditschulden übriggeblieben, ohne daß deren Ursache noch eine Rolle spielten. Einer LPG, die ihre Kreditschulden nicht tilgt, drohe daher die Zwangsvollstreckung. Bei der Rechtfertigung des festgestellten Eingriffs in die Vertragsfreiheit durch das Urteil des Bundesgerichtshofs geht es ausschließlich darum, ob die angewendeten Rechtsnormen zur Überleitung der Altschulden mit dem Grundgesetz übereinstimmen. Zwar fehlt es an einer ausdrücklichen gesetzlichen Anordnung, daß die Altschulden auch nach Herstellung der deutschen Einheit bestehen bleiben; der Bundesgerichtshof hat dies aber aus einer Reihe gesetzlicher Bestimmungen erschlossen. Das Bundesverfassungsgericht beanstandet diese Interpretation nicht. Ausgangspunkt der Eingriffsrechtfertigung durch das Bundesverfassungsgericht ist eine Erörterung über die Möglichkeit der Überleitung systemfremder Rechtsverhältnisse unter die Rechtsordnung des Grundgesetzes. Beim Verfassungswechsel müsse über die Kontinuität der nicht unmittelbar verfassungsrechtlich begründeten Beziehungen im einzelnen entschieden werden. Das gelte nicht nur für Rechtsbeziehungen, die systemneutral seien, sondern auch für Rechtsbeziehungen, die zwar in derjenigen Form, die sie als Ausprägung des sozialistischen Rechtssystems in der DDR gefunden hatten, in der Bundesrepublik nicht hätten entstehen können, aber auch nicht Ausdruck des besonderen Unrechtsgehalts der früheren Ordnung seien. Letzteres sei bei den Kreditbeziehungen zwischen LPG und BLN nicht der Fall. Welche Maßstäbe die Verfassung für den Gesetzgeber enthält, wenn er – wie hier – die Fortgeltung eines Rechtsverhältnisses anordnet, das so, wie es begründet wurde, unter dem Grundgesetz nicht hätte entstehen können, wird nicht geklärt. Das Problem der Fortgeltung systemfremder Rechtsverhältnisse, die im neuen Rechtssystem nicht hätten begründet werden können, ist, daß sie gar nicht fortgelten können, sondern daß sie zu ihrer Fortgeltung der Veränderung durch den Gesetzgeber bedürfen. Darin besteht ja gerade die Systemfremdheit. Auch im Falle der Altschulden ist das geschehen; das Kreditverhältnis besonderer Art ist zu einem privatrechtlichen Kreditverhältnis umgestaltet worden. Dabei sind die Voraussetzungen, unter denen es begründet wurde, entfallen; seine Funktionen und Haftungsfolgen sind grundsätzlich verändert worden. Die Fortgeltungsanordnung systemfremder Rechtsverhältnisse ist deshalb immer untrennbar verbunden mit Regelungen, die zu ihrer Fortgeltung nötig sind. Der Gesetzgeber entscheidet somit nicht nur über das Ob, sondern auch über das Wie ihrer Fortgeltung. Das Verfassungsgericht mußte daher auch überprüfen, ob durch die Art und Weise der Überleitung ein Verfassungsverstoß begründet wurde. In der Entscheidungsbegründung findet sich dazu die Feststellung, daß der Gesetzgeber dabei einen Gestaltungsspielraum hatte, der angesichts der Beispiellosigkeit der Aufgabe und des Zeitdrucks, unter dem sie zu erfüllen war, noch weiter reichte, als es im wirtschaftspolitischen Bereich ohnehin der Fall ist. Für die damit einhergehenden Veränderungen der in diesem Zusammenhang stehenden Kreditverhältnisse wird daraus nur die Notwendigkeit der Anpassung an die marktwirtschaftlichen Bedingungen gefolgert. Zugleich wird aber aus den Änderungsfolgen für die Lebensfähigkeit der LPG geschlußfolgert, daß der Gesetzgeber zu einer gewissen Kompensation verpflichtet war. Beim Fehlen jeglicher Entlastung wäre die Beschränkung der wirtschaftlichen Handlungsfreiheit unverhältnismäßig gewesen. Dabei wird dem Gesetzgeber zugestanden, daß die von ihm getroffenen Entschuldungsregelungen wegen der Sondersituation der Wiedervereinigung ausnahmsweise dem Gesetzesvorbehalt und dem Bestimmtheitsgebot genügen. Im vorliegenden Fall hatte der Gesetzgeber zwar die Entschuldungsmöglichkeit in Art. 25 Abs. 3 EV (Treuhandentschuldung) und § 16 Abs. 3 DMBilG (finanzielle Entlastung) eingeführt. Das Gesetz beschränkt sich jedoch auf die Ermöglichung der Entschuldung. Dagegen sind Voraussetzungen, Umfang und Verfahren weder im Gesetz selbst noch auf Grund einer gesetzlichen Ermächtigung in einer Verordnung geregelt; sie finden sich vielmehr in zwei nicht veröffentlichten Arbeitsanweisungen des Bundesfinanzministeriums an die mit der Entschuldung befassten Behörden und Banken. Dies führe, so das Bundesverfassungsgericht, auch angesichts des Vorbehalts des Gesetzes nicht zur Verfassungswidrigkeit der Altschuldenregelung. Das Verfassungsgericht gestand also hier dem Gesetzgeber wegen der Wiedervereinigungssituation zu, von den normalen rechtsstaatlichen Standards nach unten abzuweichen. Das überzeugt nicht.

Auch bei der Verhältnismäßigkeitsprüfung der Entschuldungsregelungen wird auf die besondere Situation der Wiedervereinigung abgestellt. Dabei wäre verfassungsrechtlich zu prüfen gewesen, ob der Gesetzgeber zu einem angemessenen Ausgleich zwischen den Erfordernissen der Transformation, dem Maß der Grundrechtsbeeinträchtigungen, das den ehemaligen LPG zugemutet wird, und den rechtlich geschützten Interessen der übrigen unmittelbar oder mittelbar am Kreditverhältnis Beteiligten gelangt ist.

Eine solche umfassende Verhältnismäßigkeitsprüfung fehlt im Urteil. Wer neben den verschuldeten LPG überhaupt die Schulden tilgt, und zu welchem Preis, bleibt gänzlich außer Betracht, weil es in der Normallage ein solches Abwägungsbeispiel bisher nicht gegeben hat. Es fehlen konkrete verfassungsrechtliche Maßstäbe, an denen die Veränderung der hier in Rede stehenden Schuldverhältnisse hätte geprüft werden können, und sie sind auch durch das Verfassungsgericht nicht gebildet worden. Die Leistung des Bundesverfassungsgerichts besteht bei der Überprüfung der gesetzlichen Altschuldenregelung im wesentlichen darin, daß der ohnehin im wirtschaftspolitischen Raum geltende Gestaltungsspielraum des Gesetzgebers mit Hinweisen auf die Sondersituation der Wiedervereinigung noch weiter ausgedehnt wurde. Dadurch wird der Gesetzgeber von Verfassungs wegen in diesem Bereich faktisch unüberprüfbar.

## D. Ostrenten als Eigentum

Im Grundsatzurteil zu den Ostrenten (1 BvR 2105/ 95) mußte zuerst die Frage entschieden werden, welchen verfassungsmäßigen Schutz die in der DDR erworbenen Ansprüche und Anwartschaften aus Zusatz- und Sonderversorgungssystemen unter dem Grundgesetz genießen. Daran schloß sich die Prüfung der sogenannten Systementscheidungen an. Durch diese Entscheidung waren die Ansprüche und Anwartschaften aus den Zusatz- bzw. Sonderversorgungssystemen in die gesetzliche Rentenversicherung überführt worden.

Der Kläger des Ausgangsverfahren war ordentlicher Professor an der Humboldt-Universität in Berlin und zuletzt Direktor der Urologischen Klinik und Poliklinik sowie Leiter der wissenschaftlichen Forschungsabteilung der Charité. Er erhielt in der DDR nach seiner Emeritierung aus der Sozialversicherung und der Alterszusatzversorgung eine Rente von insgesamt 4.066 DM. Dieser Betrag wurde ab Juli 1990 auf DM umgestellt. Ab 1. August1991 wurde der Gesamtauszahlungsbetrag aufgrund § 10 Abs. 1 AAÜG in der Fassung des 25. Juli 1991 auf 2.010 DM festgesetzt. Mit Bescheid vom 10. August 1993 nahm die zuständige BfA den Kürzungsbescheid teilweise zurück und setzte den Gesamtzahlungsbetrag rückwirkend auf 2.700 DM gem. § 10 Abs. 1 AAÜG i.d.F. v. 24. Juni 1993 fest. Nach erfolgloser Klage vor dem Sozialgericht Berlin verfolgte der Kläger mit einer Sprungrevision sein Ziel weiter, die Altersrente nach dem Stand vom Juni 1990 über den 1. Juli 1990 hinaus bis zum 31. Dezember 1991 ungekürzt zu erhalten und dynamisiert zu bekommen. Des weiteren begehrte er ab 1. Januar 1992 eine anstelle der pauschal umgewerteten Rente eine nach SGB VI endgültig neu berechnete Rente und zusätzlich dazu den Differenzbetrag zwischen Altersrente und 90 % des jeweils angepassten Nettogehalts als angemessene Zusatzversorgung, die ebenfalls dynamisiert werden soll. Das Bundessozialgericht hat mit Beschluß vom 14. Juni 1995 (Az. 4 RA 28/ 94) dem Bundesverfassungsgericht die Frage vorgelegt, ob § 10 Abs. 1 Satz 2 AAÜG insoweit mit Art. 14 Abs. 1 Satz 1 (Eigentumsgarantie) und dem Rechtsstaatsprinzip aus Art. 20 GG vereinbar ist, als die Summe der Zahlbeträge auf 2.700 DM begrenzt worden ist. Im Übrigen wies es die Revision ab. Der Beschwerdeführer verlangte mit seiner Verfassungsbeschwerde u. a., daß der bis zum 31. Juli 1991 geleistete Rentenzahlbetrag dynamisiert wird.

Das Bundesverfassungsgericht entschied, daß die in der DDR erworbenen Ansprüche und Anwartschaften aus Zusatz- und Sonderversorgungssystemen den grundrechtlichen Eigentumsschutz aus Art. 14 Abs. 1 Satz 1 GG genießen. Das Urteil erklärt die sogenannte Zahlbetragsbegrenzung nach § 10 Abs. 1 Satz 2 AAÜG wegen Unvereinbarkeit mit Art. 14 Abs. 1 Satz 1 GG für nichtig. Zu diesem Ergebnis gelangt das Bundesverfassungsgericht, indem es die in der DDR begründeten Versorgungsansprüche und Anwartschaften mit solchen sozialversicherungsrechtliche Positionen vergleicht, welche in den alten Bundesländern erworben wurden und dort grundsätzlich Eigentumsschutz (BVerfGE 53, 257) genießen. Da das Bundesverfassungsgericht die Vergleichbarkeit grundsätzlich bejaht, schlußfolgert es, daß für die in der DDR begründeten Versorgungsansprüche und Anwartschaften nichts anderes gelten kann (S. 45). Zwar seien sie bis zum Beitritt nicht durch Art. 14 GG geschützt gewesen, aber mit dem Beitritt und der Anerkennung durch den Einigungsvertrag wie andere vermögenswerte Positionen in den Schutzbereich des Grundgesetzes gelangt. In der mündlichen Verhandlung wurde bei den Erörterungen dazu gefragt, ob der Einigungsvertragsgesetzgeber von Verfassungs wegen frei war, die in der DDR erworbenen Ansprüche und Anwartschaften anzuerkennen, im Zweifel ihnen auch den Schutz von Art. 14 gänzlich zu versagen. Nachdem die Regierungsvertreter eine solche gesetzgeberische Freiheit annahmen, fragte der Vorsitzende Richter *Grimm*, ob nicht eine gewisse Vergleichbarkeit bestehe mit dem Trabant, der mit dem Beitritt in den Geltungsbereich des Grundgesetzes gelangt sei. Bei Sacheigentum, das in den Geltungsbereich des Grundgesetzes gelange, so der Vorsitzende Richter, habe niemand Zweifel daran, daß dies den Schutz von Art. 14 Abs. 1 Satz 1 GG genieße. Das Urteil verweist an dieser Stelle auf die Entscheidung zur Mietpreisbindung in den neuen Bundesländern und in Ost-Berlin (BVerfGE 91, 294, 307 f.). Dort war das Gericht zum ersten Mal von einem „Recht auf Überleitung" für vermögensrechtliche Positionen, die unter der Rechtsordnung der DDR entstanden sind und mit dem Beitritt in den Geltungsbereich des Grundgesetzes gelangten, ausgegangen. Auch in diesem Fall war die vermögensrechtliche Position zwar vergleichbar mit solchen, die in der Bundesrepublik entstanden sind, aber auch sie war, durch das andere System bedingt, inhaltlich anders ausgestaltet. Die Beschwerdeführerin - eine ehemalige Arbeiterwohnungsbaugenossenschaft als Vermieterin - wandte sich gegen Vorschriften zur Mietpreisbindung. Der Schutzbereich wurde als eröffnet angesehen; die Rechtspositionen der Beschwerdeführerin, so wurde festgestellt, genießen den Schutz von Art. 14 Abs. 1 GG. Da der Arbeiterwohnungsbaugenossenschaft in der DDR volkseigene Grundstücke zur unentgeltlichen und unbefristeten Nutzung zur Verfügung gestellt worden waren und die errichteten Wohngebäude im genossenschaftlichen Eigentum standen, erfüllten diese Positionen die Voraussetzungen von Art. 14 Abs. 1 GG. Die Beibehaltung von Rechtsvorschriften auf dem Gebiet der Mietpreise stelle sich aber als verhältnismäßige Inhalts- und Schrankenbestimmung dar, da der Gesetz- und Verordnungsgeber die schutzwürdigen Belange der Genossenschaft einerseits und die der Mieter andererseits gemäß Art. 14 Abs. 2 GG abzuwägen hatte. Die hier vorgenommene Anerkennung der Rechtspositionen der Arbeiterwohnungsbaugenossenschaft beinhaltet aber für den Gesetzgeber auch den Auftrag, schrittweise die Beschränkungen, denen die Eigentumsgewährleistung in diesem Fall noch unterliegt, abzubauen. Dies wurde hier erworbenen Rentenansprüche und Anwartschaften übertragen.

Die im Einigungsvertrag bestimmte Schließung der Systeme zum 31. Dezember 1991 bedeutet daher nicht, daß Versorgungen zum Erlöschen gebracht wurden. Die Bundesrepublik Deutschland tritt grundsätzlich in die Rechtsbeziehungen ein.[30] Der Einigungsvertrag bestimme daher die Überführung der Versorgungsansprüche und -anwartschaften in das gesamtdeutsche Rechtssystem ohne Rücksicht auf Grund oder Art ihrer Entstehung (S. 46). Die Anwendung des Maßstabes von Art. 14 GG auf die in der DDR aus Zusatz- und Sonderversorgungssystemen erworbenen Ansprüche und Anwartschaften führt jedoch nicht zur Verfassungswidrigkeit der Systementscheidung. Die Überführung der Zusatz- und Sonderversorgungssysteme in die gesetzliche Rentenversicherung und die damit bewirkte Kappung hoher Arbeitsverdienste von etwa 90 auf 70 % des im Lebensdurchschnitt erreichten Verdienstes widerspreche bei verfassungskonformer Auslegung nicht Art. 14 Abs. 1 Satz 1. GG. Das Urteil gesteht den Rentenansprüchen Eigentumsschutz nur in der Form zu, die sie durch den Einigungsvertrag erhalten haben.[31]

Der inhalts- und schrankenbestimmende Gesetzgeber genieße zwar keine völlige Freiheit, er darf die Privatnützigkeit und Verfügungsbefugnis, die zum Begriff des Eigentums gehören, jedoch nicht unverhältnismäßig einschränken. Die Gestaltungsfreiheit variiere dabei aber je nach dem Anteil personaler und sozialer Komponenten des Eigentumsobjekts.

Auch für die Ausgestaltung von Versorgungsansprüchen und Anwartschaften durch den Einigungsvertragsgesetzgeber gelte dies. Zwar seien die Positionen erst aufgrund des Einigungsvertrages dem Schutz von Art. 14 Abs. 1 GG unterstellt worden, aber der Gesetzgeber war bei der Ratifikation des Einigungsvertrages an das Grundgesetz gebunden.[32] Hinzu komme hier, daß bei der Inhalts- und Schrankenbestimmung rentenversicherungsrechtlicher Positionen aufgrund ihres sozialen Bezuges grundsätzlich eine weite Gestaltungsfreiheit (BVerfGE 53, 257, 292 f.) bestehe. Diese Gestaltungsfreiheit ist das letztlich durchschlagenden Argument, mit dem im Urteil die Verfassungsmäßigkeit der Systementscheidung gerechtfertigt wird.

Das Argument, daß der Gesetzgeber des Einigungsvertrags die Rentenansprüche und Anwartschaften in der durch den Gesetzgeber der DDR modifizierten Form vorfand, bleibt zu Recht ohne Konsequenzen. Es ist unstrittig, daß

---

30 Vgl. BVerfGE 84, 133 (147); 91, 294 (309); 95, 267 (305, 306 f.).

31 Vgl. dazu unter VI 1.

32 Vgl. dazu unter VI 2.

der Gesetzgeber der DDR den Anforderungen des Grundgesetzes nicht unterlag. Aber der nicht an das Grundgesetz gebundene Gesetzgeber der DDR hat die Systementscheidung nicht getroffen. Er hat zwar die Absicht geäußert, eine solche Entscheidung zu treffen, aber er hat sie nicht umgesetzt. Dies blieb - siehe oben - dem gesamtdeutschen Gesetzgeber vorbehalten. Im Übrigen gilt: Wenn der Einigungsvertrag wie eine Inhalts- und Schrankenbestimmung von bereits bestehendem Eigentum behandelt wird, so können Regelungen des Gesetzgebers der DDR, die mit Art. 14 Abs. 1 GG nicht in Einklang stehen, durch den Einigungsvertragsgesetzgeber nicht aufrecht erhalten werden, ohne daß dieser seinerseits gegen die Eigentumsgarantie verstößt. Auf Eingriffe des Gesetzgebers der DDR und deren Zurechenbarkeit kommt es danach nicht an.

Von daher gilt das, was für den inhalts- und schrankenbestimmenden Gesetzgeber unter Art. 14 Abs. 1 Satz 1 GG immer gilt, auch hier. Die Grenze der Zulässigkeit von Inhalts- und Schrankenbestimmung des Eigentums besteht im Grundsatz der Verhältnismäßigkeit. Art. 14 Abs. 1 Satz 1 GG verleiht der individuellen Rechtsposition keinen absoluten Schutz, insbesondere wenn es um die Überleitung von rentenrechtlichen Ansprüchen und Anwartschaften von einem System, das von ganz anderen Prinzipien geleitetet wurde, in ein anderes geht. Das Bundesverfassungsgericht findet für den hier zu entscheidenden Fall, nämlich die Überleitung rentenrechtlicher Ansprüche und Anwartschaften in ein neues System, keine fertigen Maßstäbe im geltenden Verfassungsrecht vor, sondern muß sie im Wege der Rechtsfortbildung formulieren. Dabei bewegt es sich zwischen zwei Prämissen.

Nach der ersten hindert Art. 14 Abs. 1 Satz 1 GG nicht einen „Systemwechsel von Alterssicherungssystemen. Auch das Rentensystem der Bundesrepublik Deutschland genießt als System keinen verfassungsrechtlichen Bestandsschutz und könnte vom Gesetzgeber auf andere Grundlagen gestellt werden".[33] Von daher ist der Systemwechsel des Gesetzgebers beim Altersversorgungssystem der DDR keine Abschwächung der verfassungsrechtlichen Gewährleistungen von Art. 14 Abs. 1 Satz 1 GG gegenüber der Bevölkerung der DDR . Nach der zweiten bewirkt Art. 14 Abs. 1 Satz 1 GG für rentenrechtliche Ansprüche und Anwartschaften nur einen relativen Schutz, der um so stärker wird, je näher der Versorgungsfall ist und im Versorgungsfall zum Bestandsschutz erstarkt.

Daß der Systemwechsel eines Altersversorgungssystems von Art. 14 GG nicht verhindert wird, kann nicht ernsthaft bestritten werden - schon gar nicht vor dem Hintergrund des hier in Rede stehenden Wechsels. Art. 14 Abs. 1 Satz 1 GG entfaltet nur Wirkungen bezogen auf individuelle rechtliche Ansprüche. Wie weit diese durch einen Systemwechsel verändert werden können, wird hier am Beispiel der in der DDR erworbenen Ansprüche und Anwart-

---

[33] Vgl. dazu unter VI 3.

schaften aus Zusatz- und Sonderversorgungssystemen entschieden. Zur Systementscheidung gehört die Erstreckung der Beitragsbemessungsgrenze, die eine Absenkung des Sicherungsniveau von 90 % auf 70 % bewirkt.

Bezogen auf die Bestandsrentner und die rentennahen Jahrgänge verlangt das Urteil aber weiteres: eine verfassungskonforme Auslegung der Systementscheidung, nach der die Zahlbetragsgarantie als konkreter sozialrechtlicher Anspruch für Bestandsrentner und rentennahe Jahrgänge verstanden wird. Eine Verminderung von Versorgungsleistungen für diese Fälle wird daher ausgeschlossen. Die Beitragsbemessungsgrenze gilt für diese Fälle nicht.

Hinzu kommt, daß mit der Überführung der Ansprüche in die Rentenversicherung diese zu dynamisieren sind, um die relative Position innerhalb der jeweiligen Rentengeneration zu gewährleisten. Bis zum Ende der Übergangsphase (Ende 1991) konnte dies zwar unterbleiben, aber nicht mehr danach, weil sich sonst, wie das Urteil zutreffend bemerkt, der Wert der Ansprüche stetig, bis auf einen Bruchteil des ursprünglichen Wertes, im Falle des Beschwerdeführers vom 8-fachen auf das 1,8-fache der Durchschnittsrente verringert hätte.[34] Die Dynamisierung der Zahlbetragsgarantie macht sie zur Realwertgarantie. Dies wird aus Art. 3 Abs. 1 GG gefolgert, weil das Gericht keinen vernünftigen Grund sieht, SV- und FZR-Bestandsrentner anders zu behandeln als Bestandsrentner mit Zusatzversorgungen (S. 64). Zugleich hält es das Gericht für mit Art. 3 Abs. 1 GG vereinbar, daß die Zahlbetragsgarantie nur bis zum 30. Juni 1995 wirkt.[35]

Dies sind gut nachvollziehbare Argumente, die zu Ergebnissen führen, von denen erwartet werden kann, daß sie befriedend wirken. Hinzu kommt, daß § 10 Abs. 1 Satz 2 AAÜG mit Art. 14 Abs. 1 für unvereinbar und nichtig erklärt wird. Die vor der Rentenüberleitung und für eine Übergangszeit nach DDR-Recht gezahlten Beträge werden aus Bestandsschutzgründen weitergezahlt, wenn die Rentenberechnung nach neuem Recht (SGB VI) einen niedrigeren Betrag ergibt. Diese geschützten Zahlbeträge werden nach § 10 Abs. 1 Satz 2 AAÜG[36] für Mitglieder bestimmter Zusatzversorgungssysteme auf

---

[34] Vgl. dazu unter VI 5.

[35] Vgl. dazu unter VI 1.

[36] § 10 Abs. 1: Vorläufige Begrenzung von Zahlbeträgen

(1) Die Summe der Zahlbeträge aus gleichartigen Renten der Rentenversicherung und Leistungen der Zusatzversorgungssysteme nach Anlage 1 Nr. 2, 3 oder 19 bis 27 sowie die Zahlbeträge der Leistungen der Sonderversorgungssysteme nach Anlage 2 Nr. 1 bis 3 oder die Summe der Zahlbeträge nach § 4 Abs. 2 Nr. 1 und 2 werden einschließlich des Ehegattenzuschlags vom Ersten des auf die Verkündung dieses Gesetzes folgenden Kalendermonats an auf folgende Höchstbeträge begrenzt:

1. für Versichertenrenten auf 2.010 DM,
2. für Witwen- oder Witwerrenten auf 1.206 DM,
3. für Vollwaisenrenten auf 804 DM und

2.700 DM monatlich begrenzt. Mit der Zahlbetragsbegrenzung wird nicht nur eine Kürzung der Rente für die Fälle bewirkt, die über dem Zahlbetrag liegen, sondern auch ein Abschmelzen derjenigen Bestandteile der Rente, die aus Zusatz- und Sonderversorgungssystemen stammen.[37] Durch die Zahlbetragsbegrenzung verringert sich der Anteil der Leistungen aus Zusatz- und Sonderversorgungen in dem Maße wie die Rentenbestandteile aus diesen überführten Renten sich erhöhen. Das kann zum gänzlichen Verschwinden der Ansprüche aus den Zusatz und Sonderversorgungssystemen führen, weil § 10 Abs. 1 Satz 2 AAÜG über § 307 b Abs. 3 Satz 2 SGB VI fortwirkt. Dort ist nämlich geregelt, daß eine Nachzahlung aus der neuberechneten Rente nur dann erfolgt, wenn die neu berechnete Rente den Monatsbetrag der überführten Leistung übersteigt (§ 307 b Abs. 2 Satz 1 SGB VI). Unterschreitet er diesen aber, so wird der überführte Betrag solange weitergezahlt, bis die neu berechnete Rente den weiterzuzahlenden Betrag (also den überführten Betrag) erreicht hat. Dies ist um so gravierender, je länger die Dynamisierung der SGB VI-Rente braucht, um den alten, vom Einigungsvertrag geschützten Zahlbetrag zu erreichen.Angesichts des erheblichen Gewichts des von § 10 Abs. 1 Satz 2 AAÜG bewirkten Eingriffs in eine von Art. 14 GG geschützte Position, der entgegen der Überschrift nicht vorläufig, sondern endgültig ist, konstatiert das Urteil einen auch mit Gemeinwohlbelangen nicht zu rechtfertigenden Eingriff, der zur Nichtigkeit der Norm führt.

Diese verfassungsrechtliche Prüfung überzeugt. Das gilt auch für die sich anschließende Prüfung von § 23 RanGlG (der als Bundesrecht fortgilt) und von § 6 1. RAV und § 8 2. RAV, die mit dem Grundgesetz für vereinbar befunden werden.

Im Ergebnis diese Urteils scheint die Unterschutzstellung der in der DDR erworbenen Ansprüche und Anwartschaften aus Zusatz- und Sonderversorgungssystemen unter Art. 14 GG nichts anderes zu bewirken, als die Annahme, daß der Vereinigungsgesetzgeber bei der Überführung dieser Ansprüche verfassungsrechtlich frei war. Dennoch ist nicht zu übersehen, daß sich die Kontrolldichte des Gerichtes deutlich erhöht. Es bleibt darüber hinaus abzuwarten, ob sich die hier gefundenen Maßstäbe für andere rentenrechtliche Systemwechsel bewähren.

---

4. für Halbwaisenrenten auf 603 DM.

Satz 1 gilt für die Summe der Zahlbeträge aus gleichartigen Renten der Rentenversicherung und Leistungen der Zusatzversorgungssysteme nach Anlage 1 Nr. 1 oder 4 bis 18 mit der Maßgabe, daß vom 1.8.1991 an die Höchstbeträge für Versichertenrenten 2.700 DM und für Witwen- oder Witwerrenten 1.620 DM betragen. (...)

[37] Vgl. dazu *Wolter*, Zusatzversorgungssysteme der Intelligenz - Verfassungsrechtliche Probleme der Rentenüberleitung in den neuen Bundesländern, 1992, S. 126.

## E. Resümee

Die Beispiele der verfassungsgerichtlichen Überprüfung des Transformationsgesetzgebers bzw. des ihn realisierenden Rechtsanwenders zeigen, daß die in 40 Jahren Bundesrepublik entwickelten vielfältigen verfassungsrechtlichen Maßstäbe einer Konkretisierung bedurften und eine solche auch erfahren haben, wenn sie auf wiedervereinigungsbedingte Probleme angewandt wurden. Was unter dem Grundgesetz zur Beurteilung des einfachen Gesetzgebers an verfassungsrechtlichen Maßstäben entwickelt wurde, gilt für einen Gesetzgeber, der Verhalten für die Zukunft umbewertet bzw. aus einem Verhalten unter dem Grundgesetz schlußfolgert. Im Falle der juristischen Umbewertung von Verhalten in der DDR haben wir es jedoch mit einem Gesetzgeber zu tun, der erst im Nachhinein Tatbestände für bereits realisiertes Verhalten schafft. Oder aber der Gesetzgeber mußte Rechtsverhältnisse, die in der DDR entstanden waren, und so in der Bundesrepublik nicht hätten entstehen können, in grundgesetzkonforme Rechtsverhältnisse überführen. Das, was üblicherweise für den Gesetzgeber unter dem Grundgesetz gilt, reichte zur Lösung der zu entscheidenden Probleme nicht aus. Die vorgefundenen verfassungsrechtlichen Maßstäbe konnten nicht einfach für den Wechsel zwischen unterschiedlichen Verfassungsordnungen konkretisiert werden. Dabei geriet das Verfassungsgericht mehr als üblicherweise in die Situation eines Ersatzverfassungsgebers, der nachholt, was an politischer Konsensbildung fehlte. Dem Bundesverfassungsgericht ist es - aufgrund der Zeitvorgaben, unter denen die Wiedervereinigung stand: Alles mußte sofort und gleichzeitig geändert werden! - nur zum Teil gelungen, diese Lücken zu füllen. Die normative Kraft des Grundgesetzes konnte durch das Verfassungsgericht nicht so weit verstärkt werden, daß der Ausfall eines originären Verfassungsgebungsprozesses, der spezielle Wiedervereinigungsprobleme löst, kompensiert werden konnte.

Gleichwohl hat das Verfassungsgericht mit seiner Rechtsprechung zu wiedervereinigungsbedingten Fragen neue verfassungsrechtliche Maßstabe entwickelt, die künftig bei Systemwechseln nicht nur zwischen verschiedenen Verfassungsordnungen, sondern bei Kontinuität der Verfassung auf den unterverfassungsrechtlichen Ebenen angewandt werden können.

# Die Kodifikation von Grundrechtsnormen im Recht der Europäischen Union*

Von *Marion Albers*, Karlsruhe

Das Thema der Einführung eines Katalogs von Grundrechtsgewährleistungen in das Gemeinschafts- oder Unionsrecht begleitet die europäische Integration. Es begleitet sie allerdings eher in Form einer beständigen Diskussion als in Umsetzungsschritten. Noch bevor der Amsterdamer Vertrag in Kraft getreten war, der Hoffnungen auf die Aufnahme eines Grundrechtskatalogs nicht erfüllt hat, entstand darüber eine erneute Diskussion. Konkrete Entscheidungen zur Ausarbeitung einer Charta folgten. Es scheint, als hätten die neuen Initiativen mehr Realisierungschancen als bisherige Bemühungen. Hinreichend sicher läßt sich das aber nur dann beurteilen, wenn man die derzeitige Lage und die zu einem Regelungsbedarf führenden Defizite, die Funktionen einer Grundrechtscharta im Kontext der Europäischen Union und die Anforderungen analysiert, die sich bei der Erarbeitung einer Charta stellen.

Im folgenden werden zunächst die neuen Initiativen sowie die bisherigen Vorschläge und Regelungen zur Verbürgung der Grundrechte im Recht der Europäischen Union vorgestellt (Punkt A.). Gegenwärtig wird der grundrechtliche Schutz vorrangig durch die Gerichte gewährleistet. Dementsprechend wird er durch die daraus resultierenden Charakteristika geprägt (Punkt B.). Die Forderungen nach einer textlichen Verankerung der Grundrechte lassen sich mit deren Funktionen vor dem Hintergrund der Entwicklungsdynamik der Europäischen Union erklären (Punkt C.I.). Realisierungsprobleme liegen vor allem im Verhältnis der Grundrechtskodifikation zur Verfassungsfrage (Punkt C.II.) und in den Herausforderungen, die die dogmatische und inhaltliche Gestaltung der Grundrechtsnormen in sich birgt (Punkt C.III.).

* Für Anregungen und Kritik danke ich Stefan Ulrich *Pieper* und Christian *Walter*.

## A. Entwicklungslinien der Verankerung des Grundrechtsschutzes

### I. Neue Initiativen zur Einführung einer Grundrechtscharta

Im Februar 1999 hat eine Expertengruppe, die von der Kommission mit der Analyse von Voraussetzungen und Grenzen einer ausdrücklichen Anerkennung der Grundrechte beauftragt worden ist, ihren Bericht zur Verbürgung der Grundrechte in der Europäischen Union vorgelegt.[1] Anfang Juni 1999 hat der Europäische Rat in Köln einen Beschluß zur Ausarbeitung einer Charta der Grundrechte der Europäischen Union gefaßt.[2] Danach ist es im gegenwärtigen Entwicklungsstand der Union erforderlich, eine Charta dieser Rechte zu erstellen, damit die überragende Bedeutung der Grundrechte und ihre Tragweite für die Unionsbürger sichtbar verankert wird. Im Oktober 1999 wurden auf dem Treffen in Tampere Zusammensetzung und Arbeitsverfahren des für die Ausarbeitung der Charta einzusetzenden Gremiums bestimmt.[3]

Der Auftrag zur Erarbeitung eines Grundrechtskatalogs war eines der erklärten Ziele, die die Bundesregierung während der Ratspräsidentschaft der Bundesrepublik Deutschland erreichen wollte.[4] Danach sollen die schon geltenden Grundrechte systematisiert, in einem Dokument zusammengefaßt und darüber hinaus inhaltlich erweitert werden. Sie sollen auf die europäischen Institutionen ausgerichtet werden, aber auch dazu dienen, bei der Erweiterung der Union politische und rechtliche Wirkungen zu entfalten.[5] Zu diesen Vorstellungen paßt, daß nicht allein die Einführung einer Grundrechtscharta angestrebt wird. Diese wird vielmehr ausdrücklich in den übergreifenden Rahmen der Entwicklung einer europäischen Verfassung gestellt.[6]

---

[1] *Europäische Kommission*, Die Grundrechte in der Europäischen Union verbürgen - Zeit zum Handeln, Bericht der Expertengruppe „Grundrechte", Amt für amtliche Veröffentlichungen der Europäischen Gemeinschaften, Luxemburg 1999.

[2] Bulletin der Bundesregierung vom 16.08.1999, S. 509 (514, 535), EuGRZ 1999, S. 364 f., oder im Internet unter http:/europa.eu.int/council/off/conclu/june99/annexe_de.htm.

[3] Siehe EuGRZ 1999, S. 615.

[4] *Fischer*, Die Schwerpunkte der deutschen Ratspräsidentschaft, Bulletin der Bundesregierung vom 14. Januar 1999, S. 9 (11 f.). Vgl. außerdem den Bericht über das gemeinsame Forum des Bundesministeriums der Justiz und der Vertretung der Europäischen Kommission in Deutschland von *Eickmeier*, Eine europäische Charta der Grundrechte, DVBl 1999, S. 1026 (1026 ff.).

[5] *Däubler-Gmelin*, Schwerpunkte der Rechtspolitik in der neuen Legislaturperiode, ZRP 1999, S. 81 (84).

[6] Siehe - mit im einzelnen unterschiedlichen Positionen - *Fischer* (Fn 4), S. 11 f.; *Däubler-Gmelin*, Warum brauchen die Europäer eine Charta der Grundrechte ?, in: Vertretung der Europäischen Kommission in der Bundesrepublik Deutschland (Hrsg.), Eine europäische Charta der Grundrechte, Beitrag zur gemeinsamen Identität, Europäische Gespräche 2 /1999, S. 9 (11, 16); abgedr. auch als: Grundrechte in Europa, Bulle-

## II. Bisherige Vorschläge und Regelungen zur Verbürgung der Grundrechte

### *1. Entwicklungen auf europarechtlicher Ebene*

In den Europäischen Gründungsverträgen wurde der Schutz der Grundrechte nicht geregelt. Ihr Schwerpunkt lag, nachdem politische Konzeptionen in Gestalt der Europäischen Verteidigungsgemeinschaft und der Europäischen Politischen Gemeinschaft gescheitert waren und eine funktionale Integration in den Bereichen des Handels, der Dienstleistungen, des Waren- und Kapitalverkehrs gewählt wurde[7], auf wirtschaftlichen Bestimmungen. Man ging davon aus, daß Grundrechte nicht betroffen und die im Vertrag normierten Diskriminierungsverbote sowie die im Wirtschaftsraum verbürgten Grundfreiheiten mit Blick auf die Struktur der Gemeinschaften angemessen wären.[8]

Diese Annahme erwies sich bald als unzutreffend. Daher sah sich zum einen der Europäische Gerichtshof veranlaßt, Gemeinschaftsgrundrechte richterrechtlich herzuleiten. Zum anderen entwickelten sich immer neue Initiativen zur deutlicheren Verankerung der Grundrechte im Gemeinschaftsrecht. Parlament, Rat und Kommission verabschiedeten am 5. April 1977 eine Gemeinsame Erklärung über die Grundrechte.[9] Sie nimmt Bezug auf die zu diesem Zeitpunkt bereits gefestigte Rechtsprechung des Europäischen Gerichtshofes zu den Gemeinschaftsgrundrechten, unterstreicht die Bedeutung, die der Achtung der Grundrechte, wie sie insbesondere aus den Verfassungen der Mitgliedstaaten sowie aus der Europäischen Konvention zum Schutz der Menschenrechte und Grundfreiheiten hervorgehen, beigemessen wird, und bekräftigt, daß bei

---

tin der Bundesregierung vom 4. Mai 1999, S. 245 (245, 246); *Müller*, Redaktion, Zustimmung und rechtliche Bindung einer europäischen Charta der Grundrechte, in: Vertretung der Europäischen Kommission in der Bundesrepublik Deutschland (Hrsg.), Eine europäische Charta der Grundrechte, Beitrag zur gemeinsamen Identität, Europäische Gespräche 2 /1999, S. 25 (28 ff.); *Leutheusser-Schnarrenberger*, Eine europäische Charta der Grundrechte: Teil einer europäischen Verfassung ?, in: ebda., S. 63 (64 ff.); etwas zurückhaltender *Schily*, 50 Jahre Grundgesetz - Verfassungsentwicklung in europäischer Perspektive, Bulletin der Bundesregierung vom 15. Juli 1999, S. 469 (473). Vgl. auch *Rau*, Die Quelle der Legitimation deutlich machen, FAZ vom 4. November 1999.

[7] Zur Entwicklung *Böckenförde*, Welchen Weg geht Europa ?, in: ders., Staat - Nation - Europa, 1999, S. 68 (68 ff.). Dazu, daß die funktionale Integration als Weg zum noch nicht erreichbaren politischen Ziel angesehen wurde, vgl. auch *Hallstein*, Wirtschaftliche Integration als Faktor politischer Einigung, in: ders., Europäische Reden, 1979, S. 243 (245 ff.).

[8] *Pescatore*, Bestand und Bedeutung der Grundrechte in den Europäischen Gemeinschaften, EuGRZ 1978, S. 441 (441); *Bahlmann*, Der Grundrechtsschutz in der Europäischen Gemeinschaft, EuR 1982, S. 1 (3).

[9] ABl 1977, Nr. C 103, S. 1.

der Ausübung der Befugnisse und bei der Verfolgung der Ziele der Europäischen Gemeinschaften diese Rechte beachtet werden. Es handelt sich um die erste förmliche Anerkennung des Grundrechtsschutzes in der Gemeinschaft durch die Gemeinschaftsorgane.[10] Allerdings war ihre normative Wirkung begrenzt.[11]

Insbesondere im parlamentarischen Rahmen hat es in der Folgezeit, jeweils mehr oder weniger eng verknüpft mit Diskussionen um institutionelle Reformen, Bemühungen um eine Kodifikation von Grundrechten, vor allem aber um eine Verfassung insgesamt gegeben. Dahinter steht nicht zuletzt, daß das Parlament, zumal seit es direkt gewählt wurde, die ihm zugewiesene institutionelle Rolle als unangemessen empfand.[12] 1984 ist der - als Verfassung bezeichnete - Entwurf eines Vertrages zur Gründung der Europäischen Union im Parlament angenommen worden.[13] Er sah - neben weitreichenden institutionellen und kompetenziellen Änderungen - in Art. 4 eine generelle Regelung über den Grundrechtsschutz vor. Der Entschließungsentwurf über die Ausarbeitung einer Europäischen Verfassung, den die Europäische Volkspartei im Jahre 1988 in das Parlament einbrachte, enthielt weitergehend einen Grundrechtskatalog mit klassischen Freiheiten und sozialen Rechten, zum Beispiel dem Recht auf sozial gesicherte schulische Bildung.[14] Auch die Erklärung über Grundrechte und Grundfreiheiten, die das Europäische Parlament am 12. April 1989 abgegeben hat, enthält einen so gestalteten, unter anderem Rechte auf sozialen Schutz und zudem das „moderne" Recht auf Zugang zu Informationen einschließenden Grundrechtskatalog.[15] Der Entwurf einer Verfassung der Europäischen Union, der im Zuge der Diskussion um den Vertrag von Maastricht vom Institutionellen Ausschuß des Europäischen Parlaments vorgelegt worden ist, listet eben-

---

[10] Zum Hintergrund und zur Erklärung *Hilf*, Die gemeinsame Grundrechtserklärung des Europäischen Parlaments, des Rates und der Kommission vom 5. April 1977, EuGRZ 1977, S. 158 (158 ff.).

[11] Vgl. dazu *Beutler*, in: von der Groeben/Thiesing/Ehlermann, Kommentar zum EU/EG-Vertrag, 5. Aufl. 1997, Art. F Rn 36; *Kutscher*, Der Schutz von Grundrechten im Recht der Europäischen Gemeinschaften, in: Kutscher/Rogge/Matscher, Der Grundrechtsschutz im Europäischen Gemeinschaftsrecht, 1982, S. 35 (43); *Rengeling*, Grundrechtsschutz in der Europäischen Gemeinschaft, 1993, S. 182 f. Siehe auch BVerfGE 73, 339 (378, 384 f.).

[12] Siehe z.B. *Spinelli*, Das Verfassungsprojekt des Europäischen Parlaments, in: Schwarze/Bieber (Hrsg.), Eine Verfassung für Europa, 1984, S. 231 (231 ff.).

[13] ABl 1984, Nr. C 77; abgedr. auch in: Schwarze/Bieber (Hrsg.), Eine Verfassung für Europa, 1984, S. 322 ff.

[14] Abgedr. in : Schwarze/Bieber (Hrsg.), Eine Verfassung für Europa, S. 572 ff.

[15] ABl 1989, Nr. C 120/51; siehe auch EuGRZ 1989, S. 204 (204 ff.), sowie den Bericht im Namen des Institutionellen Ausschusses über die Erklärung der Grundrechte und Grundfreiheiten von *De Gucht*, EuGRZ 1989, S. 207 (207 ff); außerdem *Beutler*, Die Erklärung des Europäischen Parlaments über Grundrechte und Grundfreiheiten vom 12. April 1989, EuGRZ 1989, S. 185 (185 ff.).

falls eine Reihe klassischer Freiheitsrechte, sozialer Grundrechte sowie das Recht auf Zugang zu Informationen und das Recht auf Schutz und Erhaltung der natürlichen Umwelt auf.[16] Das Parlament hat sich zwar nicht über den Verfassungsentwurf zustimmend verständigt, aber eine Entschließung zur Verfassung der Europäischen Union verabschiedet.[17]

Die Reform der Verträge ist jeweils weit hinter diesen Vorstellungen zurückgeblieben. Die Einheitliche Europäische Akte enthielt lediglich in der Präambel[18] ein Bekenntnis zum Grundrechtsschutz, mit dem die Mitgliedstaaten ihre Entschlossenheit erklären, „gemeinsam für die Demokratie einzutreten, wobei sie sich auf die in den Verfassungen und Gesetzen der Mitgliedstaaten, in der Europäischen Konvention zum Schutz der Menschenrechte und Grundfreiheiten und der Europäischen Sozialcharta anerkannten Grundrechte, insbesondere Freiheit, Gleichheit und Gerechtigkeit stützen".[19] Der Vertrag von Maastricht hat dann den Grundrechtsschutz erstmals im Vertrag selbst rechtlich verbindlich festgelegt. Nach Art. F Abs. 2 EUV achtet die Union die Grundrechte, wie sie in der Europäischen Konvention zum Schutze der Menschenrechte und Grundfreiheiten gewährleistet sind und wie sie sich aus den gemeinsamen Verfassungsüberlieferungen der Mitgliedstaaten als allgemeine Grundsätze des Gemeinschaftsrechts ergeben. Die Geltungsreichweite ist wegen des in diesem Punkt nicht eindeutigen Verhältnisses von Union und Gemeinschaften strittig; diese lassen sich jedoch mit plausibler Argumentation einbeziehen.[20] Ihrem Aussagegehalt nach bestätigt und fundiert die Norm die bisherige Rechtsprechung des Europäischen Gerichtshofes zu den Gemeinschaftsgrundrechten, ohne aber eine über die Bezugnahme auf die bisherigen Rechtserkenntnisquellen hinausgehende inhaltliche Konkretisierung vorzunehmen. Der Amsterdamer Vertrag hat die generalklauselartige Verankerung der Grundrechte bestätigt und den Schutz in bestimmten Punkten ausgebaut. Art. F Abs. 2 EUV ist mit der Klarstellung zu Art. 6 EUV umnumeriert worden, daß die

---

[16] ABl 1994, Nr. C 61/155, Anlage, Titel VIII.

[17] ABl 1994, Nr. C 61/155.

[18] Zur Rechtswirkung: *Chwolik-Lanfermann*, Grundrechtsschutz in der Europäischen Union, 1994, S. 45 f. Der EuGH hat die Präambel als Bestätigung seiner Rechtsprechung aufgegriffen: Rs. 249/86 (Kommission/Deutschland), Slg. 1989, S. 1263 (1290).

[19] ABl 1987, Nr. L 169/12. Es handelt sich um die Übernahme der Deklaration der im Europäischen Rat vereinigten Vertreter der Mitgliedstaaten zur Europäischen Union vom 20. Juni 1983, Bull EG Nr. 6 - 1983, S. 26.

[20] Siehe einerseits *Hilf*, in: Grabitz/Hilf (Hrsg.), Kommentar zur Europäischen Union, Stand 1998, Art. F Rn 43; andererseits *Baumgartner*, EU-Mitgliedschaft und Grundrechtsschutz, 1997, S. 165; *Rodriguez Iglesias*, Zur Stellung der Europäischen Menschenrechtskonvention im europäischen Gemeinschaftsrecht, in: Beyerlin/Bothe/Hofmann/Petersmann (Hrsg.), Recht zwischen Umbruch und Bewahrung, Festschrift Bernhardt, 1995, S. 1269 (1281).

Europäische Menschenrechtskonvention nicht unvermittelt einzubinden ist.[21] Der Grundrechtsschutz gestaltet sich sonach originär gemeinschaftsrechtlich und läßt eine gemeinschaftsrechtsspezifische Grundrechtsdogmatik zu.[22] Nach Art. 46 EUV fällt die Norm nunmehr explizit in den Bereich der gerichtlichen Kontrolle durch den Europäischen Gerichtshof. Einige Diskriminierungsverbote sowie die Förderung der Gleichstellung von Männern und Frauen wurden verstärkt. Die teilweise bestehenden Erwartungen, die Aufnahme eines Grundrechtskataloges könne gelingen, hat der Amsterdamer Vertrag aber nicht erfüllt.[23] Damit hat er aber keineswegs eine zumindest zeitweise Zurückstellung dieses Themas, sondern im Gegenteil dessen erneute Diskussion zur Folge gehabt.

### *2. Die Überlegungen zum Beitritt zur Europäischen Menschenrechtskonvention*

Mit der Erfahrung, daß die Aufnahme eines Grundrechtskatalogs auf Schwierigkeiten stieß, richtete sich der Blick auch auf den bereits vorhandenen, von sämtlichen Mitgliedstaaten der Gemeinschaft ratifizierten und insoweit konsentierten Katalog der Europäischen Menschenrechtskonvention. Kommission und Parlament haben sich im Jahre 1979 jeweils für den Beitritt der Europäischen Gemeinschaften ausgesprochen.[24]

Dagegen hat es freilich immer inhaltliche und verfahrensrechtliche Bedenken gegeben. Sie reichen von dem Einwand, daß die Gewährleistungen der Europäischen Menschenrechtskonvention ihrer Funktion nach eine völkerrechtliche Absicherung bestimmter Menschenrechte in einem begrenzten, aber für all ihre Mitgliedstaaten verbindlichen Umfang darstellen und den Europäischen Gemeinschaften nicht hinreichend angepaßt sind, über die Hinweise auf die für

[21] Zu den verschiedenen Ansichten über die Einbindung der EMRK im Maastrichter Vertrag siehe einerseits *Ress*, Die Europäische Union und die neue juristische Qualität der Beziehungen zu den Europäischen Gemeinschaften, JuS 1992, S. 985 (990: „materielle Inkorporation"), andererseits *Bleckmann*, Der Vertrag über die Europäische Union, DVBl 1992, S. 335 (336).

[22] *Beutler*, in: von der Groeben/Thiesing/Ehlermann, Kommentar zum EU/EG-Vertrag, 5. Aufl. 1997, Art. F Rn 22 ff., 72; *Pauly*, Strukturfragen des unionsrechtlichen Grundrechtsschutzes, EuR 1998, S. 242 (252 f.).

[23] Vgl. insgesamt *Steinberg*, Grundgesetz und Europäische Verfassung, ZRP 1999, S. 365 (367). Zu den Bestimmungen mit grundrechtlichem Bezug im Amsterdamer Vertrag außerdem *Hilf*, Amsterdam - Ein Vertrag für die Bürger?, EuR 1997, S. 347 (354 ff.); *ders./Pache*, Der Vertrag von Amsterdam, NJW 1998, S. 705 (706 f.).

[24] Siehe das Memorandum der Kommission betreffend den Beitritt der Europäischen Gemeinschaften zur Konvention über den Schutz der Menschenrechte und Grundfreiheiten vom 10. April 1979, EuGRZ 1979, S. 330 (330 ff.), und die Entschließung des Europäischen Parlaments vom 27. April 1979, EuGRZ 1979, S. 257.

eine Mitgliedschaft notwendigen Vertrags- und Konventionsänderungen bis hin zu der konsequenten Folgerung, daß ein Beitritt die Zuständigkeit des Europäischen Gerichtshofes für Menschenrechte nach sich zöge.[25] Wohl nicht zuletzt auch deswegen hat der Europäische Gerichtshof in seinem Gutachten aus dem Jahre 1996 festgestellt, daß der Europäischen Gemeinschaft die Kompetenz zum Beitritt zur Europäischen Menschenrechtskonvention fehle. Der Beitritt zur Konvention hätte eine wesentliche Änderung des Gemeinschaftssystems des Schutzes der Menschenrechte zur Folge, da er die Einbindung der Gemeinschaft in ein völkerrechtliches, andersartiges institutionelles System und die Übernahme sämtlicher Bestimmungen der Konvention in die Gemeinschaftsrechtsordnung mit sich brächte. Eine solche Änderung, die grundlegende Auswirkungen sowohl auf die Gemeinschaft als auch auf die Mitgliedstaaten hätte, wäre von verfassungsrechtlicher Dimension und ginge über die Grenzen des Artikels 235 EGV hinaus. Sie könne daher nur im Wege der Vertragsänderung vorgenommen werden.[26]

Der Beitritt zur Europäischen Menschenrechtskonvention - nach den notwendigen Änderungen der Unions- und Gemeinschaftsverträge sowie der Konvention - wird gelegentlich noch angeregt.[27] Er ist derzeit aber nicht aktuell. Die Europäische Menschenrechtskonvention hat dennoch wesentliche Bedeutung. Sie ist vor allem Rechtserkenntnisquelle in der Rechtsprechung des Europäischen Gerichtshofes. Überdies hat der neu ausgestaltete Europäische Gerichtshof für Menschenrechte an Selbstbewußtsein gewonnen. Unter Berücksichtigung einiger seiner Entscheidungen wird der Europäischen Menschenrechtskonvention teilweise sogar Konstitutionalisierungsqualität zugesprochen.[28] Beide Gesichtspunkte weisen darauf hin, daß deren Vorschriften bei der Ausarbeitung einer Grundrechtscharta der Europäischen Union einerseits als rezipierbarer Normenbestand, andererseits wegen der Abstimmungserfordernisse Beachtung finden müssen.

---

[25] Dazu *Bahlmann* (Fn 8), S. 12 ff.; *Kutscher*, Der Schutz von Grundrechten im Recht der Europäischen Gemeinschaften, in: ders./Rogge/Matscher, Der Grundrechtsschutz im Europäischen Gemeinschaftsrecht, 1982, S. 51 ff.

[26] EuGH, Gutachten 2/94 vom 28.03.1996, Slg. 1996, S. I-1759 (1787 ff.).

[27] Siehe etwa *Kokott*, Der Grundrechtsschutz im europäischen Gemeinschaftsrecht, AöR 1996, S. 599 (635 f., 638); vgl. außerdem *Rissanen*, Eine europäische Charta der Grundrechte aus der Sicht der finnischen Präsidentschaft, in: Vertretung der Europäischen Kommission in der Bundesrepublik Deutschland (Hrsg.), Eine europäische Charta der Grundrechte, Beitrag zur gemeinsamen Identität, Europäische Gespräche 2 /1999, S. 53 (53, 60). Skeptisch zu den Realisierungsmöglichkeiten *Frowein*, Die Europäische Union im Zeichen der Globalisierung: Einbindung und Status der Europäischen Union im Verfassungssystem der Staatengemeinschaft, http:/www.rewi.hu-berlin.de/WHI/tagung98/frowein, S. 15.

[28] *Walter*, Die Europäische Menschenrechtskonvention als Konstitutionalisierungsprozeß, ZaöRV 1999, S. 961 (961 ff.).

## B. Die Gewährleistung grundrechtlichen Schutzes durch die Gerichte

Auch unabhängig von der mittlerweile vorhandenen generalklauselartigen Anerkennung in Art. 6 EGV stehen die politischen Initiativen nicht vor einem grundrechtlosen Zustand. Vielmehr hat der Europäische Gerichtshof in seiner Rechtsprechung, gestützt auf Art. 220 EGV (Art. 164 EGV a.F.), der ihm die Sicherung der Wahrung des Rechts bei der Auslegung und Anwendung des Vertrages zuweist, Gemeinschaftsgrundrechte entwickelt.[29] Dahinter stehen mehrere Gesichtspunkte: Der Europäische Gerichtshof geht davon aus, daß das Gemeinschaftsrecht gegenüber jeglichem nationalen Recht der Mitgliedstaaten, also auch gegenüber deren Verfassungsrecht, vorrangig ist und daß Handlungen der Gemeinschaftsorgane oder Normen des Gemeinschaftsrechts allein an dessen (übergeordneten) Maßstäben gemessen werden können.[30] Unter diesen Umständen stand er selbst vor dem Problem, daß der Schutz der Bürger allein mit den Grundfreiheiten nicht ausreichend gewährleistet war. Zudem sind die nationalen Verfassungsgerichte den Ansichten des Europäischen Gerichtshofes nicht durchweg gefolgt. Insbesondere das Bundesverfassungsgericht, die Corte Costitutionale sowie die belgische Cour de Cassation haben mit ihrer Position, sie würden Grundrechtsschutz nach Maßgabe der nationalen Verfassung gewährleisten, solange nicht ein adäquater Grundrechtsschutz auf Gemeinschaftsebene gesichert sei, die richterrechtliche Entwicklung von Gemeinschaftsgrundrechten forciert.[31]

Im Vergleich zu einer Kodifikation der Grundrechte sind bei einer richterrechtlichen Gewährleistung einerseits bestimmte Vorteile, andererseits spezifische Defizite zu erwarten. Das gilt um so mehr für die Rechtsprechung des Europäischen Gerichtshofes, der sich im Netzwerk europäischer und mitgliedstaatlicher Regelungen bewegen muß. Analysen insbesondere der Grundlagen, der Bindungswirkungen, der Inhalte und der Methodik der Konkretisierung der Grundrechte sowie des Rechtsschutzsystems können die Charakteristika und

---

[29] Ausführlich zur Entwicklung *Baumgartner* (Fn 20), S. 149 ff.; *Wetter*, Die Grundrechtscharta des Europäischen Gerichtshofes, 1998, passim.

[30] Zum Vorrang: EuGH, Rs. 6/64 (Costa), Slg. 1964, S. 1251 (1269 ff.). Dazu weiter die Ausführungen in EuGH, Rs. 11/70 (Internationale Handelsgesellschaft), Slg. 1970, S. 1125 (1135) sowie etwa EuGH Rs. 234/85 (Keller), Slg. 1986, S. 2897 (2912), aus denen jeweils deutlich wird, daß die Autonomie und alleinige Maßstäblichkeit des Gemeinschaftsrechts Grundlage und zugleich Anlaß der Entwicklung gemeinschaftsrechtlicher Grundrechte waren.

[31] BVerfGE 37, 271 (277 ff.); offen lassend dann BVerfGE 52, 187 (202 f.); weiter Cour de Cassation, EuGRZ 1975, S. 308; Corte Costituzionale, Giurisprudenza Cost. 1973, S. 2401 (2406 f.); außerdem, wenn auch zurückhaltender Corte Costituzionale, EuGRZ 1975, S. 311 (315). Zu den Wirkungen dieser Entscheidungen etwa *Mancini*, The Making of a Constitution for Europe, CMLR 1989, S. 595 (611).

die Funktionen der einschlägigen Rechtsprechung näher aufzeigen. Hinzu kommt, daß das Verhältnis von Europäischem Gerichtshof und nationalen Verfassungsgerichten immer noch keineswegs ausgelotet, sondern im Gegenteil in eine neue Entwicklung getreten ist. Auch das gleichermaßen abzustimmende Verhältnis zum Europäischen Gerichtshof für Menschenrechte ist nicht unbedingt abschließend geklärt. Deshalb wäre es verkürzt, zur Untersuchung der gegenwärtigen Situation des Grundrechtsschutzes auf Unions- oder Gemeinschaftsebene allein die Rechtsprechung des Europäischen Gerichtshofes zu berücksichtigen.

## I. Die Rechtsprechung des Europäischen Gerichtshofes

Der Europäische Gerichtshof sieht die Grundrechte als allgemeine Rechtsgrundsätze des Gemeinschaftsrechts gewährleistet.[32] Damit ordnet er sie den Grundgedanken ein, daß die Europäischen Gemeinschaften eine Rechtsgemeinschaft, dies jedoch mit einem lückenhaften und zum Teil fortbildungsbedürftigen Rechtsbestand darstellen.[33] Der Anknüpfungspunkt bietet ihm einerseits eine dogmatische und inhaltliche Absicherung und Orientierung. Er verschafft ihm andererseits in hohem Maße Gestaltungs- und Entwicklungsmöglichkeiten. Beides wird in der Rechtsprechung in mehreren Hinsichten deutlich.

Die Grundrechte binden das Handeln der Gemeinschaftsorgane. Sie sind darüber hinaus von den Mitgliedstaaten bei der Ausführung und Anwendung des Gemeinschaftsrechts zu beachten.[34] Diese Bindung als solche kann vor dem Hintergrund der Annahme eines Vorrangs und alleinigen Maßstäblichkeit des Gemeinschaftsrechts nicht zweifelhaft sein. Probleme kann demgegenüber die Bestimmung der Reichweite der Wirkungen des sonstigen Gemeinschaftsrechts bereiten, hier insbesondere inwieweit eine mitgliedstaatliche Maßnahme in den Anwendungsbereich des Gemeinschaftsrechts fällt.

Verankert als allgemeine Rechtsgrundsätze des Gemeinschaftsrechts erfordern die Grundrechte in besonderem Maße eine Konkretisierung. Dabei geht

[32] Grundlegend EuGH, Rs. 29/96 (Stauder), Slg. 1969, S. 419 (425); vgl. auch die Schlußanträge des Generalanwalts, S. 428; näher dann EuGH, Rs. 11/70 (Internationale Handelsgesellschaft), Slg. 1970, S. 1125 (1135) und auch hierzu die Schlußanträge des Generalanwalts, S. 1149 f.; weiter EuGH, Rs. 4/73 (Nold), Slg. 1974, S. 491 (507).

[33] Dazu etwa *Zuleeg*, Die Europäische Gemeinschaft als Rechtsgemeinschaft, NJW 1994, S. 545 (545 ff.).

[34] EuGH Rs. 5/88 (Wachauf), Slg. 1989, S. 2609 (2639 f.); EuGH Rs. C-260/89 (ERT), Slg. 1991, S. I-2925 (2964). Kritisch zu der Ausdehnung *Coppel/O'Neill*, The European Court of Justice: Taking Rights Seriously ?, CMLR 1992, S. 669 (669 ff.). Dagegen *Weiler/Lockhart*, „Taking Rights Seriously" Seriously: The European Court and its Fundamental Rights Jurisprudence, CMLR 1995, S. 51 (51 ff.), 579 (579 ff.).

der Europäische Gerichtshof von den gemeinsamen Verfassungsüberlieferungen der Mitgliedstaaten aus. Zugleich berücksichtigt er die internationalen Verträge über den Schutz der Menschenrechte, an deren Abschluß die Mitgliedstaaten beteiligt waren oder denen sie beigetreten sind.[35] Für das erste Element liegt die Eigenständigkeit des Gemeinschaftsrechts auf der Hand. Dagegen schwanken die Ausführungen dazu, in welcher Weise das zweite Element, also vor allem die Europäische Menschenrechtskonvention, in die gemeinschaftsrechtliche Ordnung einzubinden ist. Der Europäische Gerichtshof beließ es zunächst bei der relativ vagen Formulierung, die Menschenrechtsverträge könnten „Hinweise geben, die im Rahmen des Gemeinschaftsrechts zu berücksichtigen sind".[36] Im Verlauf der Konkretisierung der Gemeinschaftsgrundrechte griff er aber teilweise unvermittelter auf sie zurück.[37] Nachdem aus einigen Entscheidungen eine unmittelbare Geltung der Europäischen Menschenrechtskonvention im Gemeinschaftsrecht gefolgert worden war, stellte er nachfolgend wiederum heraus, er lasse sich von den Hinweisen leiten, die die einschlägigen völkerrechtlichen Verträge über den Schutz der Menschenrechte gäben; nur in diesem Rahmen komme der Konvention besondere Bedeutung zu.[38] Demnach sind sowohl die nationalen Verfassungen als auch die Menschenrechtsverträge nicht Rechtsquellen, sondern Rechtserkenntnisquellen. Die Gemeinschaftsgrundrechte werden daraus unter Berücksichtigung gerade der Gemeinschaftsinteressen rechtsvergleichend und -fortbildend hergeleitet.

Der Eigenständigkeit der Gemeinschaftsgrundrechte entspricht die weitere Überlegung des Europäischen Gerichtshofes, daß die Gewährleistung dieser Rechte sich in die Struktur und die Ziele der Gemeinschaft einfügen müsse.[39] Sie wird zwar meist als Schrankenerwägung verstanden. In ihr schwingt jedoch - zumal angesichts der wenig ausgeprägten Trennung von Gewährleistung und Schranken in den Entscheidungen des Gerichtshofes - auch die Bedeutung mit, daß bereits die Inhalte der Gemeinschaftsgrundrechte in spezifischer Weise zugeschnitten werden müssen.[40] Indem das Grundrecht in die Zielsetzungen des Gemeinschaftsrechts eingepaßt wird, wird der Grundrechtsschutz in der Gemeinschaft von dem nationalen Grundrechtsschutz ebenso wie von dem Kata-

[35] Dies seit EuGH, Rs. 4/73 (Nold), Slg. 1974, S. 491 (507); vgl. auch *Lenz*, Der europäische Grundrechtsstandard in der Rechtsprechung des Europäischen Gerichtshofes, EuGRZ 1993, S. 585 (586 f.).

[36] EuGH, Rs. 4/73 (Nold), Slg. 1974, S. 491 (507).

[37] Etwa EuGH, Rs. 404/92, Slg. 1994, S. I-4737 (4789).

[38] EuGH, Gutachten 2/94, Slg. 1996, S. I-1759 (1789).

[39] Grundlegend EuGH, Rs. 11/70 (Internationale Handelsgesellschaft), Slg. 1970, S. 1125 (1135).

[40] Siehe auch *Anweiler*, Die Auslegungsmethoden des Gerichtshofs der Europäischen Gemeinschaften, 1997, S. 361 ff.

log der Europäischen Menschenrechtskonvention entkoppelt. Er kann dahinter zurückbleiben, aber auch darüber hinausgehen.

Über den gewählten Ansatz muß die Rechtsprechung allerdings inhaltlich und dogmatisch hinausgehen und konkreter werden. Inhaltlich liegen eindeutige Schwerpunkte auf den besonderen Diskriminierungsverboten und dem Gleichheitssatz[41] sowie auf der Handels-, Wettbewerbs-, Berufs- und Eigentumsfreiheit[42]. Diese Freiheiten werden teilweise nur wenig scharf gegeneinander abgegrenzt und zurückhaltend konkretisiert, wegen der schwerpunktmäßigen Befassung aber immerhin in einer ganzen Reihe von Entscheidungen konkretisiert. So schließt die Berufsfreiheit sowohl die freie Berufswahl als auch die freie Berufsausübung[43], die freie Wahl des Geschäftspartners[44], teilweise auch die Wettbewerbsstellung[45] ein. Die Eigentumsfreiheit umfaßt etwa den Schutz des Grundeigentums, aber auch vermögenswerte subjektive Rechte und gewährleistet in eingegrenztem Ausmaß Dispositions- und Vertrauensschutz[46]. Vorbehaltlich eines Vertrauensschutzes erstreckt sie sich dagegen nicht auf den Schutz kaufmännischer Interessen oder auf Vorteile, die zu einem bestimmten Zeitpunkt im Rahmen der Ausgestaltung der gemeinsamen Marktordnung bestehen.[47] In bestimmtem Umfang zeichnen sich somit die Grundlinien und das Spektrum des Schutzes ab.

Über diese wirtschaftsbezogenen Freiheiten hinaus hat der Europäische Gerichtshof weitere Gemeinschaftsgrundrechte entwickelt. Deren Konkretisierung fällt jedoch weit hinter den bei jenen erreichten Stand zurück. Um den Persönlichkeitsschutz ging es im Zusammenhang mit gegebenenfalls nachteilig wirkenden personenbezogenen Angaben, die bei Ausfüllung eines Antrags vorgesehen waren.[48] Die Religionsfreiheit wurde in einem Fall, in dem es um die Frage ging, ob eine Anstellungsbehörde der Gemeinschaft bei der Durchführung eines Auswahl- und Prüfungsverfahrens die die Teilnehmer bindenden re-

---

[41] Dazu *Kischel*, Zur Dogmatik des Gleichheitssatzes in der Europäischen Union, EuGRZ 1997, S. 1 (1 ff.).

[42] Überblick und Analysen bei *Günter*, Berufsfreiheit und Eigentum in der Europäischen Union, 1998, S. 15 ff.; *Rengeling* (Fn 11), S. 16 ff.

[43] EuGH, Rs. 44/79 (Hauer), Slg. 1979, S. 3727 (3750); EuGH Rs. 116/82, Slg. 1986, 2519 (2545).

[44] EuGH Rs. C-90 und 91/90, Slg. 1991, S. I-3617 (3637 f.).

[45] EuGH Rs. C-280/93, Slg. 1994, S. I-4973 (5066).

[46] EuGH Rs. 120/86, Slg. 1988, S. 2321 (2353); EuGH Rs. 170/86, Slg. 1988, S. 2355 (2373).

[47] EuGH, Rs. 4/73 (Nold), Slg. 1974, S. 491 (508); EuGH, Rs. 44/79 (Hauer), Slg. 1979, S. 3727 (3745 f.); EuGH, Rs. 154 u.a./78 und 39 u.a./79 (Valsabbia), Slg. 1980, S. 907 (1010 f.).

[48] EuGH, Rs. 29/96 (Stauder), Slg. 1969, S. 419 (425); vgl. außerdem EuGH, Rs. 404/92, Slg. 1994, S. I-4737 (4789 f.).

ligiösen Gebote zu berücksichtigen hat, eher implizit behandelt.[49] Durchsuchungsmaßnahmen auf Veranlassung der Kommission gaben Gelegenheit zur Konkretisierung der Verbürgung der Unverletzlichkeit der Wohnung, aus der Geschäftsräume von Unternehmen freilich ausgeklammert wurden.[50] Die Freiheit der Meinungsäußerung ist zur Bestimmung der Reichweite der Loyalitätspflicht von Bediensteten der Europäischen Gesellschaft für Zusammenarbeit angeführt worden.[51] Ansätze zur Entwicklung überindividuell-objektivrechtlicher Dimensionen der Kommunikationsfreiheit finden sich in Fällen, in denen die Pluralismussicherung oder die Aufrechterhaltung der Medienvielfalt als ein zwingender Grund des Allgemeininteresses anerkannt wird, der die Beschränkung unter anderem der Freiheit des Dienstleistungsverkehrs rechtfertigt.[52] Die Aufrechterhaltung des Pluralismus wird dabei nämlich in einen Zusammenhang mit der von der Gemeinschaftsrechtsordnung gewährleisteten Meinungsfreiheit gestellt[53]; sie „bezweckt .... die Wahrung der Meinungsvielfalt und damit der freien Meinungsäußerung", die gerade geschützt sein soll.[54] Im Rahmen der Rechtsprechung ergeben sich jedoch bei diesen Gewährleistungen, da sie nur in begrenztem Umfang zur Entscheidung stehen, insgesamt wenig Chancen für die Entwicklung einer komplexen Dogmatik.

Eine genaue Bestimmung des Gewährleistungsbereichs wird in den Entscheidungen des Europäischen Gerichtshofes ohnehin nicht selten zugunsten einer sogleich erfolgenden Erörterung der Einschränkungsmöglichkeiten hintangestellt. Eingriffe erfordern zunächst eine hinreichende Rechtsgrundlage.[55] Die jeweiligen Einschränkungen müssen im öffentlichen Interesse liegen. Da-

---

[49] EuGH, Rs. 130/75 (Prais), Slg. 1976, S. 1589 (1599).

[50] EuGH, Rs. 31/59, Slg. 1960, S. 159 (180); EuGH, Rs. 136/79 (Panasonic), Slg. 1980, S. 2033 (2056 f.); EuGH, Rs. 46/87 und 227/88 (Hoechst), Slg. 1989, S. 2859 (2924), hier ausdrücklich unter Hinweis auf den unterschiedlichen Schutz in den Mitgliedstaaten und die damals noch fehlende Rechtsprechung des EGMR. Vgl. nunmehr EGMR, Urteil v. 16.12.1992 (Niemitz), NJW 1993, S. 718 (718 ff.).

[51] EuGH, Rs. C-100/88 (Oyowe und Traore), Slg. 1989, S. 4285 (4309). Siehe auch EuGH Rs. C-260/89 (ERT), Slg. 1991, S. I-2925 (2963).

[52] EuGH, Rs. C-288/89 (Gouda), Slg. 1991, S. I-4007 (4043 f.); EuGH, Rs. C-353/89 (Kommission/Niederlande), Slg. 1991, S. I-4069 (4097); EuGH, Rs. C-148/91 (Veronica), Slg. 1993, S. I-487 (518 ff.); EuGH, Rs. C-23/93 (TV 10), Slg. 1994, S. I-4795 (4833); EuGH, Rs. C-11/95, Slg. 1996, S. I-4115 (4169); EuGH, Rs. C-368/95 (Bauer), Slg. 1997, S. I-3689 (3717). Vgl. dazu auch *Gersdorf*, Funktionen der Gemeinschaftsgrundrechte im Lichte des Solange II-Beschlusses des Bundesverfassungsgerichts, AöR 1994, S. 400 (411 ff.). Ausführlich zur Kommunikationsfreiheit *Kühling*, Die Kommunikationsfreiheit als europäisches Gemeinschaftsgrundrecht, 1999, passim.

[53] Etwa EuGH, Rs. C-353/89 (Kommission/Niederlande), Slg. 1991, S. I-4069 (4097).

[54] So EuGH, Rs. C-23/93, Slg. 1994, S. I-4795 (4833).

[55] EuGH, Rs. 46/87 und 227/88 (Hoechst), Slg. 1989, S. 2859 (2924). Verallgemeinernd *Rengeling* (Fn 11), S. 220 f.; *Kühling* (Fn 52), S. 396 ff.

bei werden vor allem die dem allgemeinen Wohl dienenden Ziele der Gemeinschaft herausgestellt.[56] Im Ansatz erkennt der Europäische Gerichtshof ein vielfältiges und weit gefaßtes Spektrum legitimierender Interessen und Ziele an. Allerdings unterliegen die Möglichkeiten der Einschränkung der Gemeinschaftsgrundrechte wiederum Grenzen. Dazu gehört vor allem das Übermaßverbot mit den drei Komponenten der Eignung, der Erforderlichkeit und der Verhältnismäßigkeit[57]; genannt wird zudem - was eine Absicherung im Hinblick auf die vom Bundesverfassungsgericht in Anspruch genommenen Kontrollkompetenzen sein mag - die Wesensgehaltsgarantie.[58] Erweckt insbesondere die Anforderung des Übermaßverbots den Eindruck einer effektiven und nachvollziehbaren gerichtlichen Prüfung, wird dieser wieder dadurch relativiert, daß es schon aus sich heraus erhebliche Spielräume beläßt; zudem wird seine Kontrolle in vielen Fällen nicht sonderlich präzise gehandhabt. So wird der auf Gemeinschaftsebene gewährleistete Grundrechtsschutz teilweise als unzulänglich angesehen, weil insbesondere die Berufsausübungsfreiheit und die Eigentumsfreiheit regelmäßig den Erfordernissen des Gemeinwohls im Kontext der europäischen Marktordnung untergeordnet werden.[59] Das Verhältnis der Wesensgehaltsgarantie zum Übermaßverbot bleibt unklar; ihr ist in der bisherigen Rechtsprechung keine streitentscheidende Rolle zugekommen. Die Grenzen und Schranken der Gemeinschaftsgrundrechte und die Grenzen der Einschränkungsmöglichkeiten weisen demnach ihrerseits zwar bestimmte gefestigte Grundlinien, aber noch keineswegs eine gesicherte dogmatische Struktur auf. Der Europäische Gerichtshof hat auch in diesen Punkten erhebliche Möglichkeiten der Gestaltung und der kontingenten Entscheidung.

Im Ergebnis wird der Grundrechtsschutz in der Rechtsprechung des Europäischen Gerichtshofes spezifisch gemeinschaftsrechtlich entwickelt.[60] Dabei gewährleistet die rechtsvergleichend-rechtsfortbildende Konkretisierungsme-

---

[56] EuGH, Rs. 11/70, Slg. 1970, S. 1125 (1135); EuGH, Rs. 4/73 (Nold), Slg. 1974, S. 491 (507 f.); EuGH, Rs. 44/79 (Hauer), Slg. 1979, S. 3727 (3747 ff., 3750); EuGH Rs. 5/88 (Wachauf), Slg. 1989, S. 2609 (2639); EuGH, Rs. 404/92, Slg. 1994, S. I-4737 (4790); EuGH Rs. C-280/93, Slg. 1994, I-4973 (5066).

[57] Vgl. EuGH, Rs. 44/79 (Hauer), Slg. 1979, S. 3727 (3747 ff.); EuGH, Rs. 234/85 (Keller) Slg. 1985, S. 2897 (2912 ff.).

[58] Etwa EuGH, Rs. 4/73 (Nold), Slg. 1974, S. 491 (508); EuGH, Rs. 44/79 (Hauer), Slg. 1979, S. 3727 (3747 ff.).

[59] VG Frankfurt, EuZW 1997, S. 182 (189 f.); *Kokott* (Fn 27), S. 208 f.; *Huber*, Das Kooperationsverhältnis zwischen BVerfG und EuGH in Grundrechtsfragen, EuZW 1997, S. 517; *Storr*, Zur Bonität des Grundrechtsschutzes in der Europäischen Union, Der Staat 1997, S. 547 (bes. 558 ff.).

[60] Zur Eigenständigkeit des gemeinschaftsrechtlichen Grundrechtsschutzes auch etwa *Pernice*, in: Grabitz/Hilf, Kommentar zur Europäischen Union, Stand 1998, Art. 164 Rn 44.

thode bei allen dogmatischen Komponenten eine hohe Flexibilität.[61] Die Bedingungen der richterrechtlichen Gewährleistung zeichnen sich insgesamt durch eine relative Offenheit und ein hohes Maß an Gestaltungs-, Entwicklungs- und Anpassungsmöglichkeiten aus. Insbesondere ist dem Europäischen Gerichtshof die Einbeziehung neuerer Entwicklungen in den nationalen Verfassungen oder in der Rechtsprechung des Europäischen Gerichtshofes für Menschenrechte grundsätzlich ebenso möglich wie die Beibehaltung bestimmter Lösungen unter Hinweis auf den gemeinschaftsrechtlichen Kontext. Zugleich gewinnt er als (Grund)Rechtsschutzinstanz oder als „Verfassungsgericht"[62] institutionelle Eigenständigkeit.[63]

Wegen der richterrechtlichen Konkretisierung weist der grundrechtliche Schutz jedoch auch die Schwächen eines durch Rechtsprechung entwickelten Systems auf. Schon im Ansatz wirken sich die bislang begrenzten Zugangsmöglichkeiten zum Europäischen Gerichtshof nachteilig aus. Die Grundrechte werden nur im Wege kasuistischer Entwicklung nach Maßgabe der dem Gerichtshof unterbreiteten Verfahren entwickelt und konturiert.[64] Die grundrechtlichen Bindungen sind nicht in jeder Hinsicht mit der notwendigen Sicherheit zu bestimmen. Inhaltliche und dogmatische Defizite werden durch die teilweise vagen Urteilsbegründungen und mangelnden dogmatischen Strukturen verstärkt.[65] Die weitreichenden Gestaltungs- und Entwicklungsmöglichkeiten des Europäischen Gerichtshofes mögen angesichts der Bedeutung, die Grundrechten als solchen zukommt, unter dem Aspekt problematisiert werden, daß an sich legislatorische Aufgaben der Gerichtsbarkeit überlassen bleiben.[66] Diese Nachteile richterrechtlicher Konkretisierung rücken im Verlauf der europäischen Entwicklung zunehmend in den Vordergrund.

---

[61] Vgl. auch *Storr* (Fn 59), S. 55 ff.

[62] Zu dieser Beschreibung, die zumindest partiell das Selbst- und Rollenverständnis prägen mag, *Schwarze*, Der Europäische Gerichtshof als Verfassungsgericht und Rechtsschutzinstanz, in: ders. (Hrsg.), Der Europäische Gerichtshof als Verfassungsgericht und Rechtsschutzinstanz, 1983, S. 11 (15 ff.); *Ipsen*, Die Verfassungsrolle des Europäischen Gerichtshofs für die Integration, in: ebda., S. 29 (29 ff.).

[63] Vgl. auch *Gaja*, Annotation of Opinion 2/94, CMLR 1996, S. 973 (988).

[64] *Dicke*, Menschenrechte und Europäische Integration, 1986, S. 185 f.

[65] Begründungsdefizite und eine geringe Methodentransparenz kritisiert etwa *Hilf*, Ein Grundrechtskatalog für Europa, EuR 1991, S. 19 (21). Vgl. außerdem *Pieper*, in: Bleckmann, Europarecht, 6. Aufl. 1997, Rn 121 f.

[66] *Dicke* (Fn 64), S. 166 f.

## II. Die nationale Reserve

Eigenständigkeit nimmt der Europäische Gerichtshof sowohl gegenüber dem Europäischen Gerichtshof für Menschenrechte als auch gegenüber den nationalen Verfassungsgerichten in Anspruch. Während der Europäische Gerichtshof für Menschenrechte bzw. die Menschenrechtskommission Maßnahmen, die Gemeinschaftsrecht vollziehen, mit Blick auf die festgestellte Gleichwertigkeit des durch den Europäischen Gerichtshof geleisteten Grundrechtsschutzes nicht anhand der Europäischen Menschenrechtskonvention prüfen[67], nehmen einige Verfassungsgerichte der Mitgliedstaaten ihre Kontrolle keineswegs vollständig zurück. Für die Bundesrepublik liefert Art. 23 Abs. 1 Satz 1 GG einen entscheidenden Anknüpfungspunkt, indem seine Struktursicherungsklausel einen dem Grundgesetz im wesentlichen vergleichbaren Grundrechtsschutz verlangt.[68] Geht man weiter davon aus, daß die Hoheitsgewalt der Union durch das - an die verfassungsrechtlichen Maßstäbe gebundene - Zustimmungsgesetz nach Art. 23 Abs. 1 Satz 2 GG begründet wird, können Akte der Gemeinschaft im Geltungsbereich des Grundgesetzes nur dann und nur insoweit Wirkungen entfalten, als sie sich innerhalb des Übertragungsbereichs halten.[69] Überdies hat das Bundesverfassungsgericht seine Zuständigkeit in der Maastricht-Entscheidung auf eine neue Basis gestellt.[70] Auch Akte einer supranationalen Organisation beträfen die Grundrechtsberechtigten in Deutschland. Sie berührten damit die Gewährleistungen des Grundgesetzes und die Aufgaben des Bundesverfassungsgerichts, die den Grundrechtsschutz in Deutschland und insoweit nicht nur gegenüber deutschen Staatsorganen zum Gegenstand hätten.[71]

[67] Vgl. zu der das Verhältns zum EuGH bestimmenden Entscheidung der Kommission im Fall M., ZaöRV 1990, S. 865 (865 ff.); und dazu *Giegerich*, Luxemburg, Karlsruhe, Straßburg - Dreistufiger Grundrechtsschutz in Europa ?, ZaöRV 1990, S. 836 (860 ff.); *Iliopoulos-Strangas*, Der Beitritt der Europäischen Gemeinschaft zur Europäischen Menschenrechtskonvention aus der Sicht der Mitgliedstaaten, in: dies. (Hrsg.), Grundrechtsschutz im europäischen Raum, 1993, S. 343 (346 ff.).

[68] Die Fomulierung schließt an BVerfGE 73, 339 (340, 376, 387) an. Vgl. dazu insgesamt *Pernice*, in: Dreier (Hrsg.), Grundgesetz-Kommentar, Band II, 1998, Art. 23 Rn 75 ff.

[69] So BVerfGE 89, 155 (187 f.); vgl. auch *Kirchhof*, Der deutsche Staat im Prozeß der europäischen Integration, in: Isensee/Kirchhof (Hrsg.), HStR Bd. VII, 1992, § 183 Rn 65; *Grimm*, Europäischer Gerichtshof und nationale Arbeitsgerichte aus verfassungsrechtlicher Sicht, RdA 1996, S. 66 (67, 69); *Folz*, Demokratie und Integration, 1999, S. 175 ff.

[70] *Horn*, „Grundrechtsschutz in Deutschland" - Die Hoheitsgewalt der Europäischen Gemeinschaften und die Grundrechte des Grundgesetzes nach dem Maastricht-Urteil des Bundesverfassungsgerichts, DVBl 1995, S. 89 (90 ff.); relativierend *Kugelmann*, Grundrechte in Europa, 1997, S. 15 ff.

[71] Dies in ausdrücklicher Abweichung von BVerfGE 58, 1 (27). Normalerweise dreht sich die Diskussion über die Reichweite der Grundrechtsgeltung eher darum, inwieweit die deutsche Staatsgewalt im Ausland oder bei Sachverhalten mit Auslandsbezug grund-

Allerdings übe das Bundesverfassungsgericht seine Gerichtsbarkeit über die Anwendbarkeit von abgeleitetem Gemeinschaftsrecht in Deutschland in einem „Kooperationsverhältnis" zum Europäischen Gerichtshof aus[72], in dem dieser den Grundrechtsschutz in jedem Einzelfall für das gesamte Gebiet der Europäischen Gemeinschaften garantiere und das Bundesverfassungsgericht sich deshalb auf eine generelle Gewährleistung der unabdingbaren Grundrechtsstandards beschränken könne.[73]

Damit widerspricht das Bundesverfassungsgericht der Sicht des Europäischen Gerichtshofes, daß nationales Recht als Maßstab ausscheide und ausschließlich gemeinschaftsrechtliche Maßstäbe griffen. Seine Maßstabsbestimmung geht noch über die Bestimmung der Kontrollfunktionen hinaus. Nach seiner Position ist es denkbar, daß auch gegenüber dem Verhalten der Gemeinschaftsorgane und gegenüber gemeinschaftsrechtlich vollständig determiniertem Handeln die Grundrechte des Grundgesetzes greifen. In dieser Unmittelbarkeit und Reichweite läßt sich das zwar nicht, auch nicht über Art. 23 Abs. 1 GG begründen. Als Maßstab derartigen Handelns treten jene vielmehr zumindest in bestimmtem Umfang hinter diese zurück. Dennoch entfaltet die Position als solche Auswirkungen.

Der nicht nur in der Fachwelt, sondern auch in der Öffentlichkeit mit Interesse erwartete Konflikt zwischen Europäischem Gerichtshof und Bundesverfassungsgericht[74] wird seitens der Gerichte nach Möglichkeit sowohl mit Hilfe

---

rechtsgebunden ist. Ausdrücklich offen hinsichtlich des Erfordernisses eines Territorialbezuges BVerfGE 100, 313 (363 f.). Die Maastricht-Entscheidung hält dies mit dem Einschub „insoweit" allerdings ebenfalls offen.

[72] Dazu *Kirchhof*, Die Gewaltenbalance zwischen staatlichen und europäischen Organen, JZ 1998, S. 965 (965 ff.); *Hirsch*, Europäischer Gerichtshof und Bundesverfassungsgericht - Kooperation oder Konfrontation ?, NJW 1996, S. 2457 (2459); kritisch zumindest zu den Implikationen einiger Formulierungen der Maastricht-Entscheidung *Hirsch*, Kompetenzverteilung zwischen EuGH und nationaler Gerichtsbarkeit, NVwZ 1998, S. 907 (908 ff.); grundsätzlich zustimmend dagegen *Gersdorf*, Das Kooperationsverhältnis zwischen deutscher Gerichtsbarkeit und EuGH, DVBl. 1994, S. 674 (674 ff.); *Funk-Rüffert*, Kooperation von Europäischem Gerichtshof und Bundesverfassungsgericht im Bereich des Grundrechtsschutzes, 1999, S. 36 ff.

[73] BVerfGE 89, 155 (175). Vgl. auch die Entscheidung des Obersten Gerichtshofes Dänemark zum Zustimmungsgesetz Dänemarks zum Vertrag von Maastricht, EuGRZ 1999, S. 49( 50, 52), und dazu *Hofmann*, Der Oberste Gerichtshof Dänemarks und die europäische Integration, EuGRZ 1999, S. 1 (4 f.).

[74] Auf der einen Seite steht aus die Entscheidung des BVerfG über den Vorlagebeschluß des VG Frankfurt, EuZW 1997, S. 182; vgl. dazu *Zuleeg*, Bananen und Grundrechte - Anlaß zum Konflikt zwischen europäischer und deutscher Gerichtsbarkeit, NJW 1997, S. 1201 (1201 ff.). Auf der anderen Seite ist nunmehr die Entscheidung des EuGH hinsichtlich der Vereinbarkeit der aufgrund von Art. 12 a GG nur begrenzt zugelassenen Beschäftigung von Frauen bei der Bundeswehr mit der Gleichbehandlungsrichtlinie - Urteil vom 11.01.2000, Rs. C-285/98 (Kreil), EuGRZ 2000, S. 155 (155 ff.) - handzuhaben.

inhaltlicher Annäherungen als auch mit Hilfe einer flexiblen Inanspruchnahme der Kontroll- und Entscheidungskompetenzen vermieden werden.[75] Weniger kraft der Vorbehaltsformel des Bundesverfassungsgerichts als aufgrund der teils durch bestimmte normative, teils durch pragmatische Überlegungen geleiteten wechselseitigen Beobachtung und Abstimmung könnten die nationalen Grundrechte auf die Konkretisierung der Unionsgrundrechte verstärkten Einfluß gewinnen. Bei der Ausarbeitung einer Grundrechtscharta müssen sie ebenso wie die Vorschriften der Europäischen Menschenrechtskonvention berücksichtigt werden. Daß sie im übrigen allerdings nicht die einschlägigen Maßstäbe sind, führt zurück zu den Überlegungen, wie die Grundrechte in der Europäischen Union deutlicher verankert werden können.

## C. Funktionen und Probleme einer Grundrechtskodifikation

### I. Funktionen einer Charta der Grundrechte

Die kontinuierliche Diskussion um eine positivrechtliche Verankerung der Grundrechte hat ihren Grund in deren Funktionen. Ausgangsbasis ist die Feststellung, daß Interessen und Belange, denen in nationalen Verfassungen grundrechtlicher Schutz zukommt, angesichts der Entwicklungsdynamik der Europäischen Union in zunehmendem Umfang betroffen sind. In diesem Sinne weist auch die von der Kommission eingesetzte Expertengruppe darauf hin, daß die Erweiterung der Aufgaben der Europäischen Union sowie die zunehmende Bedeutung der justiziellen und polizeilichen Zusammenarbeit bei der Straftatenverhütung und -verfolgung, einer gemeinsamen Einwanderungspolitik oder der Globalisierung der Wirtschaft die ausdrückliche Anerkennung der Grundrechte zu einem kurzfristigen Ziel werden lassen müßten.[76]

Bereits die den Gründungsverträgen zugrunde liegende Annahme, angesichts der Ziele und der Struktur der Gemeinschaften reichten Diskriminierungsverbote und Grundfreiheiten aus, erwies sich als unzutreffend. Die Kompetenzen der europäischen Ebene betreffen selbst in der noch enger begrenzten Gestalt der Ausgangszeit einige, auch auf europäischer Ebene zentrale Freiheiten, so das Eigentum, die Berufsfreiheit oder die Privatautonomie. Eine gemeinschaftsrechtlich determinierte Durchsetzung der wirtschaftsbezogenen Bestimmungen berührt unter Umständen weitere Freiheiten, etwa, wie im Fall Hoechst, die Unverletzlichkeit der Wohnung. Vor allem aber greift die europäische Politik mit dem Ziel, die freie Mobilität von Gütern und Dienstleistungen,

---

[75] Vermeidend: BVerfGE 95, 173 (181).

[76] *Europäische Kommission* (Fn 1), S. 10.

Kapital und Personen zu fördern, tief in zahlreiche gesellschaftliche Felder ein. Die Wirtschaft ist kein Lebensbereich, sondern ein funktional ausdifferenziertes System. Daher lassen sich bestimmte Bereiche aus wirtschaftlicher Perspektive betrachten, ohne jedoch allein unter diesem Aspekt geregelt werden zu können.[77] Die über mehrere Anknüpfungspunkte ausgreifenden Wirkungen europarechtlicher Regelungen können an zahlreichen Beispielen belegt werden.

So sind im Bereich der Telekommunikation zur Verwirklichung des Binnenmarktes für Telekommunikationsdienste die Errichtung und Nutzung von Telekommunikationsnetzen sowie der Netzzugang liberalisiert worden.[78] Neben allgemeinen Regulierungsfragen unter anderem hinsichtlich des Internet[79], die kaum allein auf nationaler Ebene effektiv erfolgen können, wirft dies notwendig Fragen der Gefährdung des Fernmelde- oder Telekommunikationsgeheimnisses oder des Persönlichkeitsschutzes[80], aber auch der Meinungs-, Rundfunk- oder Medienfreiheit auf.[81] Bereits ohne daß dies erschöpfend angegangen wäre, ist das nationale Telekommunikationsrecht mittlerweile erkennbar europarechtlich determiniert.[82] Ein ebenfalls deutliches Beispiel ist die EG-Datenschutzrichtlinie. Sie wird insbesondere auf die Erwägung gestützt, daß ein funktionierender Binnenmarkt einen nicht durch ein unterschiedliches Schutzniveau behinderten Datenverkehr voraussetzt.[83] Über dieses „Einfallstor"

[77] Umgekehrt garantiert der EuGH in st.Rspr. die Grundfreiheiten des EG-Vertrages, namentlich die Freiheit des Waren- und Dienstleistungsverkehrs, auch in den Bereichen, die nicht der Kompetenz der Gemeinschaft unterliegen. Vgl. jüngst EuGH, Rs. C-120/95 (Decker) Slg. I-1998, S. 1831 (1881); sowie Rs. C-158/96 (Kohll), Slg. I-1998, S. 1931 (1943).

[78] Vgl. die Richtlinie des Rates vom 28. Juni 1990 zur Verwirklichung des Binnenmarktes für Telekommunikationsdienste durch Einführung eines offenen Netzzugangs, Abl L 192/1 vom 24.07.1990 (ONP-Richtlinie).

[79] Vgl. *Scherer*, „Online" zwischen Telekommunikations- und Medienrecht, AfP 1996, S. 213 (214): „Die ... häufig aufzufindende Vorstellung, in der ‚networld' virtueller Diskussionsgemeinschaften bedürfe es keiner staatlichen Regulierung, weil die ‚netizens' im herrschaftsfreien Diskurs ihre eigenen Interaktions- und Kommunikationsregeln, die ‚netiquette' fänden, ist nicht nur politisch naiv, sondern längst auch empirisch widerlegt."

[80] Das gilt umso mehr, als im Datenschutz zunehmend der Gesichtspunkt der Systemgestaltung und einer in diesem Rahmen zu gewährleistenden Berücksichtigung von Datenschutzfragen hervorgehoben wird. Vgl. *Walz*, Datenschutz-Herausforderung durch neue Technik und Europarecht, DuD 1998, S. 150 (154). Zahlreiche dieser Fragen werden dann auch in der Richtlinie 97/66/EG des Europäischen Parlaments und des Rates vom 15.12.1997 über die Verarbeitung personenbezogener Daten und den Schutz der Privatsphäre im Bereich der Telekommunikation, ABl 1998 Nr.L 24/1 - Europäische Telekommunikations-Datenschutzrichtlinie - behandelt.

[81] *Scherer* (Fn 79), S. 214 ff.

[82] Vgl. etwa *Hoffmann-Riem*, Telekommunikationsrecht als europäisiertes Verwaltungsrecht, DVBl 1999, S. 125 (125 ff.).

[83] Siehe die Richtlinie 95/46/EG des Europäischen Parlaments und des Rates vom 24. Oktober 1995 zum Schutz natürlicher Personen bei der Verarbeitung personenbezo-

geht ihr Regelungsgehalt jedoch weit hinaus.[84] Sie wirkt sich auf das nationale Datenschutzrecht in einer Weise aus, daß Interessen und Positionen betroffen sein können, die auf nationaler Ebene in verschiedenen Grundrechten geschützt sind. Einfallstore liegen aber auch „quer". Das zeigt die Richtlinie zur Gleichbehandlung von Männern und Frauen. So hat der Europäische Gerichtshof entschieden, daß sie auch gilt, wenn es um den Zugang zu den Streitkräften geht, obwohl die Organisation ihrer Streitkräfte Sache der Mitgliedstaaten ist.[85]

Hinzu treten die ausdrücklichen Kompetenzerweiterungen. Zu nennen sind etwa die Entwicklungen im Bereich der Dritten Säule der Zusammenarbeit in den Bereichen Inneres und Justiz, insbesondere die Institutionalisierung von EUROPOL.[86] Dabei geraten nicht nur die Rechtsetzungs-, sondern in besonders anschaulicher Weise auch die Handlungskompetenzen der Gemeinschaftsorgane in den Blick. Das gilt jedenfalls dann, wenn man einen Schutz hinsichtlich des Umgangs mit Informationen und Daten auch auf europäischer Ebene herleitet.[87]

Vor diesem Hintergrund bestehen die Funktionen einer Kodifikation der Grundrechte auf der Ebene der Europäischen Union zum einen darin, die strukturellen Defizite der richterrechtlichen Basis zu beheben. Sie hat zum anderen weitergehende eigenständige Funktionen. Ein positivrechtlicher Grundrechtskatalog könnte die Transparenz und die Rechtssicherheit sowohl für die grundrechtsgeschützten Bürger als auch für die grundrechtsgebundenen Gemeinschaftsorgane steigern.[88] Als Text könnte er Eigenständigkeit entfalten und

---

gener Daten und zum freien Datenverkehr, ABl. L 281/31, hier die Erwägungsgründe. Vgl. auch *Simitis*, in: Dammann/Simitis, EG-Datenschutzrichtlinie, 1997, Einleitung Anm. 6: „Ganz unproblematisch ist die Anknüpfung sicherlich nicht, jedenfalls solange man sich strikt am Wortlaut der Art. 100 und 100 a des EG-Vertrages orientiert."

[84] Siehe dazu dann auch die Einschätzung bei Walz (Fn 80), S. 151; Hervorh.i.Orig.: „Die Richtlinie ist Ausdruck der *neuen grundrechtlichen Fundierung*, die sich die Europäische Union 1992 im Maastricht-Vertrag gegeben hat und die vom Amsterdamer Vertrag vom 2.Oktober 1997 nicht geändert worden ist."

[85] EuGH, Urteil vom 26.10.1999, Rs. C-273/97 (Sirdar), EuGRZ 1999, S. 678 (679); EuGH, Urteil vom 11.01.2000, Rs. C-285/98 (Kreil), EuGRZ 2000, S. 155 (156).

[86] Siehe allgemein die Beiträge in *Morié/Murck/Schulte* (Hrsg.), Auf dem Weg zu einer europäischen Polizei, 1992, passim. Zu EUROPOL siehe das Übereinkommen aufgrund von Art. K.3 des Vertrags über die Europäische Union über die Errichtung eines Europäischen Polizeiamts, ABl 1995 C 316/2.

[87] So etwa - unter Hinweis auf den erweiternd ausgelegten Art. 8 Abs. 1 EMRK und auf den Schutz der Menschenwürde, der Privatsphäre und der Persönlichkeit in den gemeinsamen Verfassungstraditionen der Mitgliedstaaten als Rechtserkenntnisquellen im Sinne der EuGH-Rechtsprechung - *Mähring*, Das Recht auf informationelle Selbstbestimmung im europäischen Gemeinschaftsrecht, EuR 1991, S. 369 (371 ff.). Ausführlicher *Sule*, Europol und europäischer Datenschutz, 1999, S. 49 ff.

[88] *Hilf* (Fn 65), S. 30; *Dicke* (Fn 64), S. 186; *Preuß*, Grundrechte in der Europäischen Union, KJ 1998, S. 1 (2).

die Entwicklung einer Dogmatik der Gemeinschaftsgrundrechte forcieren. Ihm könnten in besonderer Weise Konsens-, Integrations- und Legitimationswirkungen zukommen[89], weil Art und Umfang der Erfüllung dieser Funktionen von der rechtlichen Ausgestaltung abhängen und eine Grundrechtskodifikation auch insoweit mehr Anknüpfungspunkte bietet als eine kasuistische Rechtsprechung.

Die Vorteile, die einer Grundrechtskodifizierung gegenüber einer richterrechtlichen Gewährleistung prinzipiell zukommen können, sind unbestritten. Die Probleme, mit denen man rechnen muß, liegen auf anderen Ebenen. Eine Kodifikation ist einerseits voraussetzungsvoll und zieht andererseits weitere, im gegenwärtigen Entwicklungsstand der Union mindestens ambivalente Folgen nach sich. Die Frage ist insbesondere, ob die Europäische Union den Schwebezustand, die relative Offenheit und die zeitliche Streckung, die mit der richterrechtlichen Verankerung der Grundrechte verbunden sind, nicht noch benötigt. Mit Blick darauf hat es immer die Einwände gegeben, ein Katalog könne angesichts der Schutzdifferenzen in den Mitgliedstaaten auf den kleinsten gemeinsamen Nenner zurückfallen[90] und berge die Gefahr einer Minderung der Dynamik der Grundrechtsentwicklung im Vergleich zur Rechtsprechung des Europäischen Gerichtshofes[91]. Die Folgen einer Kodifizierung kann man jedenfalls nur angemessen abschätzen, wenn man die Implikationen mitbedenkt, die eine Charta der Grundrechte sofort aufwirft. Zwei Punkte sind besonders wichtig. Der erste Punkt ist deren Verhältnis zur Verfassung. Der zweite Punkt ist die inhaltliche und dogmatische Ausgestaltung der Grundrechte selbst.

## II. Grundrechte und Europäische Verfassung

Die Diskussion um die Einführung einer Grundrechtscharta wird ausdrücklich verknüpft mit der Frage der Einführung der europäischen Verfassung.

---

[89] *Hilf*, Ein Grundrechtskatalog in der Perspektive einer europäischen Verfassung, in: Iliopoulos-Strangas (Hrsg.), Grundrechtsschutz im europäischen Raum, 1993, S. 320 (332 ff.); *Schwarze*, Europäischer Grundrechtsschutz - Grundfragen, aktuelle Rechtsentwicklungen, künftige Perspektiven, ZfV 1993, S. 1 (2, 8); *Chwolik-Lanfermann* (Fn 18), S. 307 f. Allerdings zu Recht skeptisch, ob die Verfassung Integrationsfunktionen in dem ihr früher zugeschriebenen Umfang überhaupt noch erfüllen kann, *Walter*, Die Folgen der Globalisierung für die europäische Verfassungsdiskussion, DVBl 2000, S. 1 (10 f.); vgl. noch Punkt C.II.

[90] Etwa *Pescatore*, Der Schutz der Grundrechte in den Europäischen Gemeinschaften und seine Lücken, in: Mosler/Bernhardt/Hilf (Hrsg.), Grundrechtsschutz in Europa, 1977, S. 64 (70).

[91] Erörternd *Pernice*, Gemeinschaftsverfassung und Grundrechtsschutz - Grundlagen, Bestand und Perspektiven, NJW 1990, S. 2409 (2418 f.). Eine Präferenz für Richterrecht findet sich bei *Häberle*, Verfassungsrechtliche Fragen im Prozeß der europäischen Einigung, EuGRZ 1992, S. 429 (431 f.).

Über diese wird ebenfalls erneut diskutiert.[92] Hintergrund und Implikationen dieser Diskussion gehen weit über die Gesichtspunkte, die die Grundrechtsdebatte aufwirft, hinaus; Stichworte sind die neuen Fragen der Wirtschafts- und Währungsunion, der Strukturreformen insbesondere angesichts der angestrebten Osterweiterung oder Fragen der Außen- und Sicherheitspolitik.[93] Anlaß ist die Überprüfung der Regelungen des Amsterdamer Vertrages.[94]

In den Erörterungen wird kaum deutlich, wie der Aspekt der Grundrechtscharta und der der Verfassung miteinander verkoppelt sind. Das liegt nicht zuletzt daran, daß die Diskussion um eine europäische Verfassung ihrerseits diffus ist. Das gilt sowohl im Hinblick auf den Begriff der Verfassung als auch im Hinblick auf die Folgen, die man aus der gewählten Beschreibung zieht. Die Frage, wie eng die Einführung einer Grundrechtscharta mit der Einführung einer Verfassung verknüpft ist, ist allerdings von eminenter Bedeutung für deren Realisierung und Ausgestaltung.

Gemeinsamer Ausgangs- oder Bezugspunkt der Diskussion um die Verfassung sind die europäischen Verträge, mit denen die Europäische Union gegründet, erweitert und verändert worden ist. Sie konstituieren und legitimieren zumindest teilweise die Europäische Union als Träger öffentlicher Gewalt. Sie institutionalisieren ihre Organe und legen Aufgaben sowie Befugnisse fest. Sie sind Grundlage eines autonomen hierarchisierungsfähigen Rechts mit korrespondierendem Rechtsschutzsystem. Schließlich regeln sie das Verhältnis zu den Mitgliedstaaten und den Bürgern. Sie erfüllen somit bestimmte Funktionen, die auf nationalstaatlicher Ebene regelmäßig die nationalstaatlichen Verfassungen übernehmen.[95]

---

[92] Vgl. bereits Fn 6. Außerdem z.B. *Schäuble/Lamers*, Europa braucht einen Verfassungsvertrag, FAZ vom 4. Mai 1999, S. 10 f.; *Pernice*, Vertragsrevision oder europäische Verfassungsgebung?, FAZ vom 7. Juli 1999, S. 7; *Rengeling*, Eine Charta der Grundrechte, FAZ vom 21. Juli 1999; *Landfried*, Die Zeit ist reif - nur ein europäischer Verfassungsstaat kann das Legitimationsdefizit in der EU beheben, FAZ vom 9. September 1999, S. 10.

[93] Zu diesen Stichpunkten *Oppermann* Der Europäische Traum zur Jahrhundertwende, JZ 1999, S. 317 (322 ff.); *Fischer* (Fn 4), S. 9 ff.

[94] Zu den Vorstellungen der Kommission zur Vertragsreform siehe den Beitrag von *Prodi/Barnier*, Adapting the Institutions to make a success of enlargement: a Commission contribution to the preparations for the Inter-Governmental Conference of institutional issues, 10. November 1999, unter: http://www.europa.eu.int/igc2000/index.htm.

[95] Siehe etwa *von Bogdandy*, Skizzen einer Theorie der Gemeinschaftsverfassung, in: von Danwitz/Heintzen/Jestaedt/Korioth/Reinhardt (Hrsg.), Auf dem Wege zu einer europäischen Staatlichkeit, 1993, S. 9 (24 ff.); *Grimm*, Braucht Europa eine Verfassung ?, 1994, S. 21 ff. Aus soziologischer Perspektive *Luhmann*, Verfassung als evolutionäre Errungenschaft, Rechtshistorisches Journal 1990, S. 187 (201 ff.): Verfassungsnormen verstärken durch die Einführung einer Hierarchie, die eine Beurteilung untergeordneten Rechts als (verfassungs)rechtmäßig oder -rechtswidrig erlaubt, die Autonomie des Rechts und schaffen im Rahmen der Differenz von Recht und Politik zugleich Möglich-

Deswegen werden die Verträge manchmal bereits als Verfassung beschrieben.[96] Daran schließt, wenn auch mit mehr oder weniger weitgehenden Modifikationen, ein Teil auch der aktuellen Diskussion an. Angesichts dessen, daß sich die Union als ein „selbst für den Spezialisten schwer durchschaubarer Flickenteppich von Verträgen"[97] darstelle, könnten aus den Verträgen Verfassungselemente herausdestilliert und in einem Dokument zusammengestellt werden, das die Verfassungsfunktion der Verträge verdeutlichen würde. Mit einer solchen Position fällt es relativ leicht, sich kodifizierte Grundrechte als weiteres Element hinzuzudenken. Jedoch fehlen Überlegungen dazu, daß die Verträge zwar bestimmte, aber keineswegs alle Funktionen, die nationalstaatlichen Verfassungen zukommen, übernehmen.[98] Zudem verweisen die fast immer eingeschlossenen Reformforderungen[99] darauf, daß die „Bemühung verfassungsrechtlicher Kategorien für die Beschreibung der Gründungsverträge und ihrer Grundprinzipien ... über eine bloß deskriptive Kurzformel für die organisatorische Ausdifferenzierung oder die Vermittlung bestimmter Leitprinzipien auf vertraglicher Grundlage hinaus(weist)"; die konstitutionelle Sicht „signalisiert in Normative weisende Erwartungen und Ansprüche".[100] Die Auseinandersetzung mit den Grundsatzfragen einer europäischen Verfassung läßt sich nicht umgehen. Auch das Vorhaben einer Kodifikation der Grundrechte führt dorthin.

Den europäischen Verträgen kommt keine Verfassungsqualität zu, falls man Verfassungen in einem engeren, namentlich von den nationalstaatlichen Tradi-

---

keiten struktureller Kopplung. Umfassend zum Verfassungsbegriff *Hertel*, Supranationalität als Verfassungsprinzip, 1999, S. 28 ff.

[96] Vgl. BVerfGE 22, 293 (295 f.) mit der Ausführung, der EWG-Vertrag stelle „gewissermaßen die Verfassung der Gemeinschaft" dar. Außerdem EuGH, Gutachten 1/91 (EWR 1), Slg. 1991, S. 6079, sowie Rs. 294/83, Slg. 1986, 1339 (1365), der EWG-Vertrag sei die „grundlegende Verfassungsurkunde einer Rechtsgemeinschaft". Außerdem etwa *Pescatore*, Die Gemeinschaftsverträge als Verfassungsrecht - ein Kapitel Verfassungsgeschichte in der Perspektive des europäischen Gerichtshofs, systematisch geordnet, in: Grewe/Rupp/Schneider, Europäische Gerichtsbarkeit und nationale Verfassungsgerichtsbarkeit, Festschrift Kutscher, 1981, S. 319 (323 ff.); *Ipsen*, Die Bundesrepublik Deutschland in den Europäischen Gemeinschaften, in: Isensee/Kirchhof (Hrsg.). HStR VII, 1992, § 181 Rn 9; und aus der jüngsten Diskussion: *Müller* (Fn 6), S. 28 ff. Vgl. auch - mit deutlichen Differenzierungen angesichts unterschiedlicher Verfassungsbegriffe - *Schwarze*, Verfassungsentwicklung in der Europäischen Gemeinschaft, in: ders./Bieber (Hrsg.), Eine Verfassung für Europa, 1984, S. 15 (17 ff.).

[97] Vgl. *Oppermann* (Fn 93), S. 321.

[98] Deutlich dazu, daß nur bestimmte, keineswegs alle dieser Funktionen übernommen werden, *von Bogdandy* (Fn 95), S. 24 ff.

[99] Vgl. dazu etwa *Schwarze*, Ist das Grundgesetz ein Hindernis auf dem Weg nach Europa ?, JZ 1999, S. 637 (642 ff.).

[100] So *Herdegen*, Vertragliche Eingriffe in das „Verfassungssystem" der Europäischen Union, in: Due/Lutter/Schwarze (Hrsg.), Festschrift für Ulrich Everling, 1995, S. 447 (447 f.).

tionen geprägten Sinne begreift. Verfassungen lassen sich dann etwa als Festlegungen einer Gesellschaft über Art und Form ihrer politischen Einheit, die dem Volk als Souverän und Quelle der Staatsgewalt zugeschrieben werden, kennzeichnen.[101] Ein solches Verfassungsverständnis und die Konsequenz, daß die europäischen Verträge keine Verfassung sind, legt ein weiterer Teil der aktuellen Diskussion als Ausgangspunkt zugrunde. Freilich werden daraus unterschiedliche Folgerungen gezogen.

Auf der einen Seite wird der Übergang vom Vertrag zu einer „echten" Verfassung, der auf der Grundlage des gewählten Verfassungsbegriffs mit Kompetenz-Kompetenzen der Europäischen Union und deren Umwandlung in einen (Bundes)Staat einherginge, für nicht sinnvoll gehalten, weil ein europäisches Volk als Demos[102] oder eine hinreichend ausgebildete kollektive Identität[103] nicht vorhanden sei. Danach fehlt es für eine Verfassung an elementaren und in absehbarer Zeit auch nicht herstellbaren Voraussetzungen; die Legitimation der Europäischen Union muß aus nationalen Quellen gewonnen und eine - in den Detailvorstellungen mehr oder weniger ausgeprägte - Rückbindung an die Mitgliedstaaten erhalten bleiben.[104] Diese Position stellt sich der Kodifikation von Grundrechten auf der Ebene der Europäischen Union als einer Ergänzung der Verträge zwar nicht unbedingt entgegen.[105] Jedoch handelte es sich dabei keineswegs um eine schlichte Vertragsergänzung. Das gilt schon deshalb, weil Norminhalte wie der der Erhaltung des Pluralismus oder Schutzpflichten eine erhebliche Dynamik hinsichtlich der der Europäischen Union zustehenden Kompetenzen entfalten können.[106] In übergeordneter Perspektive ist zumindest das gewohnte, seinerseits durch nationalstaatliche Traditionen geprägte Grundrechtsverständnis in bestimmtem Umfang mit (anderweitigen) Verfassungselementen verknüpft. Das weist darauf hin, daß Fragen der Grundrechtskodifikation und Verfassungsaspekte nicht vollständig voneinander zu entkoppeln, sondern in einem aufeinander abgestimmten Konzept zu behandeln sind.

Auf der anderen Seite werden Überlegungen in Richtung eines europäischen (Bundes)Staates und einer dementsprechenden Verfassung entwickelt.[107] Deren vor-rechtliche Voraussetzungen werden dabei unterschiedlich bestimmt und in

---

[101] *Grimm* (Fn 95), S. 21 ff.; *ders.*, Ohne Volk keine Verfassung, Die Zeit vom 18. März 1999.

[102] Etwa *Isensee*, Integrationsziel Europastaat ?, in: Due/Lutter/Schwarze (Hrsg.), Festschrift für Everling, Band 1, 1995, S. 567 (581).

[103] *Grimm* (Fn 95), S. 46. Vgl. auch *Böckenförde*, Die Zukunft politischer Autonomie, in: ders., Staat - Nation - Europa, 1999, S. 103 (109 ff.).

[104] Mit im einzelnen unterschiedlichen Vorstellungen: *Kirchhof* (Fn 72), Rn 57 ff.; *Isensee* (Fn 102), S. 573 ff.; *Grimm* (Fn 101).

[105] Vgl. etwa *Grimm* (Fn 101).

[106] Vgl. noch Punkt C.III.

[107] *Leutheusser-Schnarrenberger* (Fn 6), S. 65 ff.; *Landfried* (Fn 92).

dem danach erforderlichen Umfang für herstellbar gehalten. Bei einer hinreichenden Unterscheidung von Staat und Nation soll eine geistige, soziale und politische Homogenität, auch eine gemeinsame Sprache, wie einige Beispiele anderer Länder zeigten, als Grundlage des Staates nicht erforderlich sein.[108] Lücken der sozialen Integration könne der demokratische Verfassungsstaat durch die politische Partizipation der Bürger schließen.[109] Ebenso wie das Nationalbewußtsein zumindest teilweise hergestellt worden ist, erhofft man sich eine wechselwirksame Entwicklung einer europäischen Öffentlichkeit, einer in bestimmtem Umfang gemeinsamen politischen Kultur und einer Verfassung Europas.[110] Mit einer solchen Position ist die Einführung einer Charta der Grundrechte auch dann vereinbar, wenn diese möglichst umfassende Aussageinhalte und -dimensionen haben sollen. Eine dementsprechende Charta ist dabei sogar nicht lediglich wünschenswert. Sie hat vielmehr ausdrücklichen Initialcharakter für weiterführende Schritte. Eben deswegen ist bei einem derartigen Zugang jedoch mit Realisierungsschwierigkeiten zu rechnen, die möglicherweise unüberwindbar wären. Bindet man die Grundrechtsdiskussion zu eng an die Idee einer umfassenden europäischen Verfassung, wird sie beim gegenwärtigen Stand zu sehr belastet.

Die Denkansätze können aber durch eine dritte Linie erweitert werden. Bei hinreichender Unterscheidung von Staat und Verfassung[111] ist das Staats- und Verfassungsverständnis, dem die im 19. Jahrhundert entwickelte Konzeption des Nationalstaates zugrunde liegt, auf die Europäische Union nicht übertragbar. Die Union ist als eine nichtstaatliche, supranationale politische Gemeinschaft auf eine präzedenzlose Verfassung angewiesen, die ihren Eigenarten Rechnung trägt.[112] Das wird um so einsichtiger, je mehr man nicht mehr nur

---

[108] *Mancini*, Europa: Gründe für einen Gesamtstaat, KritV 1998, S. 386 (390 ff.); dies entspricht dem Beitrag *dess.*, Europe: The Case for Statehood, European Law Journal 1998, S. 29. Kritisch dazu *Weiler*, Europe: The Case Against the Case for Statehood, European Law Journal 1998, S. 43 (43 ff.). Beide Texte finden sich auch im Internet unter http://www.law.harvard.edu/programs/JeanMonnet/papers/98.

[109] *Habermas*, Braucht Europa eine Verfassung ? Eine Bemerkung zu Dieter Grimm, in: Die Einbeziehung des Anderen, 1. Aufl. 1996, S. 185 (189); *ders.*, Die postnationale Konstellation und die Zukunft der Demokratie, in: ders., Die postnationale Konstellation, 1998, S. 91 (117).

[110] *Habermas* (Fn 109), S. 191; *ders.*, Was ist ein Volk ? Zum politischen Selbstverständnis der Geisteswissenschaften im Vormärz, am Beispiel der Frankfurter Germanistenversammlung von 1846, in: ders., Die postnationale Konstellation, 1998, S. 13 (36 f.); *Mancini* (Fn 108), S. 394 ff.; *Schäuble/Lamers* (Fn 92), S. 11.

[111] Zur Verknüpfung und zur Entkoppelung von Staat und Verfassung *Hertel* (Fn 95), S. 34 ff.

[112] *Steinberg* (Fn 23), S. 369. Vgl. auch *Schäuble/Lamers* (Fn 92), S. 11: „Die europäische Zukunft ist keine bloße Verlängerung der nationalen Vergangenheit".

das spezifische Verhältnis zwischen europäischer und nationalstaatlicher Ebene heraushebt, sondern weiter ausgreift.[113]

Unter zahlreichen Gesichtspunkten - genannt seien nur die Kommunikationsweisen, die natürliche Umwelt, Handel und Wirtschaft oder die Sicherheit - entwickelt sich die Gesellschaft zunehmend zur „Weltgesellschaft", das Recht zum „Weltrecht" oder Welt„innen"recht.[114] Die völkerrechtliche Ebene übernimmt in einer ihrerseits nicht mehr traditionellen, sondern neuartigen und noch nicht ausgereiften Gestalt bestimmte Regelungsaufgaben und -funktionen.[115] Das führt dazu, daß selbst eine Konstitutionalisierung der europäischen Ebene den Anspruch der nationalstaatlichen Verfassung, Hoheitsgewalt territorial begrenzt, aber sachlich umfassend zu verfassen, nicht mehr einlösen könnte.[116] Die im Verfassungsstaat geleistete Verklammerung unterschiedlicher Funktionen zu einer Einheit wird gelöst; die spezifische Form nationalstaatlicher Verfassung nicht mehr erreicht.[117]

Statt dessen müssen Verfassungselemente und Verfassungsfunktionen auf unterschiedlichen Ebenen angesiedelt werden. Internationale, europäische und nationale Ebenen sind als ein Mehrebenensystem mit jeweils sachbezogen begrenzten Kompetenzbereichen zu begreifen. Die Europäische Union und die Mitgliedstaaten bilden einen Verfassungsverbund von Unions- oder Gemeinschaftsrecht und nationalem Verfassungsrecht; die europäischen Verträge sind danach eine „Komplementärverfassung".[118]

Was dies genau bedeutet, erweist sich im wesentlichen auch im Detail und dort als gegebenenfalls immer noch schwer zu bestimmen. Kennzeichen der Verfassung, die die Europäische Union in neuartiger Form hat, ist jedenfalls die relativ flexible und dynamische Konstruktion in Abstimmung zu den mitgliedstaatlichen Verfassungen. Ohne zu einem Bundesstaat Europa zu gelangen, gewinnt man mehr Spielraum etwa für die argumentative Begründung der Beteiligung des Europäischen Parlaments am gemeinschaftsrechtlichen Rechtssetzungsprozeß oder des Ausbaus der mit der Unionsbürgerschaft verbundenen

---

[113] Instruktiv dazu *Walter* (Fn 89), S. 1 ff.

[114] Siehe nur *Luhmann*, Das Recht der Gesellschaft, 1993, S. 571 ff.; *Brunkhorst*, Heterarchie und Demokratie, in: ders./Niesen, Das Recht der Republik, 1999, S. 373 (381 f.).

[115] *Hobe*, Die Zukunft des Völkerrechts im Zeitalter der Globalisierung, Archiv des Völkerrechts Bd. 37 (1999), S. 253 (253 ff.).

[116] *Walter* (Fn 89), S. 8. Ähnlich *Di Fabio*, Das Recht offener Staaten, 1998, S. 97 ff.

[117] *Walter* (Fn 89), S. 4 ff.; *ders.* (Fn 28).

[118] *Pernice*, in: Dreier (Hrsg.), Grundgesetz, Band 2, 1998, Art. 23 Rn 20 m.w.N., Art. 24 Rn 21. Vgl. auch *Grawert*, Gesellschaftswandel und Staatsreform in Deutschland, Der Staat 1999, S. 333 (352 ff.).

Rechtsstellung[119] und für die Entwicklung eines Konzepts gestufter Identitäten[120] oder einer auf die strukturelle Konsensbereitschaft gestützten Sozialintegration[121].

Im hier interessierenden Zusammenhang ist entscheidend, daß es der Ansatz insbesondere auch ermöglicht, (zu) feste Verknüpfungen zwischen traditionellem oder nationalstaatlichem und supranationalem Verfassungsverständnis, zwischen Verfassung und Grundrechten sowie schließlich zwischen dem für die nationalstaatliche Ebene entwickelten Grundrechtsverständnis und den zu kodifizierenden Grundrechten auf der Ebene der Europäischen Union zu lockern, ohne gegebene Beziehungen ganz zu überspielen. Die Kodifikation der Grundrechte auf der Ebene der Europäischen Union ist auf deren komplementäre Verfaßtheit zuzuschneiden und wird gerade dadurch eine dementsprechende Originalität und Eigenständigkeit erhalten. Von Relevanz sind die Grundrechte der Verfassungen der Mitgliedstaaten und der Europäischen Menschenrechtskonvention, aber auch etwa der - einer besonderen Dynamik unterliegende - Entwicklungsstand und die Regelungsinhalte der Verträge und das darin konzipierte Verhältnis zwischen Union und Mitgliedstaaten. Erst wenn man das Netz von Abstimmungserfordernissen einbezieht, läßt sich eine Grundrechtscharta der Europäischen Union sinnvoll realisieren.

## III. Herausforderungen bei der Ausarbeitung einer Charta der Grundrechte

Ist die Europäische Union komplementär verfaßt, muß eine Grundrechtscharta eigenständig gestaltet und ihrerseits dem Komplementärcharakter gerecht werden. Das heißt zunächst, daß man sie nicht rein rechtsvergleichend mit Hilfe der Rezeption der Verfassungen der Mitgliedstaaten entwickeln kann. Ebensowenig ist die vollständige Übernahme der Europäischen Menschenrechtskonvention sinnvoll.[122] Über diese Abgrenzungen hinaus darf die Ausarbeitung der Grundrechte der Europäischen Union aber auch nicht - was in bis-

---

[119] Siehe etwa *Walter* (Fn 89), S. 9; *Steinberg* (Fn 23), S. 369 f.

[120] *Weiler*, Does Europe Need a Constitution ? - Reflections on the Ethos, Telos and Demos of the European Constitutional Order, in: Tinnefeld/Philipps/Heil (Hrsg.), Informationsgesellschaft und Rechtskultur in Europa, 1993, S. 236 (253 ff.); im Anschluß daran *Denninger*, Menschenrechte und Staatsaufgaben - ein „europäisches" Thema, JZ 1996, S. 585 (586); weiter *Haltern*, Europäischer Kulturkampf, Der Staat 1998, S. 591 (605 ff.).

[121] Dazu *Hertel* (Fn 111), S. 181 ff.

[122] Aus Konsensgründen für eine weitgehende Inkorporation durch die Übernahme des Textes *Frowein*, Workshopbeitrag, in: Vertretung der Europäischen Kommission in der Bundesrepublik Deutschland (Hrsg.), Eine europäische Charta der Grundrechte, Beitrag zur gemeinsamen Identität, Europäische Gespräche 2 /1999, S. 96 (97 ff.).

herigen Entwürfen teilweise nicht hinreichend beachtet worden ist - in isoliertgrundrechtsbezogener Perspektive erfolgen. Sie ist vielmehr auf den Entwicklungsstand und die Inhalte der europäischen Verträge, namentlich auf die spezifischen Kompetenzen der Union und damit insbesondere auch auf deren Kompetenzgrenzen abzustimmen.[123] Sie teilt unter diesen Umständen die im Integrations- und Entwicklungsprozeß liegende Dynamik. Das verweist darauf, daß eine Grundrechtscharta der Europäischen Union weit mehr als Grundrechtskataloge in nationalstaatlichen Verfassungen als offene, anpassungs- und änderungsfähige Konzeption entwickelt und gehandhabt werden muß. In diesem Sinne könnten die in bestimmtem Umfang vorteilhaften Aspekte der richterrechtlichen Grundrechtsgewährleistung aufgegriffen und zu starre Festlegungen vermieden werden. So wird die Realisierung einer Charta möglicherweise erleichtert.

Die gegebenen Abstimmungserfordernisse werfen allerdings nicht zu unterschätzende Schwierigkeiten auf. Zum einen setzen sie eine hinreichende und genaue Klärung der Kompetenzen der Europäischen Union voraus. Das ist angesichts der Kompetenzlage, vor allem angesichts der überwiegend final geprägten Struktur der Kompetenznormen und gegebenenfalls dynamischer Interpretationen nur schwer zu leisten.[124] Zum anderen muß man berücksichtigen, daß Grundrechtsgewährleistungen nach Erfahrungen vor allem auf nationaler Ebene aus sich heraus eine Eigendynamik entfalten können. Das gilt zumal, wenn sie Aktivitäts- oder Schutzpflichten einschließen. Könnten sich auf diese Weise implizite Kompetenzerweiterungen entwickeln oder wären in den Unionsgrundrechten gar Kompetenz-Kompetenzen angelegt, entstünden Widersprüche namentlich zum Prinzip der Einzelermächtigung.[125] Man steht vor der Herausforderung, dies in Rechnung zu stellen, ohne der Grundrechtscharta einen inhaltlich und dogmatisch unzulänglichen Zuschnitt zu geben.

Im näheren zeigen sich Regelungsprobleme und weitergehend Verbindungslinien zu Grundfragen der europäischen Verfassung bereits bei der Diskussion darum, ob nur die europäischen Institutionen oder zudem die Mitgliedstaaten durch die Unionsgrundrechte gebunden werden sollen.[126] Die Konzen-

---

[123] So auch *Preuß* (Fn 88), S. 4 f.

[124] Dazu etwa *Schoch*, Die Europäisierung des Allgemeinen Verwaltungsrechts, DVBl 1995, S. 109 (115 f.).

[125] Vgl. *Eickmeier* (Fn 4), S. 1029, *Hirsch*, Gemeinschaftsgrundrechte: Rechtsprechung des EuGH, Verhältnis zum Grundgesetz, EU-Charta, in: Vertretung der Europäischen Kommission in der Bundesrepublik Deutschland (Hrsg.), Eine europäische Charta der Grundrechte, Beitrag zur gemeinsamen Identität, Europäische Gespräche 2 /1999, S. 43 (50).

[126] Vgl. *Dix*, Workshopbeitrag, in: Vertretung der Europäischen Kommission in der Bundesrepublik Deutschland (Hrsg.), Eine europäische Charta der Grundrechte, Beitrag

tration auf diese Unterscheidung greift freilich zu kurz. Die zentrale Problematik dreht sich vielmehr darum, auf welche mitgliedstaatlichen Maßnahmen sich die Bindung wegen der Reichweite oder Tiefe gemeinschaftsrechtlicher Determination erstreckt.[127] Man wird überlegen müssen, ob dazu Grundlinien festgehalten werden können, ohne daß sich der Rechtsprechung des Europäischen Gerichtshofes die erforderlichen weiteren Verfeinerungen verschließen. Eine vollständige Bindung der Mitgliedstaaten setzte eine bundesstaatliche Konstruktion voraus und scheidet daher aus.

Bei der dogmatischen und inhaltlichen Ausgestaltung stehen nicht Rezeptionen der Grundrechte nationaler Verfassungen oder der Europäischen Menschenrechtskonvention, sondern die Funktionen im Vordergrund, die den Grundrechten der Europäischen Union zukommen und zugewiesen werden sollen. Indem dazu unter anderem die Kompensation des zurückgedrängten Schutzes durch jene Grundrechte und die nötigen Abstimmungen gehören, spielen die Gewährleistungen und die Konventionsrechte, dies unter Berücksichtigung zeitgerechter Auslegungen, bei der Ausarbeitung der Charta aber eine erhebliche Rolle.[128] Das ist ohne weiteres damit vereinbar, daß im Ansatz Abgrenzungen mit Blick auf die Unionskompetenzen und auf die sich anschließende Frage, welche gegebenenfalls zu schützenden Belange in diesem Rahmen überhaupt betroffen sein können, denkbar sind. Diese Erwägung entspräche im Gegenteil der komplementären Verfaßtheit. Ihre Umsetzung bereitet jedoch einige Schwierigkeiten. Grundsätzliche Probleme bei der Bestimmung, welche Grundrechte einschlägig werden könnten, entstehen in verschiedenen Hinsichten. Neben der Problematik, die Kompetenzlage hinreichend präzise zu klären, stellt sich auch insofern etwa die Frage, wie tief das Unions- oder Gemeinschaftsrecht wirkt und in welchen Fällen die Mitgliedstaaten es deshalb anwenden. Auch wirkt sich aus, daß alles andere als umfassend geklärt ist, unter welchen Voraussetzungen eine Grundrechtsbeeinträchtigung vorliegt.[129] Die Rechtsprechung des Europäischen Gerichtshofes gibt für die Lösung dieser Schwierigkeiten wegen ihrer strukturbedingten Defizite nicht in jeder Hinsicht etwas her.

Spezifische Anforderungen und Streitpunkte sind weiter mit den Grundrechtsgehalten und -dimensionen im einzelnen verbunden. Die Diskussion konzentriert sich vor allem auf die Differenz „klassischer" und „sozialer" Grund-

---

zur gemeinsamen Identität, Europäische Gespräche 2 /1999, S. 90 (96); *Gelinsky*, Ein Luftschloß ?, FAZ vom 28. September 1999.

[127] Siehe oben Punkt B.I.

[128] Vgl. oben Punkt A.II.2. und B.II.

[129] Vgl. zur Relevanz auch einer faktischen oder mittelbaren Grundrechtsbetroffenheit etwa EuGH, Rs. 43, 63/82 (VBVB u. VBBB/Kommission), Slg. 1984, S. 19 (62); außerdem *Kühling* (Fn 52), S. 392 f.

rechte, sei es, daß eine Beschränkung auf klassische Abwehrrechte mit Blick darauf vorgeschlagen wird, daß soziale Grundrechte nicht ohne weiteres Bestandteil der gemeinsamen Verfassungstradition der Mitgliedstaaten sind[130], sei es, daß mit dem Argument der Unteilbarkeit klassischer und sozialer Grundrechte wirtschaftliche und soziale Rechte berücksichtigt werden sollen, wie sie in der europäischen Sozialcharta und in der Gemeinschaftscharta der sozialen Grundrechte der Arbeitnehmer enthalten sind, soweit sie nicht nur Ziele für das Handeln der Union begründen.[131] Orientiert man sich an den Funktionen der Grundrechte in der Europäischen Union, kommt sozialen Grundrechten jedenfalls weniger eine Kompensationsfunktion als eine Bedeutung für die Förderung weiterer Integration und einheitlicher Lebensbedingungen zu. Deswegen und wegen der gerade bei ihnen bestehenden Möglichkeiten differenzierter dogmatischer Gestaltung, zum Beispiel durch Differenzierungen im Hinblick auf die Art der normativen Verbindlichkeit der Regelungen oder Abschichtungen hinsichtlich der Durchsetzbarkeit im Rechtsschutzsystem[132], bestehen hinsichtlich ihrer Aufnahme und Ausgestaltung besondere Entscheidungsspielräume. Neben der Frage des Konsenses über soziale Grundrechte überhaupt wird hier der Aspekt der potentiell kompetenzerweiternden Wirkungen eine erhebliche Rolle spielen.

Die Problematik der Bestimmung der näheren Inhalte und Dimensionen der Grundrechte der Europäischen Union beschränkt sich aber nicht auf die Differenz „klassischer" und „sozialer" Grundrechte. Potentiell kompetenzerweiternde Wirkungen können auch übergreifend-objektivrechtlichen Gehalten oder Schutzpflichten zugeschrieben werden. Das gilt freilich schon deswegen nicht uneingeschränkt, weil sie etwa auch bestimmten Formen der Wahrnehmung einer Kompetenz entgegenstehen oder Rechtfertigungsfunktionen im Zusammenhang mit mitgliedstaatlichem Verhalten erfüllen können. Den übergreifenden Gehalt der Pluralismussicherung als Komponente der Kommunikationsfreiheit hat der Europäische Gerichtshof gerade in solchen Zusammenhängen anerkannt.[133] An dieser Stelle stecken somit Ambivalenzen. Sie lassen sich jedoch, weil anderenfalls Defizite und strukturelle Einseitigkeiten entstünden, nicht durch einen Verzicht auf die Regelung oder Konkretisierung solcher Grundrechtsinhalte, sondern nur durch eine Konnexität von Grundrecht und Kompetenzen lösen. Die normativen Aussagen könnten so gefaßt werden, daß zumindest in bestimmten Punkten eine hinreichende Offenheit für eine jeweils

---

[130] Zurückhaltend und mit Präferenzen für Abwehrrechte etwa *Di Fabio*, Für eine Grundrechtsdebatte ist es Zeit, FAZ vom 17. November 1999.

[131] Vgl. den Beschluß des Europäischen Rates (Fn 2). Außerdem *Eickmeier* (Fn 4), S. 1028.

[132] *Weber*, Die Grundrechte im Integrationsprozeß der Gemeinschaft in rechtsvergleichender Perspektive, JZ 1989, S. 965 (973).

[133] Punkt B.I. mit Fn 52 bis 54.

an- und eingepaßte Konkretisierung gewährleistet bleibt. Außerdem sind auch insoweit Differenzierungen hinsichtlich der Art der normativen Verbindlichkeit oder der Durchsetzbarkeit im Wege des Rechtsschutzes denkbar.

Diese Beurteilung übergreifend-objektivrechtlicher Gehalte oder der Schutzpflichten gilt um so mehr, wenn man „moderne" Grundrechte oder „Grundrechte der dritten Generation" etwa in den Themenbereichen der Information, der Umwelt oder der Gentechnik berücksichtigt. Ihre Aufnahme ist zeitgerecht und erforderlich. Sie ist in einigen der bisherigen Entwürfe auch vorgesehen worden.[134] Die „Modernität" grundrechtlichen Schutzes in diesen Feldern besteht gerade darin, daß die Formulierung lediglich individueller Eingriffsabwehrrechte viel zu kurz griffe und statt dessen ein übergreifender Zugriff mit einem Netzwerk verschiedener Rechtsbindungen und Schutzpositionen erforderlich ist.

Mindestens genauso bedeutsam wie die Einführung einer Charta der Grundrechte ist schließlich die Frage derer Durchsetzbarkeit. Der bisherige Individualrechtsschutz würde den geweckten Erwartungen nicht gerecht.[135] Teils wird auf die Nichtigkeitsklage verwiesen.[136] Teils wird die Einführung einer (Rechtssatz)Verfassungsbeschwerde vorgeschlagen.[137] Teils soll neben dem Europäischen Gerichtshof ein besonderes Gericht für Grundrechtsfragen eingerichtet werden.[138] Solche Modifikationen des Rechtsschutzsystems gingen zwar mit verstärkten Kontroll- und Entscheidungskompetenzen der Gerichtsbarkeit einher und zögen unter Umständen ausgreifende Tendenzen nach sich. Eine Grundrechtscharta der Europäischen Union brächte aber nur begrenzte Fortschritte, wenn nicht zugleich das Rechtsschutzsystem verändert würde.[139]

## D. Ausblick

Die neuen Initiativen zur Einführung einer Grundrechtscharta erscheinen vielversprechend. Die Notwendigkeit einer Ablösung der im wesentlichen richterrechtlichen Gewährleistung der Grundrechte drängt sich mittlerweile auf. Die Erarbeitung der Charta steht allerdings vor einigen nur schwer zu lösenden Herausforderungen. Es wird darauf ankommen, die Grundrechte der Europäi-

---

[134] Siehe Punkt A.I.

[135] *Lenz*, Rechtsschutz im Binnenmarkt, NJW 1994, S. 2063 (2065 ff.).

[136] Vgl. *Eickmeier* (Fn 4), S. 1029.

[137] Dazu *Rengeling*, Brauchen wir die Verfassungsbeschwerde auf Gemeinschaftsebene ?, in: Festschrift für Ulrich Everling, Bd. II, 1995, S. 1187 (1187 ff.).

[138] *Di Fabio* (Fn 130).

[139] So auch *Däubler-Gmelin* (Fn 6), S. 18.

schen Union auf deren komplementäre Verfaßtheit zuzuschneiden und dementsprechend eigenständige, hinreichend angepaßte und entwicklungsfähige Konzeptionen zu formulieren. Insgesamt ergibt sich damit auch eine neuartige Dimension der Grundrechtskodifikation.

# Die Grundrechtsfähigkeit der Landesmedienanstalten

Von *Rüdiger Nolte*, Münster

## A. Problemstellung

Die Öffnung des Rundfunks für private Veranstalter hat die Landesmedienanstalten als maßgebliche Administrativinstanzen zur Ordnung des Privatfunks hervorgebracht. Sie nehmen eine eigentümliche Stellung zwischen der staatlichen Verwaltung und den privaten Rundfunkveranstaltern ein. Einerseits schirmen sie den Veranstalter gegen den unmittelbaren Zugriff des Staates ab, andererseits üben sie selbst präventive und repressive Aufsicht über die Veranstalter aus. Daran knüpft sich nicht nur das Problem ihrer Zuordnung zur Sphäre gesellschaftlicher Selbstregulation oder zur mittelbaren Staatsverwaltung, sondern auch eine Kontroverse über ihre Fähigkeit, Träger des Grundrechts aus Art. 5 Abs. 1 Satz 2 GG zu sein. Grundrechtsverpflichtete „Medienpolizei"[1] oder grundrechtsbewehrter Schutzschild einer freiheitlichen Privatfunkordnung[2] - diese Alternative markiert die unterschiedlichen dogmatischen Standpunkte.

Die Frage nach der Grundrechtsfähigkeit der Landesmedienanstalten ist nicht bloß von akademischem Interesse. Ihre beträchtliche praktische Relevanz belegen zwei Streitfälle, in denen Landesmedienanstalten das Grundrecht aus Art. 5 Abs. 1 Satz 2 GG für sich reklamierten, im einen Fall gegenüber dem Staat, im zweiten gegenüber einer anderen Landesmedienanstalt: Die Sächsische Landesmedienanstalt für privaten Rundfunk und neue Medien sah durch Bestimmungen des Sächsischen Privatrundfunkgesetzes, die ihre Organisationsstruktur umgestalteten, das Grundrecht der Rundfunkfreiheit aus Art. 20 Abs. 1 Satz 2 der Sächsischen Verfassung verletzt und wandte sich deshalb mit der Verfassungsbeschwerde an das Verfassungsgericht des Landes. Der Verfas-

[1] *Bethge*, Grundrechtsschutz für die Medienpolizei?, NJW 1995, S. 557 (559).

[2] Vgl. *Bumke*, Die öffentliche Aufgabe der Landesmedienanstalten, 1995, S. 22, 200, 225 ff.; ähnlich *Gersdorf*, Staatsfreiheit des Rundfunks in der dualen Rundfunkordnung der Bundesrepublik Deutschland, 1991, S. 159, der von einem Schutzschirm spricht.

sungsgerichtshof verwarf die Verfassungsbeschwerde, da die Aufgaben der Landesanstalt keinen unmittelbar programmgestaltenden Charakter hätten und damit nicht in den Schutzbereich des Grundrechts fielen[3]. Noch größere öffentliche Aufmerksamkeit fand ein Streitfall, der nach überaus verwickelter prozessualer Vorgeschichte das Bundesverfassungsgericht erreichte. Vereinfacht dargestellt ging es um folgendes[4]: Die Bayerische Landesanstalt für neue Medien (BLM) hatte einen Programmanbietervertrag zwischen der „DSF Deutsches Sportfernsehen GmbH" und einer Medienbetriebsgesellschaft über die Ausstrahlung eines bundesweit empfangbaren Fernseh-Spartenprogramms (DSF) geschlossen und sich damit über Bedenken hinweggesetzt, die in der Direktorenkonferenz der Landesmedienanstalten mit Blick auf unternehmerische Verflechtungen der Anbieterin erhoben worden waren. Gegen diese Entscheidung ging die Medienanstalt Berlin-Brandenburg (MABB), die darin einen Verstoß gegen die konzentrationsrechtliche Regelung in § 21 RStV sah, verwaltungsgerichtlich vor. Sowohl ihre Anfechtungsklage als auch ihr Eilantrag hatten Erfolg[5]. Die BLM rief daraufhin gestützt auf das Grundrecht der Rundfunkfreiheit aus Art. 111 a der Bayerischen Verfassung den Bayerischen Verfassungsgerichtshof an und erwirkte zunächst die Aussetzung, später die Aufhebung der Eilentscheidung des Verwaltungsgerichtshofs[6]. Über Verfassungsbeschwerden der MABB, die ihrerseits in den Entscheidungen des Verfassungsgerichtshofs Verstöße gegen die grundgesetzlich verbürgte Rundfunkfreiheit sah, gelangte der Fall schließlich zum Bundesverfassungsgericht. In einem Beschluß über den Antrag der MABB auf Erlaß einer einstweiligen Anordnung gab die 1. Kammer des Ersten Senats zu erkennen, daß die Grundrechtsfähigkeit der Landesmedienanstalten ernsthaft in Betracht zu ziehen sei[7]. Zu einer Beantwortung der Frage durch den Senat kam es aber nicht, weil er die Zulässigkeit der Verfassungsbeschwerde schon an dem Erfordernis der Rechtswegerschöpfung (§ 90 Abs. 2 BVerfGG) scheitern ließ[8]. Dieter Grimm, in dessen Zeit als Berichterstatter für das Medienrecht zahlreiche wegweisende Entscheidungen des Bundesverfassungsgerichts zur Rundfunkfreiheit fallen[9], konnte infolge dieser prozessualen Hürde als Verfassungsrichter nicht mehr zur Klärung der aufgeworfenen Frage beitragen.

---

[3] SächsVerfGH, NJW 1997, S. 3015. Eine dagegen beim Bundesverfassungsgericht eingereichte Verfassungsbeschwerde hat die Landesanstalt wieder zurückgenommen.

[4] Vgl. zu den Einzelheiten BVerfGE 95, 163 (163 ff.).

[5] BayVGH, NVwZ-RR 1993, S. 552; ZUM 1996, S. 326.

[6] BayVerfGH, ZUM 1993, S. 304; ZUM 1995, S. 417.

[7] ZUM 1994, S. 630; ihre Grundrechtsfähigkeit bejahend bereits BayVGH, NVwZ-RR 1993, S. 552 (553).

[8] BVerfGE 95, 163 (171 f.). Das Bundesverwaltungsgericht hat anschließend die Revision gegen das Urteil des Bayerischen Verwaltungsgerichtshofs (Fn 5) zurückgewiesen (NJW 1997, S. 3040).

[9] Vgl. etwa BVerfGE 83, 238; 87, 181; 90, 60; 95, 220; 97, 228; 97, 298.

Mit dem Verfahren hat sich aber nicht das Thema erledigt. Die kontroversen Positionen in Rechtsprechung und Schrifttum[10] geben weiterhin Anlaß, sich den im Grenzbereich zwischen Staat und Gesellschaft angesiedelten Landesmedienanstalten unter dem Blickwinkel des Grundrechtsschutzes zuzuwenden. Das Augenmerk der Untersuchung richtet sich dabei vor allem auf das Problem, ob die Funktion der Grundrechts*sicherung* vom Schutzbereich des Art. 5 Abs. 1 Satz 2 GG als subjektivem Recht umfaßt sein kann.

## B. Voraussetzungen für die Erstreckung von Grundrechten auf juristische Personen des öffentlichen Rechts

### I. Die Rechtsprechung des Bundesverfassungsgerichts als Ausgangspunkt

Art. 19 Abs. 3 GG erstreckt die Geltung der Grundrechte auf inländische juristische Personen, „soweit sie ihrem Wesen nach auf diese anwendbar sind". Maßgebliches Kriterium für die Einbeziehung einer juristischen Person in den personellen Geltungsbereich von Grundrechten ist also das *Wesen der Grundrechte*. Angesichts des weiten Spektrums der Theorien über Ursprung, Zweck und Funktion der Grundrechte[11] überrascht es nicht, daß zur Auslegung der Wesensklausel höchst unterschiedliche Lösungsansätze entwickelt worden sind, die sich nur schwer systematisieren und in ihren Feinheiten kaum vollständig erfassen lassen[12]. Es würde den Rahmen dieses Beitrags sprengen, auch nur eine grobe Übersicht über die Meinungsskala zu geben. Deshalb wird hier ein anderer Weg eingeschlagen. Bestimmend für das Verständnis der Wesensklausel gerade auch in ihrer Bedeutung für die Grundrechtsfähigkeit juristi-

---

[10] Die Grundrechtsfähigkeit der Landesmedienanstalten bejahend etwa *Bumke* (Fn 2), S. 225 ff.; *Gersdorf*, Landesmedienanstalten als Träger des Grundrechts der Rundfunkfreiheit, in: Haratsch u.a. (Hrsg.), Herausforderungen an das Recht der Informationsgesellschaft, 1996, S. 163 (174 ff.); *Hoffmann-Riem*, Personalrecht der Rundfunkaufsicht, 1991, S. 88 ff.; *Stober* in: Wolff/Bachof/Stober, Verwaltungsrecht II, 1987, § 98 II Rn 18; *Vahrenhold*, Die Stellung der Privatfunkaufsicht im System staatlicher Aufsicht, 1992, S. 111 f.; a.A. *Bethge* (Fn 1) S. 558 ff.; *Dreier* in: Dreier, Grundgesetz, Kommentar, Band I, 1996, Art. 19 Abs. 3 Rn 42; *Ricker/Schiwy*, Rundfunkverfassungsrecht, 1997, Rn 153.

[11] Vgl. *Böckenförde*, Grundrechtstheorie und Grundrechtsinterpretation, NJW 1974, S. 1529; *Grimm*, Grundrechte und soziale Wirklichkeit - Zum Problem eines interdisziplinären Grundrechtsverständnisses, in: Hassemer u.a. (Hrsg.), Grundrechte und soziale Wirklichkeit, 1982, S. 39 (55 ff.); *Stern*, Idee und Elemente eines Systems der Grundrechte, in: Isensee/Kirchhof (Hrsg.), Handbuch des Staatsrechts, Band V Allgemeine Grundrechtslehren, 1992, § 109 Rn 22 ff. m.w.N.

[12] Ausführlicher Überblick bei *von Mutius* in: Kommentar zum Bonner Grundgesetz (Bonner Kommentar), Art. 19 Abs. 3 (Zweitbearbeitung) Rn 26 ff. und - speziell bezogen auf juristische Personen des öffentlichen Rechts - Rn 78 ff.

scher Personen des öffentlichen Rechts ist die Judikatur des Bundesverfassungsgerichts geworden. Ihr wird mittlerweile attestiert, eine konsistente, sich mehr und mehr durchsetzende Konzeption entwickelt zu haben[13]. Das rechtfertigt es, die Prüfung darauf zu konzentrieren, ob diese Rechtsprechung eine tragfähige Grundlage zur Ausfüllung des Wesensmerkmals abgibt.

### *1. Der Grundsatz der Grundrechtsunfähigkeit juristischer Personen des öffentlichen Rechts*

#### a) Argumentation des Bundesverfassungsgerichts

Das Bundesverfassungsgericht hat bei der Anwendung der Grundrechte auf juristische Personen des öffentlichen Rechts einen restriktiven Kurs verfolgt. Im Grundsatz hält es juristische Personen des öffentlichen Rechts, zumindest soweit sie öffentliche Aufgaben wahrnehmen, für unfähig, Träger von Grundrechten zu sein. Basis seiner Überlegungen zu Art. 19 Abs. 3 GG ist die Annahme, die Grundrechte schützten in erster Linie die Freiheitssphäre des Einzelnen gegen Eingriffe der staatlichen Gewalt. Diese Zielsetzung macht nach Auffassung des Gerichts das Wesen der Grundrechte aus. Juristische Personen seien daher in den Schutzbereich der Grundrechte nur einbezogen, wenn ihre Bildung und Betätigung Ausdruck der freien Entfaltung natürlicher Personen sind, wenn insbesondere der Durchblick auf die hinter den juristischen Personen stehenden Menschen es als sinnvoll und erforderlich erscheinen läßt[14]. Für juristische Personen des öffentlichen Rechts trifft diese Voraussetzung, so das Gericht, im allgemeinen nicht zu. Sie vollziehen ihre Aufgaben in aller Regel nicht in Wahrnehmung unabgeleiteter Freiheiten, sondern aufgrund von Kompetenzen, die ihnen vom positiven Recht zugewiesen und inhaltlich begrenzt sind[15]. Das Bundesverfassungsgericht unterscheidet also antithetisch zwischen der grundrechtlichen Sphäre individueller und korporativer Freiheit und der staatlichen Sphäre der Kompetenz; ein Handeln in Ausübung übertragener Kompetenzen lasse sich selbst dann nicht als grundrechtliche Betätigung verstehen, wenn es zugleich der Verwirklichung der Grundrechte förderlich sei[16]. Nach dieser funktionellen Betrachtung bestehen durchweg keine Unterschiede zwischen unmittelbarer und mittelbarer Staatsverwaltung; auch organisatorisch verselbständigte Verwaltungseinheiten nehmen regelmäßig gesetzlich zugewie-

---

[13] Vgl. *Bethge*, Grundrechtsschutz (Fn 1), S. 558; *Rüfner*, Grundrechtsträger, in: HStR V (Fn 11), § 116 Rn 65.

[14] Grundlegend BVerfGE 21, 362 (368 ff.); 61, 82 (100 ff.).

[15] BVerfGE 61, 82 (101); 68, 193 (206).

[16] BVerfGE 61, 82 (103 f.).

sene Kompetenzen wahr, wenn sie das Recht zur Selbstverwaltung haben und weisungsfrei handeln[17].

### b) Tragfähigkeit des Grundsatzes

Die These, juristische Personen des öffentlichen Rechts könnten grundsätzlich nicht Träger von Grundrechten sein, ist auf teils harsche Ablehnung gestoßen, hält kritischer Überprüfung jedoch stand:

Sie ist keineswegs, wie gelegentlich behauptet worden ist, unvereinbar mit dem Wortlaut des Art. 19 Abs. 3 GG[18]. Die Norm spricht unterschiedslos von juristischen Personen. Dem mag man die prinzipielle Anerkennung der Grundrechtsfähigkeit juristischer Personen entnehmen[19]. Da die Grundrechtsfähigkeit unter den Wesensvorbehalt gestellt ist, bleibt aber die Möglichkeit offen, daß bestimmte Kategorien juristischer Personen ausgenommen sind. Anders wäre es nur, wenn der Vorbehalt sich ausschließlich auf das Wesen einzelner Grundrechte bezöge. Diese Deutung wird jedoch durch den Wortlaut nicht vorgegeben[20].

Die Entstehungsgeschichte des Art. 19 Abs. 3 GG belegt allerdings, daß der Parlamentarische Rat juristische Personen des öffentlichen Rechts durchaus einbeziehen wollte[21]. Auf Vorschlag des Allgemeinen Redaktionsausschusses wurde der Begriff „juristische Personen" aus dem Grunde gewählt, weil die zunächst vorgesehene Formulierung „Körperschaften und Anstalten nicht alle juristischen Personen des öffentlichen und privaten Rechts... umfassen" würde[22]. Dem ist indes für die Auslegung nur geringes Gewicht beizumessen, denn aus den Beratungen geht hervor, daß sich der Parlamentarische Rat der besonderen Probleme der Grundrechtsfähigkeit juristischer Personen des öffentlichen Rechts nicht bewußt war[23].

---

17 BVerfGE 39, 302 (314); 61, 82 (103); 68, 193 (207).

18 a.A. *Bettermann*, Juristische Personen des öffentlichen Rechts als Grundrechtsträger, NJW 1969, S. 1321 (1324).

19 *Bethge*, Die Grundrechtsberechtigung juristischer Personen nach Art. 19 Abs. 3 Grundgesetz, 1985, S. 36; vgl. auch *Dreier* in: Dreier (Fn 10), Art. 19 III Rn 38.

20 So deutlich *Bethge* (Fn 19), S. 69 m.w.N.

21 *Bettermann* (Fn 18), S. 1324; *Stern/Sachs*, Das Staatsrecht der Bundesrepublik Deutschland, Band III/1 Allgemeine Lehren der Grundrechte, 1988, S. 1095; *Zimmermann*, Der grundrechtliche Schutzanspruch juristischer Personen des öffentlichen Rechts, 1993, S. 80 f.

22 Drucks. Parl. Rat Nr. 543, S. 20.

23 *von Mutius* (Fn 12), Art. 19 Abs. 3 Rn 90; *Stern/Sachs* (Fn 21), S. 1097.

Die Auslegung der Wesensformel muß sich deshalb vornehmlich an systematischen und teleologischen Erwägungen orientieren[24]. Das Bundesverfassungsgericht stützt seine Auffassung, die juristischen Personen des öffentlichen Rechts seien prinzipiell unfähig, Träger von Grundrechten zu sein, auf das Verständnis der Grundrechte als vornehmlich staatsgerichteter Individualrechte. Es stellt damit nicht auf das Wesen bestimmter einzelner Grundrechte, sondern das Wesen der Grundrechte generell ab. Obgleich der historische Verfassungsgeber in erster Linie darauf abzielte, eine enumerative Aufzählung der anwendbaren Grundrechte zu erübrigen[25], läßt die offene Fassung der Klausel doch Raum, aus dem generellen Wesen der Grundrechte folgende Hinderungsgründe für die Erstreckung der Grundrechte auf bestimmte Gruppen juristischer Personen zu berücksichtigen[26].

Das Verständnis der Grundrechte als staatsgerichteter Abwehrrechte des Individuums schöpft ihre Bedeutung sicherlich nicht aus. Es ist heute - gerade auch dank der Rechtsprechung des Bundesverfassungsgerichts - dogmatisches Allgemeingut, daß die Grundrechtsartikel des Grundgesetzes daneben objektivrechtliche, teilweise auch leistungsrechtliche und partizipatorische Gewährleistungsschichten enthalten[27]. Das stellt die Auffassung des Bundesverfassungsgerichts über den primären, ihre „Sinnmitte"[28] ausmachenden Gehalt der Grundrechte aber nicht in Frage. Die Grundrechte wurden historisch erkämpft mit dem Ziel, die Macht des Staates zu zügeln und - als Kehrseite davon - dem einzelnen Freiräume für selbstbestimmte individuelle und kollektive Entfaltung zu sichern[29]. Diese Grundvorstellung hat in das Grundgesetz Eingang gefunden, wie insbesondere der systematische Zusammenhang des Grundrechtskatalogs mit dem Schutz der Menschenwürde (Art. 1 Abs. 1 GG) und die ausdrückliche Benennung staatlicher Gewalt als Grundrechtsadressat (Art. 1 Abs. 3 GG) belegen[30]. Bildet die Stoßrichtung gegen den Staat einen Wesenszug der Grundrechte, so erscheint es in der Tat als „etatistisches Schelmenstück"[31], aus der unspezifisch von juristischen Personen sprechenden Erstreckungsnorm des Art. 19 Abs. 3 GG die Grundrechtsfähigkeit des Staates und seiner Untergliederungen abzuleiten.

---

[24] Vgl. *Dreier* in: *Dreier* (Fn 10), Art. 19 III Rn 38.

[25] Vgl. *Stern/Sachs* (Fn 21), S. 1096 f. (mit Nachweisen der Materialien).

[26] *von Mutius* (Fn 12), Art. 19 Abs. 3 Rn 24.

[27] Vgl. *Böckenförde* (Fn 11), S. 1529 ff.

[28] BVerfGE 61, 82 (101).

[29] *Grimm* (Fn 11), S. 52 f.; *Stern/Sachs* (Fn 21), S. 47 ff., die die Grundrechtsgeschichte als „Geschichte der Bändigung der Macht des Staates" charakterisieren (S. 55).

[30] *Böckenförde* (Fn 11), S. 1537.

[31] *Dürig* in: Maunz/Dürig, Grundgesetz, Kommentar, Art. 19 Abs. III Rn 36.

An der Ineinssetzung verschiedener der Staatsgewalt zurechenbarer Organisationseinheiten hat sich im Schrifttum freilich vehemente Kritik entzündet. Es wird eingewandt, Hoheitsträger könnten der Gewalt anderer Hoheitsträger in einer Weise unterworfen sein, die dem Verhältnis Bürger-Staat entspreche und gleichermaßen auf grundrechtlichen Schutz angewiesen sei. Allerdings führe nicht jede Form öffentlich-rechtlicher Subjektion zur Anwendbarkeit von Grundrechten. Insoweit wird unterschieden zwischen dem durch bloße organisationsrechtliche Wahrnehmungszuständigkeiten bestimmten Innenrechtsbereich und Außenrechtsverhältnissen, in denen ein Hoheitsträger der Staatsgewalt nach Art des Bürgers unterworfen ist. Eine Subjektion dieser Art soll eine grundrechtstypische Gefährdungslage begründen, in der dem gewaltunterworfenen Hoheitsträger grundrechtlicher Schutz zuteil werde[32]. Diese Argumentation läßt sich nicht mit der Überlegung entkräften, sie verwechsele Ursache und Wirkung grundrechtlicher Schutzpositionen, weil das Bestehen von Außenrechtsbeziehungen in aller Regel die Folge und nicht die Grundlage der Zuweisung grundrechtlicher Schutzansprüche sei[33]. Es trifft keineswegs zu, daß die Begründung von Rechtsverhältnissen zwischen verschiedenen Trägern staatlicher Gewalt durchweg grundrechtlich veranlaßt wäre. Der Gesetzgeber ist auch unabhängig davon in der Lage, die Beziehungen zwischen verschiedenen Hoheitsträgern als Rechtsverhältnisse auszugestalten und subjektive Rechte einzuräumen. Erstreckt er beispielsweise eine Abgabenpflicht auf einen Hoheitsträger, so begründet er damit ersichtlich Außenrechtsbeziehungen zwischen diesem und dem abgabenberechtigten Hoheitsträger, ohne daß er damit einer grundrechtlich begründeten Verpflichtung entspräche. Entscheidend ist ein anderer Gesichtspunkt: Außenrechtsverhältnisse implizieren keine grundrechtliche Prägung der Beziehungen zwischen Hoheitsträgern[34]. Der gewaltunterworfene Träger handelt, soweit er seine Aufgaben erfüllt, in Wahrnehmung gesetzlich zugewiesener und begrenzter Kompetenzen, nicht in Ausübung unabgeleiteter ursprünglicher Freiheit. Die Aufgliederung der Staatsgewalt ändert daran nichts, gleichgültig, ob die Rechtsbeziehungen zwischen den Teilgliederungen bloß organisationsrechtlicher Natur oder aber Außenrechtsverhältnisse sind, aus denen subjektive Rechte erwachsen. Die Lehre von dem grundrechtlichen Gehalt der Außenrechtsverhältnisse verfehlt so das generelle Wesen der Grundrechte. Deren Zweck besteht nicht allgemein darin, subjektive Rechtssphären gegenüber staatlichen Übergriffen zu schützen[35], sondern richtet sich auf den Schutz des Menschen. Der „Durchblick" auf die natürliche Person

---

[32] Vgl. *Bettermann* (Fn 18), S. 1325 ff.; *Erichsen/Scherzberg*, Verfassungsrechtliche Determinanten staatlicher Hochschulpolitik, NVwZ 1990, S. 8 (11); *von Mutius* (Fn 12), Art. 19 Abs. 3 Rn 114 ff.

[33] So *Gersdorf* (Fn 10), S. 167.

[34] *Bethge* (Fn 19), S. 71 ff. m.w.N.

[35] So *von Mutius* (Fn 12), Art. 19 Abs. 3 Rn 36.

ist, vermittelt über die Wesensformel, auch der Erstreckungsregelung des Art. 19 Abs. 3 GG immanent.

Gegen das sogenannte Durchgriffs- oder Durchblicksargument richten sich freilich ebenfalls Einwände: Werde die Grundrechtsfähigkeit juristischer Personen davon abhängig gemacht, ob der Durchgriff auf die hinter ihr stehenden Menschen dies sinnvoll oder erforderlich erscheinen lasse, so werde damit die grundsätzliche Entscheidung in Art. 19 Abs. 3 GG für die eigene Grundrechtsfähigkeit juristischer Personen verkannt oder in eine bloße Grundrechtstreuhand umgedeutet[36]. Allen Versuchen, nicht die juristische Person, sondern ein hinter ihr stehendes personales Substrat als eigentlichen Grundrechtsträger zu behandeln, schiebt Art. 19 Abs. 3 GG tatsächlich einen Riegel vor. Einen Durchgriff im technischen Sinne[37] dergestalt, daß die Grundrechte den hinter der juristischen Person stehenden natürlichen Personen zugeordnet werden, würde die Norm ihres eigentlichen konstitutiven Gehalts berauben. Denn die Einzelpersonen sind schon unmittelbar durch die Grundrechte geschützt, auch wenn sie im Verband handeln. In diesem Sinne hat das Bundesverfassungsgericht das Durchgriffsargument jedoch ersichtlich nicht verwendet[38]. Worum es ihm geht, bezeichnet präziser der in der Sasbach-Entscheidung[39] gebrauchte Begriff des *Durchblicks*. Nicht die prinzipielle Fähigkeit der juristischen Person, selbst Grundrechtsträger zu sein, wird in Frage gestellt; das Gericht benutzt den Begriff vielmehr als Metapher, um den Rechtfertigungsgrund für die Gleichstellung juristischer Personen als gekorener Grundrechtsträger mit den natürlichen Personen als geborener Grundrechtsträger zu verdeutlichen: nämlich ihren Bezug zu grundrechtlich geschützter Aktivität des Individuums[40].

### *2. Ausnahmen*

So beharrlich das Bundesverfassungsgericht am Grundsatz der Grundrechtsunfähigkeit juristischer Personen des öffentlichen Rechts festgehalten hat, so wenig hat es von Anfang an Zweifel daran gelassen, daß dieser Grundsatz Ausnahmen erfahren muß[41]. Fallbezogen hat es bisher drei Gruppen öffentlich-rechtlicher Rechtsträger die Grundrechtsfähigkeit bei der Erfüllung öffentlicher Aufgaben zugebilligt: den Kirchen und anderen öffentlich-rechtlichen Reli-

---

[36] Vgl. *von Mutius* (Fn 12), Art. 19 Abs. 3 Rn 30 ff., 60 ff., 100 ff.; ferner *Bettermann* (Fn 18), S. 1324.

[37] Bekannt etwa vom Rechtsinstitut der gesellschaftsrechtlichen Durchgriffshaftung; Nachweise bei *Stern/Sachs* (Fn 21), S. 1088 Fn 49.

[38] So auch *Rüfner* (Fn 13), Rn 66.

[39] BVerfGE 61, 82 (101).

[40] Vgl. *Stern/Sachs* (Fn 21), S. 1119.

[41] So schon in der Leitentscheidung BVerfGE 21, 326 (373 f.).

gionsgesellschaften[42], den Universitäten und Fakultäten[43] sowie den Rundfunkanstalten[44]. Dahinter steht die Erkenntnis, daß in der öffentlich-rechtlichen Organisationsform zwar in aller Regel die Zuordnung der betreffenden Einheit zum staatlichen Aufgabenkreis Ausdruck findet, daß aber in besonderen Fällen dem Typus grundrechtlich geschützten Handelns zuzurechnende Tätigkeiten auch in öffentlich-rechtlichen Formen erfolgen können. Besonders deutlich zeigt sich dies an den Kirchen, die keine Kunstgeschöpfe des Staates sind, sondern dem gesellschaftlichen Raum entstammen und in ihrem Eigenbereich staatsfremde, selbst gestellte Aufgaben wahrnehmen[45]. In solchen Fallgestaltungen ist ein Bedürfnis nicht von der Hand zu weisen, trotz der öffentlich-rechtlichen Organisationsform die betreffenden Tätigkeiten grundrechtlichem Schutz zu unterstellen.

Bei der Anerkennung von Ausnahmen ist das Bundesverfassungsgericht freilich äußerst restriktiv verfahren: Bis heute blieb es bei der erwähnten Ausnahmetrias. Anderen Anwärtern verwehrte das Gericht den Zugang zum Club öffentlich-rechtlicher Grundrechtsträger, so den Gemeinden, den Sparkassen, den Sozialversicherungsträgern und den Zahntechnikerinnungen bei der Wahrnehmung gesetzlich zugewiesener und geregelter Aufgaben[46]. Dennoch geht das Bundesverfassungsgericht nicht von einer exklusiven Mitgliedschaft der drei etablierten Gruppen aus, sondern hält die Tür offen für weitere, bislang noch nicht identifizierte oder erst künftig entstehende Träger. Die Eintrittsberechtigung umschreibt es in ständiger Rechtsprechung[47] mit der zentralen Formel[48], die Organisationseinheiten müßten „von den ihnen durch die Rechtsordnung übertragenen Aufgaben her unmittelbar einem durch bestimmte Grundrechte geschützten Lebensbereich zugeordnet" sein oder „kraft ihrer Eigenart ihm von vornherein zugehören". Abgesehen davon, daß hiernach juristische Personen des öffentlichen Rechts stets nur partiell grundrechtsfähig sein kön-

---

[42] BVerfGE 19, 129 (132); 42, 312 (321 f.).

[43] BVerfGE 15, 256 (262); 21, 362 (373 f.); 85, 360 (370).

[44] BVerfGE 31, 314 (322); 59, 231 (254); 97, 298 (310).

[45] Vgl. BVerfGE 21, 362 (374).

[46] Vgl. BVerfGE 45, 62 (78 ff.) und 61, 82 (100 ff.); 75, 192 (195 ff.); 21, 362 (367 ff.); 68, 193 (205 ff.). Eine echte Ausnahme bilden auch nicht die Orthopädietechniker-Innungen; ihnen hat das Bundesverfassungsgericht (BVerfGE 70, 1 (15 ff.)) die Grundrechtsfähigkeit nur zuerkannt, soweit sie als berufsständische Vertretungen wirtschaftliche Interessen der hinter ihnen stehenden Menschen und damit keine öffentlichen Aufgaben wahrnehmen.

[47] BVerfGE 68, 193 (207); 75, 192 (196); der Sache nach ebenso BVerfGE 21, 362 (373); 39, 302 (314); 61, 82 (102); 85, 360 (370).

[48] Das Zuordnungskriterium wird vom Bundesverfassungsgericht, wie die Vielzahl der darauf rekurrierenden Entscheidungen und der jeweilige Argumentationszusammenhang belegen, nicht nur beiläufig, sondern als Schlüsselbegriff verwendet; a.A. *Bethge* (Fn 1), S. 559.

nen, ist die Formel offenbar bewußt vage gehalten, um der Vielgestaltigkeit denkbarer Erscheinungsformen öffentlich-rechtlich organisierter Gebilde im Grenzbereich zwischen Staat und Gesellschaft fallbezogen gerecht werden zu können. Die Kehrseite dieser Flexibilität ist die geringe Maßstabsgenauigkeit der Formel. Was macht die unmittelbare Zuordnung zu einem grundrechtlich geschützten Lebensbereich aus? Kommt es auf ein personales Substrat in Gestalt individueller Grundrechtsträger an oder auf die von der Organisationseinheit ausgeübte Tätigkeit? Müssen die wahrgenommenen Aufgaben im grundrechtstypischen Handeln liegen oder reicht es, wenn Sicherungs- und Gewährleistungsfunktionen für die Individuen als eigentliche Grundrechtsträger erfüllt werden? Welche Bedeutung hat schließlich das Kriterium der Unmittelbarkeit? Soll mit diesem Terminus die Stellung der Einheit in einer auf Grundrechtsverwirklichung gerichteten Kausalkette, ihre direkte Einwirkungsmöglichkeit auf grundrechtliches Handeln umschrieben werden oder geht es bloß um eine unspezifische Nähe zur Sphäre grundrechtlicher Betätigung und ihren Akteuren? Angesichts dieser von der Zuordnungsklausel aufgeworfenen Fragen kann die an ihr geübte Kritik nicht überraschen: Charakterisierungen als Begriff mit nur heuristischem Gehalt[49], als „nebulöse Argumentationsfigur" bzw. „inhaltsleerer und nicht konturierbarer Begriff"[50], ja als „dogmatische Scheinbegründung"[51] umreißen das von Skepsis bis zu offener Ablehnung reichende Meinungsspektrum.

Für sich genommen ist der Terminus der Zuordnung zu einem grundrechtlich geschützten Lebensbereich in der Tat nicht operationabel. Er postuliert nur, was zu beweisen wäre, da mit ihm die für die Zuordnung wesentlichen Kriterien nicht benannt werden. Hinweise darauf, welche Zuordnungskriterien maßgeblich sind, finden sich in einschlägigen Judikaten bloß spärlich. So heißt es wiederholt, bei der Ausnahmetrias handele es sich durchweg um juristische Personen des öffentlichen Rechts, die „Bürgern (auch) zur Verwirklichung ihrer individuellen Grundrechte dienen, und die als eigenständige, vom Staat unabhängige oder jedenfalls distanzierte Einrichtungen bestehen"[52]. Insoweit betreffe ihre Tätigkeit nicht den Vollzug gesetzlich zugewiesener hoheitlicher Aufgaben, sondern die Ausübung grundrechtlicher Freiheiten[53]. Hier benennt das Gericht ein funktionales und ein organisationsbezogenes Merkmal. Dabei betont es, daß in erster Linie die Funktion maßgeblich sei, in der die juristische Person von dem beanstandeten Akt der öffentlichen Gewalt betroffen werde; daß ihr Selbstverwaltungsrechte zustehen, reiche demgegenüber allein nicht

---

[49] *Bethge* (Fn 1), S. 559.

[50] *Zimmermann* (Fn 21), S. 123.

[51] *Gersdorf* (Fn 10), S. 170.

[52] BVerfGE 61, 82 (103); 68, 193 (207); 75, 192 (197).

[53] BVerfGE 68, 193 (207).

aus[54]. Das funktionale Kriterium hat indes einen schillernden Sinngehalt. Eine juristische Person kann der Grundrechtsverwirklichung dienen, indem sie selbst Tätigkeiten vornimmt, die ihrer Art nach in den sachlichen Schutzbereich von Grundrechten fallen. Dies ist bei körperschaftlich organisierten Einheiten denkbar als Grundrechtsausübung im Interesse ihrer Mitglieder[55]. Ebenso läßt sich eine sachwaltende Grundrechtsausübung vorstellen, wie sie der Denkfigur einer „actio pro societate"[56] entspricht. Gemeint sein könnten aber auch Hilfsfunktionen für die individuelle Grundrechtsausübung. Letzterer dient es, wenn eine Einrichtung die Voraussetzungen für die Grundrechtsausübung sichert oder gar erst schafft, z.B. sächliche und finanzielle Ressourcen oder einen organisatorischen Rahmen dafür zur Verfügung stellt. Wie der Begriff des „Dienens" gemeint ist, läßt sich der Judikatur des Bundesverfassungsgerichts nicht klar entnehmen; einige Entscheidungen lesen sich so, als gehe es um die eigene Betätigung in dem den Individuen gewährleisteten Schutzbereich, in anderen wird die Gewährleistungsfunktion der fraglichen juristischen Person betont[57]. Sofern das Bundesverfassungsgericht das Zuordnungskriterium im letztgenannten Sinne begreifen sollte, bleibt es eine Begründung für die Einbeziehung solcher Funktionen in den Grundrechtsschutz schuldig, obgleich diese sich keineswegs von selbst versteht. Zu Recht ist darauf hingewiesen worden, daß der Schutz von Grundrechten zu den vornehmsten Aufgaben des Staates gehört, der Staat dadurch aber nicht selbst zum Grundrechtsträger wird[58].

Ein Resümee der Rechtsprechungsanalyse bietet ein zwiespältiges Bild: Die These vom Grundsatz der Grundrechtsunfähigkeit juristischer Personen des öffentlichen Rechts erweist sich als tragfähig, über die Ausnahmekriterien besteht aber keine Klarheit. Für die „Zuordnung zu einem grundrechtlich geschützten Lebensbereich" als dem zentralen Ausnahmekriterium entscheidet das Bundesverfassungsgericht aufgrund einer vornehmlich funktionalen Betrachtung. Welche Gesichtspunkte diese Betrachtung steuern, wird mit dem Merkmal des Dienens zur Verwirklichung der Grundrechte aber nur vage umrissen.

---

[54] BVerfGE 68, 193 (207 f.); 75, 192 (197); deutlich die bloße Indizwirkung des Selbstverwaltungsrechts betonend BVerfGE 21, 362 (377).

[55] Vgl. *Dürig* in: Maunz/Dürig (Fn 31), Art. 19 Abs. III Rn 37.

[56] *Bethge* (Fn 1), S. 559; *Burmeister*, Vom staatsbegrenzenden Grundrechtsverständnis zum Grundrechtsschutz für Staatsfunktionen, 1971, S. 103.

[57] Vgl. einerseits BVerfGE 68, 193 (206 u. 207); 95, 220 (234), andererseits BVerfGE 15, 256 (261 f.); 21, 362 (373 f.); 31, 314 (322).

[58] Vgl. *Bethge* (Fn 1), S. 559.

## II. Konturierung der Zuordnungsklausel

Ebenso wie die Überlegungen zu der Frage, ob juristische Personen des öffentlichen Rechts prinzipiell grundrechtsfähig sind, muß auch das Bemühen um eine Konturierung der Zuordnungsklausel seinen Ausgang bei dem Begriff nehmen, der nach Art. 19 Abs. 3 GG über die Grundrechtsfähigkeit juristischer Personen entscheidet: dem „Wesen der Grundrechte". Trifft es zu, daß die Grundrechtsfähigkeit juristischer Personen des öffentlichen Rechts mit dem Wesen der Grundrechte prinzipiell unvereinbar ist, so müssen Ausnahmen ihrerseits Bestand vor dem Wesen der Grundrechte haben. Eine Ausnahme ist demnach gerechtfertigt, wenn die Gründe, die eine Grundrechtsträgerschaft juristischer Personen des öffentlichen Rechts in der Regel ausschließen, in besonderen Fallgestaltungen nicht greifen. Die Wesensformel hat einen doppelten Bezug[59]. Zum einen richtet sie sich, wie bereits bei den Ausführungen zur grundsätzlichen Grundrechtsunfähigkeit juristischer Personen des öffentlichen Rechts deutlich wurde, auf die Grundrechte im allgemeinen, meint also deren generellen Sinn und Zweck. Zum anderen bezieht sie sich aber auch auf das jeweilige einzelne Grundrecht; ausweislich der Verfassungsmaterialien stand dieser Aspekt für den historischen Verfassungsgeber sogar im Vordergrund[60]. Der Bezug zum Einzelgrundrecht wird gemeinhin so verstanden, daß sich daraus zusätzliche Einschränkungen für die Grundrechtsfähigkeit juristischer Personen ergeben können, nämlich dann, wenn der Inhalt eines bestimmten Grundrechts - sein sachlicher Schutzbereich - auf juristische Personen nicht paßt[61]. Diese Sicht ist indes nicht zwingend. Es läßt sich vielmehr durchaus vorstellen, daß der Gewährleistungsgehalt bestimmter Grundrechte eine weitergehende Zuerkennung der Grundrechtsfähigkeit an juristische Personen rechtfertigt, als sie dem Wesen der Grundrechte im allgemeinen entspräche. Demgemäß wird im folgenden differenzierend untersucht, ob und inwieweit sich aus dem Wesen der Grundrechte im allgemeinen und dem Wesen einzelner Grundrechte Schlüsse für die Grundrechtsfähigkeit juristischer Personen des öffentlichen Rechts ziehen lassen.

### *1. Zuordnung kraft des Wesens der Grundrechte im allgemeinen*

Das Bundesverfassungsgericht betrachtet zu Recht den Schutz der Freiheit des Bürgers als das zentrale, ihr Wesen prägende Anliegen der Grundrechte. Die Wahrnehmung unabgeleiteter grundrechtlicher Freiheit und die Ausübung hoheitlicher Kompetenzen passen in aller Regel nicht zusammen. Wer staat-

[59] *von Mutius* (Fn 12), Art. 19 Abs. 3 Rn 24.

[60] s.o. Fn 25.

[61] Vgl. die Nachweise bei *von Mutius* (Fn 12), Art. 19 Abs. 3 Rn 24.

licherseits zugewiesene Kompetenzen ausübt, ist funktional der öffentlichen Verwaltung zuzurechnen und nicht der Freiheitssphäre, welche die Grundrechte gegen staatliche Eingriffe absichern. Der Gegensatz zwischen der Ausübung öffentlicher Aufgaben und der Betätigung grundrechtlicher Freiheit ist aber kein zwingender. Ausnahmsweise können juristische Personen des öffentlichen Rechts Aufgaben obliegen, deren Erledigung materiell Grundrechtsausübung ist. Die öffentlich-rechtliche Organisationsform bildet dann nur eine äußere Hülle für die Entfaltung grundrechtlicher Freiheit. Das setzt zunächst voraus, daß die Tätigkeit inhaltlich dem Schutzbereich eines Grundrechts entspricht; sie müßte, wenn ein privater Grundrechtsträger sie ausübte, grundrechtlichem Schutz unterfallen. Damit ist eine notwendige, aber noch nicht hinreichende Voraussetzung benannt. Tut ein öffentlich-rechtlicher Träger äußerlich das gleiche wie eine Privatperson, so ist es unter dem grundrechtlichen Blickwinkel grundsätzlich doch nicht das gleiche. Hinzukommen muß, daß sich die Tätigkeit trotz der öffentlich-rechtlichen Einkleidung der Sache nach als Ausdruck der - korporativen - Entfaltung bürgerlicher Freiheit darstellt. Dann ist der Gegensatz zwischen öffentlich-rechtlicher Aufgabenerfüllung und Betätigung grundrechtlicher Freiheit aufgehoben.

Das ist zum einen möglich, wenn und soweit eine öffentlich-rechtliche Körperschaft öffentliche Aufgaben erfüllt, die ihr nicht vom Staat zugewiesen, sondern eigenständig gewählt sind. Auf die öffentlich-rechtlichen Religionsgesellschaften trifft diese Maßgabe zu. Im Bereich der eigenen Angelegenheiten (Art. 137 Abs. 3 WRV) üben sie Tätigkeiten aus, die nicht nur inhaltlich dem Schutzbereich des Art. 4 GG entsprechen, sondern selbst gestellt sind. Ihre Aktivitäten unterscheiden sich substantiell nicht von denen privater Religionsgemeinschaften und sind deshalb in gleicher Weise Ausfluß grundrechtlicher Freiheit[62]. Die Zielrichtung der Grundrechte, die bürgerliche Freiheitssphäre gegen staatliche Eingriffe zu schützen, kann ganz ausnahmsweise aber auch für staatlicherseits zugewiesene öffentliche Aufgaben zum Tragen kommen. Dies setzt voraus, daß die Aufgabe gerade darin besteht, im sachlichen Schutzbereich eines Grundrechts in einer Weise zu agieren, die nicht staatlicherseits vorgegeben, sondern durch staatsfreie interne Willensbildung bestimmt wird. Unter dieser Voraussetzung entfaltet sich in dem Handeln der juristischen Person genuin grundrechtliche Substanz, während sich die öffentlich-rechtliche Organisationsform als ein bloßes Akzidens erweist. So liegen die Dinge bei den öffentlich-rechtlichen Rundfunkanstalten. Obgleich sie auf einem staatlichen Errichtungsakt beruhen und eine gesetzlich zugewiesene Aufgabe erfüllen, ist

---

[62] Der denkbare Einwand, bei den eigenen Angelegenheiten (im Gegensatz zu staatlich übertragenen Aufgaben) gehe es gar nicht um die Erfüllung öffentlicher Aufgaben, mag für einen Teil kirchlicher Betätigung zutreffen. Aktivitäten wie das Betreiben von Ersatzschulen oder karitativen Einrichtungen gehören hingegen sehr wohl zu den öffentlichen (dem Wohl der Allgemeinheit dienenden) Aufgaben.

ihr Handeln der Sache nach Ausübung von Grundrechten. Mit der Veranstaltung von Rundfunkprogrammen verrichten sie eine Tätigkeit, die inhaltlich zum Kernbereich der durch Art. 5 Abs. 1 Satz 2 GG verbürgten Freiheitssphäre zählt[63]. Ihnen steht hierbei ebenso wie privaten Veranstaltern in dem durch die Gesetze abgesteckten Rahmen die für grundrechtliche Betätigungen kennzeichnende Gestaltungsfreiheit zu, deren Ausnutzung nicht durch den Staat gesteuert wird. Vielmehr vollzieht sich in der juristischen Person selbst - durch organisatorische Vorkehrungen gegen staatliche Ingerenz gesichert - die Willensbildung über die Betätigungen, welche die Ausübung der Rundfunkfreiheit ausmachen. Daß es sich um öffentlich-rechtlich organisierte Willensbildung handelt, hindert die Grundrechtsfähigkeit der Rundfunkanstalten nicht, da diese Besonderheit nichts an der sachlichen Zuordnung zur gesellschaftlichen Sphäre ändert.

### *2. Zuordnung kraft des Wesens von Organisationsgrundrechten*

#### a) Organisatorische Grundrechtssicherung als grundrechtliche Schutzdimension

Schwieriger ist die Frage zu beantworten, ob juristische Personen des öffentlichen Rechts, die nicht selbst in den traditionellen Schutzbereich eines Grundrechts fallende Tätigkeiten verrichten, sondern grundrechtliches Handeln anderer absichern, koordinieren oder in einen Organisationszusammenhang einbinden, grundrechtsfähig sein können. Ihre öffentlich-rechtliche Organisationsform hat nicht den Charakter einer äußeren Hülse, in der die Bürger grundrechtliche Substanz verwirklichen. Von deren Aktivität hebt sich ihr Handeln funktional deutlich ab; sie leisten ihren Beitrag zur Entfaltung eines Grundrechts nur vermittelt durch die unmittelbar handelnden Grundrechtsträger, auf deren Verhalten sie einwirken. Exemplarisch für diesen Typus öffentlich-rechtlicher Organisationen stehen die Universitäten und ihre Fakultäten. Anders als Sonderforschungsbereiche und wohl auch Hochschulinstitute, die im Verbund der ihnen angehörenden Wissenschaftler Forschungsvorhaben konzipieren und durchführen, betreiben sie nicht selbst Forschung und Lehre. Ihnen obliegt es beispielsweise, für die Forschung benötigte Infrastruktureinrichtungen bereitzustellen, über die Bewilligung öffentlicher Mittel für einzelne Forschungsvorhaben zu entscheiden, den Lehrbetrieb zu organisieren und kooptierend an der Berufung von Hochschullehrern mitzuwirken; aber sie führen nicht selbst Forschungsvorhaben und Lehrveranstaltungen durch, bestimmen insbesondere nicht über deren inhaltliche und methodische Gestaltung[64].

---

63 BVerfGE 97, 298 (310).

64 So auch *Pernice* in: Dreier (Fn 10), Art. 5 III Rn 29; vgl. weiterhin *von Mutius* (Fn 12), Art. 19 Abs. 3 Rn 157.

Ihr Handeln erfolgt nicht einmal stets im Einklang mit dem individuellen Grundrechtsträger. Für ihn kann es sich fördernd, aber auch (hoheitlich) reglementierend auswirken.

Das verdeutlicht, daß die Grundrechtsfähigkeit derartiger Organisationen aus dem generellen Wesen der Grundrechte als individueller Abwehrrechte nicht ableitbar ist. In ihrer abwehrrechtlichen Zielrichtung schützen die Grundrechte vor staatlicher Einflußnahme. Sie gewährleisten hingegen nicht, daß die Freiheit auch effektuiert wird[65]. Die Grundrechtsträgerschaft grundrechtssichernder öffentlich-rechtlicher Organisationen bedarf deswegen der Rechtfertigung aus anderen grundrechtlichen Gewährleistungsschichten. In diesem Zusammenhang ist die Erkenntnis von Bedeutung, daß einzelne Grundrechte eine organisatorische Schutzdimension aufweisen. Mit zunehmender Einbindung des Individuums in gesellschaftliche Zusammenhänge haben sich Lebensbereiche herausgebildet, in denen grundrechtliche Freiheit wirksam nur noch in einem Organisationszusammenhang wahrgenommen werden kann. Versagen hier infolge ungleichgewichtiger Machtverteilung die Kräfte gesellschaftlicher Selbstorganisation und -regulation, so droht das Grundrecht, das den fraglichen Lebensbereich schützen soll, materiell leerzulaufen. Dieser Konsequenz entgeht nur ein Grundrechtsverständnis, das freiheitssichernde organisatorische Vorkehrungen in den Gewährleistungsgehalt des Grundrechts einbezieht. Dem entspricht es, daß anknüpfend an ältere institutionelle Sichtweisen[66] heute bestimmte Grundrechte als *Organisationsgrundrechte* angesehen werden[67]. Sie schützen Lebensbereiche, die darauf angewiesen sind, durch die Rechtsordnung organisatorisch ausgestaltet zu werden. Ihr Schutzgehalt erschöpft sich nicht in der Abwehr staatlicher Eingriffe, sondern richtet sich darüber hinaus auf die Schaffung und Gewährleistung freiheitsermöglichender und -sichernder Organisationsstrukturen. Das Bundesverfassungsgericht, das wesentlich dazu beigetragen hat, diesem Verständnis zum Durchbruch zu verhelfen, hat die organisationsrechtliche Schutzkomponente als Wesensfaktor einer zugleich als Individualgrundrecht verstandenen Freiheitsverbürgung erstmals für die Wissenschaftsfreiheit herausgearbeitet[68]: Das Wesen der Wissenschaftsfreiheit ist ge-

---

[65] Vgl. *Böckenförde* (Fn 11), S. 1531; *Grimm* (Fn 11), S. 54 u. 56 f., jeweils m.w.N.

[66] Vgl. *Böckenförde* (Fn 11), S. 1531 m.w.N.; grundlegend zu einer institutionellen Sicht der Grundrechte *Häberle*, Die Wesensgehaltsgarantie des Art. 19 Abs. 2 GG, 3. Aufl. 1983.

[67] Vgl. *Bethge*, Grundrechtsverwirklichung und Grundrechtssicherung durch Organisation und Verfahren, NJW 1982, S. 1 (3 f.); *Denninger*, Staatliche Hilfe zur Grundrechtsausübung durch Verfahren, Organisation und Finanzierung, in: HStR V (Fn 11), § 113 Rn 28; *Dreier* in: Dreier (Fn 10), Vorbem. Rn 67.

[68] Vgl. BVerfGE 35, 79 (114 f., 120 f.); zur organisationsrechtlichen Dimension der Wissenschaftsfreiheit eingehend *Schmidt-Aßmann*, Die Wissenschaftsfreiheit nach Art. 5 Abs. 3 GG als Organisationsgrundrecht, in: Becker u.a. (Hrsg.), Festschrift für Werner Thieme zum 70. Geburtstag, 1993, S. 697.

kennzeichnet durch eine eigentümliche Verknüpfung subjektiv-rechtlicher und objektiv-rechtlicher Elemente. Art. 5 Abs. 3 GG hat eine doppelte Zielrichtung. Er schützt die Freiheit des einzelnen Wissenschaftlers und enthält zugleich eine Wertentscheidung zugunsten freier Wissenschaft. Aus beiden Quellen speist sich der organisationsrechtliche Schutzgehalt des Grundrechts. Moderne Wissenschaft entfaltet sich in aller Regel arbeitsteilig. Mit Blick darauf bedeutet die erwähnte Wertentscheidung, daß funktionsfähige Einrichtungen für einen freien Wissenschaftsprozeß zur Verfügung stehen müssen. Der einzelne Wissenschaftler ist seinerseits auf diesen arbeitsteiligen Prozeß angewiesen und in ihn eingebunden; zum einen bedarf er organisatorischer Vorkehrungen, die seinen Freiraum effektuieren, zum anderen setzen die organisatorischen Strukturen, in denen er Wissenschaft betreibt, seiner Freiheit einen Rahmen.

### b) Versubjektivierung der organisationsrechtlichen Schutzdimension

Über die Grundrechtsfähigkeit der Einrichtungen, welche die organisationsrechtliche Schutzdimension verwirklichen, ist damit freilich noch keine Aussage getroffen. Um beim Beispiel der Wissenschaftsfreiheit zu bleiben: Der Organisationsbezug dieses Grundrechts ist als solcher objektiv-rechtlicher Natur. Er reichert zwar die subjektive Rechtsposition des einzelnen Wissenschaftlers an; dieser hat „ein Recht auf solche staatlichen Maßnahmen auch organisatorischer Art, die zum Schutz seines grundrechtlich gesicherten Freiheitsraums unerläßlich sind..."[69]. Aber kann sich die Wissenschaftseinrichtung, die einen freiheitlichen Wissenschaftsbetrieb organisiert, selbständig auf Art. 5 Abs. 3 GG berufen? Die Frage muß bejaht werden[70]. Tragender Gesichtspunkt dafür ist der Effizienzgedanke. Bedarf ein grundrechtlich geschützter Lebensbereich organisatorischer Ausgestaltung, so ist der durch das Grundrecht vermittelte Schutz lückenlos nur dann gewährleistet, wenn sich die Organisation gegen Einschränkungen ihrer freiheitssichernden Strukturen und Funktionen zur Wehr setzen kann. Objektiv geschuldeter Schutz bleibt unvollkommen, solange er nicht auch subjektiv eingefordert werden kann. Der durch ein Organisationsgrundrecht geschützte, sich im arbeitsteiligen Zusammenwirken einzelner entfaltende Prozeß ist mehr als die Summe ihrer Aktivitäten. Infolgedessen geht der organisatorische Gewährleistungsgehalt des Grundrechts nicht in den Grundrechten der einzelnen Grundrechtsträger auf; grundrechtsrelevante Beeinträchtigungen der Einrichtung greifen mithin keineswegs zwingend auch in

---

[69] BVerfGE 35, 79 (116).

[70] BVerfGE 85, 360 (384); *Scholz* in: Maunz/Dürig (Fn 31), Art. 5 Abs. III Rn 124; *Dürig* in: Maunz/Dürig (Fn 31), Art. 19 Abs. III Rn 43; *Schmidt-Aßmann* (Fn 68), S. 706 ff.; a.A. *von Mutius* (Fn 12), Art. 19 Abs. 3 Rn 120.

die Grundrechte ihrer Mitglieder ein[71]. Unabhängig davon, ob sich überhaupt immer ein einzelner Grundrechtsträger bereitfände, das Grundrecht - namentlich auch prozessual - geltend zu machen, ist die Einrichtung als solche nur dann wirksam geschützt, wenn sie selbst Eingriffe abwehren kann. Aus diesem Grund verlangt das Wesen von Organisationsgrundrechten, der mit der Organisationsaufgabe betrauten juristischen Person die Grundrechtsfähigkeit zuzubilligen.

Dieser Auffassung kann nicht zum Vorwurf gemacht werden, sie setze den öffentlich-rechtlichen Garanten grundrechtlicher Freiheit mit dem Destinatär der Garantie in eins[72]. Gewiß ist die Wahrnehmung der Sicherungsfunktion etwas anderes als die Betätigung im Schutzbereich des dem einzelnen zustehenden Abwehrrechts. Die grundrechtssichernde Einrichtung gewährleistet ein Grundrecht, übt es aber nicht im genannten Sinne aus. Doch kommt es darauf nicht entscheidend an. Die hinter der Anerkennung der Grundrechtsfähigkeit grundrechtssichernder Einrichtungen stehende Wertung, daß Grundrechte, die zu ihrer Entfaltung auf die ordnende Tätigkeit einer Einrichtung angewiesen sind, anderenfalls nur unvollkommen geschützt wären, hat mit einer Gleichsetzung von Grundrechtssicherung und Grundrechtsausübung nichts zu tun. Ebensowenig überzeugt der Einwand, mit der Grundrechtsfähigkeit der grundrechtssichernden Einrichtung entstände die Gefahr, daß die Einrichtung die individuellen Grundrechtsträger unter dem Deckmantel der Grundrechtssicherung domestiziere[73]. Konflikte im Verhältnis Individuum-Sicherungsinstitut sind gewiß möglich, ergeben sich aber schon aufgrund des in den Organisationsgrundrechten angelegten objektiv-rechtlichen Gewährleistungsauftrags; sie werden allenfalls transparenter, wenn beide - Individuum und Einrichtung - dasselbe Grundrecht konträr als subjektives Recht für sich in Anspruch nehmen können.

### c) Beschränkung der Grundrechtsfähigkeit auf staatsdistanzierte grundrechtssichernde Einrichtungen

Größeres Gewicht hat die Überlegung, auch der Staat fördere und sichere in vielfältiger Weise grundrechtliche Freiheit, ohne dadurch zum Grundrechtsträger zu werden[74]. Es ist richtig, daß staatliche Organe zur Sicherung von Grundrechten tätig werden, und zwar auch von Organisationsgrundrechten im ge-

---

[71] Vgl. *Dürig* in: Maunz/Dürig (Fn 31), Art. 19 Abs. III Rn 43; *Kimminich*, Hochschule im Grundrechtssystem, in: Flämig u.a. (Hrsg.), Handbuch des Wissenschaftsrechts, S. 56 (68).

[72] So aber *Bethge* (Fn 1), S. 560; vgl. auch SächsVerfGH (Fn 3), S. 3016.

[73] Vgl. *Bethge* (Fn 1), S. 560.

[74] Vgl. SächsVerfGH (Fn 3), S. 3016; *Bethge* (Fn 1), S. 560.

nannten Sinne. Vor allem trifft das auf den Gesetzgeber zu, der überhaupt erst die organisationsrechtlichen Regelungen schafft, auf deren Grundlage das Sicherungsinstitut sein Wirken entfaltet. Aber auch staatliche Behörden können in den Dienst der Sicherungsaufgabe gestellt sein. Bei näherem Hinsehen bestehen zwischen staatlichen Organen mit grundrechtssichernder Funktion und sonstigen grundrechtssichernden Einrichtungen jedoch Unterschiede, die es ausschließen, beide hinsichtlich der Grundrechtsfähigkeit gleichzubehandeln. Selbst da, wo der Staat Gewährleistungsfunktionen für ein Grundrecht erfüllt, ist er potentieller Gegenspieler grundrechtlicher Freiheit; staatliche Grundrechtssicherung steht stets in der Gefahr, in Bevormundung umzuschlagen[75]. Einer staatlichen Stelle die Grundrechtsfähigkeit zuzuerkennen, würde den Grundrechtsschutz daher nicht stärken, sondern schwächen. Wegen der potentiellen Grundrechtsgefährdung durch den Staat hat das Bundesverfassungsgericht es für grundrechtswidrig gehalten, wenn einer staatlichen Behörde für ihre Aufgaben bei der Ordnung eines grundrechtlich geschützten Lebensbereichs Wertungsspielräume eingeräumt sind, die zum Einfallstor für sachfremde Erwägungen werden und so die Freiheitssphäre gefährden können[76].Die Aufgabe, einen solchen Lebensbereich gesetzesgeleitet, zugleich aber gesetzlich eröffnete Wertungs- und Gestaltungsspielräume ausfüllend zu ordnen und zu sichern, darf vielmehr nur einem solchen Hoheitsträger übertragen werden, der nicht der Gefahr ausgesetzt ist, die für den Staat eigentümliche Doppelrolle als Garant und Kontrahent grundrechtlicher Freiheit zu spielen. Nur ihm kann eine subjektive Rechtsposition aus dem Grundrecht, das er zu sichern hat, zugebilligt werden.

Daraus leitet sich als zweite Voraussetzung für die Grundrechtsfähigkeit neben der Sicherungsfunktion das Erfordernis *funktionsadäquater Organisation* ab. Die grundrechtssichernde Einrichtung muß so organisiert sein, daß ihre Sicherungsfunktion nicht durch sachfremde Einflüsse namentlich seitens des Staates gefährdet wird. Dies entspricht der Rechtsprechung des Bundesverfassungsgerichts, das als Element der Zuordnungsklausel ergänzend zu dem funktionalen Merkmal des Dienens zur Grundrechtsverwirklichung die Staatsdistanziertheit nennt. Da sachfremde Einflüsse auf die Sicherungsfunktion nicht nur vom Staat, sondern auch von gesellschaftlichen Mächten ausgehen können, sollte das Erfordernis funktionsadäquater Organisation aber weiter verstanden werden. Wichtig ist eine Organisationsstruktur, die die Resistenz der Einrichtung sowohl gegenüber staatlicher als auch gegenüber einseitiger gesellschaftlicher Macht gewährleistet. Faktoren, die diesem Zweck dienen, sind die Autonomie und Weisungsfreiheit der Einrichtung, ihre personelle und finanzielle Unabhängigkeit sowie die Beteiligung der betroffenen Grundrechtsträger an

[75] *Grimm* (Fn 11), S. 66.

[76] BVerfGE 73, 118 (182 f.).

der Willensbildung oder die Kontrolle durch pluralistisch zusammengesetzte Gremien. Das heißt nicht, daß eine juristische Person des öffentlichen Rechts alle diese Merkmale uneingeschränkt aufweisen muß, um grundrechtsfähig zu sein. Ob hinreichende Vorkehrungen gegen sachwidrige Einflußnahmen getroffen sind, läßt sich nur fallbezogen im Wege einer Gesamtwürdigung beurteilen.

## III. Organisationsgrundrecht Rundfunkfreiheit

Die Rundfunkfreiheit ist ein Organisationsgrundrecht[77]. Die Überlegungen zur Grundrechtsfähigkeit grundrechtssichernder Einrichtungen des öffentlichen Rechts kommen deshalb auch für sie zum Tragen. Die Organisationsbedürftigkeit des Rundfunkwesens hat tatsächliche und rechtliche Gründe. In tatsächlicher Hinsicht sind es die zwar abgemilderte, aber keineswegs behobene Frequenzknappheit und der hohe finanzielle Aufwand der Veranstaltung von Rundfunkprogrammen[78], die es ausschließen, den Rundfunk dem freien Spiel der Kräfte zu überlassen. Situationsunabhängig besteht aber auch eine rechtliche Besonderheit, die organisatorische Sicherungen der Rundfunkfreiheit notwendig macht: die vom Bundesverfassungsgericht in ständiger Rechtsprechung[79] betonte *dienende Funktion* dieses Grundrechts. Das Verständnis der Rundfunkfreiheit als einer dienenden Freiheit ist zum Dreh- und Angelpunkt für ihre Auslegung geworden[80]. Im Kontext der anderen Kommunikationsgrundrechte des Art. 5 Abs. 1 GG dient sie der freien individuellen und öffentlichen Meinungsbildung. Damit diese gelingt, muß gewährleistet sein, daß der Rundfunk wahrheitsgemäß und ungeschmälert informieren sowie Meinungen frei äußern und verbreiten kann. Die dienende Funktion der Rundfunkfreiheit prägt sowohl deren subjektiv-rechtliche als auch deren objektiv-rechtliche Komponente. Den Rundfunkveranstalter berechtigt Artikel 5 Abs. 1 Satz 2 GG - atypisch für ein Grundrecht - nicht zu beliebigem Gebrauch, sondern gewährt ihm Schutz primär im Interesse der von ihm wahrzunehmenden Funktion[81]. Das gilt auch für private Veranstalter, obgleich ihre Indienstnahme für die freie Meinungsbildung im Interesse der ökonomischen Existenzfähigkeit privaten

---

[77] *Bethge* (Fn 67), S. 4; *Bumke* (Fn 2), S. 86 ff.; *Denninger* in: HStR V (Fn 11), § 113 Rn 35; *Dreier* in: Dreier (Fn 10), Vorbem. Rn 67; *Schmidt-Aßmann* (Fn 68), S. 700 u. 704; *Starck*, Rundfunkfreiheit als Organisationsproblem, 1973, S. 6 ff.

[78] Vgl. BVerfGE 73, 118 (121 ff.); 83, 238 (323); zur schrittweisen Entschärfung des Problems der Frequenzknappheit s. *Bumke* (Fn 2), S. 103 m.w.N.

[79] Vgl. BVerfGE 57, 295 (320); 83, 238 (295 f. u. 315); 90, 60 (87); 95, 220 (236).

[80] Wie für kaum ein anderes Grundrecht hat das Bundesverfassungsgericht für die Rundfunkfreiheit das heutige Normverständnis geprägt. Seine Rechtsprechung wird hier deshalb ohne weiteres zugrundegelegt.

[81] BVerfGE 83, 238 (315); *Grimm*, Verfassungsrechtliche Perspektiven einer dualen Rundfunkordnung, RuF 1987, S. 25 (27).

Rundfunks gelockert ist; das Bundesverfassungsgericht läßt für den Privatfunk als Maßstab der repressiven Programmkontrolle einen „Grundstandard gleichgewichtiger Vielfalt" genügen[82]. Der subjektiven Funktionsbindung korrespondiert der objektiv-rechtliche Schutzgehalt der Rundfunkfreiheit. Objektiv-rechtlich richtet sie sich darauf, die vom Rundfunk wahrgenommene Vermittlungsfunktion im Prozeß freiheitlicher Kommunikation zu sichern. Meinungsvielfalt stellt sich im Rundfunk nicht von selbst ein[83]. Um die Vermittlungsfunktion des Rundfunks abzusichern, bedarf es einer positiven Ordnung, die durch materielle, organisatorische und prozedurale Regelungen konstituiert wird[84].

Das impliziert zuvörderst einen Gestaltungsauftrag an den Gesetzgeber. Wie die Rundfunkordnung auszuformen ist, schreibt ihm das Grundgesetz nicht im einzelnen vor; vorgegeben ist ihm durch Art. 5 Abs. 1 Satz 2 GG nur, daß die Ausgestaltung dem Sicherungszweck gerecht werden muß[85]. Hierbei hat der Gesetzgeber zu beachten, daß der Funktion des Rundfunks Gefahren sowohl von seiten des Staates als auch von seiten partikularer gesellschaftlicher Kräfte drohen[86]. Nur wenn effektive Vorkehrungen gleichermaßen gegen staatliche Lenkung wie gegen private Indienstnahme getroffen sind, genügt die Ausgestaltung dem objektiv-rechtlichen Schutzgehalt des Grundrechts[87]. Der Organisationsbezug der Rundfunkfreiheit äußert sich aber nicht nur in dem Gestaltungsauftrag an den Gesetzgeber. Die organisatorische Ausgestaltung des Rundfunkwesens durch das Gesetz bedarf der Umsetzung im Einzelfall. Die Rundfunkgesetze können Programmgrundsätze und Vielfaltsanforderungen normieren. Ob aber ein Programm den Programmgrundsätzen genügt, ob es Vielfaltsdefizite aufweist, welche Anbieter bei Zulassungsentscheidungen im Interesse der Ausgewogenheit des Gesamtprogramms zum Zuge kommen sollen - das sind Fragen, die fallbezogen von einer Administrativinstanz entschieden werden müssen. Die einschlägigen gesetzlichen Maßstäbe eröffnen großenteils beträchtliche Gestaltungsspielräume[88]. Daraus erhellt, welche bedeutende Rolle diese zweite Phase der Ordnung des Rundfunkwesens für die Grundrechtssicherung spielt. Darauf wird zurückzukommen sein.

---

[82] Vgl. BVerfGE 73, 118 (159 f.); anders bei der präventiven Zulassungskontrolle BVerfGE 83, 238 (316). Zur Kritik an der Lockerung der Funktionsbindung vgl. *Grimm* (Fn 81), S. 30 ff.

[83] Zum mangelnden Vertrauen auf die gesellschaftliche Selbstregulierung über den Markt s. *Hoffmann-Riem* (Fn 10), S. 79.

[84] BVerfGE 57, 295 (320); 83, 238 (296 u. 315).

[85] BVerfGE 83, 238 (296 u. 315); 90, 60 (88); 97, 228 (266 f.).

[86] BVerfGE 57, 295 (320); 83, 238 (296).

[87] Den Zusammenhang von Herrschaft, Macht und Einfluß einerseits sowie grundrechtlicher Freiheit als Organisationsproblem andererseits betont *Starck* (Fn 77), S. 8.

[88] *Bumke* (Fn 2), S. 191 f.; zur Qualifizierung des Ausgewogenheitsmaßstabs als bloßer „Ziel- oder Annäherungswert" s. BVerfGE 73, 118 (168).

# C. Zuordnung der Landesmedienanstalten zu dem durch die Rundfunkfreiheit geschützten Lebensbereich

## I. Aufgaben der Landesmedienanstalten

Nachdem die rechtlichen Maßstäbe für die in Anwendung von Art. 19 Abs. 3 GG zu treffende Zuordnungsentscheidung bestimmt sind, muß nunmehr der Gegenstand der Zuordnung - die Landesmedienanstalten - in den Blick genommen werden. Die Zuordnungsentscheidung erfordert vornehmlich eine Analyse der von der juristischen Person wahrgenommenen Funktion. Deshalb hat die Prüfung bei den Aufgaben anzusetzen, die den Landesmedienanstalten gestellt sind. Ihr Aufgabenkreis ist breit gefächert und kann hier nicht im Detail dargestellt werden. Für den Zweck dieser Untersuchung genügt es, ihn grob zu skizzieren[89]; kraft des jeweiligen Landesrechts bestehende Besonderheiten werden dabei weitgehend vernachlässigt.

Den Schwerpunkt der den Landesmedienanstalten überantworteten Aufgaben bildet ihre Aufsichtstätigkeit[90]. Sie üben über die privaten Rundfunkveranstalter eine präventive Zulassungskontrolle und eine repressive Programmkontrolle aus. Nach den Landesrundfunkgesetzen bedürfen die Veranstalter einer Erlaubnis, über die in allen Bundesländern[91] von den Landesmedienanstalten entschieden wird[92]. Bei der Zulassungskontrolle ist zu prüfen, ob der Bewerber die gesetzlich normierten persönlichen Voraussetzungen und die Anforderungen an die wirtschaftliche und organisatorische Leistungsfähigkeit erfüllt und ob der gesetzlich festgelegte Vielfaltsstandard gewahrt werden wird. Die Vielfaltsprüfung hat prognostischen Charakter; sie erfordert eine Würdigung der Veranstalterstruktur und des im Zulassungsverfahren vorzulegenden Programmschemas, das Aufschluß über das Programmprofil gibt. Der Bezugspunkt der Vielfaltsprüfung differiert je nach dem gesetzlichen Pluralitätskonzept. Bei binnenpluralen Lösungen geht es um die Vielfalt des einzelnen Programms, bei außenpluralen Lösungen und gegebenenfalls auch bei Mischkon-

---

[89] Eingehend dazu *Bumke* (Fn 2), S. 348 ff. mit dem Vorschlag einer Systematisierung in Kontrollaufgaben, Konkretisierungsaufgaben, Koordinationsaufgaben, Förderungsaufgaben und anstaltsorganisatorische Aufgaben (S. 348).

[90] Zu den Kontrollaufgaben s. neben *Bumke* (Fn 2), S. 348 ff. auch *Wagner*, Die Landesmedienanstalten, 1990, S. 157 ff.

[91] Zur Zulassungskontrolle privater Anbieter nach dem bayerischen Sondermodell vgl. BVerfGE 97, 298 (300 f. u. 311); *Bumke* (Fn 2), S. 349 Fn 360.

[92] Das gilt mittlerweile auch für Niedersachsen (§§ 5 Abs. 1, 54 Nr. 1 NdsLRG). Die in § 3 Abs. 1 NdsLRG 1984 getroffene Regelung, wonach eine staatliche Behörde die Erlaubnis zu erteilen hatte, hat das Bundesverfassungsgericht wegen des der Behörde eingeräumten Wertungsspielraums beanstandet, ohne sich generell gegen die Zuweisung der Aufgabe an eine staatliche Stelle zu wenden (BVerfGE 73, 118 (182 ff.)).

zepten muß das Gesamtprogramm in den Blick genommen werden. Diese auf das Gesamtprogramm bezogene Beurteilung ist keine reine Kontrolltätigkeit, sondern enthält deutliche Elemente einer koordinierenden Steuerung des Programmangebots. Besonders stark zeigt sich der steuernde Charakter der Zulassungsentscheidung, wenn die Zahl der Bewerber die verfügbaren Übertragungswege übersteigt. Die Landesmedienanstalt hat dann die vorhandenen Kapazitäten anteilig auf die Bewerber zu verteilen oder einer Auswahl unter diesen zu treffen. Das erfordert Bewertungen, die gleichermaßen das Grundrecht des Bewerbers als auch das aus der Rundfunkfreiheit folgende Vielfaltsgebot berücksichtigen.

Verglichen damit verfügen die Landesmedienanstalten im Rahmen der laufenden Programmkontrolle über geringere Wertungs- und Gestaltungsspielräume. Bei ihr handelt es sich um eine Rechtmäßigkeitskontrolle; sie erstreckt sich auf die Beachtung der rundfunkrechtlichen Vorgaben und der mit der Erlaubnis verknüpften Maßgaben[93]. Die notwendigen Informationen kann sich die Landesmedienanstalt durch eigene Programmbeobachtung, aber auch mit dem Verlangen auf Herausgabe der vom Veranstalter herzustellenden Sendemitschnitte verschaffen. Auf Verstöße kann sie mit Sanktionsmitteln reagieren, die von förmlichen Hinweisen und Beanstandungen bis zum Widerruf der Erlaubnis reichen. Anweisungen, die sich unmittelbar auf den Programminhalt richten, sind hingegen nicht vorgesehen und wären mit der grundrechtlichen Position des Veranstalters auch schwerlich in Einklang zu bringen. In der Praxis haben die Landesmedienanstalten von förmlichen Sanktionsmitteln bisher offenbar nur sparsam Gebrauch gemacht. Eine weit größere Rolle spielen informelle Einflußnahmen durch schlichte Hinweise, Beratung, Appelle usw.[94]

Bereits bei der Zulassungskontrolle begegneten Elemente koordinierender Tätigkeit. Die Landesmedienanstalten nehmen Koordinierungsaufgaben jedoch in weit stärkerem Umfang wahr[95]. Das trifft vor allem für die Verteilung der fernmelderechtlich zur Verfügung stehenden Übertragungskapazitäten zu. Bei dieser Aufgabe, die nach der Mehrzahl der Landesmediengesetze den Landesmedienanstalten - teils im Verhältnis zwischen den privaten Veranstaltern, teils auch im Verhältnis zwischen öffentlich-rechtlicher Anstalt und privaten Veranstaltern - obliegt, verschmelzen Züge koordinierender und leistender Verwaltung. Koordinierend werden die Landesmedienanstalten ferner im Verhältnis untereinander auf der Grundlage von § 30 RStV tätig, so insbesondere bei der Zulassung bundesweit verbreiteter Programme, für die im institutionellen Rahmen der Direktorenkonferenz der Landesmedienanstalten Maßgaben für

[93] Vgl. *Wagner* (Fn 90), S. 219 f.

[94] *Bumke* (Fn 2), S. 397 ff.; *Wagner* (Fn 90), S. 220 ff.

[95] Ausführlich dazu *Bumke* (Fn 2), S. 431 ff.

eine ländereinheitliche Verfahrensweise zu entwickeln sind und Einzelfallentscheidungen kooperativ vorbereitet werden sollen.

In vielfältiger, landesrechtlich unterschiedlich geregelter Weise sind die Landesmedienanstalten mit Förderaufgaben betraut. Teilweise wird die fördernde Tätigkeit generalklauselartig umrissen (z.B. § 9 Abs. 1 Satz 2 Nr. 1 MedienStVG BB und § 28 Abs. 1 Satz 2 Nr. 1 SächsPRG: „Förderung und Ausbau der Rundfunkversorgung"), teilweise werden daneben oder statt dessen einzelne Förderaufgaben wie die Förderung der technischen Infrastruktur zur terrestrischen Versorgung und für neuartige Übertragungstechniken (z.B. § 52 Abs. 2 Satz 2 LRG NW; § 28 Abs. 1 Satz 2 Nr. 1 a SächsPRG) oder die Förderung experimenteller Projekte (z.B. § 54 Nr. 7 NdsLRG; § 52 Abs. 2 Satz 1 Nr. 5 LRG NW) aufgelistet. Diese Aufgaben dienen ebenso wie die gleichfalls in diesem Zusammenhang zu nennende Aufgabe, Veranstalter und andere Akteure der Rundfunkordnung zu beraten (z.B. § 52 Abs. 2 Satz 1 Nr. 1 LRG NW), dem Zweck, ergänzend zu den organisatorischen auch die materiellen Rahmenbedingungen für einen freiheitlichen Rundfunk zu schaffen[96].

## II. Ausübung grundrechtlicher Freiheit durch die Landesmedienanstalten?

Um die Grundrechtsfähigkeit öffentlich-rechtlicher Rundfunkanstalten zu begründen, muß nicht auf das Wesen der Rundfunkfreiheit als eines Organisationsrechts rekurriert werden. Sie sind - so wurde schon ausgeführt - Träger dieses Grundrechts, weil sie sich mit der Gestaltung von Rundfunkprogrammen im sachlichen Schutzbereich der Rundfunkfreiheit betätigen und ihr Handeln trotz ihrer öffentlich-rechtliche Organisationsform der Sache nach die Ausübung bürgerlicher Freiheit darstellt. Anders die Landesmedienanstalten: Sie leisten zwar einen wesentlichen Beitrag zur Schaffung einer freiheitlichen Rundfunkordnung, üben aber keine Tätigkeiten aus, mit denen sie selbst von der durch das Grundrecht gewährleisteten Freiheit Gebrauch machen. In den sachlichen Schutzbereich der Rundfunkfreiheit fallen alle mit der Veranstaltung von Rundfunkprogrammen zusammenhängenden Tätigkeiten von der Beschaffung der Information über die Produktion von Sendungen und die Zusammenstellung des Programms bis hin zur Verbreitung, desgleichen flankierende Maßnahmen des Veranstalters mit Auswirkungen auf die Programmtätigkeit wie vor allem die Personalauswahl[97]. Die Landesmedienanstalten sind in diesen Prozeß der Programmveranstaltung nicht eingebunden. Sie setzen ihm zwar Rahmenbedingungen und wirken regulierend auf ihn ein, aber sie wirken nicht an ihm mit. Die den Landesmedienanstalten für die Wahrnehmung ihrer

---

[96] *Bumke* (Fn 2), S. 460.

[97] *Schulze-Fielitz*, in: Dreier (Fn 10), Art. 5 I, II Rn 80 ff. m.w.N.

Aufgaben eingeräumten Gestaltungsspielräume dürfen deshalb nicht mit grundrechtlicher Freiheit verwechselt werden. Parallelen zu den öffentlich-rechtlichen Rundfunkanstalten können nur mit Vorsicht gezogen werden. Die vergleichbare Grundstruktur der Rundfunkräte als interner Aufsichtsinstanzen der öffentlich-rechtlichen Rundfunkanstalten und der Landesmedienanstalten als externer Aufsichtsinstanzen über die Privatfunkveranstalter[98] darf nicht zu dem voreiligen Schluß verleiten, die Landesmedienanstalten müßten in gleicher Weise wie die Rundfunkveranstalter Träger des Grundrechts auf Rundfunkfreiheit sein. So richtig der Befund ist, die im öffentlich-rechtlichen Rundfunk bei den Rundfunkanstalten konzentrierte Funktion der Grundrechtsverwirklichung werde in der Privatfunkordnung arbeitsteilig von den Veranstaltern und den Landesmedienanstalten wahrgenommen[99], so verfehlt wäre es, dabei von einer „arbeitsteiligen Grundrechtsausübung"[100] zu sprechen. Nur die Rundfunkanstalten üben als Veranstalter von Rundfunkprogrammen die Rundfunkfreiheit aus, während die Landesmedienanstalten in anderer Weise zu deren Verwirklichung beitragen.

## III. Die Landesmedienanstalten als grundrechtssichernde Einrichtungen

Die Überlegungen zu der Fähigkeit, Träger von Organisationsgrundrechten zu sein, haben zu dem Ergebnis geführt, daß juristische Personen des öffentlichen Rechts auch unabhängig von der Ausübung dieser Grundrechte unter zwei Voraussetzungen aus ihnen berechtigt sind: Sie müssen die Funktion der *Grundrechtssicherung* wahrnehmen und darüber hinaus *funktionsadäquat* strukturiert sein. Es bleibt zu klären, ob die Landesmedienanstalten diese Voraussetzungen erfüllen.

### *1. Sicherungsfunktion der Landesmedienanstalten*

So wenig die Landesmedienanstalten selbst das Grundrecht der Rundfunkfreiheit ausüben, so sehr tragen sie zur Verwirklichung dieses Grundrechts bei. Arbeitsteilig mit dem Gesetzgeber errichten sie die von Art. 5 Abs. 1 Satz 2 GG auch für den privaten Rundfunk geforderte positive Ordnung. Ihre Funktion ist es, den vom Gesetzgeber vorgegebenen Bauplan situationsangepaßt ins Werk zu setzen. Ebenso wie der Gesetzgeber stehen sie hierbei im Dienst der Vielfaltssicherung, die den wesentlichen Zielpunkt des grundrechtlichen Schutzauftrags bildet. Ihre Rolle würde nur unzureichend erfaßt, wollte man sie inso-

---

[98] Vgl. *Hoffmann-Riem* (Fn 10), S. 77 u. 87 ff.

[99] Vgl. *Bumke* (Fn 2), S. 197 f. u. 232 f.; *Hoffmann-Riem* (Fn 10), S. 87.

[100] So ein von *Bumke* (Fn 2), S. 233 verwendetes Zitat aus *Bethge* (Fn 19), S. 43.

weit als bloße Vollzugsgehilfen des Gesetzgebers einstufen. Denn die materiellen gesetzlichen Regelungen lassen ihnen, wie oben gezeigt wurde, vor allem bei der Zulassungskontrolle beträchtliche Gestaltungsmöglichkeiten mit Einfluß auf das Programmangebot. Die Landesmedienanstalten wirken in zwei Richtungen: Zum einen richtet sich ihr Handeln gegen einseitige gesellschaftliche Einflußnahme auf den Rundfunk und das Entstehen vorherrschender Meinungsmacht, zum anderen schirmt die Übertragung der Kontrollaufgaben auf sie den privaten Rundfunk gegen die Ingerenz der regierungsgeleiteten Administration ab[101]. Die Landesmedienanstalten haben damit wesentlichen Anteil an der Funktion, die Rundfunkfreiheit zu sichern[102].

Daß zu dem Instrumentarium der Landesmedienanstalten neben Fördermaßnahmen auch und vor allem die typischen Aufsichtsmittel gehören, stellt ihre Sicherungsfunktion nicht in Frage. Schutzgut des Art. 5 Abs. 1 Satz 2 GG ist nicht nur, ja nicht einmal vorrangig die Freiheit des Rundfunkveranstalters, sondern in erster Linie ein im Rezipienteninteresse Meinungsvielfalt gewährleistendes Rundfunkwesen. Gerade dieser Bezug macht den dienenden Charakter der Rundfunkfreiheit aus. Deswegen bedeutet es keinen unauflöslichen Widerspruch, das Tätigwerden der Landesmedienanstalten als grundrechtssichernd zu verstehen, auch wo es für den einzelnen Veranstalter belastend wirkt[103]. Ebenso wie der Gesetzgeber Regelungen zur Ausgestaltung der Rundfunkfreiheit trifft, die im Gegensatz zu Eingriffsgesetzen keiner Rechtfertigung nach Maßgabe von Art. 5 Abs. 2 GG oder unmittelbar aus anderen Verfassungsbestimmungen bedürfen, handelt es sich bei den hierauf bezogenen Aufsichtsmaßnahmen der Landesmedienanstalten um ausgestaltende Akte zur Sicherung der Rundfunkfreiheit[104].

Freilich dient nicht das gesamte Aufgabenspektrum der Landesmedienanstalten der Grundrechtssicherung. Ihre begleitende Programmkontrolle hat einen Doppelcharakter[105]. Sie bezieht sich sowohl auf Bestimmungen, die die Rundfunkordnung ausgestalten, als auch auf solche, die dem Schutz anderer Rechtsgüter dienen. Die letztgenannten Regelungen beschränken - beispielsweise aus Gründen des Jugend- oder Persönlichkeitsschutzes - die Rundfunkfreiheit. Aufsichtsmaßnahmen, mit denen die Beachtung derartiger Vorschriften erreicht werden soll, sichern nicht die Rundfunkfreiheit, sondern greifen in sie ein. Für diese Tätigkeiten kann es deshalb keinen Grundrechtsschutz geben.

---

[101] *Bumke* (Fn 2), S. 22 u. 186.

[102] *Bumke* (Fn 2), S. 107 f.; *Hoffmann-Riem* (Fn 10), S. 83; *Wagner* (Fn 90), S. 38 f.; vgl. auch *Gersdorf* (Fn 10), S. 180 f., der aber in der Sicherungsfunktion kein taugliches Zuordnungskriterium sieht.

[103] *Hoffmann-Riem* (Fn 10), S. 84 f.

[104] BVerfGE 73, 118 (166); 95, 220 (235 f.).

[105] BVerfGE 95, 220 (235).

Weiterer Einschränkungen bedarf es nicht. Der gesamte Aufgabenbereich der Landesmedienanstalten, der im Dienst der Grundrechtssicherung steht, erfüllt die funktionalen Anforderungen, die die Zuordnung zum Schutzbereich des Art. 5 Abs. 1 Satz 2 GG erlauben. Demgegenüber will *Gersdorf*[106] den Landesmedienanstalten die Grundrechtsfähigkeit nur insoweit zubilligen, als sie bei der Aufsicht über die privaten Rundfunkveranstalter über programmbezogene Handlungs- und Wertungsspielräume verfügen. Das nach Art. 19 Abs. 3 GG maßgebliche Zuordnungskriterium erblickt er nicht in der Funktionssicherung, sondern in der gesellschaftlichen Natur der wahrgenommenen Aufgabe. Ihm zufolge können lediglich gesellschaftliche Aufgaben grundrechtlichen Schutz genießen. Während staatliches Handeln demokratischer Legitimation bedürfe, sei gesellschaftliches Handeln grundrechtlich legitimiert. Essentiell gesellschaftlicher Natur seien allein die Aufgaben der Landesmedienanstalten mit wertendem Programmbezug; normativ voll determinierte Entscheidungen wie z.B. die Beurteilung der wirtschaftlichen Leistungsfähigkeit der Veranstalter fielen dagegen in den staatlichen Aufgabenbereich und könnten deshalb keinen Grundrechtsschutz beanspruchen.

Dem kann nicht gefolgt werden. Schon die von *Gersdorf* vorgenommene Grenzziehung zwischen gesellschaftlichen und staatlichen Kontrollaufgaben begegnet Bedenken[107]. Eine öffentliche, d.h. im Allgemeininteresse liegende Aufgabe wird grundsätzlich dadurch zur staatlichen, daß der Staat sich ihrer annimmt. Ob er dies tut, kann sich auf der Ebene des Verfassungsrechts oder auf nachgeordneten Ebenen staatlicher Willensbildung entscheiden. Bezogen auf die Sicherung der Rundfunkfreiheit ist die Grundentscheidung bereits durch Art. 5 Abs. 1 Satz 2 GG vorgegeben. Der Rundfunk soll nicht dem freien Spiel der gesellschaftlichen Kräfte überlassen werden, vielmehr hat der Staat ihm eine positive Ordnung zu geben. Diese Ordnungsaufgabe obliegt zuvörderst der Legislative in Gestalt der Landesgesetzgeber, die sich ihrer für den Privatfunk mit den Landesrundfunkgesetzen angenommen haben. Die Tätigkeit der Landesmedienanstalten steht, wie gezeigt wurde, in engem Funktionszusammenhang mit der gesetzgeberischen Ordnungsaufgabe. Die Anstalten erfüllen keine frei gewählten, sondern ihnen vom Staat zugewiesene Aufgaben. Ihr Handeln dient trotz der ihnen eröffneten Freiräume dazu, gesetzliche Maßgaben für die Ordnung des privaten Rundfunks administrativ umzusetzen. Sie bedienen sich hierfür u.a. der klassischen Mittel des Verwaltungsrechts und unterstehen bei ihrer Tätigkeit staatlicher Rechtsaufsicht. Das alles spricht dafür, ihre Aufgaben insgesamt dem staatlichen Bereich zuzuordnen und sie dementsprechend als Teil der mittelbaren Staatsverwaltung zu begreifen. Diese Sicht kollidiert nur

---

106 (Fn 10), S. 170 ff. u. 180 f.

107 Zum Meinungsstand hinsichtlich der Zuordnung der Aufgaben der Landesmedienanstalten zur gesellschaftlichen oder staatlichen Sphäre vgl. *Bumke* (Fn 2), S. 17 ff.

scheinbar mit dem aus Art. 5 Abs. 1 Satz 2 GG abgeleiteten Gebot der Staatsfreiheit des Rundfunks. Aus diesem Grundsatz ergeben sich gewiß besondere Anforderungen an die Organisation der administrativen Sicherung der Rundfunkfreiheit. Insbesondere muß gewährleistet sein, daß die regierungsgeleitete Exekutive keinen bestimmenden Einfluß auf die Programmgestaltung gewinnen kann. Das ist aber eine Maßgabe, die die Modalitäten der Aufgabenerfüllung betrifft. Ein grundrechtlich fundierter Vorbehalt, die Sicherungsaufgaben ganz oder teilweise in der Sphäre des Gesellschaftlichen zu belassen, dürfte darin nicht zu sehen sein.

Letztlich braucht die begriffliche Abgrenzung zwischen gesellschaftlichen und staatlichen Aufgaben hier aber nicht näher ausgelotet zu werden. Auch wenn die Sicherungsaufgaben der Landesmedienanstalten ganz oder teilweise dem staatlichen Sektor zuzuordnen sind, hindert das nicht die Grundrechtsfähigkeit der Anstalten. *Gersdorfs* These einer Alternativität grundrechtlicher Legitimation gesellschaftlicher Aufgaben und demokratischer Legitimation staatlicher Aufgaben[108] trifft jedenfalls nicht ausnahmslos zu; demzufolge vermag auch seine Schlußfolgerung, allein Träger gesellschaftlicher Aufgaben könnten - im Umfang dieser Trägerschaft - grundrechtsfähig sein, nicht ohne Einschränkungen zu überzeugen. Zwar bilden die *Ausübung* von Grundrechten und die Wahrnehmung staatlicher Aufgaben ein Gegensatzpaar, letztere genießt daher in der Regel keine grundrechtliche Legitimation. Die *Sicherung* von Grundrechten und die Wahrnehmung staatlicher Aufgaben stehen demgegenüber nicht in einem Ausschließlichkeitsverhältnis. Fallen sie zusammen, so kann sich der Aufgabenträger auf eine grundrechtliche Legitimation berufen. Diese tritt zur demokratischen Legitimation hinzu und kann nach zutreffender Auffassung gegebenenfalls Defizite derselben ausgleichen[109]. Gerade dort, wo Verwaltungseinheiten im Interesse eines effektiven Grundrechtsschutzes auch gegenüber dem Staat aus der hierarchischen Behördenstruktur ausgegliedert sind und infolgedessen der Standard demokratischer Legitimation in ihren materiellen und personellen Komponenten weit abgesenkt ist, kommt diese Kompensation zum Tragen. Wird die Grundrechtssicherung durch die Landesmedienanstalten als staatliche Aufgabe begriffen, so hindert das demnach nicht die Grundrechtsfähigkeit der Anstalten.

---

[108] (Fn 10), S. 171 f.

[109] Vgl. *Dreier* in: Dreier, Grundgesetz, Kommentar, Band II, 1998, Art. 20 (Demokratie) Rn 116; ders., Hierarchische Verwaltung im demokratischen Staat, 1991, S. 271 f.

*2. Sicherungsadäquate Organisationsstruktur der Landesmedienanstalten*

Hinzukommen muß freilich, daß die Aufgabenwahrnehmung funktionsgerecht organisiert ist; es muß gesichert sein, daß der Staat nicht unter dem Deckmantel des den Anstalten zuteil werdenden Grundrechtsschutzes den grundrechtlich geschützten Lebensbereich des Rundfunkwesens vereinnahmt.

Der grundrechtlichen Sicherungsfunktion adäquat ist die Organisationsstruktur der Landesmedienanstalten nur, wenn zweierlei gewährleistet wird: die Unabhängigkeit der Einrichtungen sowohl von staatlicher als auch von einseitiger gesellschaftlicher Einflußnahme. Wie bereits ausgeführt wurde, erfordert die Adäquanzprüfung eine Gesamtwürdigung der organisatorischen Strukturelemente, die mögliche Wege direkter oder indirekter Ingerenz in den Blick nimmt. Im Rahmen dieser Arbeit kann dazu nicht mehr als ein grober Überblick gegeben werden[110], der sich auf das typische Erscheinungsbild der Landesmedienanstalten beschränkt. Dabei gilt es im Blick zu behalten, daß eine Feinanalyse, die auch atypische Besonderheiten der jeweiligen Anstalt berücksichtigt, durchaus zu abweichenden Ergebnissen gelangen kann; die Grundrechtsfähigkeit der einzelnen Anstalten muß nicht notwendig einheitlich beurteilt werden[111].

Als rechtsfähige Anstalten des öffentlichen Rechts sind die Landesmedienanstalten gegenüber dem staatlichen Behördenaufbau organisationsrechtlich verselbständigt. Diese Ausgliederung schafft Distanz zur regierungsgeleiteten staatlichen Verwaltung[112] und erschwert staatliche Einflußnahme auf die Aufgabenerfüllung. Als rechtsfähige Institute sind die Landesmedienanstalten zudem in der Lage, eigene Rechte geltend zu machen und gegen staatliche Übergriffe gerichtlichen Rechtsschutz in Anspruch zu nehmen. Ihre organisationsrechtliche Stellung erweist sich damit als tragfähige Basis, um unzulässige Einwirkungen abzuwehren. Allerdings ist zu Recht darauf hingewiesen worden, daß die Rechtsform der rechtsfähigen öffentlichen Anstalt noch wenig über den Grad der Unabhängigkeit besagt[113]. Dafür kommt es vor allem auf die konkrete Ausgestaltung der anstaltlichen Selbstverwaltungsbefugnisse an.

Ganz wesentlich für eine vom Staat unabhängige Stellung der Landesmedienanstalten ist der Umstand, daß sie ihre Aufgaben frei von fachlichen Weisungen wahrnehmen können. Sie unterliegen lediglich einer Rechtsaufsicht.

---

[110] Eingehend zu diesem Fragenkreis *Bumke* (Fn 2), S. 289 ff.; *Gersdorf* (Fn 2), S. 151 ff.; *Wagner* (Fn 90), S. 96 ff.

[111] s.u. Fn 116 u. 118.

[112] *Wagner* (Fn 90), S. 96.

[113] Vgl. *Hesse*, Die Organisation privaten Rundfunks in der Bundesrepublik, DÖV 1986, S. 177 (183 f.); *Wagner* (Fn 90), S. 97 f.

Die Kontrolle durch staatliche Aufsichtsinstanzen beschränkt sich also auf die Beachtung rechtlicher Vorgaben. Ermessens- und Beurteilungsspielräume müssen respektiert und können von den Landesmedienanstalten, wenn nötig, auf dem Rechtsweg verteidigt werden.

Die Landesmedienanstalten verfügen außerdem über weitreichende Autonomiebefugnisse. Durch Satzung bzw. Geschäftsordnung können sie ihre interne Organisation und ihr Verfahren selbst regeln. Hinzu tritt ihre Haushaltsautonomie, die einen wesentlichen Eckpfeiler wirtschaftlicher Unabhängigkeit bildet. Eine Etatkontrolle erfolgt nach einem Teil der Landesmediengesetze nur durch den jeweiligen Landesrechnungshof. Diese Wirtschaftlichkeitskontrolle durch eine gleichfalls unabhängige Instanz ist unbedenklich. Hingegen schaffen die in etwa der Hälfte der Landesmediengesetze vorgesehenen staatlichen Genehmigungsvorbehalte ein gewisses Risiko mittelbarer exekutivischer Einflußnahme auf die Aufgabenwahrnehmung der Landesmedienanstalten[114]. Dieses Risiko sollte indes nicht überbewertet werden, da die Vorbehalte nicht der Aufgabensteuerung dienen[115], die Genehmigungsbehörde also auf die Kontrolle haushaltsrechtlicher Grundsätze beschränkt ist.

Die Haushaltsautonomie wäre für sich gesehen nur unvollkommen in der Lage, die finanzielle Unabhängigkeit der Landesmedienanstalten zu gewährleisten. Doch sind die Anstalten durch den geltenden Finanzierungsmodus auch auf der Einnahmenseite genügend abgesichert. Neben Verwaltungsgebühren und - teilweise - Abgaben der Rundfunkveranstalter, welche die Anstalten aufgrund von Satzungen erheben dürfen, tritt als wichtigste Finanzierungsquelle ein zweiprozentiger Anteil aus der Rundfunkgebühr (§ 10 RFinStV). Auf Zuweisungen aus staatlichen Haushaltsmitteln sind die Landesmedienanstalten also nicht angewiesen.

Besonderes Augenmerk muß sich schließlich auf die personelle Besetzung der Anstaltsorgane richten. Denn ein bestimmender Einfluß auf die Personalauswahl führt zu Abhängigkeiten, die sich nach dem Verhaltensmuster vorauseilenden Gehorsams auf die Willensbildung der Amtsträger auswirken und schlimmstenfalls sogar zu direkter Einflußnahme auf die Erledigung der anstaltlichen Sachaufgaben mißbraucht werden können. Selbst wenn es zu diesen Konsequenzen nicht kommt, liegt immerhin doch eine gleichgerichtete Meinungshaltung zwischen der mit der Auswahl betrauten Stelle und den ausgewählten Amtsträgern nahe. Die Landesmedienanstalten sind fast durchgängig mit zwei Organen ausgestattet, einem Hauptorgan, bei dem insbesondere die wesentlichen Kontrollaufgaben liegen, und einem Exekutivorgan, das die laufenden Geschäfte führt und die Entscheidungen des Hauptorgans vorbereitet.

---

[114] *Bumke* (Fn 2), S. 318 u. 323 f.

[115] *Wagner* (Fn 90), S. 110.

Das Hauptorgan ist im Regelfall nach dem Vorbild der Rundfunkräte als interner Aufsichtsgremien der öffentlich-rechtlichen Rundfunkanstalten pluralistisch besetzt[116]. In ihm dominieren Mitglieder aus verschiedenen Bereichen der Gesellschaft, die von ihren Organisationen entsandt oder - in bestimmten Ausnahmefällen[117] - von diesen zur Wahl durch das Landesparlament vorgeschlagen werden. Zum Teil gehören dem Hauptorgan in geringer Zahl auch Vertreter der Parlamente und Regierungen an. Dieser Besetzungsmodus hält den Einfluß des Staates und einzelner gesellschaftlicher Gruppen in engen Grenzen, zumal die Landesmediengesetze flankierend die Weisungsfreiheit der Mitglieder im Verhältnis zum Staat und den entsendenden Stellen festlegen und durch Inkompatibilitätsregelungen Interessenkonflikten vorbeugen. Das Exekutivorgan wird im allgemeinen vom Hauptorgan bestellt. Die Frage seiner personellen Unabhängigkeit ist daher entsprechend zu beurteilen wie für das Hauptorgan[118]. Das Exekutivorgan ist seinerseits zuständig für die Einstellung hauptamtlicher Mitarbeiter, die in der Regel in einem Arbeitsverhältnis zu der Anstalt stehen. Auch in dieser Hinsicht ist die personelle Unabhängigkeit der Anstalten daher im Regelfall gewährleistet.

Nimmt man die unterschiedlichen Aspekte zusammen, so verfügen die Landesmedienanstalten in ihrer typischen Erscheinungsform über eine vom Staat

---

[116] Einen Gegenentwurf zu der als *Versammlungsmodell* bezeichneten pluralistischen Besetzung des Hauptorgans bildet das *Ratsmodell*, nach dem das Hauptorgan aus wenigen vom Landesparlament mit Zweidrittelmehrheit zu wählenden Persönlichkeiten besteht. In reiner Form ist es für die Medienanstalt Berlin-Brandenburg verwirklicht, einige andere Bundesländer wie Hamburg und Sachsen haben sich für Mischmodelle entschieden. Das Ratsmodell sichert nicht mit hinreichender Verläßlichkeit die personelle Unabhängigkeit des Hauptorgans vom Staat. Einwände richten sich nicht gegen den Verzicht auf das Pluralitätselement, sondern gegen das Besetzungsverfahren (vgl. *Gersdorf* (Fn 2), S. 190 ff.; *Rossen*, Staatsfreie Rundfunkaufsicht?, ZUM 1992, S. 408 (412 ff.)). Die Wahl aller Mitglieder durch ein staatliches Organ, ohne daß dieses auf die Selektion aus Vorschlägen anderer Gruppen beschränkt wäre, eröffnet dem Staat bestimmenden Einfluß auf die Zusammensetzung. Der Wahlmodus begünstigt Besetzungsentscheidungen, die dem Fraktionsproporz folgen und damit eine Dominanz der Regierungsparteien bewirken. Dieser Einfluß kann auf die Arbeit der Landesmedienanstalten und namentlich auch auf die Erfüllung ihrer der Grundrechtssicherung dienenden Aufgaben durchschlagen. Besonderen Bedenken begegnet dies angesichts der Wertungsspielräume, die der Landesmedienanstalt und ihrem Hauptorgan bei der Zulassungskontrolle eröffnet sind; Offenheit auch gegenüber potentiellen Veranstaltern, die den tonangebenden Kräften im Parlament fernstehen, ist damit organisatorisch nicht gesichert. Daß an der Besetzung des Medienrats der Medienanstalt Berlin-Brandenburg zwei Landesparlamente beteiligt sind, verringert zwar die Gefahr einseitigen politischen Einflusses, schließt sie aber schon wegen der Möglichkeit ähnlicher politischer Kräfteverhältnisse in beiden Parlamenten nicht aus (so auch *Bumke* (Fn 2), S. 293 f.).

[117] Vgl. z.B. § 61 Abs. 3 Hbg. Mediengesetz.

[118] In Baden-Württemberg wählt der Landtag mit Zweidrittelmehrheit das Exekutivorgan. Die gegen das Ratsmodell gerichteten Einwände gelten prinzipiell auch für diese Regelung.

deutlich distanzierte Stellung. Mögliche Einfallstore für formelle und informelle Einflußnahmen sind weitgehend verschlossen. Als Fazit läßt sich eine funktionsadäquate Organisationsstruktur feststellen. Die Landesmedienanstalten sind deshalb durchweg fähig, Träger des Grundrechts der Rundfunkfreiheit zu sein [119].

## IV. Zielrichtungen des Grundrechtsschutzes

An diese Feststellung knüpft sich die Frage, gegen wen der den Landesmedienanstalten zuteil werdende Grundrechtsschutz gerichtet ist. Können sie sich nur gegenüber dem Staat auf die Rundfunkfreiheit berufen oder verschafft ihnen Art. 5 Abs. 1 Satz 2 GG Rechte auch gegenüber den privaten Rundfunkveranstaltern und sogar untereinander?

### *1. Staatsgerichteter Grundrechtsschutz*

Grundrechtsgebunden ist jedenfalls die Staatsgewalt (Art. 1 Abs. 3 GG). Art. 5 Abs. 1 Satz 2 GG gewährt den Landesmedienanstalten daher Schutz in erster Linie gegenüber dem Staat. Die Anstalten haben ein staatsgerichtetes Abwehrrecht, soweit ihre der Grundrechtssicherung dienenden Aufgaben reichen. Das impliziert eine doppelte Einschränkung: Selbstverständlich wirkt der grundrechtliche Schutz nicht für die dem Schutz anderer Rechte und Rechtsgüter dienenden Aufgaben; in diesem Bereich handeln die Landesmedienanstalten selbst grundrechtsbeschränkend. Darüber hinaus können sich die Anstalten außerhalb ihres Aufgabenbereichs nicht auf den Schutz der Rundfunkfreiheit berufen. Übergriffe des Staates auf einen Rundfunkveranstalter, die - wie beispielsweise eine ungerechtfertigte polizeiliche Durchsuchung - die gesetzlichen Aufgaben der Landesmedienanstalten unberührt lassen, können diese nicht abwehren. Eine treuhänderische Wahrnehmung von Grundrechten anderer ist ihnen verwehrt.

Staatliche Beeinträchtigungen der Sicherungsfunktion können sowohl von der Exekutive als auch von der Legislative ausgehen. Eine Vorschrift, mit der der Gesetzgeber die seiner Ausgestaltungsbefugnis durch Art. 5 Abs. 1 Satz 2 GG gezogenen Grenzen überschreitet, kann ebenso in die Rechtsstellung der Landesmedienanstalten eingreifen wie fehlerhafte exekutivische Rechtsanwendung durch Akte der Rechtsaufsicht oder gesetzesunabhängige Maßnahmen der staatlichen Administration. Akte, die sich innerhalb des staatlichen Gestaltungsauftrags halten, müssen die Landesmedienanstalten dagegen hinnehmen.

---

[119] Vgl. die Nachweise in Fn 10.

Für sie gibt es deshalb insbesondere keine grundrechtlich fundierte Bestandsgarantie.

### *2. Grundrechtsschutz gegenüber Rundfunkveranstaltern*

Da die Landesmedienanstalten gegenüber den privaten Rundfunkveranstaltern Hoheitsgewalt - sogar mit den klassischen Mitteln der Eingriffsverwaltung - ausüben, führt kein Weg daran vorbei, daß sie nach Art. 1 Abs. 3 GG grundrechtsgebunden sind[120]. Die Vorstellung, die Landesmedienanstalten könnten sich dennoch auch in diesem Verhältnis auf den Schutz der Rundfunkfreiheit berufen, wirkt zunächst irritierend, ist aber konsequent: Veranstalter und Landesmedienanstalten erfüllen verschiedene, jedoch je unverzichtbare Funktionen für die Verwirklichung der Rundfunkfreiheit. Grundrechtsausübung durch Programmgestaltung sowie Grundrechtssicherung durch koordinierende und reglementierende Aufsicht müssen arbeitsteilig zusammenwirken, um eine freiheitliche Rundfunkordnung zu konstituieren. Dabei stimmen das Veranstalterinteresse und das Ziel der Sicherungsfunktion nicht notwendig überein, der Funktionswahrnehmung der Landesmedienanstalten drohen also Gefahren außer von seiten des Staates auch von seiten der Veranstalter. Ist der Schutz der grundrechtlichen Sicherungsfunktion versubjektiviert, so besteht bei dieser Sachlage kein Grund, den Schutzanspruch der Anstalt nur als eindimensional staatsgerichtet zu begreifen. Die Konstellation ähnelt der Kollision verschiedener Grundrechte. Wie dort geht es auch hier darum, die Trennlinie zwischen den grundrechtlich geschützten Sphären der Kontrahenten zu ziehen. Streng genommen stehen freilich nicht zwei nach den Regeln praktischer Konkordanz ausgleichsbedürftige Grundrechtspositionen gegeneinander[121]; die Veranstalterposition kann vielmehr von vornherein nur soweit reichen, wie ihr der Gesetzgeber und die Landesmedienanstalt in Ausnutzung ihrer Gestaltungsbefugnis Raum geben. Einen Ausgleich zwischen dem Grundrecht des Veranstalters und dem Ziel einer freiheitlichen Rundfunkordnung herbeizuführen, ist bereits Aufgabe der Ausgestaltungsentscheidungen. Achtet ein Veranstalter die durch diese Entscheidungen geschaffene positive Ordnung des Rundfunks nicht, so berührt das die Rundfunkfreiheit nicht nur in ihrer objektiv-rechtlichen Dimension, sondern beeinträchtigt auch die subjektive Rechtsposition der Landesmedienanstalten.

---

[120] *Bethge* (Fn 1), S. 559; *Bumke* (Fn 2), S. 200 ff. u. 236 ff.; *Wagner* (Fn 90), S. 71 ff.; a.A. *Gersdorf* (Fn 10), S. 192 mit dem Argument, Art. 5 Abs. 1 Satz 2 GG schütze nicht die personalen Entfaltungsinteressen des Grundrechtsträgers. Selbst unter Berücksichtigung des dienenden Charakters der Rundfunkfreiheit wird durch diese Sicht der Schutzbereich der Rundfunkfreiheit des Veranstalters unangemessen verkürzt.

[121] So auch *Gersdorf* (Fn 10), S. 192; a.A. wohl *Bumke* (Fn 2), S. 237 f.

Ein daraus erwachsender Schutzanspruch erweist sich nicht etwa als überflüssig, weil die Landesmedienanstalt mit den ihr zu Gebote stehenden hoheitlichen Mitteln selbst zur Abwehr in der Lage ist. Der Anspruch aktualisiert sich nämlich, wenn der Veranstalter in einem anschließenden verwaltungsgerichtlichen Verfahren grundrechtswidrig obsiegt. Dann steht der Landesmedienanstalt der Weg offen, mit der Verfassungsbeschwerde ihre Grundrechtsposition zu wahren. In dieser prozessualen Möglichkeit liegt die eigentliche Bedeutung eines Grundrechtsschutzes der Landesmedienanstalten auch gegenüber den Veranstaltern.

### *3. Grundrechtsschutz im Verhältnis zwischen den Landesmedienanstalten*

Die Frage nach dem Grundrechtsschutz im Verhältnis zwischen den Landesmedienanstalten gewinnt Relevanz dadurch, daß die Zulassung von Veranstaltern bundesweit ausgestrahlter Programme in die Zuständigkeit des jeweiligen Sitzlandes fällt. Beeinträchtigen solche Programme die Meinungsvielfalt, weil die Zulassungsentscheidung die insoweit gebotenen Anforderungen nicht sicherstellt oder erforderliche Aufsichtsmaßnahmen unterbleiben, so ergibt sich daraus eine Konfliktlage zwischen der Anstalt des Sitzlandes und den Anstalten der anderen Länder. Ob grundrechtliche Schutzansprüche den Landesmedienanstalten in diesem horizontalen Verhältnis zur Seite stehen, hängt davon ab, wie weit ihre grundrechtssichernde Funktion reicht. Denn da der wesentliche Grund ihrer Grundrechtsfähigkeit in der Sicherungsfunktion liegt, muß Art. 5 Abs. 1 Satz 2 GG seine Schutzwirkung für sie im Umfang dieser Funktion auch gegenüber den anderen Landesmedienanstalten entfalten[122]. Entscheidend kommt es darauf an, ob die Sicherung einer freiheitlichen Rundfunkordnung bezogen auf länderübergreifende Programme allein der Sitzlandanstalt überantwortet ist oder ob die Anstalten der anderen Länder daneben eigene Gewährleistungsaufgaben haben. Letzteres trifft zu. Die bundesstaatliche Rundfunkordnung ist auf Kooperation angelegt. Die Medienanstalten der Länder stehen nicht beziehungslos nebeneinander, sondern sind durch den Rundfunkstaatsvertrag in einen wechselseitigen Verantwortungszusammenhang eingebunden (vgl. § 30 Abs. 2 und 3 RStV). Der Pflicht der Sitzlandanstalt, bei der Erfüllung ihrer Kontrollaufgaben vielfaltsichernd zu wirken, entspricht daher das Recht und die Aufgabe der anderen Anstalten, die ordnungsgemäße Aufgabenerfüllung einzufordern.

---

[122] Im Ergebnis ebenso BayVGH (Fn 5), S. 553 f.; *Gersdorf* (Fn 10), S. 189 ff.; strikt dagegen *Bethge* (Fn 1), S. 560.

## D. Fazit

Ein Anliegen dieser Untersuchung war es, deutlich zu machen, daß der Schlüssel zum Verständnis des Art. 19 Abs. 3 GG in einer differenzierenden Analyse der Wesensformel liegt. Es greift zu kurz, allein auf das allen Grundrechten gemeinsame Wesen - die Bezogenheit auf den Schutz des einzelnen - abzustellen. Die Prüfung hat vielmehr ergeben, daß einzelne Grundrechte Lebensbereiche schützen, die organisationsrechtlicher Ausformung bedürfen. Diese Grundrechte, zu denen auch und vor allem die Rundfunkfreiheit gehört, enthalten eine organisationsrechtliche Schutzdimension. Sie ist primär objektiv-rechtlicher Natur, vermittelt aber aus Effektivitätsgründen staatsdistanzierten Sicherungseinrichtungen die Fähigkeit, das Grundrecht für die Sicherungsfunktion selbst in Anspruch zu nehmen. Die Landesmedienanstalten, so wurde festgestellt, sind derartige Sicherungseinrichtungen und besitzen daher die Fähigkeit, Träger des von ihnen gesicherten Grundrechts der Rundfunkfreiheit zu sein. Das Grundrecht gewährt ihnen Schutz in alle Richtungen, aus denen ihren Sicherungsaufgaben Gefahren drohen, also sowohl gegenüber dem Staat als auch gegenüber privaten Veranstaltern und anderen Landesmedienanstalten.

Dieses Fazit muß sich gewiß die Frage gefallen lassen, ob eine als „Rundumfreiheit"[123] der Landesmedienanstalten verstandene Rundfunkfreiheit nicht ihre Konturen verliert, die grundrechtliche Stellung der individuellen Grundrechtsträger zu sehr relativiert und so mehr Schaden als Nutzen stiftet. Solche Besorgnisse sind nach Auffassung des Verfassers unbegründet. Objektivrechtlich kann sich die Rundfunkfreiheit der ausübungsberechtigten Grundrechtsträger ohnehin nur im Rahmen des von den Landesmedienanstalten kraft ihres Sicherungsauftrags gesteckten Rahmens entfalten. Die Versubjektivierung des Schutzes der Sicherungsfunktion führt nicht zu einer weitergehenden Relativierung der Position anderer Träger, sondern verleiht den Landesmedienanstalten nur eine verfassungsprozessuale Durchsetzungsmacht. Darin liegt ein deutlicher Gewinn für das Bestreben, die Rundfunkfreiheit zu effektuieren.

---

[123] So ablehnend *Bethge* (Fn 1), S. 560.

# Das Internet als Herausforderung für die Interpretation der Rundfunkfreiheit

Von *Frank Hölscher*, Frankfurt am Main

## A. Einleitung

Wie kaum ein anderes Rechtsgebiet ist das Rundfunkrecht durch die Rechtsprechung des Bundesverfassungsgerichts geprägt worden.[1] Die Rechtsprechung des Gerichts zu Art. 5 Abs. 1 Satz 2 GG hat eine dogmatische Geschlossenheit erreicht, die zur Folge hat, daß sie immanent keinem wesentlichen Widerspruch ausgesetzt ist.[2] Wer heute für abweichende dogmatische Konzepte wirbt, tut dies mit einem Angriff auf die empirischen Prämissen dieser Rechtsprechung. Ein immer wiederkehrendes Argumentationsmuster ist dabei, daß die Rechtsprechung des Bundesverfassungsgerichts durch die technische Entwicklung überholt sei und daß das Bundesverfassungsgericht auf diese Entwicklung mit einer Änderung der Interpretation des Art. 5 Abs. 1 Satz 2 GG reagieren müsse. Die Schlagworte für diese Debatte sind einerseits Konvergenz von Massenkommunikation und Individualkommunikation[3] sowie andererseits das Internet und seine Auswirkungen auf überkommene Kommunikationsstrukturen[4].

Besondere Durchschlagskraft erhalten diese Schlagworte durch die zum juristischen Allgemeingut gewordene Erkenntnis, daß rechtliche Normen nicht

---

[1] Vgl. *Ebsen*, Öffentlich-rechtliche Rahmenbedingungen einer Informationsordnung, DVBl. 1997, S. 1039 (1044).

[2] Statt aller vgl. *Ebsen* (Fn 1), S. 1043. Als grundlegende Kritik vgl. etwa *Bremer*, Medienplanwirtschaft, ORDO 46 (1995), S. 361 ff.

[3] Vgl. vor allem *Bullinger*, Kommunikationsfreiheit im Strukturwandel der Telekommunikation 1980; *Bullinger/Mestmäcker*, Multimediadienste, 1997, S. 20 f. Die *Bullinger'*schen Thesen erhalten dadurch erheblichen Auftrieb, daß sie das Schlagwort „Konvergenz" mit der Debatte um ein Zusammenwachsen von Computer und Fernseher gemein haben, obwohl unterschiedliche Phänomene gemeint sind.

[4] Vgl. *Jarass*, Rundfunkbegriffe im Zeitalter des Internet, AfP 1998, S. 133 ff.; *Degenhart*, Rundfunk und Internet, ZUM 1998, S. 333 ff.; *Michel*, Rundfunk und Internet, ZUM 1998, S. 350 ff.; *Ring*, Rundfunk und Internet, ZUM 1998, S. 358 ff.

ohne Bezug auf ihren Realbereich ausgelegt werden können[5] und daß bei der Interpretation von Rechtssätzen die Folgen dieser Interpretation zu berücksichtigen sind. Obwohl die Forderung nach umfassender Folgenberücksichtigung zweifelsfrei zu einer Überforderung des Rechts führen würde,[6] ist die juristische Argumentation ohne Realfolgenargumente nicht mehr vorstellbar. Daher ist es besonders wichtig, die empirischen Prämissen eines dogmatischen Gebäudes herauszuarbeiten und zu überprüfen. Dabei ist es legitime Aufgabe der Rechtswissenschaft, auch zukünftige Entwicklungen zu antizipieren. Man darf freilich nicht übersehen, daß dogmatische Aussagen, die auf antizipierten Entwicklungen des Realbereichs beruhen, damit selbst in gewissem Maße spekulativ werden. Wenn sich die Rechtsprechung gegenüber der Antizipation zukünftiger Entwicklungen zurückhaltend verhält, ist der Vorwurf der Rückständigkeit zwar wohlfeil, doch kann die Rechtsprechung nicht auf jede Spekulation reagieren, wenn sie nicht zum reinen Spiegel modischer Stimmungen werden will.

Trotz dieser Skepsis gegenüber Spekulationen und Prognosen ist es an der Zeit, die Dogmatik der Rundfunkfreiheit neu auf die Tragfähigkeit ihrer empirischen Fundamente zu überprüfen. Während das digitale Fernsehen als Basis für Pay-TV bisher nur eine geringe Verbreitung gefunden hat und der Bildschirmtext sich nie hat durchsetzen können, hat das Internet in nur wenigen Jahren eine Verbreitung gefunden, daß man es als Realität im Kommunikationsalltag nicht mehr übersehen kann.[7] Ja, es erscheint nicht einmal übertrieben, von einer Revolution der menschlichen Kommunikation zu sprechen, die vergleichbar mit der Erfindung des Buchdrucks und der von Radio und Fernsehen ist. Vielleicht stehen wir tatsächlich vor einer dritten Medienrevolution.[8]

Dies bedeutet allerdings nicht, daß sich mit dem Internet und den vielfältigen Kommunikationsformen, die im und durch das Internet ermöglicht werden, bisherige dogmatische Kategorien automatisch überlebt hätten. Allein der Umstand, daß das Internet über eine einheitliche Netzinfrastruktur alle möglichen Kommunikationsformen bieten wird, ebnet die Unterschiede der Kommunikationsformen nicht ein. Ebenso wie höchst unterschiedliche Güter mit einem LKW, einem Schiff, der Bahn oder einem Flugzeug transportiert werden können, können höchst unterschiedliche Kommunikationsformen über die digitalen Netze, die das Internet bilden, transportiert werden. Sowenig, wie es bisher für die Klassifizierung herkömmlicher Waren wichtig war, mit welchem Ver-

---

[5] Vgl. grundlegend *F. Müller*, Juristische Methodenlehre, 7. Aufl., 1997, S. 168 ff.

[6] *Luhmann*, Das Recht der Gesellschaft, 1993, S. 382; aus juristischer Sicht vgl. *Lübbe-Wolff*, Rechtsfolgen und Realfolgen, 1981.

[7] Vgl. etwa *Stipp*, Wird der Computer die traditionellen Medien ersetzen?, Media Perspektiven 1998, S. 76 (79 f.).

[8] *Stammler*, Paradigmenwechsel im Medienrecht, ZUM 1995, S. 104.

kehrsmittel sie transportiert wurden, ebensowenig kann allein die Übertragung einer Kommunikationsform in digitaler Form über das Internet für ihre kommunikationsrechtliche Einordnung ausschlaggebend sein. Daher ist von vornherein Skepsis geboten, wenn ein einheitlicher rechtlicher Rahmen für das Internet gefordert wird.[9]

Für die juristische Diskussion ist es dabei von entscheidender Bedeutung, das Verhältnis von Normtext, Normziel und Normbereich nicht aus den Augen zu verlieren. Zwar ist der Realbereich oder Normbereich als Wirklichkeitsausschnitt, auf den sich die Norm bezieht, konstitutiver Teil der Norm, doch wird die Relevanz des Realbereichs für die juristische Argumentation durch die Rechtsnorm und die in ihr enthaltenen Wertungen bestimmt. Ausgangspunkt der Überlegungen kann daher nicht das Internet, sondern muß Art. 5 Abs. 1 GG sein. Das Gewährleistungsgefüge des Art. 5 Abs. 1 GG bestimmt dabei, in welchem Umfang das Internet für die Auslegung der in Art. 5 Abs. 1 GG enthaltenen Grundrechtsnormen von Bedeutung ist.

## B. Das Gewährleistungsgefüge des Art. 5 Abs. 1 GG

### I. Der Zusammenhang der in Art. 5 Abs. 1 GG geschützten Freiheiten

Art. 5 Abs. 1 GG enthält nicht lediglich eine Ansammlung von kommunikationsrechtlich relevanten Freiheiten, sondern ein auf einen gemeinsamen Zweck ausgerichtetes Gewährleistungsgefüge. Dieses Gewährleistungsgefüge mit der individuellen Meinungsfreiheit an der Spitze hat das Bundesverfassungsgericht bereits im ersten Rundfunkurteil im Jahre 1961 herausgearbeitet und sowohl die Pressefreiheit als auch die Rundfunkfreiheit auf dieses Gewährleistungsgefüge bezogen. Bereits in dieser frühen Entscheidung findet sich der Hinweis dafür, daß der Rundfunk „Medium" und „Faktor" der öffentlichen Meinungsbildung sei.[10] Zwanzig Jahre später, im Urteil zum saarländischen Rundfunkgesetz, konnte das Gericht an diese Aussagen anknüpfen und die Rundfunkfreiheit in ihrer dienenden Funktion in das Gewährleistungsgefüge des Art. 5 Abs. 1 GG einordnen: „Die Rundfunkfreiheit dient der gleichen Aufgabe wie alle Garantien des Art. 5 Abs. 1 GG: der Gewährleistung freier individueller und öffentlicher Meinungsbildung, (...)."[11] Das Gericht bindet dabei das Ziel freier Meinungsbildung in den Prozeß der Kommunikation ein, dessen Grund-

[9] Vgl. etwa *Kröger/Moos*, Regulierungsansätze für Multimediadienste, ZUM 1997, S. 462 (470); *Holznagel*, Rechtsprobleme der Konvergenz von Rundfunk und Telekommunikation, MMR Beilage 9/1998, S. 12 (17).

[10] BVerfGE 12, 205 (260).

[11] BVerfGE 57, 295 (319 f.).

lage die Meinungsäußerungs-, Meinungsverbreitungs- und die Informationsfreiheit sind.

Im Gewährleistungsgefüge des Art. 5 Abs. 1 GG sind damit die individuellen Kommunikationsfreiheiten des Satzes 1 und die Freiheit der Medien der Massenkommunikation in Satz 2 aufeinander bezogen gewährleistet. Insoweit kann man von einer dienenden Funktion der Massenkommunikation sprechen,[12] da die Gewährleistung der Freiheit der Medien auf das Gewährleistungsziel des Art. 5 Abs. 1 GG bezogen ist und mit Blick auf dieses Ziel interpretiert werden muß.

Bereits im ersten Rundfunkurteil stellt das Gericht klar, daß mit dieser dienenden Funktion noch nicht über den Weg entschieden ist, auf dem die Freiheit zu sichern ist.[13] Nach der normativen Entscheidung für die dienende Funktion des Grundrechts ist auf einer zweiten Ebene unter Heranziehung empirischer Prämissen zu entscheiden, auf welchem Weg das Ziel des Grundrechts erreicht werden kann. Die wissenschaftliche Diskussion ist dabei auf der einen Seite von der Entgegensetzung von Pressefreiheit und Rundfunkfreiheit geprägt, auf der anderen Seite wird unter der Überschrift „Konvergenz" die bisherige Dogmatik des Art. 5 Abs. 1 Satz 2 GG für obsolet erklärt.[14] Beide Betrachtungsweisen übersehen dabei einerseits die Einheit der Freiheit der Massenkommunikation, wie sie normativ durch Art. 5 Abs. 1 Satz 2 GG geschützt ist, und andererseits die Vielfalt der Formen von Massenkommunikation und die darauf beruhende Vielfalt der Wege, auf denen das Gewährleistungsziel erreicht werden kann.

## II. Die Einheit der Medien der Massenkommunikation

Schutzgegenstand der Medienfreiheiten des Art. 5 Abs. 1 Satz 2 GG sind die Medien der Massenkommunikation. Art. 5 Abs. 1 Satz 2 GG garantiert neben der Pressefreiheit die Freiheit der Berichterstattung durch Rundfunk und Film. Die Aufzählung von Presse, Rundfunk und Film hat dabei keine einschränkende Bedeutung, sondern spiegelt die 1948/49 bekannten Medien der Massenkommunikation wider. Weder kann aus dieser Aufzählung geschlossen werden, daß andere Formen der Massenkommunikation nicht geschützt sein sollen,

---

[12] BVerfGE 87, 181 (197).

[13] BVerfGE 12, 205 (261).

[14] Vgl. etwa *Engel*, Multimedia und das deutsche Verfassungsrecht, in: Hoffmann-Riem/Vesting, Perspektiven der Informationsgesellschaft, 1995, S. 155 (161 ff.); *Stammler* (Fn 8), S. 106; *Weisser*, Dienstleistungen zum Vertrieb digitaler Pay TV-Angebote, ZUM 1997, S. 877 (881); *Holznagel*, Multimedia zwischen Regulierung und Freiheit, ZUM 1999, S. 425 (434); *Bullinger/Mestmäcker* (Fn 3), S. 21ff.

noch fixiert das Grundgesetz damit dauerhaft eine unterschiedliche Auslegung der drei in Art. 5 Abs. 1 Satz 2 GG benannten Medienfreiheiten.[15] Es spricht nichts dafür, daß mit der Aufzählung der 1948/49 bekannten Massenmedien Regelungstypen vorgegeben werden sollten, in die neuere Entwicklungen eingefügt werden müssen. Vielmehr wird jede der in Art. 5 Abs. 1 Satz 2 GG garantierten Freiheiten im Hinblick auf das Normziel und das Gewährleistungsgefüge des Art. 5 Abs. 1 GG gewährleistet. Das heißt, daß alle diese Freiheiten im Hinblick auf ihre dienende Funktion für die freie und umfassende Meinungsbildung auszulegen sind. Dies impliziert eine Offenheit des verfassungsrechtlichen Rundfunkbegriffs[16] ebenso wie des verfassungsrechtlichen Pressebegriffs. Beide Begriffe liegen nicht ein für alle Mal fest, sondern sind dynamisch zu verstehen und den technischen, gesellschaftlichen und wirtschaftlichen Entwicklungen anzupassen.

Die Gemeinsamkeit aller in Art. 5 Abs. 1 Satz 2 GG gewährleisteten Freiheiten besteht darin, daß es sich um Freiheiten der Massenkommunikation handelt und daß der Schutz gerade um ihrer Eigenschaft als Massenkommunikationsmedien willen erfolgt. Dies macht die Einheit der Freiheit der Medien der Massenkommunikation aus. Dabei enthalten die Medienfreiheiten keine Verdopplung der in Art. 5 Abs. 1 Satz 1 GG gewährleisteten Meinungsfreiheit. Eine Meinung verliert den Schutz nicht dadurch, daß sie in der Presse und im Rundfunk geäußert wird. Auch für Meinungsäußerungen in Presse und Rundfunk bleibt Art. 5 Abs. 1 Satz 1 GG der verfassungsrechtliche Prüfungsmaßstab.[17] Art. 5 Abs. 1 Satz 2 GG vermittelt vielmehr zusätzlichen Schutz, soweit dieser Schutz wegen der Funktion und der Eigenart der Massenmedien für den Meinungsbildungsprozeß erforderlich ist.

Wenn in der bisherigen Rechtsprechung des Bundesverfassungsgerichts aus der Gewährleistung der Pressefreiheit andere normative Folgen abgeleitet wurden als aus der Gewährleistung der Rundfunkfreiheit,[18] so folgt dies nicht aus einer unterschiedlichen Struktur der Gewährleistungen, sondern aus den unterschiedlichen Realbedingungen für die Verwirklichung der Freiheit, die das Gericht vorgefunden hat. Im Normtext des Art. 5 Abs. 1 Satz 1 GG spiegeln sich nicht etwa unterschiedliche funktionale Zuweisungen wider, sondern historisch bedingte und kontingente Ausprägungen der Freiheit der Medien der Massenkommunikation.

---

[15] A.A. *Bethge*, in: Sachs (Hrsg.), Grundgesetz, Kommentar, 2. Aufl. 1999, Art. 5 Rn. 118, der von einer Funktionsteilung der drei Medien ausgeht.

[16] BVerfGE 74, 297 (350 f.).

[17] BVerfGE 85, 1 (11 f.); 86, 122 (128).

[18] BVerfGE 12, 205 (261); 57, 295 (322 f.).

Bei der Umschreibung der Freiheiten des Art. 5 Abs. 1 Satz 2 GG als die Freiheiten der Medien der Massenkommunikation handelt es sich um eine typisierende Umschreibung, nicht aber um eine Definition. Für den Grundrechtstatbestand des Art. 5 Abs. 1 Satz 2 GG kommt es nicht darauf an, ob tatsächlich „Massen" erreicht werden, wichtig ist lediglich, daß eine Kommunikation an die Allgemeinheit, d.h. an einen nicht von vornherein feststehenden Empfängerkreis gerichtet ist.[19] So wird durch die Pressefreiheit auch die Herausgabe eines Flugblatts geschützt, das nur in einer Auflage von 50 Exemplaren vervielfältigt und verteilt wurde.[20] Folgt man der Linie des Werkszeitungsbeschlusses des Bundesverfassungsgerichts, so ist nicht die Adressierung an eine unbestimmte Öffentlichkeit erforderlich, sondern es reicht die Adressierung an eine gruppeninterne Öffentlichkeit.[21] Auch ein unternehmensinternes Fernsehen fällt damit unter den Rundfunkbegriff des Art. 5 Abs. 1 Satz 2 GG. Massenwirkung ist keine Voraussetzung für den Grundrechtsschutz, sondern ein Modus der Grundrechtsverwirklichung.

Art. 5 Abs. 1 Satz 2 GG enthält damit die Freiheit der an einen nicht von vornherein feststehenden Empfängerkreis gerichteten Kommunikation über verkörperte oder unverkörperte Medien. In dem funktional auf die Meinungsbildungsfreiheit ausgerichteten Normziel spiegelt sich die Einheit der Massenkommunikation als Schutzgegenstand der Medienfreiheit.

## III. Die unterschiedliche Interpretation von Rundfunk- und Pressefreiheit

Trotz der funktionalen Gleichgerichtetheit der Rundfunkfreiheit und der Pressefreiheit sind beide Freiheiten in der Rechtsprechung des Bundesverfassungsgerichts unterschiedlich interpretiert worden. Neben der Akzentuierung der dienenden Funktion findet die Rechtsprechung zur Freiheit des Mediums Rundfunk des Art. 5 Abs. 1 Satz 2 GG ihren zweiten Akzent in der Betonung der Ausgestaltungsbedürftigkeit der Rundfunkfreiheit.[22] In dieser Ausgestaltungsbedürftigkeit unterscheiden sich zunächst die Medienfreiheiten des Art. 5 Abs. 1 Satz 2 GG von der Meinungsäußerungsfreiheit und der Informationsfreiheit des Art. 5 Abs. 1 Satz 1 GG, aber auch die Rundfunkfreiheit von der Presse- und Filmfreiheit.

Meinungsäußerungsfreiheit und Informationsfreiheit sind zwar auf rechtliche und außerrechtliche Voraussetzungen angewiesen, bedürfen aber keiner

---

[19] BVerfGE 74, 297 (352); *Jarras*, Rundfunkbegriffe im Zeitalter des Internet, AfP 1998, S. 133 (134).

[20] Vgl. *Jarass/Pieroth*, Grundgesetz, 4. Aufl. 1997, Art. 5 Rn 20.

[21] BVerfGE 95, 28 (35).

[22] BVerfGE 57, 295 (319).

gesetzlichen Ausgestaltung. Das Grundrecht enthält für sie keinen Gestaltungsauftrag. Das bedeutet nicht, daß Meinungsäußerungsfreiheit und Informationsfreiheit nicht Gegenstand rechtlicher Regelung sein müßten, etwa um einen Ausgleich zwischen der Meinungsäußerungsfreiheit und dem Ehrenschutz[23] oder zwischen Informationsfreiheit und Eigentumsgrundrecht[24] herbeizuführen. Diese rechtlichen Regelungen können aber juristisch als Beschränkungen einer als vorrechtlich gedachten Freiheit verstanden werden. Ihr dogmatischer Standort ist nicht die Grundrechtsgewährleistung des Art. 5 Abs. 1 Satz 1 GG, sondern die Schrankenregelung des Art. 5 Abs. 2 GG. Sie gestalten die Meinungsfreiheit nicht aus, sondern beschränken sie.[25]

Anders stellt sich die Lage beim Rundfunk dar. Nach der Formulierung im FRAG-Urteil bedarf die in Art. 5 Abs. 1 Satz 2 GG garantierte Freiheit des Rundfunks der gesetzlichen Ausgestaltung, um wirksam werden zu können. Dies ergibt sich nach Auffassung des Bundesverfassungsgerichts aus der Aufgabe und der Eigenart der Gewährleistung.[26] Zur Begründung dieser Aussage verweist das Gericht normativ auf die dienende Funktion der Rundfunkfreiheit und empirisch auf die Prognose, daß eine rein negatorische Gestaltung dieser dienenden Funktion nicht gerecht würde. Dabei löst das Gericht im FRAG-Urteil die Begründung der Ausgestaltungsbedürftigkeit der Rundfunkfreiheit von dem Argumentationstopos der „Sondersituation des Rundfunks", mit dem seit dem 1. Rundfunkurteil[27] die unterschiedliche Interpretation von Rundfunkfreiheit und Pressefreiheit begründet wurde.[28] Das Gericht argumentiert jetzt mit der Gefahr, die für die Meinungsvielfalt bestünde, überließe man die Entwicklung im Rundfunk dem freien Spiel der Kräfte. Gerade bei einem Medium von der Bedeutung des Rundfunks müsse die Möglichkeit einer Konzentration von Meinungsmacht und die Gefahr des Mißbrauchs zum Zwecke einseitiger Einflußnahme auf die öffentliche Meinung in Rechnung gestellt werden.[29] Diese besondere Mißbrauchsgefahr beruht dabei auf zwei Ursachen: auf der Gefahr mangelnder Pluralität und auf der Wirkungsmacht des Fernsehens.

Hier treten die Besonderheiten des Rundfunks hervor, insbesondere des Fernsehens. Hinsichtlich der Breitenwirkung, der Aktualität und der Suggestiv-

---

[23] Vgl. die Nachweise bei *Jarass/Pieroth*, (Fn 20), Art. 5 Rn 51 ff.

[24] Vgl. etwa BVerwGE 90, 27 (33).

[25] Zur Unterscheidung zwischen Ausgestaltung und Schrankensetzung vgl. BVerfGE 57, 295 (321 f.) sowie *Ruck*, Zur Unterscheidung von Ausgestaltungs- und Schrankengesetzen im Bereich der Rundfunkfreiheit, AöR 117 (1992), S. 543 ff.

[26] BVerfGE 57, 295 (319).

[27] BVerfGE 12, 205 (262); 31, 314 (325 f.).

[28] BVerfGE 57, 295 (322).

[29] BVerfGE 57, 295 (323).

kraft wird es von den anderen Massenmedien nicht erreicht.[30] Die Kombination von Breitenwirkung, Aktualität und Suggestivkraft des Rundfunks, wie er uns heute als Massenmedium bekannt ist, begründet seine Sonderstellung, die auch dann noch besondere rechtliche Regelungen rechtfertigt und fordert, wenn die „Sondersituation des Rundfunks", die durch Frequenzknappheit und besonders hohe finanzielle Aufwendungen für die Veranstaltung von Rundfunkprogrammen gekennzeichnet war, nicht mehr vorliegen sollte.

Der starke Bezug der Interpretation der Rundfunkfreiheit zu dem zugrundeliegenden Realbereich erfordert bei einem sich stärker ausdifferenzierenden Realbereich eine sich ebenfalls weiter differenzierende Dogmatik. Nicht alles, was sich unter den Oberbegriff „Rundfunk" subsumieren läßt, ist in gleichem Maße auf gesetzliche Ausgestaltung angewiesen.[31] Schon der klassische Rundfunk erfordert eine differenzierte Dogmatik. Das Fernsehen unterscheidet sich kulturell und ökonomisch vom Hörfunk. Aufgrund medienpolitischer Entscheidungen ist der Hörfunk ein lokales und regionales Medium, das Fernsehen hauptsächlich ein bundesweites. Wegen der hauptsächlich terrestrischen Verbreitung des Hörfunks hat das Argument der Frequenzknappheit immer noch Gewicht, wohingegen über 80 % der Haushalte, die einen Fernseher haben, über Kabel oder Satellit mehr als nur die terrestrisch verbreiteten Fernsehprogramme empfangen können.[32]

Wegen dieser Unterschiede darf die Einordnung eines neuen Mediums unter den Begriff „Rundfunk" nicht dazu führen, daß die in erster Linie für das Fernsehen entwickelte Dogmatik[33] unbesehen übertragen wird. Die heute intensiv geführte Diskussion über den Rundfunkbegriff greift demgegenüber zu kurz, wenn sie aus der Subsumtion unter den Begriff Rundfunk ohne weiteres auf das Modell „Duales Rundfunksystem" mit entsprechendem Grundversorgungsauftrag schließt.[34] Für die aus Art. 5 Abs. 1 Satz 2 GG abzuleitenden Folgen kommt es nicht darauf an, ob „das Internet" als „Rundfunk" einzuordnen und der für den herkömmlichen Rundfunk entwickelten Dogmatik zu unterwerfen,

---

[30] Vgl. BVerfGE 90, 60 (87).

[31] *Scherer*, „Online" zwischen Telekommunikations- und Medienrecht, AfP 1996, S. 213 (214), *Gersdorf*, Multi-Media: Der Rundfunkbegriff im Umbruch?, AfP 1995, S. 565 (568).

[32] Vgl. Media Perspektiven. Basisdaten. Daten zur Mediensituation in Deutschland 1998, S. 8 f.

[33] Bei den Leitentscheidungen des Bundesverfassungsgerichts ging es überwiegend um das Fernsehen. Auffällig ist, daß in jüngeren Entscheidungen zum Hörfunk die abwehrrechtliche Dimension zugunsten privater Anbieter des Grundrechts im Vordergrund stand. Vgl. etwa BVerfGE 95, 220 ff.; 97, 298 ff.

[34] Recht kurzschlüssig *Röger*, Internet und Verfassungsrecht, ZRP 1997, S. 203 (205); vgl. dagegen bereits BVerfGE 83, 238 (302 f.).

oder ob es – wegen vermeintlich besser passender Rechtsfolgen – als „Presse" von regulatorischen Anforderungen freizusprechen ist.

Die gleiche Realbereichsbezogenheit gilt auch für die Interpretation der Pressefreiheit. Auch sie hat als Freiheit eines Mediums der Massenkommunikation eine dienende Funktion und ist um ihrer Funktion willen gerechtfertigt. Aufgrund der historischen Vorgefundenheit eines funktionierenden marktmäßigen Pressesystems stellte sich die Frage nach der Ausgestaltungsbedürftigkeit der Pressefreiheit nicht. Dies liegt aber nicht an der Struktur der Gewährleistung der Pressefreiheit, sondern an einer Realbereichsanalyse, die eine besondere Ausgestaltung entbehrlich erscheinen läßt.

Im Vergleich von Presse und Rundfunk lassen sich nach dieser Analyse sowohl Gemeinsamkeiten als auch Unterschiede herausarbeiten. Presse und Rundfunk sind Medien der Massenkommunikation. In dieser Eigenschaft sind sie von der durch Art. 5 Abs. 1 Satz 1 GG geschützten Individualkommunikation abzugrenzen. Beide zeichnen sich im Gegensatz zur Individualkommunikation durch eine Adressierung an die Allgemeinheit aus. Dabei spielt es keine Rolle, ob Rundfunk oder Presse nur gegen Entgelt zugänglich sind.[35] Dies ist bei der Presse die Regel. Schon diese Parallelität zwischen Pressefreiheit und Rundfunkfreiheit macht deutlich, daß ohne weiteres auch solche Rundfunkprogramme unter den Rundfunkbegriff fallen, die nur gegen Abonnement – und entsprechende Zahlung – zugänglich sind.[36]

Die gleiche Parallelität gilt für das im Zusammenhang mit dem Rundfunkbegriff hervorgehobene Merkmal der Darbietung. Darbietungen im rundfunkverfassungsrechtlichen Sinn sind sämtliche für den Prozeß individueller und öffentlicher Meinungsbildung relevanten Inhalte.[37] Das gilt für Informationsprogramme und politisch unterrichtende Beiträge, für Bildung und Beratung, aber auch für Unterhaltung.[38] Obwohl das Merkmal der Darbietung im Zusammenhang mit der Pressefreiheit üblicherweise nicht benutzt wird, ist es ein allgemeines Merkmal der Medien der Massenkommunikation und auch auf Presse und Film anwendbar, da diese Medien in gleicher Weise wie der Rundfunk in das Gewährleistungsgefüge des Art. 5 Abs. 1 GG eingebunden sind. Das Merkmal der Darbietung unterscheidet die Medien der Massenkommunikation von solchen Kommunikationsarten, die nicht auf die individuelle oder öffentliche Meinungsbildung gerichtet sind. Es dient nicht der Unterscheidung zwischen Individualkommunikation (Art. 5 Abs. 1 Satz 1 GG) und Massenkom-

[35] Vgl. BVerfGE 74, 297 (345); *Jarras*, Rundfunkbegriffe im Zeitalter des Internet, AfP 1999, S. 133 (134).

[36] Vgl. *Gersdorf* (Fn 31), S. 569 m.w.N.

[37] Vgl. *Gersdorf*, (Fn 31), S. 569; enger *Jarras*, (Fn 35), S. 135, der maßgeblich auf die redaktionelle Bearbeitung des Materials abstellt.

[38] Vgl. nur BVerfGE 83, 238 (298, 301).

munikation (Art. 5 Abs. 1 Satz 2 GG), da nach der Rechtsprechung des Bundesverfassungsgerichts die reine Vermittlung von Tatsachen, die nicht auf die Meinungsbildung bezogen ist, auch nicht in den Schutzbereich des Art. 5 Abs. 1 Satz 1 GG fällt.[39]

Innerhalb des Schutzbereichs von Art. 5 Abs. 1 Satz 2 GG unterscheiden sich Presse und Rundfunk in der Art ihrer Verbreitung. Rundfunkdarbietungen werden mittels elektromagnetischer Schwingungen übertragen. Diese Abgrenzung bedarf allerdings – im Hinblick auf die dogmatisch wenig konturierte Filmfreiheit – weiterer Eingrenzung. Charakteristisch für Rundfunk ist die unverkörperte Verbreitung mittels elektromagnetischer Schwingungen.[40] Videokassetten fallen daher unter die Filmfreiheit, nicht unter die Rundfunkfreiheit.[41] Mit anderen Worten: Rundfunk ist die an die Allgemeinheit gerichtete Verbreitung von Darbietungen mittels Telekommunikation.

Damit wird eine formelle Abgrenzung der durch Art. 5 Abs. 1 Satz 2 GG geschützten Medien der Massenkommunikation erreicht. Diese formelle Abgrenzung ermöglicht einen Rundfunkbegriff, der sich nicht auf die Grundrechtsgewährleistung des Art. 5 Abs. 1 GG beschränkt, sondern der auch als Abgrenzung für den Kompetenzteil des Grundgesetzes taugt. Als Nachteil dieser formellen und technikorientierten Abgrenzung muß in Kauf genommen werden, daß die Abgrenzung teilweise zu wenig intuitiven Ergebnissen führt. So ist die „elektronische Presse", die Zeitung im Internet, nicht Presse, sondern Rundfunk im Sinne des Art. 5 Abs. 1 Satz 2 GG, weil die Verbreitung mittels Telekommunikation und nicht mittels körperlicher Stücke erfolgt.[42] Dieses wenig intuitive Ergebnis nötigt aber nicht zu einer Korrektur der Konzeption. Bei einer Analyse des Realbereichs zeigt sich nämlich, daß die elektronische Presse nicht die gleichen regulatorischen Anforderungen stellt wie der klassische Rundfunk, sondern grundrechtsdogmatisch dem klassischen Pressemodell nähersteht.

## IV. Der Ausgestaltungsauftrag in der rundfunkrechtlichen Rechtsprechung

Die Rundfunkrechtsprechung des Bundesverfassungsgerichts hat den Ausgestaltungsauftrag der Verfassung an den Gesetzgeber im Hinblick auf Fernsehen und Hörfunk im wesentlichen in zwei Richtungen konkretisiert: Zum einen hat sie Anforderungen an die Zulassung privaten Rundfunks formuliert, zum

---

[39] Vgl. *Gersdorf* (Fn 31), S. 569. Offengelassen in BVerfGE 94, 1 (7); 61, 1 (8).

[40] Vgl. *Scherer* (Fn 31), S. 218; *Jarras* (Fn 35) S. 136.

[41] Vgl. *Jarass/Pieroth*, (Fn 20), Art. 5 Rn 41.

[42] *Jarass* (Fn 35) S. 136 f.

anderen hat sie aus dem Ausgestaltungsauftrag eine Bestands- und Entwicklungsgarantie für den öffentlich-rechtlichen Rundfunk herausgelesen.

### *1. Anforderungen für die Zulassung privaten Rundfunks*

Anforderungen für die Zulassung privaten Rundfunks hat das Bundesverfassungsgericht in seinem „Niedersachsen-Urteil" und in seinem „Nordrhein-Westfalen-Urteil" postuliert.[43] Dabei sind zunächst Anforderungen an den Programmauftrag privater Rundfunksender formuliert worden. Des weiteren dienen die Vorgaben des Bundesverfassungsgerichts der Gewährleistung der Staatsfreiheit des Rundfunks. Auch im privaten Rundfunk muß schließlich sichergestellt werden, daß der Rundfunk nicht unter den Einfluß einzelner gesellschaftlicher Gruppen oder Parteien gerät. Dies bedeutet nicht, daß das Bundesverfassungsgericht verlangen würde, daß der private Rundfunk sich den Gesetzmäßigkeiten privatwirtschaftlicher Märkte entzieht. Diese Gesetzmäßigkeiten sind vielmehr unausweichlich mit der Zulassung privaten Rundfunks verbunden.[44] Ziel ist die Begrenzung rein marktwirtschaftlicher Entwicklungen, um dadurch zu verhindern, daß wirtschaftliche Macht sich umstandslos in publizistische Macht umsetzen läßt. Ein besonderes Augenmerk hat das Bundesverfassungsgericht dabei auf die Konzentrationskontrolle im Rundfunk gelegt. Von Verfassungs wegen müssen die Zulassungsregeln für den privaten Rundfunk sicherstellen, daß auch im Bereich des privaten Rundfunks keine vorherrschende Meinungsmacht entsteht.[45] Nachdem sich das ursprünglich im Rundfunkstaatsvertrag vorgesehene Modell, das auf eine plurale Gesellschaftsstruktur der einzelnen Rundfunksender gerichtet war, nicht bewährt hat, hat das Bundesverfassungsgericht bisher keine Gelegenheit gehabt, die Regelungen des neuen Rundfunkstaatsvertrages an der Verfassung zu überprüfen. Da verfassungsrechtlich zwar das Ziel – Verhinderung vorherrschender Meinungsmacht – vorgegeben ist, sich die verfassungsrechtlichen Direktiven aber nicht auf ein bestimmtes Regelungsmodell beziehen, bestehen auch gegenüber der derzeitigen Regelung, die zwar Alleingesellschafter von Rundfunkveranstaltern zuläßt, aber den Marktanteil solcher Rundfunkveranstalter begrenzt, keine grundsätzlichen Bedenken. Dabei muß berücksichtigt werden, daß der Gesetzgeber hinsichtlich der seinen Regelungen zugrundeliegenden empirischen Prämissen einen verfassungsrechtlich nicht überprüfbaren Gestaltungsspielraum hat.[46] Ob die derzeitige Regelung zur Sicherstellung des Normzieles des Artikels 5 Abs. 1 Satz 2 GG hinreichend ist, muß sich erst noch erweisen. Sollte

---

[43] BVerfGE 73, 118 ff.; 83, 238 ff.

[44] Vgl. BVerfGE 90, 60 (90f.).

[45] BVerfGE 57, 295 (323); 73, 118 (160); 95, 163 (172).

[46] Vgl. BVerfGE 50, 290 (332 ff).

sich im privaten Rundfunk auf Dauer ein Duopol herausbilden, so würde dies jedenfalls verfassungsrechtlichen Bedenken begegnen.

*2. Bestands- und Entwicklungsgarantie für den öffentlich-rechtlichen Rundfunk*

Das Bundesverfassungsgericht hat die Zulassung privaten Rundfunks eng mit einer Bestands- und Entwicklungsgarantie für den öffentlich-rechtlichen Rundfunk verknüpft. Diese Bestands- und Entwicklungsgarantie wird aus zwei Quellen gespeist. Zum einen geht es dem Bundesverfassungsgericht darum, mögliche Pluralitätsdefizite beim privaten Rundfunk durch den öffentlich-rechtlichen Rundfunk hinnehmbar zu machen. Zum anderen dient die Bestands- und Entwicklungsgarantie für den öffentlich-rechtlichen Rundfunk der Sicherstellung der kulturstaatlichen Funktion des Rundfunks.

Auf der ersten Ebene erscheint das im Niedersachsen-Urteil niedergelegte Konzept des Bundesverfassungsgerichts[47] fragwürdig: Ergeben sich im privatrechtlichen Rundfunk Pluralitätsdefizite im Sinne einer Unausgewogenheit des Gesamtprogramms privater Rundfunkveranstalter, so ist es nicht nachvollziehbar, daß die öffentlich-rechtlichen Veranstalter, die ihrerseits zur Ausgewogenheit verpflichtet sind, dem ein Gegengewicht entgegensetzen könnten.[48] Warum eine Unausgewogenheit des Gesamtprogramms hinnehmbar sein soll, bleibt letztlich unbegründet. Aufgrund ihres Programmauftrags erscheinen die öffentlich-rechtlichen Rundfunkanstalten lediglich dazu geeignet zu sein, daß auch solche gesellschaftliche Gruppen zu Wort kommen können, die im privaten Rundfunk keine Resonanz finden. Ausgewogenheit im Sinne einer am Maßstab der gesellschaftlichen Relevanz gemessenen Gleichverteilung von gesellschaftlich relevanten Gruppen im Programm wird dadurch aber nicht gewährleistet. Die Rechtsprechung läßt sich daher – bei allen Zweifeln an der verfassungsrechtlichen Stringenz der Ableitung – dahingehend zusammenfassen, daß gewisse Unausgewogenheiten hinnehmbar sind, solange der öffentlich-rechtliche Rundfunk seinem Programmauftrag nachkommt und damit ein Zuwortkommen sämtlicher gesellschaftlicher Gruppen im Gesamtprogramm öffentlich-rechtlicher und privater Veranstalter gewährleistet ist.[49]

Das Hauptaugenmerk der Rechtsprechung des Bundesverfassungsgerichts war in letzter Zeit auf die kulturelle Funktion des Rundfunks gerichtet. Dabei wurde in erster Linie betont, daß der private Rundfunk – aufgrund seiner Finanzierung aus Werbeeinnahmen – nicht in demselben Umfang in der Lage ist, auch kulturell anspruchsvolle Sendungen zu verbreiten und somit den klassi-

[47] BVerfGE 73, 118 (159).

[48] BVerfGE 57, 295; 83, 238.

[49] BVerfGE 73, 118 (158).

schen Rundfunkauftrag zu erfüllen.[50] Die Bestands- und Entwicklungsgarantie hat sich damit stärker in eine kulturstaatliche Dimension entwickelt, ohne den öffentlich-rechtlichen Rundfunk damit zugleich auf Minderheitenprogramme festzulegen. Gerade aus der Kombination von umfassendem Kulturauftrag und allgemeiner Verpflichtung, auch die Masse der Bevölkerung zu erreichen, erschließt sich der Auftrag des öffentlich-rechtlichen Rundfunks. Er hat nicht lediglich eine Komplementärfunktion, sondern auch eine Integrationsfunktion. Der öffentlich-rechtliche Rundfunk stellt damit das Segment im Rundfunkmarkt dar, in dem sowohl kulturelle Bedürfnisse der Massen befriedigt werden als auch Minderheitenbedürfnisse ihren Raum finden.

Die Aufgabe des öffentlich-rechtlichen Rundfunks, die von seiner Bestands- und Entwicklungsgarantie gewährleistet ist, läßt sich demnach darin zusammenfassen, daß der öffentlich-rechtliche Rundfunk als Alternative zum privaten Rundfunk ein Komplementärprogramm bieten soll, das nicht auf die Kompensation der Defizite privaten Rundfunks beschränkt ist. Für den öffentlich-rechtlichen Rundfunk gilt damit weiterhin der „klassische Rundfunkauftrag", der auch Elemente wie Unterhaltung, Sport, Spielfilm und Shows einschließt. „Leichte" Unterhaltung ist damit nicht aus dem Programmauftrag der öffentlich-rechtlichen Rundfunkanstalten und aus der ihnen zuteilwerdenden Bestands- und Entwicklungsgarantie ausgeschlossen.

## C. Die Vielfalt des Internets

Nach diesen Überlegungen zum Gewährleistungsgefüge des Art. 5 Abs. 1 GG und zur Einheit der Massenmedien ist es Zeit, einen Blick auf den sich ändernden Realbereich zu werfen und die Vielfalt des Internets zu betrachten und grundrechtsdogmatisch einzuordnen.

Das Internet ist kein neues Massenmedium. Bei dem Internet handelt es sich vielmehr um eine technische Plattform, die vielfältige Dienste ermöglicht. Es ist in erster Linie ein Medium der Telekommunikation. Die verschiedenen Dienste, wie e-mail, das world-wide web (hypertext transfer protocol, http) oder der file transfer (ftp) sind als solche Telekommunikationsdienste, aber keine Medien im Sinne des Art. 5 Abs. 1 GG. Als solche eignen sie sich zum Transport von Inhalten, die zum Teil im Gewährleistungsgefüge des Art. 5 Abs. 1 GG verortet werden können, die zum Teil aber außerhalb der Gewährleistung des Art. 5 GG liegen. Damit kann man das Internet als elektronische Post bezeichnen, mit der man Briefe, Zeitungen und Videokassetten elektronisch verschicken kann oder von den Teilnehmern dieses Dienstes abrufen las-

[50] Vgl. BVerfGE 90, 60 (90).

sen kann. Um ein neues Massenmedium handelt es sich aber ebensowenig wie bei dem Telefaxdienst, der die unkörperliche Übertragung von auf Papier körperlich vorliegenden Inhalten ermöglicht.

Diese rechtliche Einordnung mag manchem blaß erscheinen. Mit ihr ist aber keine Verkennung der revolutionären Bedeutung des Internets verbunden. Dies zeigt sich im Vergleich mit der die abendländische Gesellschaft revolutionierenden Erfindung des Buchdrucks. Bücher waren schon vor der Erfindung des Buchdrucks bekannt. Mit dieser Erfindung wurde ebenfalls kein neues Medium erfunden, sondern „lediglich" eine neue Plattform für die Übermittlung der Schrift. Die revolutionäre Bedeutung lag darin, daß die Vervielfältigung billiger und schneller möglich wurde. Damit wurde die Reichweite der in den Büchern verkörperten Gedanken vervielfältigt. Eben eine solche Vervielfältigung der Reichweite ist auch für das Internet kennzeichnend. Für die rechtliche Einordnung des Internets ist es von entscheidender Bedeutung, daß die verschiedenen Kommunikationsformen, die über diese Plattform vermittelt werden, rechtlich differenziert eingeordnet werden und daß diese Differenzierung auf die neue Verbreitungstechnik bezogen wird. Dabei muß jeweils zwischen dem Telekommunikationsdienst und dem Medium der Massenkommunikation unterschieden werden.

Auf der technischen Plattform des Internets werden Dienste der Individualkommunikation, Verteildienste der Massenkommunikation und Abrufdienste der Massenkommunikation ebenso angeboten wie Dienste, die nicht in den Schutzbereich des Art. 5 Abs. 1 GG fallen.

### I. Individualkommunikation im Internet

Die Individualkommunikation im Internet findet auf der Basis des Telekommunikationsdienstes e-mail statt. Aus grundrechtlicher Perspektive ergeben sich hierbei keine Unterschiede zu einem Brief, der mit der Post transportiert wird oder der mittels Telefax seinen Empfänger erreicht. Als Mittel der Individualkommunikation sind diese Dienste einer medienrechtlichen Ausgestaltung nicht zugänglich.[51]

### II. Verteildienste der Massenkommunikation im Internet

Wenig Beachtung wird den Verteildiensten der Massenkommunikation im Internet geschenkt. Trotzdem sind sie heute allgegenwärtig. Welcher Internet-

---

[51] Vgl. *Scherer* (Fn 31), S. 218.

nutzer hat nicht irgendeinen Newsletter abonniert, der ihm mittels e-mail zugeschickt wird? Auf den ersten Blick erscheinen solche Newsletter als Elemente der Individualkommunikation, weil sie als e-mail nur jeweils individuell bestimmte Adressaten erreichen. Bei Lichte besehen handelt es sich bei ihnen aber um ein Medium der Massenkommunikation und wegen ihrer Übertragung mittels Telekommunikation um Rundfunk im Sinne des Art. 5 Abs. 1 Satz 2 GG.

Dagegen spricht nicht die individuelle Adressierung an einen bestimmten Empfänger. Dies macht die Newsletter nicht zur Individualkommunikation. In dieser individuellen Adressierung gleichen sie vielmehr den im Abonnement über den Postzeitungsdienst vertriebenen Zeitschriften, an deren Zugehörigkeit zu den Medien der Massenkommunikation auch niemand wegen des individuellen Adressaufklebers zweifeln würde. Ihre Adressierung an die Allgemeinheit beruht darauf, daß sie von jedermann kostenlos oder gegen Zahlung eines Entgelts abonniert werden können.

Mit der Einordnung als Rundfunk kann aber keine Übertragung der vom Bundesverfassungsgericht für Hörfunk und Fernsehen herausgearbeiteten Ausgestaltungsanforderungen verbunden werden. Weder besteht eine Mangelsituation noch erfordert die Herausgabe eines Newsletters einen besonders hohen finanziellen Aufwand. Zwar ist es mittels eines Newsletters möglich, einen fast beliebig großen Adressatenkreis ohne besonderen Aufwand anzusprechen, doch kann von einer besonderen Massenwirksamkeit nicht die Rede sein. Schließlich zeichnen sich Newsletter nicht durch eine besondere Suggestivkraft aus. Sie erscheinen damit derzeit auch nicht als ein Medium, bei dem besondere Vorkehrungen gegen einen Mißbrauch von Meinungsmacht erforderlich wäre. Ganz im Gegenteil, eine präventive Kontrolle durch ein Zulassungserfordernis würde – ebenso wie bei gedruckten Zeitschriften – als unverhältnismäßig erscheinen.

## III. Abrufdienste der Massenkommunikation im Internet

Wer vom Surfen im Internet spricht, meint heute die Nutzung des world-wide web. Bei dieser Nutzung werden Inhalte auf bestimmten internet sites zum Abruf zur Verfügung gestellt. In einfachen Fällen stehen nur Texte zur Verfügung, diese können mit Grafiken oder mit Bildern angereichert werden. Schließlich sind auch Animationen mit bewegten Bildern und Ton möglich. Technisch scheint es dabei kein Problem zu sein, auch ganze Filme oder Fernsehsendungen im Internet auf Abruf zur Verfügung zu stellen. Derzeit wird der Interessent allerdings regelmäßig enttäuscht. Die Bilder sind klein, die Auflösung ist schlecht, die Bilderfolge „ruckelt" und der Klang der Töne ist dürftig. Das alles kann sich aber ändern: Rechner werden schneller und die

Übertragungskapazität des Netzes wird ausgebaut. Damit dürften größere Bilder in besserer Auflösung in Zukunft möglich sein. Möglicherweise erreichen die Bilder und Töne im Internet zukünftig eine ähnliche Qualität wie heute im Fernsehen. Hinsichtlich ihrer Suggestivkraft können sich daher in Zukunft auf der Plattform des Internet durchaus mediale Formen entwickeln, die mit dem uns bekannten Fernsehen vergleichbar sind.

Bei den heute üblichen web sites und bei zukünftigen Formen handelt es sich um Rundfunk im Sinne des Art. 5 Abs. 1 Satz 2 GG, wenn sie Darbietungen darstellen, sie also auf die Einwirkung auf die öffentliche und individuelle Meinungsbildung gerichtet sind. Reine Datenbankanwendungen, Wetter- und Verkehrshinweise etc. stellen keine Medien der Massenkommunikation dar und fallen nicht in den Schutzbereich des Art. 5 Abs. 1 Satz 2 GG.

Betrachtet man die weiteren Kriterien, mit denen die Rechtsprechung den Ausgestaltungsauftrag an den Gesetzgeber begründet hat – neben der Suggestivwirkung der bewegten Bilder (beim Fernsehen) die Frequenzknappheit, den hohen finanziellen Aufwand für die Markteinführung eines Senders und die Massenwirksamkeit des Mediums –, so rechtfertigen diese Kriterien hinsichtlich der bekannten Abrufdienste im Internet keinen besonderen Ausgestaltungsauftrag an den Gesetzgeber. Dies beruht zunächst auf der – verglichen mit Hörfunk und Fernsehen – begrenzten Reichweite des Internets. Die Tagesnettoreichweite des Fernsehens beträgt derzeit 72,5 % der Bevölkerung in Deutschland.[52] Damit ist das Fernsehen hinsichtlich der Massenwirksamkeit nur noch mit den Tageszeitungen und dem Hörfunk zu vergleichen, bei denen sich die Nutzung aber auf viel mehr Anbieter verteilt. Täglich erreicht die „Tagesschau" über 9 Millionen Menschen, „heute" über 5 Millionen und „RTL aktuell" über 4 Millionen,[53] während derzeit rund 11 Millionen Menschen das Internet mindestens einmal im Quartal nutzen.[54] Damit hat das Internet eine Quartalsreichweite von 17,7 % der Bevölkerung von über 14 Jahren.[55] Von diesen Nutzern des Internets gehen allerdings nur rund 20 % täglich online.[56] Die Tagesreichweite aller Angebote im Internet liegt damit derzeit noch unter 4 % der Bevölkerung. Anders ausgedrückt: Selbst „RTL aktuell" erreicht derzeit in Deutschland rund doppelt so viel Menschen wie alle Angebote des Internets zusammen. Von einer täglichen Reichweite wie das Fernsehen ist das Internet damit noch weit entfernt. Massenreichweite in einem mit den Nachrichtensendungen des Fernsehens vergleichbaren Umfang findet sich nur im Bereich der klassischen Printmedien. Dort hat die „Bild"-Zeitung, die mit jeder Ausgabe über 11 Milli-

---

[52] Daten zur Mediensituation in Deutschland. Media Perspektiven Basisdaten, S. 71.

[53] Daten zur Mediensituation in Deutschland. Media Perspektiven Basisdaten, S. 74.

[54] Frankfurter Allgemeine Zeitung vom 17. August 1999, S. 15.

[55] Vgl. Frankfurter Allgemeine Zeitung vom 17. August 1999, S. 15.

[56] Vgl. ARD/ZDF-Online-Studie 1999, Media Perspektiven 1999, S. 401 (407).

onen Leser erreicht, eine vergleichbare Reichweite.[57] Hinsichtlich der Reichweite ist derzeit also nur eine Boulevardzeitung mit den Hauptnachrichtensendungen des Fernsehens vergleichbar. Von Meinungsmacht sind das Internet und seine Anbieter daher noch weit entfernt. Es ist nicht zu erwarten, daß das Fernsehen seine Funktion als gesellschaftliches Leitmedium und die großen Fernsehsender ihre Meinungsmacht auf absehbare Zeit verlieren könnten.

Eine mit der Frequenzknappheit des terrestrischen analogen Rundfunks vergleichbare Marktzutrittsschranke ist im Internet nicht gegeben. Auch ist der notwendige finanzielle Einsatz nicht mit dem Fernsehen vergleichbar. Professionelle Gestaltung und Marktdurchdringung erfordern aber auch im Internet den Einsatz erheblichen Kapitals. Damit ist das Internet aber eher mit der Presse vergleichbar, wo sich einfache Produkte schon mit bescheidenen Mitteln realisieren lassen, eine Marktdurchdringung aber erheblichen Kapitaleinsatz voraussetzt.

Auch soweit im Internet Abrufdienste der Massenkommunikation angeboten werden, besteht derzeit keine Veranlassung, verfassungsrechtlich von einem Ausgestaltungsauftrag an den Gesetzgeber auszugehen. Gegen den bisherigen Regelungsverzicht ergeben sich von Verfassungs wegen keine Bedenken.

## IV. Das Internet als Basis von e-commerce

Die Hauptanwendungsbereiche des Internets liegen derzeit auf einer Ebene, die mit der Gewährleistung des Art. 5 Abs. 1 Satz 2 GG nichts zu tun hat. Wer seine Bankgeschäfte mittels des Online-Bankings abwickelt, wer Reisen und Flüge über das Internet bucht oder sich über Bahnfahrpläne oder Flugpläne informiert, bewegt sich im Geschäftsleben außerhalb des Schutzbereichs der Medienfreiheiten.

Dieser Befund bestätigt zunächst die Einschätzung des Staatsvertragsgesetzgebers, der die Veranstaltung reiner Verkaufssendungen (home order television) aus dem Anwendungsbereich des Rundfunkstaatsvertrages ausgeklammert und somit nicht den Anforderungen der Rundfunkrechtsprechung des Bundesverfassungsgerichts unterworfen hat.[58] Zum anderen macht es aber auch klar, daß das Internet kein neues Massenmedium im Sinne des Art. 5 Abs. 1 Satz 2 GG ist, sondern ein Medium der Telekommunikation, das die Plattform für grundrechtlich unterschiedlich zu beurteilende Dienste bietet.

---

[57] Daten zur Mediensituation in Deutschland. Media Perspektiven Basisdaten, S. 80.

[58] Vgl. § 2 Abs. 2 Ziff. 1 Mediendienste-Staatsvertrag.

## D. Das Internet als Herausforderung für die Rundfunkrechtsdogmatik

Wie wenige andere verfassungsgerichtliche Entscheidungen reflektiert das Urteil des Bundesverfassungsgerichts zum niedersächsischen Landesrundfunkgesetz die Notwendigkeit einer Anpassung der Grundrechtsinterpretation an die durch technische Entwicklungen angestoßenen Veränderungen des Realbereichs. Durch das Breitbandkabel und durch direkt abstrahlende Satelliten wurden zusätzliche Programme möglich, die über die Satelliten auch aus dem Ausland eingestrahlt werden konnten. Aufgrund dieser tatsächlichen Entwicklung sah sich das Bundesverfassungsgericht veranlaßt, von den strengen Anforderungen, die es für den privaten Rundfunk noch im FRAG-Urteil aufgestellt hatte, abzuweichen und seine Rechtsprechung an die veränderte Situation anzupassen. Die Überlegungen zur Vielfalt des Internets und zu seiner grundrechtsdogmatischen Einordnung haben gezeigt, daß es derzeit wenig Veranlassung gibt, einen entsprechenden Schritt zu tun und die bisherige Grundrechtsdogmatik – insbesondere die Bestands- und Entwicklungsgarantie für den öffentlich-rechtlichen Rundfunk – über den Haufen zu werfen. Dabei darf aber nicht übersehen werden, daß auch das Internet möglicherweise in der Zukunft neue Herausforderungen für die Grundrechtsdogmatik des Art. 5 Abs. 1 Satz 2 GG bereithält.

Diesen Herausforderungen soll im folgenden nachgegangen werden. Sie lassen sich durch zwei Stichworte charakterisieren. Das eine Stichwort heißt „Konvergenz", das andere „Globalisierung der Kommunikation".

### I. Konvergenz?

Wie ein roter Faden zieht sich die Behauptung einer Konvergenz von Massenkommunikation und Individualkommunikation durch das neuere rundfunkrechtliche Schrifttum. *Bullinger* und *Mestmäcker* zum Beispiel meinen, eine graduelle Individualisierung der Angebote über individuelle Kommunikation und eine graduelle Entindividualisierung der Individualkommunikation feststellen zu können.[59] Dabei wird aber übersehen, daß die verfassungsrechtliche Unterscheidung von Individual- und Massenkommunikation allein von der Adressierung des Kommunikationsangebotes abhängt. Wenn demgegenüber darauf hingewiesen wird, daß bei Abrufdiensten eine „Individualisierung" der Mediennutzung stattfindet, dann übersieht diese Betrachtungsweise die verfas-

[59] *Bullinger/Mestmäcker* (Fn 3), S. 21; *Ulbrich*, Konvergenz der Medien auf europäischer Ebene, K&R 1998, S. 100 (102); *Schoch*, Betätigung öffentlicher Anstalten und Körperschaften im Online-Bereich, AfP 1998, S. 253 (255); *Stammler* (Fn 8), S. 105.

sungsrechtliche Relevanz der Unterscheidung zwischen Massen- und Individualkommunikation.

Wie oben ausgeführt wurde, hängt die Unterscheidung von Individual- und Massenkommunikation von der Adressierung des jeweiligen Kommunikationsvorganges ab. Es spielt demgegenüber keine Rolle, ob die Rezeption individuell gesteuert erfolgt. Wenn bestimmte Dienste individuell abrufbar werden, so ist dies lediglich ein Beleg dafür, daß sich die verschiedenen Medien der Massenkommunikation in ihrer Rezeptionsstruktur angleichen. Das, was heute im Bereich der elektronischen Medien an Individualisierung der Rezeption als erreichbar erscheint, kennzeichnet seit eh und je die Rezeption der Printmedien. Folgerung kann daher lediglich sein, daß das Regelungsbedürfnis der elektronisch Medien sich dem der Printmedien angleicht, nicht aber, daß Individual- und Massenkommunikation sich einebnen. Dem Schlagwort von der Konvergenz von Individual- und Massenkommunikation fehlt damit jener empirische Tiefgang, der erforderlich wäre, um die verfassungsrechtlich vorgegebene Unterscheidung von Individualkommunikation und Massenkommunikation in Frage zu stellen.

Auf einer anderen Ebene liegt die Frage, ob es zu einer Konvergenz der Übertragungstechnik kommt. Während bis vor kurzem die Netze für elektronische Medien und Telekommunikation getrennt waren, kann eine Zuordnung bestimmter Netze zu bestimmten Diensten heute nicht mehr im gleichen Maße vorgenommen werden. So können Dienste, die bisher nur über das Telefonnetz erbracht werden konnten, in Zukunft auch digital über Breitbandkabel erbracht werden, das bisher nur zur Verteilung von Runkfunkangeboten genutzt wurde. Auf der anderen Seite erscheint die Übertragung von Diensten, die dem heute üblichen Rundfunk sehr ähnlich sind, über das Internet in Zukunft als möglich.[60] Ob mit einem möglichen Zusammenwachsen der Netze auch ein Zusammenwachsen und eine Verschmelzung verschiedener derzeit über unterschiedliche Netze erbrachte Dienste erfolgen wird, muß derzeit aber noch als offen gelten.

„Konvergenz" ist derzeit aus der Sicht der Verfassungsjuristen ein Schlagwort, mit dem keine hinreichend präzisen Inhalte verbunden sind. Dieses Schlagwort ist keine hinreichende Basis, um die in der Verfassungsrechtsdogmatik zu Art. 5 Abs. 1 GG gespeicherten Erfahrungen über Bord zu werfen.

---

[60] Vgl. Europäische Kommission, Grünbuch zur Konvergenz der Branchen Telekommunikation, Medien und Informationstechnologie und ihren ordnungspolitischen Auswirkungen. Ein Schritt in Richtung Informationsgesellschaft, KOM (97) 623, S. 1 ff.; Ergebnisse des Konsultationsprozesses zum Grünbuch, SEC (98) 1284, S. 18 ff.; Mitteilung der Europäischen Kommission an das Europäische Parlament, den Rat, den Wirtschafts- und Sozialausschuß und den Ausschuß der Regionen, KOM (99) 108. Vgl. dazu *Ulbrich* (Fn 59), S. 100 ff.

## II. Globalisierung

Ähnlich verhält es sich mit dem Schlagwort der „Globalisierung". Häufig in einem Atemzug mit dem Schlagwort der „Konvergenz" genannt, eröffnet es eine neue Argumentationslinie, um die deutsche Rundfunkrechtsdogmatik in Frage zu stellen.[61]

Zweifellos erleben wir derzeit eine bisher ungeahnte Globalisierung im Bereich der Wirtschaft. Dabei bedeutet Globalisierung für den Bereich der Medien zunächst, daß auch in Deutschland Medienunternehmen tätig werden, die den Schwerpunkt ihrer Unternehmensaktivitäten außerhalb Deutschlands haben. Verfassungsrechtliche Relevanz hat dieser Umstand zunächst nicht. Bedeutsam würde er allerdings, wenn Rundfunkprogramme in der Zukunft nicht mehr für bestimmte nationale Märkte produziert würden, sondern wenn es tatsächlich internationale Rundfunkprogramme gäbe. Solch eine Entwicklung ist derzeit aber allenfalls in Ansätzen zu beobachten. Ein Beispiel hierfür können die Nachrichtenkanäle CNN und BBC World sein. Ob solche Nachrichtenkanäle in Zukunft Breitenwirksamkeit entwickeln, hängt allerdings nicht nur von wirtschaftlichen Umständen ab. Maßgebend wird vielmehr sein, ob sich ein „globales" Publikum für solche Kanäle herausbildet. Globalisierung der Kommunikation würde nämlich nicht nur bedeuten, daß global tätige Unternehmen im Bereich der Medien tätig sind, sondern daß global rezipierte Produkte existieren.

Nach Lage der Dinge setzt dies ein allgemeines Verständnis der englischen Sprache voraus, was Voraussetzung dafür wäre, daß es nicht nur zu einer wirtschaftlichen, sondern auch zu einer kulturellen Globalisierung käme. Die Sprachbarriere ist allerdings kein unüberwindliches Hindernis. Während im neunzehnten Jahrhundert sich Eliten dadurch auszeichneten, daß sie der Schriftsprache mächtig waren, zeichnen sich die Eliten des zwanzigsten und einundzwanzigsten Jahrhunderts dadurch aus, daß sie der englischen Sprache mächtig sind. Globalisierung wird in Zukunft daher bedeuten, daß sich Massenkommunikationsmedien für globale Eliten herausbilden. Kristallisationspunkt dafür ist die gemeinsame Kommunikation über eine gemeinsame – die englische – Sprache. Wenn dieser Zustand über den Bereich der Eliten in der Wirtschaft hinaus erreicht ist, wird er das Ende nationaler Regulierung der Massenkommunikation darstellen. Damit zusammenfallen dürfte das Ende effektiver Hoheitsmacht im Nationalstaat.

Diese Beschreibung macht deutlich, daß es sich um Zukunftsmusik handelt. Am Ende der Entwicklung stünde dann aber nicht eine an die Globalisierung angepaßte Interpretation nationalen Verfassungsrechts, sondern das Ende wirk-

[61] Vgl. *Ulbrich* (Fn 59), S. 102, kritisch *Ebsen*, (Fn 1), S. 1040.

samer Regulierung durch nationales Verfassungsrecht schlechthin. Dem kann auch nicht durch eine an Globalisierungstendenzen orientierte Verfassungsrechtsprechung entgegengekommen werden, solch eine Entwicklung wäre vom Standpunkt nationalen Verfassungsrechts schlechterdings hinzunehmen.

## E. Ergebnis und Ausblick

Die Dogmatik des Bundesverfassungsgerichts zur Meinungs- und Medienfreiheit ist damit auf absehbare Zeit den Anforderungen einer sich ändernden Gesellschaft gewachsen. Die eigentliche Herausforderung an die Verfassungsrechtsdogmatik besteht derzeit nicht in einer Neukonzeption, sondern in der sorgfältigen Anwendung der in der Rechtsprechung etablierten Instrumentierung auf einen vielgestaltigen Realbereich. Dies setzt eine sorgfältige und nüchterne Realbereichsanalyse voraus, nicht jedoch einen „großen Wurf" einer Neukonzeption.

Eigentliche Bedrohung dieser Dogmatik sind nicht Entwicklungen innerhalb nationaler Gesellschaften, sondern die Auflösung staatlicher Strukturen und das Ende nationalstaatlicher Regulierung, die zur Jahrtausendwende am Horizont aufscheint. Bis dorthin ist es aber ein weiter Weg, auf dem nationale Medienregulierung durchaus noch ihren Sinn hat und in den von der Rechtsprechung vorgezeichneten Bahnen stattfinden sollte.

# Versammlungsverbote gegenüber konkurrierenden Demonstrationen

Von *Manfred Heine*, Karlsruhe

## A. Problemstellung

Bürger sind am politischen Meinungsbildungsprozeß in der repräsentativen Demokratie nur in geringem Maße beteiligt. Ihr Einflußpotential erschöpft sich weitgehend im Wahlrecht und der für den Einzelnen eher begrenzten Mitwirkungsmöglichkeit im Rahmen eines Engagements in einer politischen Partei. Demgegenüber können große Verbände, finanzstarke Geldgeber oder Massenmedien beträchtliche Einflüsse auf die politische Willensbildung ausüben. Das Bundesverfassungsgericht hat bereits in der Brokdorf-Entscheidung konstatiert, daß der Staatsbürger sich in dieser Situation eher als ohnmächtig erlebt, und es hat auf die daraus resultierenden gefährlichen Tendenzen zur Staatsverdrossenheit hingewiesen.[1] Dieser zutreffende Befund beansprucht nach wie vor Geltung. Er hat sich mangels nennenswerter Ausweitung plebiszitärer Mitwirkungsrechte nicht vermindert. Im Gegenteil: Die zunehmende Verlagerung politischer Entscheidungsprozesse auf korporativ strukturierte Gremien, in denen neben den vom Volk gewählten Repräsentanten Interessengruppen ohne verfassungsrechtliche Legitimation beteiligt sind und deren Entscheidungen als für die Politik verbindliches Produkt eines Aushandlungsprozesses erscheinen[2], befördert ein Anwachsen jenes vom Bundesverfassungsgericht beschriebenen Ohnmachtsgefühls des Staatsbürgers. Die Ausübung des in Art. 8 GG gewährleisteten Grundrechts als eine Art Korrektiv in Gestalt kollektiver Einflußnahme auf den politischen Prozeß, zur Entwicklung pluralistischer Initiativen und Alternativen oder auch zu Kritik und Protest[3] ist damit mehr denn je ein unentbehrliches Funktionselement im System der repräsentativen Demokratie.

---

[1] BVerfGE 69, 315 (346).

[2] Vgl. hierzu *Grimm*, Verbände und Verfassung, in: ders., Die Zukunft der Verfassung, 1991, S. 241 (249 ff.) und *Grimm*, Der Wandel der Staatsaufgaben und die Zukunft der Verfassung, in: ders. (Hrsg.), Staatsaufgaben, 1994, S. 613 (630 f.).

[3] BVerfGE 69, 315 (346 f.).

Demonstrationen bieten ein Forum, auf die Meinungs- und Willensbildung im Staat Einfluß zu nehmen, auf politische Entscheidungsinstanzen Druck auszuüben und die eigene oppositionelle Haltung sichtbar zu machen. Nun ist es typisch für diese Form der Teilnahme am öffentlichen Meinungsbildungsprozeß, daß andere hierdurch provoziert werden können. Je höher der Provokationsgrad ist, desto eher hat die Demonstration eine Chance auf Beachtung. Die Provokation Dritter kann durch die Wahl der Zeit und des Ortes der Versammlung, durch die Bestimmung des Themas sowie dessen Aufbereitung erfolgen.[4] Diese Elemente sind Gegenstand der durch Art. 8 GG verbürgten Gestaltungsfreiheit der Grundrechtsträger[5] und eröffnen gerade Minderheiten die Möglichkeit, Aufmerksamkeit zu erlangen[6].

Allerdings können Versammlungen auch Mehrheitspositionen zum Ausdruck bringen und den Druck auf den politischen Gegner bezwecken, auch und gerade weil dieser kritikwürdige extreme Minderheitenpositionen verfolgt. Auch die provozierte Mehrheit genießt den Grundrechtsschutz von Art. 8 GG, wenn sie mit einer Gegendemonstration auf die provozierende Versammlung reagieren will.[7] Vielfach drohen bei einer derartigen Lage Konflikte. Besteht die Gefahr von Zusammenstößen und gewaltsamen Auseinandersetzungen, steht die Versammlungsbehörde vor der Frage, mit welchen Mitteln sie gegen welche Versammlung vorgehen kann. Versammlungsverbote sind in der Praxis in diesem Zusammenhang keine Seltenheit. Ob und unter welchen Voraussetzungen präventive Verbote gegen die Demonstration und/oder die Gegendemonstration in Betracht kommen, soll im weiteren näher untersucht werden.

---

[4] *Kniesel*, in: Lisken/Denninger (Hrsg.), Handbuch des Polizeirechts, 2. Aufl. 1996, Abschn. H Rn 357.

[5] BVerfGE 69, 315 (343); auf die rechtshistorische Entwicklung, wonach die Versammlungsfreiheit immer in dem Bewußtsein normiert worden ist, daß Versammlungen bei politisch Andersdenkenden Gegenreaktionen hervorrufen können, verweist in diesem Zusammenhang *Rühl*, Die Polizeipflichtigkeit von Versammlungen bei Störungen durch Dritte und bei Gefahren für die öffentliche Sicherheit bei Gegendemonstrationen, NVwZ 1988, S. 577 (578).

[6] Vgl. zum minderheitenschützenden Charakter des Art. 8 GG *Kutscha*, Grundrechte als Minderheitenschutz, JuS 1998, S. 673 (678).

[7] *Kniesel* (Fn 4), Rn 358.

# B. Die rechtlichen Rahmenbedingungen für ein präventives Versammlungsverbot

## I. Die Eingriffsnorm im Versammlungsgesetz

Art. 8 GG gewährleistet allen Deutschen das Recht, sich ohne Anmeldung oder Erlaubnis friedlich und ohne Waffen zu versammeln. Dies schließt - wie bereits erwähnt - das Recht ein, über Ort, Zeitpunkt, Art und Inhalt der Veranstaltung selbst zu bestimmen. Die Versammlungsfreiheit ist allerdings nicht vorbehaltlos gewährleistet. Art. 8 GG stellt dieses Recht für Versammlungen unter freiem Himmel unter Gesetzesvorbehalt. Damit trägt die Verfassung dem Umstand Rechnung, daß die Ausübung der Versammlungsfreiheit außerhalb geschlossener Räume wegen der Berührung mit der Außenwelt einen besonderen, namentlich organisations- und verfahrensrechtlichen Regelungsbedarf hervorruft, um einerseits die realen Voraussetzungen für die Ausübung zu schaffen, andererseits kollidierende Interessen anderer hinreichend zu wahren.[8]

Der Gesetzgeber hat von seiner ihm durch Art. 8 GG eröffneten Befugnis zu einer grundrechtsbeschränkenden Regelung in § 15 des Versammlungsgesetzes (VersG) Gebrauch gemacht. Diese Regelung ermöglicht ein präventives Verbot. Danach kann die zuständige Behörde die Versammlung oder den Aufzug verbieten, wenn nach den zur Zeit des Erlasses der Verfügung erkennbaren Umständen die öffentliche Sicherheit oder Ordnung bei Durchführung der Versammlung oder des Aufzuges unmittelbar gefährdet ist (§ 15 Abs. 1 VersG).

## II. Die grundrechtsgeleitete Anwendung der Norm

Die Regelung des § 15 Abs. 1 VersG ist verfassungsgemäß.[9] Ihre Anwendung fordert jedoch wie allgemein bei grundrechtsbeschränkenden Normen des einfachen Rechts die Berücksichtigung des eingeschränkten Grundrechts. Dieser auf die Lüth-Entscheidung des Bundesverfassungsgerichts[10] zurückgehende Grundsatz gilt auch im Bereich von Art. 8 GG. Der Bedeutung und Tragweite der Versammlungsfreiheit muß auf der Rechtsanwendungsebene Rechnung getragen werden.[11] Das gilt zum einen für die Auslegung der tatbestandlichen Befugnisvoraussetzungen, zum anderen und insbesondere auf der Rechtsfol-

[8] BVerfGE 69, 315 (348).

[9] BVerfGE 69, 315 (352 ff.).

[10] BVerfGE 7, 198 (203 ff.).

[11] BVerfGE 69, 315 (349); 87, 399 (407).

genseite für die im Rahmen der Ermessensausübung notwendigen Abwägungen.[12]

### *1. Das durch die Versammlung gefährdete Rechtsgut*

Ein präventives Versammlungsverbot setzt auf der Tatbestandsebene eine unmittelbare Gefahr für die öffentliche Sicherheit oder Ordnung voraus. Der Grundrechtsschutz verlangt hier schon Beachtung bei der Frage, welches konkrete Schutzgut einer Gefahrenlage ausgesetzt ist. Nicht jedes von den unbestimmten Rechtsbegriffen der *öffentlichen Sicherheit oder Ordnung* umfaßte Schutzgut vermag einen Eingriff in die Versammlungsfreiheit zu rechtfertigen. Mit Blick auf die grundlegende Bedeutung und den hohen Rang des Art. 8 GG sowie den Umstand, daß eine Einschränkung nur zum Schutz eines der Versammlungsfreiheit gleichwertigen Rechtsgutes möglich ist, kommen nur elementare Rechtsgüter als Schutzgut in Betracht.[13] Das sind namentlich Leib und Leben Dritter, aber auch Sachwerte. Nicht hingegen zählen hierzu allein die Sicherheit und Leichtigkeit des Verkehrs[14] oder andere mit der Massenhaftigkeit von Versammlungen zwangsläufig einhergehende Behinderungen Dritter[15].

Auch genügt eine bloße Gefährdung der öffentlichen Ordnung nicht.[16] Die nach den Vorstellungen der Bevölkerungsmehrheit unverzichtbaren *ungeschriebenen* Verhaltensregeln, die nach der herkömmlichen polizeirechtlichen Begriffsdefinition den Inhalt der öffentlichen Ordnung ausmachen[17], müssen als Schutzgut ausscheiden, weil allein die nicht kodifizierte Auffassung der Mehrheit von der Richtigkeit von Verhaltensweisen die Minderheit nicht in jener Freiheit beschränken kann, die ihr von Verfassungs wegen (auch) zur politischen Bekämpfung dieser Mehrheitsauffassung gewährleistet wird.[18] Deshalb rechtfertigt auch die durch verfassungswidrige Bestrebungen hervorgerufene Gefahr für die freiheitliche demokratische Grundordnung oder den Bestand der Bundesrepublik Deutschland ein Eingreifen nach § 15 Abs. 1 VersG nicht, sofern diese Bestrebungen sich in der gemeinsamen Artikulation der verfassungswidrigen Ziele erschöpfen. Das ist nicht der Fall, wenn mit Wissen und Wollen des Veranstalters Straftaten etwa nach § 86 a StGB (Verwenden von

---

[12] *Dietel/Ginzel/Kniesel*, Demonstrations- und Versammlungsfreiheit, 11. Aufl. 1994, § 15 Rn 3.

[13] BVerfGE 69, 315 (353).

[14] BVerfG, NVwZ 1998, S. 834 (835 f.).

[15] BVerfGE 69, 315 (353).

[16] BVerfGE 69, 315 (353).

[17] Vgl. *Denninger* in: Lisken/Denninger (Hrsg.) (Fn 4), Abschn. E Rn 25.

[18] *Kutscha* hält den Begriff der öffentlichen Ordnung in §15 Abs. 1 VersG für kaum vereinbar mit dem Prinzip des Gesetzesvorbehalts; vgl. (Fn 6) S. 679.

Kennzeichen verfassungswidriger Organisationen), § 111 StGB (öffentliche Aufforderung zu Straftaten), § 125 StGB (Landfriedensbruch) oder § 130 StGB (Volksverhetzung) begangen werden sollen. Eine Veranstaltung erschöpft sich weiterhin dann nicht in der gemeinsamen Artikulation verfassungswidriger Ziele, wenn der Aufmarsch eine Zurschaustellung organisierter Gewaltbereitschaft beinhaltet oder gar ein paramilitärisches Gepräge hat und damit in der Demonstration ein Klima der Volksverhetzung erzeugt wird.[19] Geht es hingegen allein um die Darstellung verfassungswidriger Ziele und Bestrebungen, steht dieser Bereich politischer Betätigung so lange offen, bis das Bundesverfassungsgericht die Verfassungswidrigkeit einer politischen Partei nach Art. 21 Abs. 2 GG oder die Verwirkung des Grundrechts auf Versammlungsfreiheit nach Art. 18 GG festgestellt hat oder ein vollziehbares Vereinsverbot existiert.[20] Der radikale Pluralismus des Grundgesetzes erlaubt kein Sonderrecht für Organisationen aus dem rechten Spektrum.[21] Hieran vermag die Tatsache, daß die demonstrative Präsentation von alt- und neonazistischem Gedankengut auf öffentlichen Plätzen und Straßen sowohl in der deutschen Öffentlichkeit als auch international Empörung auslöst und Anstoß erregt, was mit *Rühl* durchaus als ein erfreulicher Umstand bezeichnet werden kann[22], nichts zu ändern.[23]

Das Versammlungsrecht bietet namentlich keine Möglichkeit im Rahmen bevorstehender Wahlen landesweit Aufmärsche mit rechtsradikalen Zielsetzungen oder gar jegliche Veranstaltung von dem rechten Spektrum zuzuordnender Parteien zu verhindern, wie dies gelegentlich von politischer Seite gefordert worden ist[24]. Dem steht nicht nur das Grundrecht auf Versammlungsfreiheit entgegen. Vielmehr führt eine solchermaßen erstrebte Behinderung einer zulässigerweise am Wahlkampf teilnehmenden Partei zu unzulässigen Wettbewerbsnachteilen für die davon betroffene Partei und beeinträchtigt das

---

[19] *Rühl*, Versammlungsrechtliche Maßnahmen gegen rechtsradikale Demonstrationen und Aufzüge, NJW 1995, S. 561 (564).

[20] Zutreffend ThürOVG, DVBl. 1998, S. 104 (106) und SächsOVG, NJ 1998, S. 666 mit Anm. *Kniesel*.

[21] Das verkennen VGH Kassel, NVwZ 1994, S. 86 (87) und VG Halle, NVwZ 1994, S. 719 (720); auch die von *Höllein*, Das Verbot rechtsextremistischer Veranstaltungen, NVwZ 1994, S. 635 (640) aufgeworfene Frage, ob aus der Verfassung als immanente Grundrechtsschranke des Art. 8 GG die Verhinderung eines Wiederauflebens des Nationalsozialismus hergeleitet werden kann, ist aus diesem Grund eindeutig zu verneinen.

[22] *Rühl* (Fn 19), S. 562.

[23] *Kniesel* schlägt zu Lösung dieses Dilemmas *de lege ferenda* die Einführung eines Verbots der Wiederbelebung nationalsozialistischen Gedankenguts auf der Ebene der Verfassung vor; vgl. (Fn 4) Rn 430 d und ders., Die Versammlungs- und Demonstrationsfreiheit, NJW 1996, S. 2606 (2609).

[24] Vgl. den Hinweis auf ein Spiegel-Interview des damaligen Innenministers des Landes Nordrhein-Westfalen bei *Rühl*, (Fn 19), S. 561 sowie die der Entscheidung BVerfG, NJW 1998, S. 3631 zugrunde liegende Fallgestaltung.

öffentliche Interesse an einem unverzerrten Parteienwettbewerb insgesamt, der die Wähler erst in den Stand setzt, eine kompetente Wahlentscheidung zu treffen.[25]

### *2. Die Gefahrenlage*

Neben der Frage, ob ein das Grundrecht der Versammlungsfreiheit einschränkbares Rechtsgut gefährdet ist, beeinflußt der Grundrechtsschutz weiter die Anforderungen an die Art und das Ausmaß der Gefahrenlage. Da § 15 Abs. 1 VersG eine unmittelbare Gefährdung aufgrund erkennbarer Umstände verlangt, reicht ein bloßer Gefahrenverdacht oder eine auf Vermutungen gestützte Prognose nicht aus.[26] Vielmehr ist eine Gefahrenprognose erforderlich, die sich auf nachweisbare Tatsachen stützt. Die Prognose muß sich auf die konkrete Veranstaltung beziehen. Da es um ein Eingreifen vor Beginn der künftigen Versammlung geht, handelt es sich um eine zukunftsgerichtete Beurteilung. Das schließt nicht aus, auch vergangenheitsorientierte Aspekte in den Blick zu nehmen. Diese vermögen jedoch das Wahrscheinlichkeitsurteil nur zu tragen, wenn sie derart in die Zukunft hineinwirken, daß sie als gesicherte Erkenntnis für das erwartete künftige Verhalten angesehen werden können. Das läßt sich nicht bereits annehmen, wenn es in der Vergangenheit bei ähnlichen Veranstaltungen zu Rechtsverstößen gekommen ist. Es reicht deshalb nicht aus, die Gefahr der Begehung von Straftaten allein aus dem Verhalten bei früheren Versammlungen zu erschließen.[27] Hinzu kommen muß in jedem Fall, daß aufgrund von Tatsachen die Eintrittswahrscheinlichkeit solcher Rechtsverstöße für die konkrete Veranstaltung in hohem Maße gegeben ist, etwa weil die Rahmenbedingungen (Teilnehmer, Veranstalter, Versammlungsleitung, Demonstrationsthema) mit denen der früheren Veranstaltungen vergleichbar sind und Vorkehrungen zur Vermeidung der in der Vergangenheit geschehenen Rechtsverstöße seitens des Veranstalters nicht getroffen worden sind.

### *3. Der Kausalzusammenhang*

Schließlich ist auf Tatbestandsseite zu beachten, daß zwischen der konkreten Gefahrenlage und der Durchführung der Versammlung ein hinreichend bestimmter Kausalzusammenhang bestehen muß.[28] Eine Gefahrenlage, die unabhängig von der Durchführung der Versammlung gegeben ist, rechtfertigt kein

---

[25] BVerfG, NJW 1998, S. 3631.

[26] BVerfGE 69, 315 (353 f.).

[27] BVerfG (Fn 25), S. 3631 und *Brenneisen/Wilksen*, Zum Grundrecht der Versammlungsfreiheit, Kriminalistik 1998, S. 541 (544).

[28] BVerfG (Fn 14), S. 834.

Eingreifen gegen die Versammlung. Haben drohende Gewalttätigkeiten keinen Bezug zur konkret in Rede stehenden Demonstration, fehlt es an der von § 15 Abs. 1 VersG vorausgesetzten unmittelbaren Gefährdung *bei* Durchführung der Versammlung. Hiervon zu unterscheiden ist die Frage, wer für eine Gefahrenlage, die aus Anlaß oder im Zusammenhang mit der Versammlung gegeben ist, verantwortlich, also im Sinne des Polizeirechts polizeipflichtig ist. Diese Frage betrifft nicht die tatbestandlichen Voraussetzungen des § 15 Abs. 1 VersG, sondern die Rechtsfolgenseite, auf der sowohl die Entschließung der Behörde zum Einschreiten als auch die Wahl der Mittel zur Gefahrenabwehr einschließlich der Auswahl der in Anspruch zu nehmenden Person im pflichtgemäßen Ermessen der Behörde stehen.

### *4. Die Rechtsfolgenseite*

Auch auf der Rechtsfolgenseite kommt der Grundrechtsschutz des Art. 8 Abs. 1 GG zum Tragen. Das Ermessen ist grundrechtsgebunden. Die Entscheidung der Behörde, ob, mit welchen Mitteln und gegen wen eingeschritten werden soll, unterliegt dem Grundsatz der Verhältnismäßigkeit und fordert eine Güterabwägung unter Berücksichtigung des Bedeutung der Versammlungsfreiheit. Hierbei sind die Einbußen, die den bei Durchführung der Versammlung gefährdeten Rechtsgütern drohen, den mit einer Einschränkung der Versammlungsfreiheit einhergehenden Beeinträchtigungen gegenüberzustellen und in ein angemessenes Verhältnis zu bringen.

#### a) Das Entschließungsermessen

Im Rahmen des Entschließungsermessens kann diese Abwägung zu einer Reduzierung dahingehend führen, daß nur eine bestimmte Entscheidung rechtmäßig ist.[29] Stehen die aus einem Einschreiten gegen die Versammlung erwachsenden Nachteile für die Versammlungsfreiheit erkennbar außer Verhältnis zu dem zu erwartenden Nutzen, muß die Behörde von versammlungsbeschränkenden Maßnahmen absehen. Umgekehrt kann sich das Entschließungsermessen auf die Pflicht zum Einschreiten verdichten, wenn eine besonders intensive Gefährdung wichtiger Rechtsgüter gegeben ist. Im Zwischenbereich verbleibt der Behörde prinzipiell ein Entscheidungsspielraum, der Zweckmäßigkeitsgesichtspunkten offensteht, soweit diese vom Zweck der Ermächtigung erfaßt werden und ihrerseits nicht bereits die Verhältnismäßigkeit der Entschließung zum Eingreifen oder Nichteingreifen entfallen lassen. So können

---

[29] *Breitbach/Deiseroth/Rühl*, in: Ridder/Breitbach/Rühl/Steinmeier (Hrsg.), Versammlungsrecht 1992, § 15 Rn 127 ff.

etwa polizeitaktische Gründe den Ausschlag dafür geben, trotz Vorliegens der Eingriffsvoraussetzungen von einem Eingreifen abzusehen, das grundsätzlich unter Abwägung der betroffenen Rechtsgüter verhältnismäßig wäre. Andererseits kann beispielsweise die mangelnde Kooperationsbereitschaft des Veranstalters der Versammlung die Behörde zum Eingreifen veranlassen, auch wenn noch nicht ein Grad an Gefährdung erreicht ist, der sie zum Einschreiten verpflichtet.

### b) Das Auswahlermessen

Auch bei der Betätigung des Auswahlermessens erfordert die Verhältnismäßigkeitsprüfung eine Berücksichtigung des hohen Ranges der Versammlungsfreiheit für den Einzelnen und das demokratische Gemeinwesen. Liegen die Eingriffsvoraussetzungen des § 15 Abs. 1 VersG vor und ist die Entscheidung für ein Eingreifen ermessensfehlerfrei gefallen, dann ist von den vom Gesetz eingeräumten Eingriffsmaßnahmen die das Grundrecht auf Versammlungsfreiheit am wenigsten belastende zu wählen. Ein präventives Versammlungsverbot kommt deshalb als einschneidenste Maßnahme nur als *ultima ratio* in Betracht.[30] Zuvor müssen alle Möglichkeiten ausgeschöpft sein oder sich von vornherein als untauglich erweisen, der Gefahrenlage mit solchen Mitteln zu begegnen, die eine Grundrechtsverwirklichung der Versammlungsteilnehmer ermöglichen.[31] Hierzu gehören namentlich eine Kooperation zwischen Behörde und Veranstalter, der Schutz gefährdeter Rechtsgüter durch Polizeikräfte sowie als gegenüber dem Verbot weniger einschneidende Einschränkung die Erteilung von Auflagen.

### c) Die polizeirechtliche Verantwortlichkeit

Ein Vorgehen gegen die Versammlung setzt weiterhin grundsätzlich voraus, daß sie für die Gefahr verantwortlich ist. Insoweit gilt auch im Rahmen des § 15 VersG der allgemeine polizeirechtliche Grundsatz, daß sich der behördliche Eingriff gegen den Verantwortlichen, das heißt im Sinne des Polizeirechts gegen den Störer zu richten hat. Der limitierende Charakter des Verantwortlichkeitserfordernisses findet Ausdruck in der Figur der *Unmittelbarkeit* der Verursachung.[32] Verantwortlich ist nicht jeder, der im Sinne der Äquivalenztheorie eine nicht hinwegzudenkende Bedingung für die Gefahrenlage geschaf-

---

[30] BVerfGE 69, 315 (353).

[31] BVerfGE 69, 315 (362).

[32] *Götz*, Die Entwicklung des allgemeinen Polizei- und Ordnungsrechts (1987 - 1989), NVwZ 1990, S. 725 (731).

fen hat, sondern nur derjenige, der die letzte unmittelbare Ursache setzt und damit die Gefahrengrenze überschreitet.[33] Wer die Versammlungsfreiheit so gebraucht, daß andere sich provoziert fühlen und zum Angriff gegen ihn übergehen, ist nicht verantwortlich für die gewalttätige Auseinandersetzung.[34] Dies ist die notwendige Konsequenz der von Art. 8 GG geschützten Gestaltungsfreiheit der Grundrechtsträger, die die durch die Wahl des Themas, des Ortes, des Zeitpunktes und der Darstellung der Versammlung hervorgerufenen Provokationen umfaßt. Deshalb kann auch eine Versammlung, der es im Rahmen zulässiger Grundrechtsausübung darauf ankommt, Reaktionen durch Dritte hervorzurufen, diese also quasi bezweckt, nicht als Zweckveranlasser in Anspruch genommen werden.[35] Der Grundrechtsschutz kann nicht durch das eigenverantwortliche Verhalten Dritter verkürzt werden.[36] Andernfalls stünde der Grundrechtsgebrauch zur Disposition des politischen Gegners.[37] Eine Versammlung, die Störungen durch Dritte veranlaßt, ist deshalb Nichtstörer und kann nur unter den Voraussetzungen des polizeilichen Notstandes in Anspruch genommen werden.

Herkömmlich wird hier zwischen echtem und unechtem polizeilichen Notstand unterschieden.[38] Der echte polizeiliche Notstand setzt zunächst eine gesteigerte Gefahrenlage voraus. Es muß eine gegenwärtige erhebliche Gefahr für wichtige Rechtsgüter vorliegen, daß heißt der Eintritt des Schadens ist fast mit an Sicherheit grenzender Wahrscheinlichkeit zu erwarten.[39] Ferner muß es der Polizei unmöglich sein, dieser Gefahr anders als durch Inanspruchnahme des Nichtstörers zu begegnen.[40] Ein präventives Verbot gegenüber einer für die Gefahr nicht verantwortlichen Versammlung ist deshalb nur denkbar, wenn die Abwehr der Gefahr weder durch die Inanspruchnahme des Störers noch durch den Einsatz eigener Mittel der Behörde möglich ist. Die Behörde hat die Pflicht, die durch Art. 8 GG gewährleistete gewaltfreie politische Manifestation zu schützen und muß zu diesem Zweck notfalls erforderliche Polizeikräfte aufbieten.[41] Die Polizei wird regelmäßig über hinreichende Kräfte verfügen, die

---

[33] *Rühl* (Fn 5), S. 577; *Denninger* (Fn 17), Rn 61.

[34] *Götz* (Fn 32), S.731.

[35] *Rühl* (Fn 5), S. 578; *Breitbach/Deiseroth/Rühl* (Fn 29), § 15 Rn 139; *Kniesel* (Fn 4), Rn 359; a. A. *Dietel/Gintzel/Kniesel* (Fn 12), § 15 Rn 31; zu grundsätzlichen Bedenken gegen eine Zweckveranlassung im Polizeirecht vgl. *Denninger* (Fn 17), Rn 63 ff.

[36] *Kniesel* (Fn 4), Rn 359.

[37] So zutreffend ThürOVG, NJ 1997, S. 102 mit Anm. *Kniesel.*

[38] *Schmidt-Jortzig*, Polizeilicher Notstand und Versammlungsverbot, JuS 1970 S. 507 (509 f.); *Breitbach/Deiseroth/Rühl* (Fn 29), § 15 Rn 140 ff.

[39] *Rühl* (Fn 5), S. 582.

[40] *Rühl* (Fn 5), S. 582; *Kniesel* (Fn 4), Rn 360.

[41] *Götz* (Fn 32), S. 731; *Denninger* (Fn 17), Rn 121.

sie mittels vorausschauender Einsatzkonzeption in den Stand setzen, durch Dritte hervorgerufene Gefahren abzuwehren.[42] Hierbei obliegt es der Behörde, gegebenenfalls andere Behörden des Bundes und der Länder um Amts- oder Vollzugshilfe zu ersuchen.[43] Nur wenn die Polizei sich auf den Einsatz nicht vorbereiten und auch kurzfristig keine ausreichenden Kräfte mobilisieren kann, ist vorstellbar, daß ihr die Gefahrenabwehr unmöglich und damit ein sogenannter echter polizeilicher Notstand gegeben ist.

Obwohl eine solche Situation angesichts des Erfahrungswissens und der weitreichenden Erkenntnismöglichkeiten der Polizei im Hinblick auf gewaltbereite Störer kaum auftreten kann, verwundert es, daß in der Praxis durchaus nicht selten von dem Einwand Gebrauch gemacht wird, es hätten keine ausreichenden Einsatzkräfte zur Verfügung gestanden. Dieses Phänomen mag damit zusammenhängen, daß vielfach friedlichen und legalen Versammlungen ein deutliches personelles Übergewicht von Störern gegenübersteht und deshalb zur Gefahrenabwehr ein Polizeiaufgebot erforderlich ist, das die Zahl der Versammlungsteilnehmer weit übersteigt. Das kann dazu verleiten, Demonstrationen kleiner Minderheiten den verfassungsrechtlich gebotenen Schutz der Grundrechtsausübung nach Verhältnismäßigkeitserwägungen vorzuenthalten, zumal die provozierte Mehrheit regelmäßig wenig Verständnis für einen erheblichen Aufwand zum Schutz der Provokateure aufbringt. Polizeilicher Aufwand darf jedoch nicht ins Verhältnis zu dem Nutzen gesetzt werden, der mit Durchführung der Versammlung aus Sicht der Mehrheit eintritt. Vielmehr geht es um die ungestörte Grundrechtsausübung, die gerade für politische Minderheiten unentbehrlich und zugleich Indikator für die Freiheitlichkeit eines demokratischen Gemeinwesens ist[44]. Der öffentliche Meinungsbildungsprozeß erlitte insgesamt Schaden, wenn die Inanspruchnahme grundrechtlich verbürgter Freiheiten von der Akzeptanz der Freiheitsausübung durch Andersdenkende abhinge. Es entstünden dann Verhältnisse, in denen geistige Auseinandersetzung nur unter dem Diktat der Mehrheit oder dem Primat der physischen Stärke stattfände und das Grundrecht der Versammlungsfreiheit dem freien Spiel der Kräfte ausgeliefert wäre.

In einer freiheitlichen Demokratie ist die Vermeidung solcher Verhältnisse unabdingbar. Deshalb müssen Bestrebungen, Minderheiten von der Teilnahme am Meinungsbildungsprozeß auszuschließen, ungeachtet der möglichen Mißbilligung der Minderheitenpositionen durch die Mehrheit von vornherein mit den verfügbaren staatlichen Mitteln unterbunden werden. Hierbei ist der Staat verpflichtet, auf die Intensität solcher Bestrebungen entsprechend zu reagieren. So kann allein die permanente Mobilisierung eines quantitativen Übergewichts

---

[42] *Kniesel* (Fn 4), Rn 361.

[43] *Höllein* (Fn 21), S. 640.

[44] *Schulze-Fielitz* in: Dreier (Hrsg.), Grundgesetz, Band I 1996, Art. 8 Rn 10.

an Störerbereitschaft gegenüber Minderheiten nicht zu einer regelmäßigen Inanspruchnahme der friedlichen und legalen Versammlung der Minderheit im Wege des polizeilichen Notstands führen. Wenn dies zwischenzeitlich in einigen Großstädten gleichwohl so gehandhabt wird, wie gelegentlich von Organisationen aus dem rechten Spektrum beklagt wird, wäre damit faktisch eine unzulässige lokale Grundrechtsverwirkung für diese Minderheiten verbunden. Eine solche Situation darf unter den für alle und gerade auch für politische Minderheiten verfassungsrechtlich verbürgten Rahmenbedingungen nicht eintreten, weil damit die Integrität der grundsätzlich garantierten Versammlungsfreiheit sowie das Vertrauen in die Gesetzmäßigkeit der Verwaltung verloren gingen und die Glaubwürdigkeit des Staates und seine offene Demokratie insgesamt schweren Schaden nähmen. Weder das zahlenmäßige Übergewicht noch die Gewaltbereitschaft von Störern, die sich der Verhinderung von Versammlungen einer bestimmten Minderheit verschrieben haben, können per se dazu führen, eine objektive Unmöglichkeit anzunehmen, durch Inanspruchnahme der Störer oder durch eigene Mittel der Polizei die Gefahr abzuwehren.

Auch ein Vorgehen gegen die legale und friedliche Versammlung unter den Voraussetzungen des sogenannten unechten polizeilichen Notstandes kann nur in extremen Ausnahmefällen in Betracht kommen. Eine solche Situation liegt vor, wenn die Schäden, die der öffentlichen Sicherheit bei einem Einschreiten gegen den Störer drohten, in einem extremen Mißverhältnis zu den Nachteilen stünden, die durch das Vorgehen gegen die Ausgangsversammlung einträten.[45] Eine Inanspruchnahme des Störers scheitert in diesem Fall an der Unverhältnismäßigkeit der Maßnahme, weil der zu erwartende Schaden in offenbarem Mißverhältnis zum Erfolg stünde. Da der Grundrechtsschutz hier der Gewalt weicht, ist ein Eingreifen nur auf einer hohen Eskalationsstufe gerechtfertigt. Das wird nur dann der Fall sein, wenn ein Vorgehen gegen die Störer zu schweren gewaltsamen Auseinandersetzungen bürgerkriegsähnlichen Zuschnitts führen würde.[46]

## C. Die Situation konkurrierender Versammlungen

Eine Gefahrenlage im Sinne von § 15 Abs. 1 VersG kann sich daraus ergeben, daß in zeitlich-räumlichem Zusammenhang mehrere Versammlungen stattfinden sollen. Das kann zufällig geschehen. Vielfach ruft indes eine geplante Versammlung Gegenveranstaltungen hervor, die in Konkurrenz zur Ausgangsversammlung treten. In dieser Situation kann die Frage auftreten, mit

---

[45] *Kniesel* (Fn 4), Rn 363; *Rühl* (Fn 5), S 583.

[46] *Kniesel* (Fn 4), Rn 364; *Breitbach/Deiseroth/Rühl* (Fn 29), Rn 143.

welchen Mitteln gegen welche Versammlung vorgegangen werden kann, namentlich ob auch kumulative Versammlungsverbote möglich sind, wenn die tatbestandlichen Voraussetzungen für ein Eingreifen nach § 15 VersG vorliegen.

Hierbei sind verschiedene Fallgestaltungen in Betracht zu ziehen, die nach den dargestellten Rahmenbedingungen unterschiedlich zu lösen sind.

## I. Mehrere Störer

Zunächst ist denkbar, daß zwei oder mehrere Versammlungen in zeitlich-räumlichem Zusammenhang stattfinden sollen, die je für sich und unabhängig voneinander gewalttätig zu verlaufen drohen. Hier ergeben sich prinzipiell keine Besonderheiten. Für jede Veranstaltung ist gesondert und unabhängig von der durch die anderen Veranstaltungen geschaffenen Gefahrenlage zu prüfen, ob die Eingriffsvoraussetzungen nach § 15 Abs. 1 VersG gegeben sind. Ist das der Fall, kommt grundsätzlich ein präventives Verbot aller Veranstaltungen in Betracht, soweit sich für jeden Einzelfall weniger einschneidende Maßnahmen, wie etwa die Auflagenerteilung, als ungeeignet erweisen.

## II. Störer und Nichtstörer

### *1. Die Voraussetzungen einer Inanspruchname*

Auf den ersten Blick scheint auch die Konstellation keine Probleme aufzuwerfen, in der die Gefahrenlage allein dadurch unmittelbar verursacht wird, daß eine oder mehrere Gegendemonstrationen die friedliche und legale Ausgangsversammlung nicht nur thematisch bekämpfen, sondern auch notfalls gewaltsam zu verhindern trachten. Liegen die Eingriffsvoraussetzungen des § 15 Abs. 1 VersG gegenüber den Gegendemonstrationen vor, sind diese als Störer in Anspruch zu nehmen und - falls sich weniger einschneidende Maßnahmen als ungeeignet erweisen - zu verbieten. Die Ausgangsversammlung kann nur unter den dargestellten ganz engen Voraussetzungen des polizeilichen Notstandes in Anspruch genommen und nur in letzter Konsequenz verboten werden. Ist eine solche Situation gegeben, das heißt die durch die Gewaltbereitschaft der Gegendemonstranten hervorgerufene Gefahr kann weder durch Inanspruchnahme der störenden Gegendemonstration noch durch polizeiliche Mittel gebannt werden (echter polizeilicher Notstand), oder bei einem Eingreifen gegen die Störer entstünden unverhältnismäßige Schäden (unechter polizeilicher Notstand), muß die verfassungsrechtlich verbürgte Freiheit der Ausgangsversammlung der Gewalt der Gegendemonstranten weichen.

### 2. *Kumulative Verbote*

Fraglich bleibt dann, ob in dieser Situation noch Raum für eine Vorgehen gegen die Gegendemonstration ist, diese also kumulativ neben der nichtstörenden Ausgangsversammlung verboten werden kann. Die Antwort auf diese Frage erscheint nach dem Rechtsgefühl eindeutig, ohne daß damit allerdings eine tragfähige Begründung vorläge. Einer solchen Begründung bedarf es jedoch, wenn - wie durchaus praxisrelevant[47] - nicht nur die Ausgangsversammlung sondern auch die Gegendemonstration gegen das präventive Versammlungsverbot um Rechtsschutz nachsucht.

#### a) Verbot der störenden Gegendemonstration parallel zum Verbot der nichtstörenden Ausgangsversammlung

Zunächst ist festzuhalten, daß die Inanspruchnahme des Nichtstörers nur möglich ist, wenn ein Vorgehen gegen den Störer die Gefahr objektiv nicht beseitigt oder zu unverhältnismäßigen Schäden führen würde. Rechtsdogmatisch bedeutet dies, daß das Einschreiten gegen den Störer zur wirksamen Gefahrenbeseitigung ungeeignet ist (echter polizeilicher Notstand) oder es sich als nicht verhältnismäßig im engeren Sinne erweist (unechter polizeilicher Notstand)[48].

Daraus folgt allerdings nicht, daß die Voraussetzungen für eine präventives Verbot gegen die störende Versammlung zunächst nicht vorliegen. Das gegen den Störer gerichtete Verbot bleibt schon deshalb ein geeignetes Mittel zur Gefahrenabwehr, weil damit potentielle Teilnehmer davon abgehalten werden können, sich an der Veranstaltung zu beteiligen. Hierdurch kann das Ausmaß der Gefahr begrenzt werden. Auch ist es nicht zweifelhaft, daß ein Verbot gegenüber der unfriedlichen und deshalb nicht vom Grundrechtsschutz des Art. 8 GG erfaßten störenden Versammlung zur Gefahrenbekämpfung erforderlich und verhältnismäßig im engeren Sinne ist. Es gibt gegenüber den Störern kein sie weniger belastendes geeignetes Mittel zur Begrenzung des von ihnen ausgehenden Gefahrenpotentials und die sie durch ein Versammlungsverbot treffenden Folgen stehen nicht außer Verhältnis zu dem mit dem Verbot einhergehenden Nutzen der *Gefahrenbegrenzung*. Allein zur vollständigen *Gefahrenbeseitigung* erweist sich in dieser Situation die zwangsweise Durchsetzung der nach § 15 Abs. 3 VersG obligatorischen Auflösungsverfügung als ungeeignet bzw. unverhältnismäßig. Hier ist die Polizei gezwungen, neben den gefahrenbegrenzenden Maßnahmen gegenüber dem Störer zusätzlich den Nichtstörer in Anspruch zu nehmen. Da ein Vorgehen gegen den Nichtstörer zudem die vor-

---

[47] Vgl. etwa den von *Brenneisen/Wilksen* (Fn 27), S. 543 f. geschilderten Fall.

[48] *Rühl* (Fn 5), S. 583.

herige Ausschöpfung aller zur Verfügung stehender Mittel gegenüber dem Störer voraussetzt, ergibt sich eine Verpflichtung der Behörde zum Erlaß eines präventiven Verbots gegenüber der störenden Versammlung, *bevor* die friedliche und legale Versammlung in Anspruch genommen werden kann.

### b) Der Fortbestand des Verbots der störenden Gegendemonstration nach Eliminierung der nichtstörenden Ausgangsversammlung

Problematisch erscheint dann allein die Rechtslage, *nachdem* der Nichtstörer rechtmäßig in Anspruch genommen worden ist. Können die Gegendemonstranten nunmehr unter Berufung auf das Grundrecht der Versammlungsfreiheit geltend machen, die Gefahrenlage sei nach der Inanspruchnahme des Nichtstörers entfallen, das gegen sie gerichtete Verbot oder zumindest der angeordnete Sofortvollzug seien mithin aufzuheben?

#### *aa) Der für die Eingriffsvoraussetzungen maßgebliche Zeitpunkt*

Das setzt zunächst voraus, daß die Behörde oder die im einstweiligen Rechtsschutzverfahren nach § 80 Abs. 5 VwGO angerufenen Gerichte die nach rechtmäßigem Erlaß einer Verbotsverfügung eingetretenen tatsächlichen Veränderungen zu berücksichtigen haben. Das ist zweifelsohne der Fall. Zwar stellt § 15 Abs. 1 VersG auf die „*zur Zeit* des Erlasses der Verfügung erkennbaren Umstände" ab. Hieraus folgt jedoch nicht die Unbeachtlichkeit etwaiger Sachverhaltsveränderungen bis zu dem Zeitpunkt, an dem die Versammlung stattfinden soll. Vielmehr ist zu beachten, daß die Verbotsverfügung ein in die Zukunft gerichteter Verwaltungsakt ist. Die Rechtmäßigkeitskontrolle hängt bei solchen Verwaltungsakten bis zu ihrem Vollzug regelmäßig vom aktuellen Erkenntnisstand ab. Für die Beurteilung der Rechtmäßigkeit von zukunftsgerichteten Polizeiverfügungen ist deshalb allgemein der Zeitpunkt maßgeblich, in dem das ausgesprochene Verbot zu erfüllen ist. Eine für die Zukunft ausgesprochene Polizeiverfügung wird rechtswidrig, wenn sich die ihr zugrundeliegende Annahme, daß die Voraussetzungen für die Inanspruchnahme des Betroffenen auch künftig vorliegen werden, nicht verwirklicht.[49] Diese auf das Preußische Oberverwaltungsgericht[50] zurückgehende Auffassung entspricht im

---

[49] *Kleinlein*, Der maßgebliche Zeitpunkt für die Beurteilung der Rechtmäßigkeit von Verwaltungsakten, VerwArch 1990, S. 149 (170); *Sieger*, Die maßgebende Sach- und Rechtslage für die Beurteilung der Rechtswidrigkeit des Verwaltungsaktes im verwaltungsgerichtlichen Anfechtungsprozeß 1995, S. 90.

[50] PrOVGE 54, 352 (355).

Ergebnis heute einhelliger Meinung in Rechtsprechung und Literatur.[51] Nichts anderes gilt grundsätzlich für präventive Versammlungsverbote. Das folgt schon aus Art. 8 GG. Ein Grundrechtseingriff ist nur zulässig, wenn die Voraussetzungen hierfür in dem Zeitpunkt vorliegen, in dem der Grundrechtsträger von seinen Freiheiten Gebrauch machen will, sich die Beschränkung für ihn also auswirkt.[52]

Demgemäß sind von der Versammlungsbehörde nachträgliche Änderungen der Sachlage, die zum Wegfall der ein Eingreifen rechtfertigenden Gefahrenlage im Sinne von § 15 Abs. 1 VersG führen, zu beachten. Die Behörde hat ein aufgrund veränderter Verhältnisse rechtswidrig gewordenes präventives Verbot einer bevorstehenden Versammlung zu widerrufen oder zurückzunehmen[53] oder - was regelmäßig der Fall sein wird - im noch nicht abgeschlossenen Widerspruchsverfahren aufzuheben. Haben die Veranstalter der Demonstration um einstweiligen Rechtsschutz gegenüber der Anordnung des Sofortvollzugs des präventiven Versammlungsverbots nachgesucht, muß das Verwaltungsgericht im Verfahren nach § 80 Abs. 5 VwGO den Wegfall der Gefahrenlage im Sinne von § 15 Abs. 1 VersG bei der summarischen - aus Gründen des Grundrechtsschutzes allerdings intensiven[54] - Prüfung der Rechtmäßigkeit des Verbots und bei dem Merkmal des besonderen Vollzugsinteresses beachten. Stellen sich die Gefahrenprognose maßgeblich beeinflussende Veränderungen erst nach einer ablehnenden Entscheidung des Gerichts heraus, sind diese im Rahmen eines Änderungsverfahrens nach § 80 Abs. 7 VwGO zu berücksichtigen.

*bb) Die Berufung der störenden Gegendemonstration auf den Wegfall der Gefahrenlage*

Ausgehend hiervon ist nun die Frage zu beantworten, ob ein ursprünglich rechtmäßiges präventives Versammlungverbot gegenüber den störenden Gegendemonstranten mit einer ebenfalls rechtmäßigen Eliminierung der nicht-

---

[51] BVerwGE 5, 351; BVerwG, NJW 1986, S. 1186 (1187); *Redeker/v. Oertzen*, Verwaltungsgerichtsordnung, 12. Aufl. 1997, § 108 Rn 18; *Mager*, Der maßgebliche Zeitpunkt für die Beurteilung der Rechtswidrigkeit von Verwaltungsakten 1994, S. 91 ff.; *Kleinlein* (Fn 49), S. 170; *Sieger* (Fn 49), S. 90; auf die zum Teil unterschiedlichen dogmatischen Ansätze muß hier nicht weiter eingegangen werden, vgl. dazu den Überblick bei *Gerhardt* in: Schoch/Schmidt-Aßmann/Pietzner, Verwaltungsgerichtsordnung, Band II, Stand Mai 1997, § 113 Rn 21 Fn 109.

[52] *Mager* (Fn 51), S. 97.

[53] Ob ein Widerruf nach § 49 Abs. 1 VwVfG oder eine Rücknahme nach § 48 VwVfG zu erfolgen hat, hängt davon ab, ob man auf die usrsprüngliche Rechtmäßigkeit oder die nachträgliche Rechtswidrigkeit abhebt, was für die vorliegende Fallgestaltung im Ergebnis keine Rolle spielt.

[54] BVerfGE 69, 315 (363 f.) und BVerfG (Fn 14), S. 835.

störenden Ausgangsversammlung rechtswidrig werden kann und gleichzeitig die Voraussetzungen für einen Sofortvollzug des Versammlungsverbots entfallen können.

Maßgebendes Kriterium ist die Gefahrenprognose. Von den an sie zu stellenden Anforderungen hängt es ab, ob die Voraussetzungen für ein Versammlungsverbot auch nach Eliminierung der Ausgangsversammlung vorliegen. Verlangt man von der Behörde nachweisbare Tatsachen, die den Fortbestand der Gefahrenlage zu stützen vermögen, wird sie das vielfach nicht leisten können. Insbesondere fehlt es an einer gesicherten Tatsachengrundlage für die Annahme einer gewalttätig verlaufenden Konfrontation, wenn wegen vergangenen rechtstreuen Verhaltens der Teilnehmer der Ausgangsversammlung zu erwarten ist, daß sie das ihnen gegenüber ausgesprochene Verbot respektieren werden. Erlauben auch die übrigen Tatsachenerkenntnisse nicht die Annahme, daß es ohne die Ausgangsversammlung zu gewaltsamen Ausschreitungen kommen wird, weil etwa Gewalttätigkeiten nur bei einem Aufeinandertreffen mit den Teilnehmern der Ausgangsversammlung zu befürchten sind, verbleibt lediglich ein Gefahrenverdacht, der ein präventives Versammlungsverbot grundsätzlich nicht zu rechtfertigen vermag.

Dieses Ergebnis würde jedoch den Umstand vernachlässigen, daß die Gegendemonstration selbst die erhebliche Gefahrenlage geschaffen hat, die zunächst ein Einschreiten gegen sie rechtfertigte, und sie nunmehr die Berücksichtigung solcher tatsächlicher Veränderungen verlangt, die mittels des eigenen rechtswidrigen Verhaltens herbeigeführt worden sind. Das stellt eine Ausnutzung einer Rechtslage dar, die nach der von *Haferkamp*[55] als allgemeine Rechtsmißbrauchslehre bezeichneten übergreifenden Sichtweise des Rechtsmißbrauchs als gegen Treu und Glauben verstoßend unzulässig erscheint[56]. Die an den Grundsätzen von Treu und Glauben ausgerichtete Limitierung subjektiver Rechtsausübung, die im Zivilrecht vornehmlich unter Berufung auf § 242 BGB allgemein anerkannt ist[57], hat sich auch im öffentlichen Recht[58], im Euro-

---

[55] *Haferkamp*, Die heutige Rechtsmißbrauchslehre - Ergebnis nationalsozialistischen Rechtsdenkens? 1995, S. 15.

[56] Zum Inhalt dieser heute ganz überwiegend vertretenen Lehre vgl. die zusammenfassende Darstellung von *Heinrichs*, in: Palandt, Bürgerliches Gesetzbuch, 58. Auflage 1999, § 242 Rn 38 ff.

[57] Vgl. *Roth* in: Münchener Kommentar, Bürgerliches Gesetzbuch, Schuldrecht Allgemeiner Teil, 3. Auflage 1994, § 242 Rn 255 ff. und *Heinrichs* (Fn 56), jeweils mit weiteren Nachweisen; BGHZ 12, 154 (157); 30, 140 (145); BAG, Betriebsberater 1995, S. 204.

[58] Vgl. *Wolff/Bachof/Stober*, Verwaltungsrecht I, 10. Auflage 1994, § 41 Rn 5 ff.; BVerwGE 34, 273 (275 f.); 44, 294 (298 f.); 48, 247 (251); 88, 241 (246); BVerwG, NVwZ 1991, 1182 (1185); BVerwG, Der Personalrat 1992, S. 208 (211); BayVGHE 23, 159 (160); 25, 41 (42); SächsOVG, NJW 1999, S. 2986 (2987).

parecht[59] und im Völkerrecht[60] etabliert. Der Grundsatz von Treu und Glauben bildet eine allen Rechten, Rechtslagen und Rechtsnormen immanente Inhaltsbegrenzung, die als Ausdruck überpositiver Gerechtigkeitsvorstellungen auch außerhalb des Anwendungsbereichs der zivilrechtlichen Norm des § 242 BGB und damit ohne unmittelbare normative Anbindung Geltung beansprucht. Verfassungsrechtlich findet diese Inhaltsbegrenzung ihren Rückhalt in Art. 20 Abs. 3 GG, der die Rechtsanwendung positivrechtlicher Regelungen durch Exekutive und Judikative auch an das Recht bindet und damit eine an Gerechtigkeitsüberlegungen ausgerichtete Gesetzesauslegung und -anwendung fordert[61]. Neben anderen Formen mißbräuchlichen Verhaltens ist insbesondere die Geltendmachung einer unredlich erworbenen Rechtsstellung ausgeschlossen.[62]

Der Veranstalter der Gegendemonstration kann sich deshalb nicht auf solche die Gefahrenprognose beeinflussenden Umstände berufen, die infolge des rechtmäßigen Versammlungsverbots der Ausgangsversammlung eingetreten sind. Diese Veränderungen sind bei Überprüfung der Rechtmäßigkeit des Fortbestandes des präventiven Versammlungsverbots gegenüber der Gegendemonstration nicht zu berücksichtigen. Sie beruhen allein auf dem eigenen rechtswidrigen Verhalten der Gegendemonstranten und sind in ihrem Bestand von der fortdauernden Bereitschaft dieses Verhaltens abhängig. Denn das Versammlungsverbot gegenüber der Ausgangsversammlung bleibt nur dann rechtmäßig, wenn von der Gegendemonstration ein Gewaltpotential vorgehalten wird, das für den Fall der Durchführung der Ausgangsversammlung die Voraussetzungen des polizeilichen Notstandes erfüllt. Es wäre schlechterdings unerträglich, wenn den Gegendemonstranten aus dieser rechtswidrigen Verhaltensweise Vorteile erwachsen könnten.

Dem steht das Grundrecht der Versammlungsfreiheit nicht entgegen. Die hier befürwortete Begrenzung der Anforderungen an die Gefahrenprognose in Form der Nichtberücksichtigung solcher Veränderungen, die durch eigenes rechtswidriges Verhalten eintreten, wäre nur dann an Art. 8 GG zu messen, wenn die Gegendemonstration vom Schutzbereich des Grundrechts erfaßt würde. Das ist jedoch nicht der Fall.

Unzweifelhaft genießt die Gegendemonstration keinen Grundrechtsschutz, soweit von ihr unmittelbar Gewalttätigkeiten drohen. Sie ist dann unfriedlich

---

[59] Vgl. EuGH, NVwZ 1993, S. 261 (262).

[60] Vgl. die Hinweise bei *Haferkamp* (Fn 55), S. 17 Fn 49.

[61] Hierzu *Schulze-Fielitz* in: Dreier (Hrsg.), Grundgesetz, Band 2 1998, Art. 20 (Rechtsstaat) Rn 85.

[62] *Heinrichs* verweist darauf, daß sich dieser Grundsatz aus der *exceptio doli specialis = praeteriti* des römischen und gemeinen Rechts entwickelt hat und dem Einwand der *„unclean hands"* im angloamerikanischen Rechtskreis entspricht; vgl. (Fn 56) Rn 43.

und erfüllt die Vorbedingung für die Gewährleistung der Versammlungsfreiheit als Mittel zur aktiven Teilnahme am politischen Prozeß nicht.[63] Die zunächst unfriedliche - weil ein gewaltsames Vorgehen gegen die Ausgangsversammlung beabsichtigende - Versammlung mag zwar dadurch zur friedlichen Versammlung werden, daß mit dem Eintritt der Bedingung nicht mehr zu rechnen ist, bei der die Gewaltanwendung erfolgen soll. Dies erscheint allerdings fraglich, wenn der Bedingungseintritt allein aufgrund des Maßes an Gewaltbereitschaft und der daraus resultierenden Eliminierung der Ausgangsversammlung ausgeschlossen ist. Die Mutation der unfriedlichen zur friedlichen Versammlung wäre vom Umfang des Gewaltpotentials abhängig. Das verträgt sich nur schwerlich mit dem Begriff der Friedlichkeit.

Letztlich kommt es hierauf nicht entscheidend an, weil jedenfalls der Schutzbereich des Art. 8 GG auch dann nicht eröffnet sein kann, wenn man von einer friedlich *gewordenen* Versammlung ausginge. Denn diese Veränderung ist durch ein rechtswidriges Verhalten und nur um den Preis des Verlustes des Grundrechtsschutzes der Ausgangsversammlung *erzwungen*. Das steht mit dem Grundrecht auf Versammlungsfreiheit nicht in Einklang. Art. 8 GG gewährleistet als Freiheit zur kollektiven Meinungskundgabe die Teilnahme an der geistigen Auseinandersetzung.[64] Die politische Auseinandersetzung, in der die Meinungs- und Demonstrationsfreiheit als Lebenselemente einer freiheitlichen demokratischen Grundordnung wirken, muß als geistige und moralisierende nicht nur frei von Gewalt, sondern auch frei von Zwang bleiben.[65] Deshalb umfaßt die Versammlungsfreiheit ebensowenig wie die Meinungsfreiheit die Befugnis, in den Meinungsbildungprozeß durch Unterdrückung der Meinungskundgabe anderer einzugreifen.[66] Demgemäß endet der Schutz des Art. 8 GG dort, wo es um die Verhinderung einer Versammlung geht.[67] Nichts anderes kann gelten, wenn erst mit der Erreichung des Ziels der Versammlungsverhinderung und damit der erfolgreichen Unterdrückung der Meinungskundgabe anderer ein Forum für eine eigene Partizipation am politischen Prozeß geschaffen wird. Eine in dieser Weise erzwungene Teilnahme an der öffentlichen Meinungsbildung auf Kosten des Grundrechtsschutzes anderer entspricht von vornherein nicht einem offenen und unbehinderten Meinungsbildungsprozeß, dessen Schutz die Versammlungsfreiheit bezweckt.

Gegendemonstranten, die mit allen Mitteln die Ausgangsversammlung verhindern wollen, das heißt auch von der Polizei nicht beherrschbare Gewalttätigkeiten gegen die Teilnehmer der Ausgangsversammlung und der zu ihrem

---

[63] BVerfGE 69, 315 (360).

[64] BVerfGE 69, 315 (345).

[65] *Kniesel* (Fn 4), Rn 32e.

[66] Vgl. zur Meinungsfreiheit BVerfGE 25, 256 (265).

[67] BVerfGE 84, 203 (209).

Schutz aufzubietenden Polizeikräfte beabsichtigen, genießen deshalb auch nach einer unter den Voraussetzungen des polizeilichen Notstandes erfolgten rechtmäßigen Inanspruchnahme der Ausgangsversammlung nicht den Schutz des Art. 8 GG. Der Fortbestand des ihnen gegenüber ausgesprochenen präventiven Versammlungsverbots ist nicht am Grundrecht auf Versammlungsfreiheit zu messen. Insoweit hat es allein bei dem Schutz zu verbleiben, den die sonstigen Freiheitsrechte und das grundrechtliche Willkürverbot vermitteln. Daraus folgt, daß es verfassungsrechtlich unbedenklich ist, den Gegendemonstranten die Berufung auf solche tatsächlichen Veränderungen als rechtsmißbräuchlich zu verwehren, die sie durch eigenes rechtswidriges Verhalten herbeigeführt haben. Auch im Rahmen der Beurteilung des besonderen Vollzugsinteresses nach § 80 Abs. 5 VwGO ist in die Abwägung nicht zu Gunsten der Gegendemonstranten das Grundrecht auf Versammlungsfreiheit einzustellen.

## III. Mehrere Nichtstörer

Schließlich ist als Fallgestaltung mit kumulativen Versammlungsverboten die Situation denkbar, in der in zeitlich-räumlichem Zusammenhang mehrere Versammlungen stattfinden sollen, von denen unmittelbar keine Gefahr ausgeht, die Gefahrenlage vielmehr allein durch nicht den jeweiligen Versammlungen zuzurechnende Störer hervorgerufen wird. Hier kommen von vornherein ein oder mehrere präventive Versammlungsverbote nur unter den dargestellten engen Voraussetzungen des polizeilichen Notstandes in Betracht. Sind diese Voraussetzungen gegeben, das heißt die Gefahr kann weder durch die Inanspruchnahme der Störer noch durch polizeiliche Mittel gebannt werden oder bei einem Eingreifen gegen die Störer entstünden unverhältnismäßige Schäden, stellt sich ein Auswahlproblem.

Ob von mehreren nichtstörenden Versammlungen nur eine einzelne, mehrere oder alle in Anspruch zu nehmen sind, ist - wie allgemein im Polizeirecht die Frage der Störerauswahl[68] - nach dem Grundsatz der Verhältnismäßigkeit zu entscheiden. Die Verhältnismäßigkeitsprüfung kann in bezug auf die einzelne Versammlung zu unterschiedlichen Ergebnissen führen. So kann sich insbesondere die Inanspruchnahme einer bestimmten Versammlung als ungeeignet erweisen, die Gefahr zu beseitigen, während das alleinige Verbot einer anderen Versammlung erforderlich aber auch ausreichend zur Gefahrenbekämpfung ist. Das kommt namentlich in der typischen Situation der friedlichen Demonstration und der ebenfalls friedlichen Gegendemonstration in Betracht. Wenn nicht zum Anhang der Gegendemonstration gehörende und damit diesen nicht zuzurechnende gewaltbereite Sympathisanten es vornehmlich oder allein auf die

[68] *Denninger* (Fn 17), Rn 107.

gewaltsame Verhinderung der Ausgangsversammlung abgesehen haben, kann die Gefahr durch ein Verbot der Gegendemonstration nicht gebannt werden, während das alleinige Verbot der Ausgangsversammlung die Gefahrenlage so entschärfen könnte, daß eine kumulative Inanspruchnahme der Gegendemonstration nicht mehr erforderlich wäre.

Dies kann dazu führen, daß eine friedliche und legale Ausgangsversammlung einer kleinen Minderheit durch die Sogwirkung, die das Thema einer ebenfalls friedlichen und legalen Gegendemonstration einer Mehrheit auf gewaltbereite Sympathisanten hat, unterbunden und die Minderheit damit von der Teilnahme an der geistigen Auseinandersetzung mit der Mehrheit ausgeschlossen wird. Auch wenn die Gegendemonstranten dieses Ergebnis goutieren werden, verbleibt kein Raum, quasi aus Gründen der Parität auch die Gegendemonstration zu verbieten, wenn nicht ihr gegenüber die Voraussetzungen der Inanspruchnahme als Nichtstörer gegeben sind.

## D. Ergebnis

Hiernach sind kumulativ präventive Verbote mehrerer konkurrierender Versammlungen denkbar. Handelt es sich um Versammlungen, die je für sich eine unmittelbare Gefahrenlage schaffen und sind die Eingriffsvoraussetzungen des § 15 Abs. 1 VersG erfüllt, können alle Veranstaltungen verboten werden.

Kumulative Verbote kommen ferner bei einer friedlichen und legalen Ausgangsversammlung und einer die Gefahrenlage unmittelbar verursachenden Gegendemonstration in Betracht. Primär ist die Gegendemonstration als Störerin in Anspruch zu nehmen. Ein zusätzliches Verbot der Ausgangsversammlung ist nur unter den engen Voraussetzungen des polizeilichen Notstandes möglich. Liegt ein solcher Ausnahmefall vor, kommt nach rechtmäßiger Eliminierung der Ausgangsversammlung die Aufhebung des Verbots der Gegendemonstration nur bei einem Wegfall der Gefahrenlage in Betracht. Hierbei ist es den Gegendemonstranten wegen Rechtsmißbrauchs verwehrt, solche die Gefahrenprognose beeinflussenden Umstände geltend zu machen, die sie durch eigenes rechtswidriges Verhalten herbeigeführt haben. Auf den Schutz des Art. 8 GG können die Gegendemonstranten sich in diesem Zusammenhang nicht berufen, weil das Grundrecht der Versammlungsfreiheit nicht eine auf Kosten des Grundrechtsschutzes anderer erzwungene Teilnahme am öffentlichen Meinungsbildungsprozeß schützt.

Schließlich sind auch kumulativ Verbote mehrerer konkurrierender friedlicher und legaler Versammlungen möglich, wenn die im Rahmen der Auswahl unter mehreren Nichtstörern gebotene Verhältnismäßigkeitsprüfung dazu führt, daß nur so die den polizeilichen Notstand auslösende Gefahr beseitigt werden kann. Da hier der Grundrechtsschutz des Art. 8 GG umfassend gegenüber allen Nichtstörern preisgegeben wird, muß es sich um eine extreme Ausnahmesituation handeln. Reicht die Inanspruchnahme nur einer Versammlung als Nichtstörer zur Gefahrenabwehr, kommt gegenüber den anderen Versammlungen ein Verbot nicht in Betracht.

# Die Wirtschaftsordnung unter dem Grundgesetz

Von *Georg Seyfarth*, Karlsruhe

## A. Einleitung

Um die richtige Wirtschafts- und Sozialpolitik wird seit jeher in allen wirtschaftlich hochentwickelten Demokratien gerungen und gestritten. Besonders in Wahlkampfzeiten flammt der Streit regelmäßig auf. Der Grund dafür liegt auf der Hand: Die allgemeine und persönliche wirtschaftliche Situation hat - wie die Wahlforschung belegt - oftmals bestimmenden Einfluß auf das Wahlverhalten. Das ist in Deutschland nicht anders als in den USA oder den benachbarten Ländern der Europäischen Union.

Allerdings hat die Auseinandersetzung um die Wirtschafts- und Sozialpolitik in Deutschland in den letzten Jahren in zweifacher Hinsicht eine neue Qualität angenommen. Zum einen ist die Kritik an wirtschafts- und sozialpolitischen Entscheidungen schärfer geworden. Deutliche Kritik hat es zwar auch früher gegeben, doch blieb sie meist auf den Wahlkampf beschränkt. Die Zeit seit der Bundestagswahl 1998 hat jedoch gezeigt, daß dies gegenwärtig nicht mehr zutrifft. Mitnichten ist die Kritik nach der Wahl verstummt. Zum anderen läuft die Auseinandersetzung um die staatliche Wirtschafts- und Sozialpolitik nicht mehr allein nach den tradierten Mustern ab. Auch das haben die Geschehnisse vor und nach der Bundestagswahl 1998 gezeigt: Die Politik der 1998 abgelösten Regierungskoalition aus CDU/CSU und F.D.P. wurde nicht allein von der damaligen Opposition unbarmherzig kritisiert, sondern auch von Unternehmern, Arbeitgebern und Wirtschaftsinteressenverbänden, also Kreisen, bei denen man eine politische Nähe zu der früheren Regierung vermuten darf. Umgekehrt wird die Wirtschafts-, Finanz- und Sozialpolitik der seit 1998 amtierenden Bundesregierung von SPD und GRÜNEN nicht zuletzt von den Gewerkschaften in Frage gestellt, also der gesellschaftlichen Gruppe, die noch im Wahlkampf entschieden für einen Regierungswechsel eingetreten war.

Diese neue Qualität der Auseinandersetzung deutet darauf hin, daß die (tatsächlichen oder vermeintlichen) Probleme der Wirtschafts- und Sozialordnung strukturell bedingt sind. Sie beruhen scheinbar nicht auf einer *bestimmten* Wirtschafts- und Sozialpolitik und können deshalb auch nicht einfach durch einen

Politikwechsel beseitigt werden. Ferner kommt in der Schärfe des Streits zum Ausdruck, wie intensiv die Probleme empfunden werden. In der Intensität findet die Kritik auch ihren gemeinsamen Nenner, inhaltlich aber differiert sie erheblich: Auf der einen Seite werden die regulativen Fesseln und die sich daraus ergebenden Kosten beklagt, die - wie behauptet wird - insbesondere vom Arbeits- und Sozialrecht, aber auch von anderen rechtlichen Normierungen ausgehen; fehlende Flexibilität und sozialstaatliche Verfestigungen werden als Grund für Arbeitslosigkeit und fehlendes Wachstum ausgemacht; schließlich wird sogar die Metapher des „typisch deutschen Neidkomplexes" aufgegriffen, in dessen politischer Umsetzung jede wirtschaftliche Initiative im Keim erstickt werde. Andererseits wird die Ökonomisierung der Politik und vieler anderer nicht-wirtschaftlicher Lebensbereiche moniert; soziale Schieflagen und vermeintliche Gerechtigkeitsdefizite werden festgestellt; zunehmend wird der Vorwurf des „Neoliberalismus", in dessen Folge sich in Deutschland ein „ungezügelter Kapitalismus" ausbreite, erhoben.

Auch wenn man die allein politisch motivierte Schärfe der Kritik beiseite läßt, bleibt der Befund doch eindeutig: Die staatliche Wirtschafts- und Sozialpolitik kann offenbar in breiten Kreisen kaum noch überzeugen. Sie wird als orientierungs- und hilflos, als ungerecht und ineffizient empfunden. Tatsächlich können aber auch die Kritiker, gleich aus welchem Lager, selten angeben, welchen Anforderungen eine „gute" Wirtschafts- und Sozialordnung genügen muß. Jede sinnvolle Kritik sollte sich jedoch zunächst immer über den Maßstab vergewissern, an dem sie die Politik mißt. Sonst steht sie in der Gefahr und setzt sich dem Verdacht aus, selbst nur bestimmte (Gruppen-)Interessen zu verfolgen.

Die Formulierung eines Maßstabs für eine „gute" Wirtschafts- und Sozialpolitik bereitet allerdings Schwierigkeiten. Der Maßstab, nimmt man ihn ernst, präjudiziert die Politik. Es macht einen Unterschied, ob etwa das „Wirtschaftswachstum", die „Schaffung von Arbeitsplätzen" oder der „Erhalt des gesamtwirtschaftlichen Gleichgewichts" als Ziel der Politik ausgegeben werden. Vielfach wird sich in der Diskussion über den Maßstab einer guten Wirtschaftsordnung allein der Streit über die richtige Politik fortsetzen - freilich auf einem höheren Abstraktionsniveau. Das macht die Maßstabssuche aber nicht entbehrlich. Gerade in der Abstraktion liegt die Chance, Grundsätze zu formulieren, die konsensfähig und ihrerseits auch wieder konsensvermittelnd sind. Dadurch kann nicht nur bei den politischen Entscheidungsträgern die Einsicht in die Notwendigkeit bestimmter wirtschafts- und sozialpolitischer Maßnahmen geschärft werden. Auch bei den Entscheidungsunterworfenen kann auf diese Weise unter Umständen ein Akzeptanzklima geschaffen werden, das unerläßlich ist, wenn auch solche wirtschafts- und sozialpolitischen Entscheidungen, die den Einzelnen im konkreten Fall belasten mögen und von daher als mißlich empfunden werden, Wirkung entfalten sollen.

Möglicherweise kann das Grundgesetz in diesem Zusammenhang konsensstiftende und -vermittelnde Orientierung bieten, fungiert die Verfassung doch auch sonst in vielfacher Hinsicht als Maßstab und „Legitimationsreserve" der Politik. Die Möglichkeit erledigt sich nicht dadurch, daß das Grundgesetz - wie es oft formuliert wird - „wirtschaftspolitisch neutral" sei.[1] Eine bestimmte Wirtschaftspolitik läßt sich der *Konstruktion* des Grundgesetzes zwar sicher nicht entnehmen. Das bedeutet aber nicht, daß sich der Verfassung keine Aussage für die Wirtschaftsordnung entnehmen ließe. Es fragt sich allerdings, ob es im Licht der herrschenden *Interpretation* möglich ist, einen übergreifenden Maßstab für die Wirtschaftsordnung zu entfalten. Damit zusammenhängend ist auf die veränderten Rahmenbedingungen und neuen Herausforderungen einzugehen, vor welche die staatliche Wirtschafts- und Sozialpolitik gestellt ist. Möglicherweise hat sich die *Situation* derart dramatisch verändert, daß die Bedeutung des Grundgesetzes als Maßstab der Politik darunter gelitten hat. In der Auseinandersetzung mit diesen Fragen wird zugleich deutlich werden, von welchen Voraussetzungen es abhängen wird, ob sich das Grundgesetz in Zukunft als Orientierungspunkt der Wirtschaftsordnung bewähren kann.[2]

## B. Konstruktion des Grundgesetzes

Das Grundgesetz enthält nach der Formulierung des Bundesverfassungsgerichts aus dem Mitbestimmungsurteil von 1979 „keine unmittelbare Festlegung und Gewährleistung einer bestimmten Wirtschaftsordnung".[3] Diese verfassungsgerichtliche Feststellung hat breite Zustimmung gefunden.[4] Genau betrachtet wirft die Formulierung aber mehr Fragen auf, als es auf den ersten Blick erscheint. Gewährleistet das Grundgesetz *mittelbar* doch eine bestimmte Wirtschaftsordnung? Oder fehlt nur die Festlegung einer *bestimmten* Wirtschaftsordnung? Welche Vorgaben enthält das Grundgesetz für die Wirtschaftsordnung und -politik?

---

[1] Vgl. nur unter Rückgriff auf die Rechtsprechung des Bundesverfassungsgerichts *Pieroth/Schlink*, Grundrechte, 15. Aufl. 1999, Rn 814.

[2] Die Bedeutung des Zusammengreifens von Konstruktion, Interpretation und Situation für die Bewährung verfassungsrechtlicher Vorgaben hat *Dieter Grimm* exemplarisch an dem Schicksal der Weimarer Verfassung aufgezeigt, vgl. *Grimm*, Missglückt oder glücklos?, in: Frankfurter Allgemeine Zeitung, Nr. 187, 14. August 1999, S. 111.

[3] BVerfGE 50, 290 (337).

[4] Vgl. *Papier*, Grundgesetz und Wirtschaftsordnung, in: Benda/Maihofer/Vogel (Hrsg.), Handbuch des Verfassungsrechts, 2. Aufl. 1994, S. 800.

## I. Textbefund

Den Begriff „Wirtschaftsordnung" sucht man im Grundgesetz vergeblich. Anders als in den Artikeln 151 bis 165 der Weimarer Reichsverfassung findet sich im Grundgesetz auch kein eigener Abschnitt über das Wirtschaftsleben. Dennoch wäre es verfehlt anzunehmen, allein die Grundrechte und die in Art. 20 GG normierten Strukturprinzipien ließen sich als normativer Anknüpfungspunkt ausfindig machen.[5] Sowohl im Abschnitt über das Finanzwesen als auch in den Abschnitten über Gemeinschaftsaufgaben und die Gesetzgebung des Bundes finden sich Vorschriften, in denen explizit von der Wirtschaft die Rede ist: Nach Art. 109 Abs. 2 GG haben der Bund und die Länder bei ihrer Haushaltswirtschaft den Erfordernissen des gesamtwirtschaftlichen Gleichgewichts Rechnung zu tragen. Art. 91 a Abs. 1 Nr. 2 GG bestimmt die Verbesserung der regionalen Wirtschaftsstruktur zur gemeinsamen Aufgabe von Bund und Ländern. In Art. 88 GG wird die Währungsbank auf die Sicherung der Preisstabilität verpflichtet. Und gemäß Art. 74 Abs. 1 Nr. 11 GG erstreckt sich die konkurrierende Gesetzgebung des Bundes auf das Recht der Wirtschaft. Überdies haben zahlreiche Kompetenzvorschriften, etwa über das Währungswesen (Art. 73 Nr. 4 GG), den gewerblichen Rechtsschutz (Art. 73 Nr. 9 GG) oder das Arbeitsrecht (Art. 74 Abs. 1 Nr. 12 GG), Bezug zur Ordnung der Wirtschaft. Unabhängig von der Frage, ob sich den Kompetenzvorschriften über ihre unmittelbare rechtliche Aussage hinaus ein materieller Gehalt, sogar eine „verfassungsrechtliche Grundentscheidung" eines bestimmten Inhalts entnehmen läßt,[6] spricht ihre Existenz jedenfalls dafür, daß der Verfassungsgeber mit einer Betätigung des Staates auf dem Gebiet der Wirtschaftsordnung rechnete. Die Vorstellung, Wirtschaft sei ein der staatlichen Regulierung entzogener Lebensbereich, ist dem Grundgesetz ganz und gar fremd.

Neben den Vorschriften, die bereits ihrem Wortlaut nach auf die Wirtschaft Bezug nehmen, sind es - wie allenthalben zu Recht hervorgehoben wird - vor allem die Grundrechte, die Einfluß auf die staatliche Wirtschafts- und Sozialpolitik haben können. In erster Linie ist hier Art. 2 Abs. 1 GG zu nennen. Nach der Rechtsprechung des Bundesverfassungsgerichts gewährleistet das Grundrecht die allgemeine Handlungsfreiheit im umfassenden Sinn. Damit werden auch die Freiheit im wirtschaftlichen Verkehr und die Vertragsfreiheit erfaßt.[7] Diese Freiheitsverbürgung wird durch Art. 12 Abs. 1 GG ergänzt. Die Gewährleistung der Berufsfreiheit ermöglicht es dem Einzelnen, von seiner wirtschaftlichen Dispositionsfreiheit auch in einer auf Dauer angelegten, professio-

---

[5] So aber wohl *Jarass*, Wirtschaftsverwaltungsrecht, 3. Aufl. 1997, § 3.

[6] Vgl. dazu etwa *Degenhart*, in: Sachs (Hrsg.), Grundgesetz, 2. Aufl. 1999, Art. 70 Rn 59 ff.

[7] BVerfGE 74, 129 (151 f.).

nellen Tätigkeit Gebrauch zu machen. Erst dadurch ist das Programm der Privatautonomie in wirtschaftlichen Angelegenheiten umfassend entwickelt.[8] Flankiert werden diese Freiheitsverbürgungen durch den allgemeinen Gleichheitssatz (Art. 3 Abs. 1 GG). Er gewährleistet, daß staatliche Regulierungen im Bereich der Wirtschafts- und Sozialpolitik zu keiner (ungerechtfertigten) Ungleichbehandlung führen. Der Freiheitsgewinn dieser Gleichheitsgarantie darf nicht unterschätzt werden. Erst die Gewißheit, daß weder die Nähe zu politischen Machthabern noch sonstige Eigenschaften oder Privilegien zu einer Besserstellung führen, ermöglicht es dem Einzelnen, von seiner wirtschaftlichen Handlungsfreiheit unter fairen Bedingungen Gebrauch zu machen. Schließlich markiert Art. 14 Abs. 1 GG eine wesentliche Vorgabe der Wirtschaftsordnung. In der Garantie des Eigentums wird dem Einzelnen zugesichert, daß er die Früchte seiner wirtschaftlichen Betätigung grundsätzlich für sich behalten und frei über sie verfügen darf. Die Grundrechte enthalten insoweit das klassische Programm des liberalen Bürgertums, wie es im 19. Jahrhunderts formuliert worden ist: Rechtsgleichheit, Erwerbsfreiheit und Garantie des erworbenen Eigentums.[9]

Außerhalb dieser klassischen liberalen Programmatik steht die Garantie der Koalitionsfreiheit (Art. 9 Abs. 3 GG). Nach der Rechtsprechung des Bundesverfassungsgerichts entzieht das Grundrecht koalitionsspezifische Angelegenheiten, insbesondere die Lohnpolitik, grundsätzlich dem staatlichen Zugriff.[10] Darüber hinaus führt die Koalitionsfreiheit in Verbindung mit den Vorschriften des Betriebsverfassungs- und Tarifvertragsrechts dazu, daß bestimmte koalitionstypische Angelegenheiten, auch hier vor allem die Lohnpolitik, einer einzelvertraglichen Regelung verschlossen und den Koalitionen zugewiesen sind.

Der Blick auf die Grundrechte wäre ohne die Erwähnung von Art. 15 GG unvollständig. Die Vorschrift enthält allerdings kein Grundrecht im Sinn eines Abwehrrechts oder einer Gewährleistung, die dem Staat abverlangt wird, sondern eine staatliche Ermächtigung. Sie erlaubt dem Staat, Grund und Boden, Naturschätze und Produktionsmittel zum Zweck der Vergesellschaftung in Gemeineigentum oder andere Formen der Gemeinwirtschaft zu überführen. Auch wenn der Staat von dieser Ermächtigung bislang noch keinen Gebrauch

[8] Den Zusammenhang von Vertragsfreiheit und Privatautonomie hat das Bundesverfassungsgericht stets betont. Auch der Beschluß zur Kontrolle von Bürgschaftsverträgen (BVerfGE 89, 214) hat daran nichts geändert. Im Gegenteil ist der Beschluß gerade von dem Gedanken getragen, daß Vertragsfreiheit und Privatautonomie zwei Seiten derselben Medaille sind. Deshalb bedarf es dort, wo - strukturell bedingt - keine Vertragsfreiheit besteht, zum Schutz der Privatautonomie der inhaltlichen Vertragsüberprüfung.

[9] Vgl. *Böckenförde*, Verfassungsprobleme und Verfassungsbewegung des 19. Jahrhunderts, in: ders., Recht, Staat, Freiheit, 1991, S. 244 (257 ff.).

[10] BVerfGE 94, 268 (283).

gemacht hat, besteht gleichwohl kein Anlaß, Art. 15 GG als normative Vorgabe des Grundgesetzes schlicht zu ignorieren.

Neben den Kompetenznormen, den finanzverfassungsrechtlichen Vorschriften und den Grundrechten bilden die Staatszielbestimmungen einen normativen Anknüpfungspunkt für die staatliche Wirtschafts- und Sozialpolitik. Art. 20 Abs. 1 und 3 GG verpflichtet alle staatliche Gewalt auf die Strukturprinzipien des Sozial- und Rechtsstaats. Das Rechtsstaatsprinzip legt auch die Wirtschafts- und Sozialpolitik auf die grundlegenden Spielregeln staatlicher Einflußnahme fest, von denen hier exemplarisch nur der Bestimmtheitsgrundsatz, das Rückwirkungsverbot sowie der Grundsatz der Verhältnismäßigkeit zu nennen sind. Die Reichweite des Sozialstaatsprinzips ist im einzelnen umstritten. Es verpflichtet den Staat aber, für eine gerechte Sozialordnung zu sorgen.[11] Nach der Rechtsprechung des Bundesverfassungsgerichts verlangt das den Ausgleich sozialer Gegensätze.[12] Der Schutz des Schwächeren ist dabei das Ziel.[13] Der soziale Antagonismus, der sich aus der verfassungsrechtlich geschützten Trias von Rechtsgleichheit, Erwerbsfreiheit und Garantie des erworbenen Eigentums aus sich heraus ergibt,[14] ist somit vom Staat in Umsetzung des Sozialstaatsgebots wieder einzufangen und auszugleichen.

Schon dieser kurze Blick auf den Verfassungstext zeigt, daß das Grundgesetz zwar keine normative Vorgabe für ein bestimmtes wirtschaftliches Ordnungsmodell oder gar für einzelne wirtschafts- und sozialpolitische Maßnahmen enthält, aber doch den Staat bei seinen - als selbstverständlich vorausgesetzten - Aktivitäten auf diesem Gebiet auf bestimmte Zielwerte verpflichtet. Das geschieht - wie noch auszuführen ist - vor allem durch die Grundrechte und das Sozialstaatsprinzip. Demgegenüber verblaßt der materielle Gehalt der übrigen normativen Anknüpfungspunkte, von denen eher eine prozedurale Wirkung ausgeht. Das gilt auch für Art. 109 Abs. 2 GG, der allerdings eine materielle Aussage enthält, indem er die Haushaltswirtschaft verpflichtet, den (wirtschaftswissenschaftlichen) Zielwert des gesamtwirtschaftlichen Gleichgewichts zu berücksichtigen. Der Orientierungsgehalt dieser verfassungsrechtlichen Verpflichtung ist aber dadurch abgeschwächt, daß der Begriff des gesamtwirtschaftlichen Gleichgewichts seinerseits ein unbestimmter Verfassungsbegriff ist, der einen in die Zeit hinein offenen Vorbehalt für die Aufnahme neuer, gesicherter Erkenntnisse der Wirtschaftswissenschaften als zu-

[11] BVerfGE 94, 241 (263).

[12] BVerfGE 22, 180 (204).

[13] Auch das läßt sich der Rechtsprechung des Bundesverfassungsgerichts, insbesondere dem Beschluß zur inhaltlichen Kontrolle von Bürgschaftsverträgen durch die Zivilgerichte, entnehmen; vgl. BVerfGE 89, 214 (232).

[14] Vgl. dazu *Böckenförde* (Fn 9), S. 259 f.

ständiger Fachdisziplin enthält.[15] Keinesfalls verpflichtet Art. 109 Abs. 2 GG die gesamte staatliche Politik auf die Einhaltung bestimmter wirtschaftspolitischer Teilziele.

## II. Historischer Befund

Die Entstehungsgeschichte des Grundgesetzes gibt für das Verständnis der Konstruktion des Grundgesetzes nur wenig her. Allerdings ist schon sehr früh nach 1949 im Schrifttum von *Herbert Krüger* unter Hinweis auf die Entstehungsgeschichte die Auffassung vertreten worden, das Grundgesetz habe eine Wirtschaftsverfassung nicht gesetzt.[16] *Krüger* berief sich auf *Hermann von Mangoldt*, der als Mitglied des Parlamentarischen Rats als besondere Autorität gelten konnte. Die Einschätzung *Krügers* ist in der Folgezeit vielfach rezipiert und zu der These verfestigt worden, die Entstehungsgeschichte des Grundgesetzes zeige, daß die „bewußte Nichtentscheidung" des Grundgesetzes durch die kurz nach der Währungsreform bestehende Ungewißheit über die wirtschaftliche Entwicklung und durch nicht überbrückbare Meinungsverschiedenheiten der politischen Kräfte erklärbar sei.[17]

Der in Bezug genommenen Kommentierung bei *von Mangoldt* läßt sich freilich nicht entnehmen, daß es im Parlamentarischen Rat eine „bewußte Nichtentscheidung" des Verfassungsgebers mit Blick auf die Wirtschaftsordnung gab. Dort findet sich lediglich die Aussage, auf die „Aufstellung von Grundrechten für die kulturelle und soziale Lebensordnung [sei] mit Rücksicht auf die gegenwärtige Ungewißheit über alle künftige wirtschaftliche und kulturelle Entwicklung zunächst bewußt verzichtet worden".[18] Auch an anderer Stelle ist - soweit ersichtlich - die These der „bewußten Nichtentscheidung" bisher nicht überzeugend belegt worden. Soweit die Verfassungsberatungen 1948/49 überhaupt untersucht worden sind, wurde lediglich aufgezeigt, daß die politischen Kräfte im Parlamentarischen Rat in ihren Vorstellungen über die

---

[15] Vgl. BVerfGE 79, 311 (338).

[16] Vgl. *Krüger*, Staatsverfassung und Wirtschaftsverfassung, DVBl. 1951, S. 361 (363); auch abgedruckt in: Scheuner (Hrsg.), Die staatliche Einwirkung auf die Wirtschaft, 1971, S. 125 ff.

[17] So *Benda*, Wirtschaftsordnung und Grundgesetz, in: Gemper (Hrsg.), Marktwirtschaft und Soziale Verantwortung, 1973, S. 185 (187); auch *Hesse*, Grundzüge des Verfassungsrechts der Bundesrepublik Deutschland, 20. Aufl. 1995, Rn 22, spricht davon, die Verfassung habe die Frage der Wirtschaftsverfassung „bewußt offen" gelassen.

[18] Vgl. *von Mangoldt*, Das Bonner Grundgesetz, 1953, S. 35; auf der ebenfalls in Bezug genommenen S. 94 steht lediglich, daß bei der Formulierung des Grundrechtsteils stets der Gedanke, daß nur die klassischen Grundrechte aufgenommen werden könnten, die Regelung der Sozialordnung aber der Zukunft überlassen werden müsse, im Vordergrund gestanden habe.

künftige Wirtschaftsordnung erheblich differierten.[19] Die Unterschiede hatten ihren Grund nicht nur in der Programmatik der politischen Parteien und den Unterschieden in der Analyse, welche Rolle die Wirtschaft für das Aufkommen des Nationalsozialismus gespielt habe, sondern wohl auch in den unterschiedlichen Erwartungen, welche die Parteien mit dem Grundgesetz verbanden.[20]

Bei Durchsicht der Materialien des Parlamentarischen Rats erstaunt es in der Tat, daß die Frage der Wirtschaftsordnung als eigenständiger Topos nicht vorkam. Von einer „bewußten Nichtentscheidung" läßt sich insoweit nicht sprechen. Allerdings läßt sich belegen, daß die Beschränkung des Grundrechtskatalogs auf die sogenannten klassischen Grundrechte ihren Grund in dem bewußten Verzicht hatte, die „Lebensordnungen" in dem als provisorisch gedachten Grundgesetz zu regeln.[21] Dabei handelte es sich aber um einen allgemeinen grundrechtspolitischen Ansatz, der sich zwar auch mit Blick auf die Wirtschaftsordnung auswirkte, aber mitnichten in besonderem Maß oder gar allein auf diese bezogen war. Die Entstehungsgeschichte läßt sich deshalb entgegen den Annahmen aus den 50er und 60er Jahren kaum fruchtbar machen, wenn man den Vorgaben des Grundgesetzes für die Wirtschaftsordnung nachforscht.

## III. Systematischer Befund

In der Diskussion über die Unternehmensmitbestimmung, insbesondere im Zusammenhang mit dem Verfassungsgerichtsprozeß über das Mitbestimmungsgesetz 1976, ist vertreten worden, es gebe einen wirtschaftsverfassungsrechtlichen Zusammenhang des Grundgesetzes sowie einen Ordnungs- und Schutzzusammenhang der wirtschafts- und arbeitsverfassungsrechtlichen Freiheiten, aus dem sich Vorgaben für die Wirtschaftspolitik ergäben.[22] Dieser systematische Ansatz, mit dem die Konstruktion des Grundgesetzes erklärt werden sollte, hat sich freilich nicht durchgesetzt. Das Bundesverfassungsgericht hat im Mitbestimmungsurteil bekanntlich jedem Versuch, aus den Grundrechten einen „institutionellen Zusammenhang der Wirtschaftsverfassung" zu konstruieren, eine Absage erteilt.[23] Das Gericht ging vielmehr davon aus, wirt-

---

[19] Vgl. *Schockenhoff*, Wirtschaftsverfassung und Grundgesetz, 1986.

[20] Vgl. zusammenfassend *Schockenhoff* (Fn 19), S. 254 ff.

[21] Vgl. den Redebeitrag von *Carlo Schmid* in: Stenographischer Bericht des Parlamentarischen Rats, 9. Sitzung vom 6. Mai 1949, S. 172; zur Entstehungsgeschichte auch *Rittner*, Die wirtschaftliche Ordnung des Grundgesetzes, in: ders., Unternehmerfreiheit und Unternehmensfreiheit, 1998, S. 25 (26).

[22] Insbesondere das sogenannte „Kölner Gutachten" von *Badura/Rittner/Rüthers*, Mitbestimmungsgesetz 1976 und Grundgesetz, 1977, S. 246 ff.

[23] BVerfGE 50, 290 (337).

schaftspolitische Maßnahmen seien verfassungsrechtlich allein an den „Einzelgrundrechten" zu messen. Dabei sei die entscheidende Frage, ob der Gesetzgeber die Freiheit des einzelnen Bürgers, die nach der individualrechtlichen Schutzrichtung der Grundrechte zu wahren sei, respektiert habe.[24]

Die Auffassung des Bundesverfassungsgerichts hat zu Recht viel Zustimmung erfahren. Maßstab der *verfassungsgerichtlichen Prüfung* kann immer nur die (einzelne) einschlägige Verfassungsnorm sein. Das heißt nicht, daß bei der Auslegung und Anwendung der Verfassungsnorm der systematische Zusammenhang, in dem die Norm steht, außer Acht bleiben könnte.[25] Vor allem sollte das Diktum des Bundesverfassungsgerichts nicht dazu führen, sich bei der Frage, ob und gegebenenfalls welche Orientierung die Verfassung für die Wirtschaftsordnung bieten kann, dem „Gesamtbild" des Normenmaterials zu verschließen. Die Frage nach der Maßstäblichkeit der Verfassung in bezug auf die Wirtschaftsordnung greift über die Frage, welche zwingenden, im verfassungsgerichtlichen Verfahren durchsetzbaren Anforderungen das Grundgesetz an die verfassungsrechtliche Zulässigkeit einer bestimmten wirtschafts- oder sozialpolitischen Maßnahme stellt, hinaus. Bei einer solchermaßen ausgreifenden Fragestellung ist es notwendig, die normativen Vorgaben des Grundgesetzes ohne einseitige Verkürzung in ihrer Verflechtung und wechselseitigen Bedingtheit wahrzunehmen und interpretatorisch zu entfalten.

## C. Die Interpretation des Grundgesetzes

Die Konstruktion des Grundgesetzes vermittelt in ihren Ungereimtheiten und Widersprüchlichkeiten keinen eindeutigen Maßstab für die Wirtschaftsordnung. Weder dem Text noch der Entstehungsgeschichte lassen sich unmittelbar Vorgaben für die Wirtschafts- und Sozialpolitik entnehmen. Das Grundgesetz bedarf vielmehr der Interpretation. Dem Interpretationsunterfangen haben sich Rechtslehre und Rechtsprechung von Anfang an unterzogen, wobei die Diskussion zumeist unter dem Stichwort der „Wirtschaftsverfassung" geführt wurde. Sie ist ein gutes Beispiel dafür, wie sich die Interpretation der Verfassung in einem Wechselspiel wissenschaftlicher Reflexion und verfassungsgerichtlicher Streitentscheidung vollziehen kann. Zugleich zeigt sie, wie die Fokussierung auf einen vom Bundesverfassungsgericht zu entfaltenden und

---

[24] BVerfGE 50, 290 (337 f.).

[25] Davon ist auch das Bundesverfassungsgericht im Mitbestimmungsurteil ausgegangen, als es formulierte, daß sich die Grundrechte „nicht ohne Berücksichtigung der Überschneidungen, Ergänzungen und Zusammenhänge zwischen ihrem Schutzbereich und demjenigen anderer Grundrechte und nicht ohne Rücksicht auf die das Grundgesetz tragenden Prinzipien auslegen" ließen, vgl. BVerfGE 50, 290 (336).

dort einzuklagenden Normgehalt dazu führen kann, daß bestimmten Interpretationssträngen stärkeres Gewicht beikommt als anderen.

## I. Schrifttum

Der rechtswissenschaftliche Streit über die „Wirtschaftsverfassung", der insbesondere in den 50er Jahren mit einer erheblichen Intensität geführt worden ist, wurde interessanterweise nicht durch das Grundgesetz, sondern durch eine nationalökonomische Begriffsbildung ausgelöst. Vor allem Vertreter der Freiburger Schule gebrauchten - schon während der Weimarer Republik - den Begriff der „Wirtschaftsverfassung", um das Ordnungsmodell einer auf einer (dezisionistischen) Gesamtentscheidung beruhenden neoliberalen Programmatik zu beschreiben.[26] Nach dem Inkrafttreten des Grundgesetzes hat die Rechtswissenschaft diese Begriffsbildung der Nationalökonomie aufgenommen und nach der Wirtschaftsverfassung des Grundgesetzes gefragt.[27] Dabei hat sich in Ansehung der normativen Vorgaben der Akzent von einer rein neoliberalen hin zu einer marktwirtschaftlich-sozialstaatlich geprägten Sichtweise verschoben. Es blieb aber vielfach das Bemühen, der Verfassung ein bestimmtes Wirtschaftsmodell im Sinn einer „Gesamtentscheidung" zu entnehmen. Das wird besonders deutlich bei *Nipperdey*, der durch das Grundgesetz die „soziale Marktwirtschaft" garantiert sah.[28]

Die *Nipperdey*'sche These zog erhebliche Kritik auf sich.[29] Ihr wurde entgegengehalten, das Grundgesetz habe keine bestimmte wirtschaftstheoretische Konzeption festgeschrieben, sondern sei offen für verschiedene wirtschaftspolitische Konzepte.[30] In der Auseinandersetzung mit *Nipperdey* gewann in der Folgezeit - beflügelt durch die Investitionshilfe-Entscheidung des Bundesverfassungsgerichts[31] - die These der „wirtschaftspolitischen Neutralität" des Grundgesetzes die Oberhand. Mit der Neutralitätsthese entstand freilich der Eindruck, das Grundgesetz lasse sich als Maßstab für die Wirtschaftsordnung nicht fruchtbar machen. Daran änderte sich auch nichts dadurch, daß bereits die

---

[26] Vgl. zur Begriffsgeschichte *Ehmke*, Wirtschaft und Verfassung, 1961, S. 7 ff.; *Rittner*, Wirtschaftsrecht, 2. Aufl. 1987, S. 26 ff.

[27] Vgl. nur *Krüger* (Fn 16); *Walter Strauss*, Wirtschaftsverfassung und Staatsverfassung, 1952.

[28] Vgl. *Nipperdey*, Soziale Marktwirtschaft und Grundgesetz, 3. Aufl. 1965.

[29] Siehe nur *Ballerstedt*, Wirtschaftsverfassungsrecht, in: Bettermann/Nipperdey/Scheuner (Hrsg.), Die Grundrechte, Band 3/1, 1958, S. 1 (60); besonders intensiv auch *Ehmke* (Fn 26), S. 18 ff.

[30] Vgl. *Krüger* (Fn 16), S. 363; *Ehmke*, (Fn 26), S. 20 f.

[31] BVerfGE 4, 7.

Vertreter der Neutralitätsthese selbst durchaus die Bindungen, die das Grundgesetz für die Wirtschafts- und Sozialpolitik enthält, betonten.[32]

In den 70er Jahren stellte sich ein deutliches Unbehagen gegenüber der Neutralitätsthese ein. Der *Nipperdey*'sche Versuch, ein bestimmtes Ordnungsmodell aus der Verfassung abzuleiten, wurde zwar nicht wieder aufgegriffen. Eine Marktwirtschaft im ordnungspolitischen Systemverständnis gebe das Grundgesetz nicht vor. Insoweit wurde die „Neutralität" des Grundgesetzes akzeptiert. Es wurde aber vehement bestritten, die Verfassung stehe der Wirtschaft indifferent oder gar passiv gegenüber. Vielmehr vermittelten die Grundrechte funktional den Rahmen der marktwirtschaftlichen Ordnung, so daß wirtschaftsverfassungsrechtlich eine Markt- und Wettbewerbsordnung verbleibe, die allein das Attribut „limitierte Marktwirtschaft" verdiene.[33] In diesem Ansatz lag das Bestreben, die *Nipperdey*'sche Kernaussage unter anderen methodischen Vorzeichen aufrechtzuerhalten.[34] Er fand in der Folgezeit viele Anhänger, die eine Korrektur der Neutralitätsthese und die prinzipielle Anerkennung der sozialen Marktwirtschaft als Wirtschaftsverfassung des Grundgesetzes forderten.[35] Nachdem in Art. 1 Abs. 3 des Vertrags über die Schaffung der Währungs-, Wirtschafts- und Sozialunion zwischen der DDR und der Bundesrepublik Deutschland die „Soziale Marktwirtschaft als gemeinsame Wirtschaftsordnung beider Vertragsparteien" zur Grundlage der Wirtschaftsunion erklärt worden war, wurde überdies vertreten, eine Neuorientierung sei geboten, da die Neutralitätsthese von Anfang an falsch gewesen sei. Im Grunde genommen sei sie bereits im Investitionshilfe-Urteil des Bundesverfassungsgerichts revoziert worden.[36]

## II. Rechtsprechung des Bundesverfassungsgerichts

Das Bundesverfassungsgericht hat sich erstmals im Urteil zum Investitionshilfegesetz aus dem Jahr 1954 zu den verfassungsrechtlichen Vorgaben der Wirtschaftsordnung geäußert.[37] Das Gesetz verpflichtete die gewerbliche Wirt-

---

32 Vgl. nur *Ehmke* (Fn 26), S. 20.

33 Paradigmatisch *Scholz*, Grenzen staatlicher Aktivität unter der grundgesetzlichen Wirtschaftsverfassung, in: Duwendag (Hrsg.), Der Staatssektor in der sozialen Marktwirtschaft, 1976, S. 113 (116 ff.); *Rupp*, Grundgesetz und Wirtschaftsverfassung, 1974.

34 So *Krölls*, Grundgesetz und kapitalistische Marktwirtschaft, 1994, S. 10 f.

35 Vgl. *Herzog*, in: Maunz/Dürig, Grundgesetz (Stand 1999), Art. 20 VIII Rn 60; auch *Papier* (Fn 2), Rn 4; *Tettinger*, in: Sachs (Hrsg.), Grundgesetz. 2. Aufl. 1999, Art. 12 Rn 14 a.

36 Vgl. *Schmidt-Preuß*, Soziale Marktwirtschaft und Grundgesetz vor dem Hintergrund des Staatsvertrages zur Währungs-, Wirtschafts- und Sozialunion, DVBl. 1993, S. 236 (240).

37 BVerfGE 4, 7.

schaft, zur Deckung des Investitionsbedarfs in der Montanindustrie und Energiewirtschaft Finanzmittel aufzubringen. Die Montan- und Energiewirtschaftsunternehmen mußten ihrerseits für den Erhalt der Investitionsgelder Aktien oder Schuldverschreibungen an die Aufbringungsschuldner aus der gewerblichen Wirtschaft emittieren. Das Gesetz lenkte mithin liquide Mittel von einem Wirtschaftszweig in einen anderen. Hierin sahen die Beschwerdeführer einen Verstoß gegen den Grundsatz der wirtschaftspolitischen Neutralität des Grundgesetzes und die bisherige Wirtschafts- und Sozialordnung, da die Investitionshilfe kein marktkonformes Mittel sei. Das Bundesverfassungsgericht wies diese Sicht zurück.

Das Grundgesetz garantiere - wie das Bundesverfassungsgericht ausführte - weder die wirtschaftspolitische Neutralität der Regierungs- und Gesetzgebungsgewalt noch eine nur mit marktkonformen Mitteln zu steuernde „soziale Marktwirtschaft". Die „wirtschaftspolitische Neutralität" bestehe lediglich darin, daß sich der Verfassungsgeber nicht für ein bestimmtes Wirtschaftssystem entschieden habe. Dies ermögliche dem Gesetzgeber, die ihm jeweils sachgemäß erscheinende Wirtschaftspolitik zu verfolgen, sofern er dabei das Grundgesetz beachte. Die gegenwärtige Wirtschafts- und Sozialordnung sei zwar eine nach dem Grundgesetz mögliche, keineswegs aber die allein mögliche Ordnung.[38] An diesen Grundsätzen hat das Bundesverfassungsgericht festgehalten.[39]

Die zweite große Entscheidung, in der das Bundesverfassungsgericht zur Wirtschaftsordnung Stellung bezog, war das Mitbestimmungsurteil aus dem Jahr 1979. Sein Gegenstand war die Einführung der paritätischen Unternehmensmitbestimmung durch das Mitbestimmungsgesetz 1976. Das Gesetz war unter anderem mit dem Argument angegriffen worden, die paritätische Mitbestimmung stehe in Widerspruch zu den wirtschaftsverfassungsrechtlichen Gewährleistungen und zu dem Ordnungs- und Schutzzusammenhang, der aus den Grundrechten für die Wirtschafts- und Arbeitsverfassung des Grundgesetzes entnommen werden könne.[40] Dem schloß sich das Bundesverfassungsgericht nicht an.

Maßstab der verfassungsrechtlichen Prüfung seien allein die Einzelgrundrechte, bei deren Auslegung zwar Überschneidungen, Ergänzungen und Zusammenhänge zwischen ihrem Schutzbereich und dem anderer Grundrechte und die das Grundgesetz tragenden Prinzipien zu beachten seien. Es gebe aber keinen „institutionellen Zusammenhang der Wirtschaftsverfassung", der interpretationsleitend zu beachten sei. Das Grundgesetz enthalte keine unmittelbare

---

[38] BVerfGE 4, 7 (17 f.).

[39] Vgl. nur BVerfGE 7, 377 (400); 12, 354 (363); 14, 263 (275).

[40] BVerfGE 50, 290 (307); sowie den Nachweis oben in Fn 22.

Festlegung einer bestimmten Wirtschaftsordnung, sondern überlasse deren Bestimmung dem Gesetzgeber, der dabei allein durch die Grundrechte gebunden sei.[41] Insofern sei das Grundgesetz „wirtschaftspolitisch neutral". Die darin zum Ausdruck kommende Offenheit sei notwendig, um einerseits dem geschichtlichen Wandel Rechnung zu tragen, der im besonderen Maße das wirtschaftliche Leben kennzeichne, andererseits die normierende Kraft der Verfassung nicht aufs Spiel zu setzen.[42]

Das Bundesverfassungsgericht hat sich in der Folgezeit in zahlreichen weiteren Entscheidungen mit wirtschafts- und sozialpolitischen Sachverhalten auseinandergesetzt.[43] Dabei hat es, ohne in Anknüpfung an die neuere Literatur die „Wirtschaftsverfassung" als eigenständigen Argumentationstopos wieder aufzugreifen[44], in manchmal deutlichen Worten die Maßstäbe für die Prüfung des jeweils angegriffenen Hoheitsakts formuliert.[45] Den dogmatischen Ansatz des Mitbestimmungsurteils hat das Gericht aber stets beibehalten: Maßstab der Prüfung sind immer nur die Einzelgrundrechte, nicht ein institutioneller Zusammenhang einer wie auch immer verstandenen Wirtschaftsordnung.

## III. Kritik

Die Interpretation des Grundgesetzes durch Rechtslehre und Rechtsprechung litt von Anfang an unter einer Begrifflichkeit, die es erschwerte, der Verfassung einen Maßstab für eine „gute" Wirtschaftsordnung zu entnehmen. Das gilt für den Begriff der „sozialen Marktwirtschaft" ebenso wie für den Begriff der „Wirtschaftsverfassung" als auch für die These der „wirtschaftspolitischen Neutralität" des Grundgesetzes. Zu Recht ist der Versuch, dem Grundgesetz eine bestimmte „Wirtschaftsverfassung" zu entnehmen, verworfen worden. Schon der im nationalökonomischen Schrifttum gänzlich anders als im staatsrechtlichen Verständnis gebrauchte Begriff der „Verfassung" trägt mehr zur Verwirrung als zur Aufhellung bei. Vor allem aber gibt das Normenmaterial des Grundgesetzes nichts für eine bestimmte „Wirtschaftsverfassung" her. Ebenso richtig ist die Kritik an der Neutralitätsthese. Diese hatte zwar ihre Be-

---

41 BVerfGE 50, 290 (336 f.).

42 BVerfGE 50, 290 (338).

43 Vgl. etwa den Überblick zur Berufsfreiheit bei *Hufen*, Berufsfreiheit - Erinnerung an ein Grundrecht, NJW 1994, S. 2913; *Ossenbühl*, Die Freiheiten des Unternehmers nach dem Grundgesetz, AöR 115 (1990), S. 1.

44 Es ist durchaus bezeichnend, daß die Diskussion über die „Wirtschaftsverfassung" in dem 1999 entschiedenen Normenkontrollverfahren über die Montan-Mitbestimmung (BVerfGE 99, 367) weder von den Verfahrensbeteiligten noch vom Bundesverfassungsgericht aufgegriffen wurde.

45 Paradigmatisch BVerfGE 32, 311 (317).

rechtigung in der Abwehr des Versuchs, dem Grundgesetz eine bestimmte „Wirtschaftsverfassung" zu entnehmen, und (nur) in diesem Sinn ist sie auch vom Bundesverfassungsgericht im Investitionshilfe- und Mitbestimmungs-Urteil verwandt worden. Sie impliziert aber eine Indifferenz des Grundgesetzes in Fragen der Wirtschafts- und Sozialpolitik, die - wie insbesondere im Schrifttum der 70er Jahre belegt worden ist - die normativen Vorgaben des Grundgesetzes nicht hinreichend beachtet. Die Rede von der „wirtschaftspolitischen Neutralität" des Grundgesetzes sollte aufgegeben werden. Die Verfassung ist in Fragen der Wirtschaftsordnung ebensoviel oder ebensowenig „neutral" wie in Fragen etwa des Rundfunkwesens, der Bildung oder der Wissenschaft und Forschung.

Letztlich läßt sich die Frage, ob das Grundgesetz einen Maßstab für eine „gute" Wirtschafts- und Sozialpolitik abgeben kann, aber auch mit Hilfe des interpretatorischen Ansatzes des Bundesverfassungsgerichts nicht befriedigend beantworten. Das liegt daran, daß die hier aufgeworfene Frage nach der Güte der Wirtschafts- und Sozialpolitik das Bundesverfassungsgericht nicht zu interessieren hat. Es prüft allein die Verfassungskonformität einer bestimmten Maßnahme. Hierfür kann in der Tat immer nur das „Einzelgrundrecht" oder die einzelne Verfassungsnorm der Prüfungsmaßstab sein, weil andernfalls jede Rationalität der Entscheidungsfindung in der Suche nach abstrakten und übergeordneten Prinzipien verloren ginge. Das heißt aber nicht, daß es solche Ordnungsprinzipien nicht gäbe. Davon gehen letztlich auch die Autoren aus, die dem Grundgesetz aus der Gesamtzusammenschau der Freiheitsgrundrechte und des Sozialstaatsprinzips das Postulat der „sozialen Marktwirtschaft" entnehmen wollen. Auch hier leidet das Bemühen aber wieder unter der Begrifflichkeit: Die „soziale Marktwirtschaft" ist - worauf schon *Ehmke* hingewiesen hat[46] - als Begriff einer bestimmten politischen Programmatik nicht geeignet, grundgesetzliche Vorstellungen auszudrücken. Mit der sozialen Marktwirtschaft verbindet sich überdies eine bestimmte Epoche der deutschen Wirtschaftsgeschichte derart stark, daß die Gefahr besteht, die unter dem Banner der sozialen Marktwirtschaft ergriffenen Maßnahmen, mögen sie bisher vielleicht auch geeignet gewesen sein, die übergeordneten Ordnungsprinzipien zur Entfaltung zu bringen, heute unbesehen zu übernehmen, obwohl sie ihre Eignung zur Durchsetzung der(selben) Ordnungsprinzipien verloren haben.

Es gilt deshalb, den Blick auf solche Ordnungsprinzipien des Grundgesetzes zu richten, welche als Maßstab einer „guten" Wirtschaftsordnung fungieren können. Es fragt sich, auf welche Zielwerte die Verfassung die Wirtschafts- und Sozialpolitik verpflichtet. Drei Aspekte ragen dabei heraus: Dazu gehört zuvorderst, daß das Grundgesetz eine *personale* Ordnung anstrebt. Damit ist gemeint, daß das durch das Grundgesetz normierte staatliche Handeln immer

---

[46] Vgl. *Ehmke* (Fn 26), S. 21 f.

auf den Einzelnen und dessen Lebensbedingungen bezogen sein muß. Das folgt zum einen aus der Verpflichtung aller staatlichen Gewalt, die Menschenwürde zu achten[47], zum anderen aus der Grundrechtsbetonung des Grundgesetzes. Die Grundrechte zeichnen sich dadurch aus, daß sie den Einzelnen in seiner Integrität, Autonomie und Kommunikation schützen.[48] Damit ist der einzelne Mensch als Person in seinen elementaren Lebensbezügen, nicht irgendwelche Gruppen- oder Verbandsinteressen, Schutzobjekt der Verfassung. Das Grundgesetz will zudem eine *freiheitliche* Ordnung errichten. Auch das folgt aus den Grundrechten. Indem sie bestimmte Lebensbereiche der dirigierenden Einflußnahme des Staates entziehen und der Selbstbestimmung des Einzelnen überlassen, befähigen die Grundrechte diesen zur autonomen Lebens- und Umweltgestaltung. Schließlich verpflichtet das Grundgesetz den Staat, für eine *gerechte* Ordnung zu sorgen. Das folgt im wesentlichen aus dem Sozial- und Rechtsstaatsprinzip, ergibt sich im Grunde genommen aber auch schon aus den Grundrechten, namentlich dem Gleichheitssatz.

Die Wirtschaftsordnung als solche, aber auch die konkrete wirtschaftspolitische Maßnahme ist danach daran zu messen, ob sie für den einzelnen Menschen zu einem Freiheits- und Gerechtigkeitsgewinn oder -verlust führt. Dieser Maßstab ist durchaus ein anderer als derjenige der „Sozialen Marktwirtschaft", mögen auch Überschneidungen bestehen. Freiheitlichkeit kann nicht mit Marktwirtschaft und Gerechtigkeit nicht mit Sozialstaatlichkeit im herkömmlichen Verständnis gleichgesetzt werden. Dabei erschöpfen sich die Unterschiede nicht in der Terminologie. So kann das freie Spiel der Marktkräfte, etwa im Zuge von Konzentrationsprozessen, durchaus zu einem Freiheitsverlust für den Einzelnen führen.[49] Und auch soziale Korrekturmaßnahmen der Marktwirtschaft führen nicht immer zu Gerechtigkeit, worauf kein Geringerer als *Oswald Nell-Breuning* aufmerksam gemacht hat.[50] Als Beispiel mag die Arbeitslosenversicherung gelten, die ohne Frage ein soziales Korrektiv der Marktwirtschaft ist, aber nichts an der Ungerechtigkeit ändert, welche in ungewollter und allzu oft unverschuldeter Arbeitslosigkeit liegt.

---

[47] Es ist das bleibende Verdienst *Dürigs*, den Zusammenhang von Menschenwürde und personalistischer Ausrichtung des Grundgesetzes als Erster herausgearbeitet zu haben; vgl. dazu *Enders*, Die Menschenwürde in der Verfassungsordnung, 1997, S. 127 ff.

[48] So die Formulierung von *Grimm* in dessen Sondervotum zu dem Beschluß „Reiten im Wald", BVerfGE 80, 137 (164).

[49] In diesem Sinn ist Kartellkontrolle nichts anderes als Freiheitsvorsorge.

[50] Vgl. nur *Nell-Breuning*, Wie „sozial" ist die „Soziale Marktwirtschaft", in: ders., Den Kapitalismus umbiegen, 1990, S. 222 (228 f.).

## D. Die Situation des Grundgesetzes

Der Maßstab einer auf den einzelnen Menschen als Person bezogenen Freiheits- und Gerechtigkeitsordnung ist äußerst abstrakt. Er läßt sich aus dem Grundgesetz nur ableiten, wenn man bei der Interpretation der Verfassung nicht schon eine bestimmte Begrifflichkeit oder gar ein bestimmtes Wirtschaftsmodell voraussetzt und überdies bereit ist, den mit einem hohen Abstraktionsniveau verbundenen Aussageverlust für den konkreten Fall in Kauf zu nehmen. Das Bundesverfassungsgericht, das die Verfassung stets mit Blick auf einen konkreten Streitfall zu interpretieren hat, ist dazu aus guten Gründen nicht willens. Darüber hinaus bleibt aber die Frage, ob ein entsprechender Interpretationsansatz angesichts veränderter Rahmenbedingungen überhaupt dazu führen könnte, im Licht des grundgesetzlichen Maßstabs eine „gute" Wirtschaftsordnung zu finden und zu gestalten. Ein solches Steuerungspotential wird der staatlichen Politik zunehmend abgesprochen. Auf einige der derzeit diskutierten Entwicklungen, die sich gerade mit Blick auf die Wirtschaftsordnung auswirken, soll in aller Kürze eingegangen werden.

### I. Europäisierung der Rechtsetzung

Unter Europäisierung der Rechtsetzung ist der durch die Römischen Verträge in Gang gesetzte Prozeß der Schaffung eines einheitlichen europäischen Wirtschaftsraums sowie die stets zunehmende Übertragung vormals nationalstaatlicher Regelungskompetenzen auf die Organe der Europäischen Gemeinschaft zu verstehen. Von diesem Kompetenztransfer ist vor allem der Bereich der durch den EG-Vertrag garantierten Marktfreiheiten[51] erfaßt. Es ist bereits von einer „europäischen Wirtschaftsverfassung" die Rede.[52]

Die Europäisierung führt nach verbreiteter Ansicht zu einem Bedeutungsverlust der (national-)staatlichen Wirtschafts- und Sozialpolitik. Daran ist soviel richtig, daß in den Bereichen, in denen der Europäischen Gemeinschaft die Rechtsetzungskompetenz zukommt, die staatliche Gesetzgebung weitgehend nur noch einer Vollzugshandlung gleicht. In diesem Bereich ist die für den modernen Wohlfahrtsstaat kennzeichnende Einheit von Staats-, Wirtschafts- und Sozialraum nicht mehr gegeben.[53] Das sollte aber den Blick nicht verstellen für den Umstand, daß nach wie vor ein erheblicher Einfluß der nationalstaatlichen Politik auf die Wirtschaftsordnung besteht. Ferner darf nicht vergessen werden,

---

[51] Vgl. Art. 23 ff. des EG-Vertrags.

[52] Vgl. *Basedow*, Von der deutschen zur europäischen Wirtschaftsverfassung, 1992.

[53] Vgl. *Böckenförde*, Die Zukunft politischer Autonomie, in: ders., Staat, Nation, Europa, 1999, S. 103 (105).

daß die Bundesrepublik Deutschland die europäische Politik selbst mitbestimmen kann und keineswegs nur fremdgesteuertes Objekt im europäischen Rechtsetzungsprozeß ist. Es ist kein Grund ersichtlich, warum Deutschland seinen Einfluß nicht nach Maßgabe der grundgesetzlichen Vorstellungen geltend machen sollte.

Das erscheint vor allem deshalb erforderlich, weil gerade von der europäischen Rechtsetzung zahlreiche Freiheits- und Gerechtigkeitsgefährdungen ausgehen. Die Harmonisierungsnotwendigkeit in einem so großen Wirtschaftsraum wie Europa bringt es angesichts der höchst unterschiedlichen Voraussetzungen und Bedürfnisse in den Mitgliedsstaaten fast zwangsläufig mit sich, daß sich die für sich genommen vielleicht vernünftigen Regelungen im Einzelfall als freiheits- und gerechtigkeitsgefährdend herausstellen. Probleme resultieren aber auch daraus, daß die europäische Rechtsetzung noch allzu oft von nationalstaatlicher Interessendurchsetzung bestimmt ist. Als Beispiel mag die europäische Bananenmarktordnung dienen, bei der aus letztlich protektionistischen Erwägungen eine Freiheitseinschränkung des einzelnen Importeurs von Bananen in Kauf genommen wird.[54]

## II. Globalisierung der Wirtschaftsaktivität

Mit Globalisierung der Wirtschaftsaktivität ist die Entfaltung wirtschaftlichen Handelns, welche sich früher vornehmlich in räumlich abgeschlossenen Märkten vollzog, in einem nunmehr größeren, manchmal weltweiten Raum gemeint. Ihr Kennzeichen ist die stets zunehmende Verflechtung und Arbeitsteilung von wirtschaftlichen Produktions- und Verkehrsvorgängen sowie die Zunahme und Geschwindigkeit von Kommunikations- und Dienstleistungsvorgängen. Sie schlägt sich in der Steigerung des Welthandelsvolumens nieder, das seit geraumer Zeit stärker als die weltweite Produktivität wächst. Angetrieben wird die Globalisierung der Wirtschaftstätigkeit zum einen durch den säkularen Prozeß der Senkung von Kosten für die Überwindung von Raum und Zeit, wie er augenfällig in der weltweiten Informationsverarbeitung und den wachsenden Kapitalströmen zum Ausdruck kommt, zum anderen durch den Wegfall von Handelsbeschränkungen und Protektionsabbau, wie sie vor allem durch internationale Abkommen (GATT/WTO) bewirkt wurden.

Es gehört fast schon zum Allgemeingut, daß die Globalisierung der Wirtschaft zu einem Bedeutungsverlust nationalstaatlicher Normsetzung führt.[55] In

---

[54] Vgl. dazu nur den Vorlagebeschluß des Verwaltungsgerichts Frankfurt an das Bundesverfassungsgericht (EuZW 1997, S. 183).

[55] Vgl. auch dazu *Böckenförde* (Fn 53), S. 123 f.; sowie aus wirtschaftswissenschaftlicher Sicht *Schäfer*, Globalisierung: Entmonopolisierung des Nationalen?, in: Berg

der Tat ist es in einer Welt, in der insbesondere der Informations- und Kapitalverkehr ungehinderter und schneller als früher vonstatten geht, zahlreichen Wirtschaftssubjekten, namentlich größeren Unternehmen (global players), zunehmend möglich, die regulativen Fesseln nationalstaatlicher Rechtsetzung durch Verlegung ihrer Wirtschaftstätigkeit zu umgehen. Was sich im europäischen Rahmen bereits angedeutet hat,[56] setzt sich im globalen Maßstab fort. Zugleich haben sich die Staaten eines Teils ihrer Regelungsmöglichkeiten durch den Transfer von Kompetenzen auf internationale Organisationen selbst begeben.

So richtig die Analyse in Einzelaspekten sein mag, so wenig können die Konsequenzen, die aus der Globalisierung der Wirtschaftstätigkeit und dem Bedeutungsverlust nationalstaatlicher Rechtsetzung bisweilen gezogen werden, überzeugen. Bedeutungsverlust bedeutet nicht Bedeutungslosigkeit. Nach wie vor verbleiben der staatlichen Wirtschafts- und Sozialpolitik eine Vielzahl von Einflußmöglichkeiten. Vor allem aber ist der Bedeutungsverlust nationalstaatlicher Rechtsetzung *für sich genommen* nicht besorgniserregend. Entscheidend kann nur sein, ob mit den unter dem Stichwort „Globalisierung" umschriebenen Veränderungsprozessen Gerechtigkeitsprobleme und Gefahren für die Freiheit des Einzelnen einhergehen. Nur wenn solche Probleme und Gefahren ausgemacht werden können, ist die staatliche Wirtschafts- und Sozialpolitik herausgefordert. Es erscheint deshalb eher zweifelhaft, ob die Vorschläge, die im Zusammenhang mit der Globalisierung diskutiert werden (sei es im Zuge eines internationalen Systemwettbewerbs eine Phase der weitgehenden „Reliberalisierung" einzuläuten[57] oder - auf der anderen Seite des Spektrums - nunmehr im weltweiten Maßstab eine „Marktkorrektur" durch Harmonisierung und Regulierung vorzunehmen[58]), vernünftig sind, wenn Maßstab der Politik Freiheit und Gerechtigkeit für den Einzelnen sind.

---

(Hrsg.), Globalisierung der Wirtschaft: Ursachen - Formen - Konsequenzen, 1999, S. 9 ff.

[56] Nicht nur angedeutet, sondern realisiert hat sich der Bedeutungsverlust im Zusammenhang mit dem Centros-Urteil des EuGH (NJW 1999, S. 2027), wonach es einer dänischen Kapitalgesellschaft wegen der Niederlassungsfreiheit möglich war, unter Umgehung der dänischen Rechtsordnung ihre Geschäftstätigkeit in Dänemark zu entfalten, indem sie ihren Sitz in England nahm und ihre Geschäfte von einer Zweigniederlassung in Dänemark führte.

[57] Vgl. dazu *Theurl*, Globalisierung als Selektionsprozeß, in: Berg (Hrsg.), Globalisierung der Wirtschaft: Ursachen - Formen - Konsequenzen, 1999, S. 23 ff.; sowie den Bericht über eine Tagung Neue Politische Ökonomie „Die Globalisierung forciert den internationalen Systemwettbewerb", Frankfurter Allgemeine Zeitung, Nr. 236, 11. Oktober 1999, S. 19.

[58] In diesem Sinn *Mahnkopf*, Soziale Demokratie in Zeiten der Globalisierung? Zwischen Innovationsregime und Zähmung der Marktkräfte, in: Eichel/Hoffmann (Hrsg.), Ende des Staates - Anfang der Bürgergesellschaft, 1999, S. 110 (129).

## III. Ökonomisierung der Politik

Mit dem Schlagwort der Ökonomisierung der Politik (und anderer Lebensbereiche) wird die vermeintliche Tendenz, die Politik spezifisch ökonomischen Rationalitätskriterien zu unterwerfen, umschrieben. Als Rationalitätskriterium der Wirtschaft gilt dabei das Gewinnstreben. Der Prozeß geht - wie behauptet wird - zu Lasten politischer Gestaltungsmacht, da sich die Politik gegenüber den Erwartungen und Forderungen der Wirtschaft nicht mehr behaupten könne, wobei „Wirtschaft" vielfach mit den großen Unternehmen oder gar Kapitalmärkten gleichgesetzt wird.

An dieser Analyse ist richtig, daß gerade die staatliche Wirtschafts- und Sozialpolitik von Rahmenbedingungen abhängig ist, die sie vielfach nicht mehr selbst bestimmen kann. Das liegt nicht zuletzt an den Grundrechten. Indem sie verschiedene Lebens- und Sozialbereiche gegen staatliche Einflußnahme abschirmen und damit der autonomen Verfügungsbefugnis des Grundrechtsträgers überantworten, führen die Grundrechte dazu, daß in diesen Sozialbereichen Entscheidungen nach der jeweiligen Systemlogik, nicht aber nach den Bedürfnissen des Allgemeinwohls getroffen werden. Das läßt sich plastisch am Zusammenhang von Rentenpolitik und demographischer Entwicklung belegen: Aus Sicht der Rentenpolitik wäre eine gleichmäßige demographische Entwicklung höchst wünschenswert; das kann der Staat aber nicht erzwingen, weil das regenerative Verhalten - grundrechtlich abgesichert - gegen staatliche Einflußnahme abgeschirmt ist und sich allein an den persönlichen Wünschen und Lebensvorstellungen der (potentiellen) Eltern ausrichtet. Die Politik reagiert auf diese Entwicklung, indem sie die imperativ nicht mehr mögliche Einflußnahme auf indirektem Weg zu erreichen sucht. Unter anderem bedient sie sich dabei des Mittels der Verhandlung.[59] Als Verhandlungspartner kommen in aller Regel aber nicht individuelle, sondern nur solche kollektiven Interessen in Betracht, die sich zumeist im Rahmen eines Verbandes zu einer entsprechenden Verhandlungsmacht bündeln lassen. Das sind etwa Umweltinteressen, vor allem aber auch wirtschaftliche Interessen. Die wirtschaftlichen Interessenverbände (Industrieverbände, Gewerkschaften) gehen in die Verhandlungen mit dem Ziel, die Politik auf ihr spezifisches Rationalitätskriterium zu verpflichten: die Situation für ihre Verbandsmitglieder zu verbessern.

---

[59] Die tieferen Ursachen dieses Prozesses sind ausführlich beschrieben bei *Grimm*, Die Zukunft der Verfassung, in: ders., Die Zukunft der Verfassung, 1991, S. 398 (418 ff.).

## E. Fazit und Ausblick

Die Frage, ob sich dem Grundgesetz ein Maßstab für die Wirtschaftsordnung entnehmen läßt, ist zu bejahen. Zwar schreibt das Grundgesetz keine bestimmte Wirtschaftspolitik vor. Als Rahmenordnung staatlichen Handelns verpflichtet es die Politik aber auf die Zielwerte von Freiheit und Gerechtigkeit. Nach der Vorstellung des Grundgesetzes ist dabei der Bezugspunkt stets die einzelne Person. Damit ist natürlich nicht gemeint, daß eine Maßnahme der Wirtschafts- und Sozialpolitik allein aus rein individualistischer Perspektive zu beurteilen wäre. Das geht schon deshalb nicht, weil die individuellen Interessen höchst unterschiedlich sind und es deshalb unklar bleibt, auf wessen Perspektive abzustellen ist. Die Politik muß deshalb das Allgemeinwohl bestimmen. Die personale Ausrichtung des Grundgesetzes schließt es aber aus, daß bestimmte abstrakte Interessen, auch wenn sie durch eine Gruppe oder einen Verband konkretisiert worden sind, zum Maßstab der Politik gemacht werden.

Die Wirtschaftsordnung in den ersten 50 Jahren des Grundgesetzes hat diesem Maßstab alles in allem genügt. Es bleibt aber offen, ob dies auch noch künftig der Fall sein wird. Zum einen hat die bisherige Interpretation des Grundgesetzes wenig dazu beigetragen, die Verfassung als Maßstab der Wirtschafts- und Sozialpolitik zu aktivieren. Zum anderen gibt es Entwicklungen, die einen Bedeutungsverlust der staatlichen Politik zur Folge haben können. Bereits realisiert hat sich der Bedeutungsverlust durch die Europäisierung der Rechtsetzung. Eine ähnliche Entwicklung deutet sich im Zuge der Globalisierung der Wirtschaftstätigkeit an. Am nachhaltigsten, weil materiell betroffen, wäre die staatliche Wirtschafts- und Sozialpolitik, wenn sie sich ausschließlich ökonomischen Rationalitätskriterien unterwürfe. Eine solche Unterwürfigkeit ist aber keineswegs zwingend. Es ist letztlich eine Frage des politischen Gestaltungswillens, an welchen Maßstäben man die Wirtschaftsordnung ausrichtet. Möglicherweise ist die Besinnung auf grundgesetzliche Vorstellungen dabei hilfreich. Das heißt nicht, daß sich die Politik ökonomischen Einsichten verschließen sollte. Im Gegenteil lehrt die Erfahrung, daß ökonomisch unsinnige Entscheidungen letzten Endes meistens weder zu mehr Gerechtigkeit noch zu einem Freiheitsgewinn führen. Es bedeutet aber, daß sich die Politik nicht in einer kurzfristigen Orientierung an dem gerade zu lösenden Problem demjenigen Rationalitätskriterium verschreibt, das derjenige Verhandlungspartner, auf dessen Kooperation man bei der Problemlösung angewiesen ist, verfolgt, sondern daß sie sich im Bewußtsein ihrer Verantwortung für den Einzelnen auf die von der Verfassung vorgegebenen Zielwerte konzentriert. Sollte das gelingen, besteht kein Anlaß daran zu zweifeln, daß sich das Grundgesetz auch in Zukunft als Maßstab der Wirtschaftsordnung wird bewähren können.

## Verzeichnis der Autorinnen und Autoren

| | |
|---|---|
| Dr. Marion Albers | Habilitationsstipendiatin der DFG<br>(01.09.1993 - 16.12.1999)* |
| Manfred Heine | Richter am Oberlandesgericht Hamm<br>(01.08.1997 - 16.12.1999)* |
| Dr. Frank Hölscher | Rechtsanwalt in der Sozietät<br>Baker & McKenzie / Döser Amereller Noack<br>Frankfurt am Main<br>(01.10.1995 - 30.09.1998)* |
| Dr. Michael Knoblich | Richter am Landgericht Karlsruhe<br>(15.07.1987 - 30.04.1988)* |
| Dr. Rüdiger Nolte | Richter am Oberverwaltungsgericht Münster<br>(01.10.1994 - 31.07.1997)* |
| Dr. Helge Rossen | Privatdozent an der Universität Bielefeld<br>(01.03.1988 - 31.12.1990)* |
| Prof. Dr. Rüdiger Rubel | Richter am Bundesverwaltungsgericht<br>und Honorarprofessor an der Universität Gießen<br>(15.07.1987 - 30.09.1989)* |
| Prof. Dr. Ulli F.H. Rühl | Professor für Öffentliches Recht am<br>Fachbereich Rechtswissenschaft<br>der Universität Bremen<br>(01.11.1990 - 31.12.1994)* |
| Dr. Georg Seyfarth | Wissenschaftlicher Mitarbeiter<br>am Bundesverfassungsgericht<br>(01.04.1998 - 16.12.1999)* |
| Martine Stein | Richterin am Oberlandesgericht Düsseldorf<br>(15.04.1991 - 10.09.1993)* |
| Prof. Dr. Rosemarie Will | Institut für Öffentliches Recht und Völkerrecht<br>an der Humboldt-Universität zu Berlin<br>(19.04.1993 - 18.04.1995)* |

* Zeit der Mitarbeit bei Professor Dr. Dieter Grimm am Bundesverfassungsgericht

# Schriften zum Öffentlichen Recht

796 **Rechtstheorie und Rechtsdogmatik im Austausch.** Gedächtnisschrift für Bernd Jeand'-Heur. Hrsg. von W. Erbguth, F. Müller und V. Neumann. Frontispiz; 448 S. 1999 ⟨3-428-09368-2⟩ DM 148,– / sFr 131,–

797 **Nachbarschutz und Rechtssicherheit im baurechtlichen Anzeigeverfahren.** Am Beispiel des Kenntnisgabeverfahrens nach § 51 LBOBW. Von K. Kruhl. 247 S. 1999 ⟨3-428-09853-6⟩ DM 98,– / sFr 89,–

798 **Der Staat in der Rechtsprechung des Bundesverfassungsgerichts.** Von J. Alshut. 165 S. 1999 ⟨3-428-09808-0⟩ DM 88,– / sFr 80,–

799 **Forschungsfreiheit und Embryonenschutz.** Eine verfassungs- und europarechtliche Untersuchung der Forschung an Embryonen. Von E. Iliadou. IV, 298 S. 1999 ⟨3-428-09890-0⟩ DM 118,– / sFr 105,–

800 **Freiheit und Eigentum.** Festschift für Walter Leisner zum 70. Geburtstag. Hrsg. von J. Isensee und H. Lecheler. XIV, 1058 S. 1999 ⟨3-428-09786-6⟩ Lw. DM 248,– / sFr 220,–

801 **Gerechtere Prüfungsentscheidungen.** Möglichkeiten und Grenzen der Herbeiführung materieller Gerechtigkeit durch gerichtliche Kontrolle und Gestaltung des Verwaltungsverfahrens. Von M. Lampe. 205 S. 1999 ⟨3-428-09910-9⟩ DM 98,– / sFr 89,–

802 **Gefahrenabwehr.** Eine dogmatische Rekonstruktion. Von R. Poscher. 223 S. 1999 ⟨3-428-09869-2⟩ DM 86,– / sFr 78,–

803 **Subjektive öffentliche Rechte auf Normerlaß.** Von M. Eisele. 251 S. 1999 ⟨3-428-09887-0⟩ DM 112,– / sFr 99,50

804 **Grundrechtsdogmatik im Vertragsrecht.** Spezifische Mechanismen des Grundrechtsschutzes gegenüber der gerichtlichen Anwendung von Zivilvertragsrecht. Von D. Floren. 468 S. 1999 ⟨3-428-09789-0⟩ DM 124,– / sFr 110,50

805 **Rechtsfindung im Verwaltungsrecht.** Grundlegung einer Prinzipientheorie des Verwaltungsrechts als Methode der Verwaltungsrechtsdogmatik. Von J. H. Park. XIX, 359 S. 1999 ⟨3-428-09287-2⟩ DM 128,– / sFr 114,–

806 **Wahrnehmung von Aufgaben im Bereich der Gefahrenabwehr durch das Sicherheits- und Bewachungsgewerbe.** Eine rechtsvergleichende Untersuchung zu Deutschland und den USA. Von F. Huber. 364 S. 2000 ⟨3-428-09781-5⟩ DM 108,– / sFr 96,–

807 **Die Grenzen der Verfassung.** Möglichkeiten limitierender Verfassungstheorie des Grundgesetzes am Beispiel E.-W. Böckenfördes. Von N. Manterfeld. 171 S. 2000 ⟨3-428-09940-0⟩ DM 88,– / sFr 80,–

808 **Das Gewissen als Argument im Recht.** Von F. Filmer. 333 S. 2000 ⟨3-428-09942-7⟩ DM 138,– / sFr 122,–

809 **Die Entwicklung der Dogmatik des verwaltungsrechtlichen Vertrages.** Von W. Pakeerut. 179 S. 2000 ⟨3-428-09888-9⟩ DM 98,– / sFr 89,–

810 **Nichtsteuerliche Abgaben im Steuerstaat.** Ein Beitrag zur dogmatischen Bewältigung von Verleihungsabgaben. Von D. Drömann. 406 S. 2000 ⟨3-428-10022-0⟩ DM 148,– / sFr 131,–

811 **Entwicklungen des deutschen Staatsorganisationsrechts im Kraftfeld der europäischen Integration.** Die Zusammenarbeit von Bund und Ländern nach Art. 23 GG im Lichte der Staatsstrukturprinzipien des Grundgesetzes. Von R. Halfmann. 399 S. 2000 ⟨3-428-10027-1⟩ DM 118,– / sFr 105,–